Zu diesem Buch

Die meisten sexuellen Phantasien von Frauen sind masochistisch, und die meisten Frauen schämen sich dieser Phantasien. Denn wie können die Forderungen der Frauenbewegung nach mehr Autonomie glaubhaft sein, wenn die Frauen gleichzeitig die Phantasien sexueller Unterwerfung genießen?

Maria Marcus bekennt sich zu ihren masochistischen Gefühlen. Sie macht Frauen Mut, die Gründe für diese sexuellen Sehnsüchte aufzudecken, um so zu einer selbstbestimmten Sexualität zu finden.

Maria Marcus

Die furchtbare Wahrheit

Frauen und Masochismus

Deutsch von Gisela Jensen

rororo

Rowohlt

Umschlagentwurf
Die Grafikfrauen/Monika Neuser
Die dänische Originalausgabe erschien unter dem Titel
«Den Frygtelige Sandhed» bei
Tiderne Skifter, Kopenhagen

Veröffentlicht im Rowohlt Taschenbuch Verlag GmbH,
Reinbek bei Hamburg, März 1987

Gesamtherstellung Clausen & Bosse, Leck
Printed in Germany
980-ISBN 3 499 18313 7

Germaine Greer war 1972 in Kopenhagen, und es wurde ein Treffen mit dänischen Frauen veranstaltet, bei dem sie eine Rede hielt. Die Stimmung im Saal war freudig-erregt und optimistisch, als plötzlich eine junge Frau, in deren Stimme Verzweiflung mitschwang, rief: «Wie können wir eine Frauenbewegung auf die Beine stellen, wenn – so möchte ich wetten – drei Viertel von uns hier im Saal Masochistinnen sind?»

Das Buch ist dieser jungen Frau gewidmet. Ich hoffe sehr, daß es ihr nützlich ist – sowie allen anderen, die so denken wie sie, es aber nicht laut auszusprechen wagen.

Wir betrachten unsere persönliche Erfahrung und das, was wir angesichts dieser Erfahrung empfinden, als Grundlage für die Analyse unserer gemeinsamen Situation... Die erste Bedingung für die Aneignung von Klassenbewußtsein ist Aufrichtigkeit, und zwar im privaten wie im öffentlichen Leben, uns selbst und anderen Frauen gegenüber. *«Sisterhood is Powerful»*
Manifest der Gruppe Redstockings

Im übrigen, Schwester, wenn dich ein Mann nicht anmacht, der dich nicht schlägt und dich nicht an den Haaren zerrt, dann ist das dein Problem. Laß deine Probleme verdammt noch mal raus aus dieser Revolution. *«Sisterhood is Powerful»*
Manifest der Gruppe Lilith

Erster Teil

I
Eierlegen

Als ich zwischen vier und sieben Jahre alt war, spielte ich ein Spiel, das «Eierlegen» hieß. Man spielte es allein. Man warf einen Ball irgendwie rückwärts gegen eine Wand, und wenn man nicht richtig traf, bekam man eine Strafe.

Man mußte sich mit dem Rücken zur Wand stellen und einen Halbkreis um sich herum zeichnen, so daß die Wand einen Kreisdurchmesser bildete. Man stand also eingeschlossen von Mauer und Halbkreis. Jedesmal, wenn man den Ball verpaßte, mußte man einen neuen, noch engeren Halbkreis zeichnen, so daß man immer weniger Platz zum Stehen hatte und immer näher an die Wand rücken mußte. Zum Schluß stand man buchstäblich mit dem Rücken an der Wand in einem so engen Halbkreis, daß gerade die eigenen Füße Platz hatten und man sich einfach nicht mehr rühren konnte.

Ich weiß, daß ich zwischen vier und sieben war, denn ich kann mich an den Ort erinnern, wo ich es spielte. Ich kann mich auch an ein unbestimmtes kitzelndes Gefühl beim Spielen erinnern. Es war ein ganz besonderes Gefühl, und es gehörte an eine ganz bestimmte Stelle meines Körpers, aber warum es ausgerechnet zwischen meinen Beinen sein sollte, darüber dachte ich natürlich nicht nach, ich dachte nur, daß es an dem Namen lag – «Eierlegen». Erst später wurde mir klar, daß dieses Spiel das erste von sehr vielen ähnlichen war, das erste jedenfalls, an das ich mich noch erinnern kann. Aber nicht das letzte und auch nicht das letzte, das ich allein spielte, oder ohne direkte Einmischung eines Partners.

Meine nächste ähnliche Erinnerung stammt aus der Zeit, als ich acht war. Das war in dem Sommer, als wir ganz verrückt waren nach ein paar gutaussehenden, männlichen Jungen mit harten Knien und Uniformhemden und Stunden und Tage damit verbrachten, gerade zu stehen, im Marschschritt zu gehen und im Takt zu schreien. Ich glaube, wir waren ganz schön diszipliniert.

Aus dem gleichen Sommer fällt mir auch ein Erlebnis aus einem Park ein, wo ich versuchte, ein argloses Kindermädchen dazu zu kriegen, Bestrafungsspiele mit uns zu spielen – aber sie sträubte sich. Möglicherweise ahnte sie irgendwie, worum es ging.

Nach demselben Muster spielte ich in den folgenden Jahren. Ich entdeckte verschiedene Spiele, zu denen verschiedene Prüfungen mit entsprechenden Strafen gehörten, die in ein Notizbuch geschrieben wurden. Sie drehten sich alle darum, daß man dies und das so und so lange nicht machen durfte oder etwas tun mußte, wozu man keine Lust hatte, sonst bekam man so und so viele Schläge mit einem näher bestimmten Gegenstand. In meinem Notizbuch standen sehr detaillierte Rituale, und ich kann mich erinnern, wie aufregend es war, sie niederzuschreiben. Aber ich konnte die anderen Kinder nur selten zum Mitspielen überreden. Vielleicht ahnten sie auch, daß irgend etwas Verbotenes an diesen Spielen war.

Nur einmal – immer noch in der Grundschule – bekam ich ein Mädchen aus meiner Klasse dazu, mitzuspielen. Sie mußte mir befehlen, unter den Schreibtisch zu kriechen und mich mit einem Lineal zu schlagen. Ich fand es stinklangweilig unter dem Schreibtisch zu hocken, ohne daß etwas passierte. Andererseits weiß ich noch genau, daß es furchtbar unangenehm war, wenn sie mich schlug. Es tat weh. Deshalb hörten wir bald mit dem Spiel auf, und ich kann mich erinnern, daß mich das Ganze ein bißchen verwirrte und verunsicherte.

Auf dem Schulhof war mein Lieblingsspiel «Mädchen sind hinter Jungen her». Das übliche war «Jungen sind hinter Mädchen her», und das fand ich nicht so witzig. Vielleicht waren die Jungen auch nicht besonders scharf darauf, mich zu fassen, oder ich wagte mich nicht nah genug an sie heran, um sie zu reizen. Bei besonderen Anlässen hieß es jedenfalls «Mädchen sind hinter Jungen her».

Wir spielten es überall auf dem ganzen Schulhof – ich glaube, wir mußten die Jungen packen und dann an irgendeiner Stelle zusammenbringen. Ich erinnere mich jedenfalls, daß ich mich immer auf den größten, stärksten und unnahbarsten Burschen warf und mit ihm eine wüste Prügelei anfing, denn jetzt schien ich das ja zu dürfen. Ich genoß das Gefühl, daß ich stärker war als er erwartet hatte – aber am meisten genoß ich, daß ich nicht so stark war wie er. Natürlich endete es immer damit, daß er mich unterwarf, und genau das hatte ich von Anfang an gewollt. Leider spielten wir dieses Spiel nicht sehr oft.

Es gab auch ein paar Mädchen, die mich körperlich unterwarfen. Es war im 8. oder 9. Schuljahr und kein Spiel. Zu zweit seiften sie mich mit Schnee ein. Sie lagen über mir. Ich konnte nichts machen und empfand die Situation als vollkommen hoffnungslos und verzweifelt, und zwar aus zwei Gründen: Erstens hatten sie kein Motiv, mich einzuseifen, sondern taten es, weil sie mich haßten, und das versetzte mir einen Schock, und zweitens setzten sie ihren Haß um in etwas Körperliches, dem ich nicht entkommen konnte. Mir kam es vor, als ob gegen meinen Willen aus dem Spiel Wirklichkeit geworden wäre. Jetzt stand ich wirklich mit dem Rücken zur Wand und konnte nicht mehr weg.

Daß sie mich haßten, kam mir übrigens gar nicht merkwürdig vor. Ich war klein und dick, ich war frühreif und eine Neue und zu allem Überfluß war ich auch noch gut in der Schule. Ich hätte viel darum gegeben, wie die anderen zu sein, zehn Zentimeter größer und gut im Turnen zu sein, mit spitzen Knien und einem anderen Namen. Kurz, mir ging es wie vielen anderen Kindern in vielen anderen Schulen; aber das wußte ich damals noch nicht.

Daß ich schlecht im Turnen war, hing damit zusammen, daß meine Turnlehrerin mich auf genau die bestimmte Art und Weise zum Sündenbock machte, die Tausende von Leuten fürs Leben geprägt hat. Die Methode ist so bekannt, daß ich mich damit nicht aufhalten muß. Erwähnenswert ist allein die Tatsache, daß ich sie anbetete, denn sie war launisch, und nicht immer war sie mein Henker und lieferte mich dem Gelächter der Klasse aus. Wir hatten sie auch in Dänisch, und in den Dänischstunden suchte sie sich andere Opfer, die wir auf den kleinsten Wink von ihr hin pflichtschuldigst verspotteten und lächerlich machten. Ich hatte dabei immer einen komischen Geschmack im Mund – die anderen vielleicht auch, ich weiß es nicht. Wie gesagt, ich betete sie an.

Ich mochte alle Rowdies der Klasse, all die unverschämten rauhen Kerle, die mit den verschrammtesten Knien und den trotzigsten Augen. Aber mehr noch war ich von den Lehrern angetan. Die Schule war außerhalb des Zuhauses der Ort, wo man zum erstenmal Männern begegnete.

Meine Lieblingslehrer waren die, bei denen am meisten Disziplin herrschte. Im nachhinein besehen waren die meisten von ihnen vermutlich furchtbar langweilig, humorlos, beschränkt, eingeschlossen in ihrer engen förmlichen Welt. Ich bin gar nicht sicher, ob es für sie eine Welt außerhalb gab; jedenfalls erwähnten sie nie eine, deshalb mußte man wohl davon ausgehen, daß es keine gab.

In der Schule dagegen waren sie in ihrem Element. Sie schritten durch das Klassenzimmer und hielten militärische Verhöre über unser Können ab. Ihr Zeigestock war Zepter, Taktstock und Ordnungsinstrument in einem. Denn es herrschte Zucht und Ordnung. *Ihre* Zucht und *ihre* Ordnung. Wir waren Nieten. Ich mochte ihren Unterricht. Sie waren kalt, gefühllos und unnahbar. Sie teilten genaue Zensuren aus, nach einer höheren und zweifellos gottgewollten Wertskala, nach der sie streng und gerecht vorgingen. Die Belohnungen waren ebenso genau bemessen – ein Kopfnicken, bevor der nächste drankam. Unsere Namen wurden in alphabetischer Ordnung aufgerufen, bei Prüfungen jedoch nach den Zensuren. Wir hatten Pflichten, aber keine Rechte, und keinem fiel es ein, Gefühle und rührselige Worte an uns zu verschwenden. Alles war, wie es sein sollte.

Alles war, wie es sein sollte, es gab keinen Raum für Irrtümer. Man kannte seinen Platz. Man wußte, wer man war und wohin man gehörte.

Erst im Gymnasium bekam ich einen Lehrer, der Wärme ausstrahlte, und mir dämmerte, daß ein Lehrer-Schüler-Verhältnis auch aus etwas anderem als Befehlen, Verhören, Strafen und kleinen, genau bemessenen Belohnungen bestehen konnte.

Aber erst in der Pubertät wurde es wirklich ernst, wenn ich so sagen darf. Ein Lehrer wurde Mittelpunkt aller meiner Phantasien. Ich liebte ihn, weil er eine schöne Stimme und traurige Augen hatte, Augen, die mich total zu durchschauen schienen, so daß ich verschwand, zerschmolz und gleichzeitig auf meinem Platz festgenagelt war. Ich liebte ihn und schwärmte jahrelang für ihn, wie man das in seiner frühen Jugend eben tut. Manchmal teilte er harte, doch wie wir alle meinten, immer verdiente Ohrfeigen aus, aber niemals an mich. Ich war ein artiges Mädchen, das immer stillsaß und tat, was sich gehörte. Bei dem Gedanken daran, von ihm eine Ohrfeige zu bekommen, durchliefen mich heiße Schauer, aber das schien irgendwie jenseits der Grenze des Möglichen zu liegen.

Andererseits dachte ich jeden Abend vor dem Einschlafen darüber nach, was er sonst noch mit mir machen könnte. Ich baute eine ganze Phantasiewelt auf, in der er und ich Mittelpunkt waren – das heißt, genauer gesagt war er derjenige, der etwas mit mir machte, und ich war diejenige, mit der etwas gemacht wurde. Diese Phantasien wurden mit der Zeit immer detaillierter und drastischer und immer ritualisierter, sie folgten alle einem bestimmten Muster. Ich wurde an einem Baum aufgehängt – von ihm. Mir drohte, ausgepeitscht zu werden, aber ich bin nicht sicher, ob die Drohungen jemals verwirklicht wurden. Mittlerweile wußte ich ja, daß es nicht angenehm war, wenn etwas wehtat. Aber ich wollte gern an den Armen aufgehängt werden. Ich stellte mir vor, wie mein Körper gestreckt wurde und wie ich unfähig war, mich zu bewegen und wegzulaufen, ich spürte das Gefühl, darauf warten zu müssen, daß die geliebte Person das mit mir machte, was ich wollte – und keine Möglichkeit zu haben, es zu verhindern.

Viele Jahre später erfuhr ich, daß zwei meiner alten Lehrer Nazis geworden waren. Er war der eine, meine vergötterte Turnlehrerin die andere.

Ich gab mich systematisch und leidenschaftlich meinen

Phantasien hin, aber ich hatte überhaupt keinen Begriff davon, worum es sich eigentlich handelte. Zu diesem Zeitpunkt wußte ich nicht das geringste über Sex.

Klar, ich wußte, daß Männer Geschlechtsorgane hatten und wie sie aussahen, aber ich wußte nicht, daß sie auch noch zu etwas anderem als zum Pipimachen benutzt wurden. Eigentlich wußte ich nicht einmal, daß ich selbst Geschlechtsorgane hatte, obwohl ich meine Menstruation schon bekommen hatte und mir klar war, wo die Kinder rauskamen. Ich konnte diese Geschlechtsorgane nicht *sehen*, und mit Sicherheit wußte ich nicht, daß sie zu etwas zu gebrauchen waren. Ich hatte auch nie onaniert, obwohl ich mich gut an ein ganz spezielles Gefühl erinnere, wenn ich auf einer Stuhlkante hin und her rutschte.

Aber zu irgendeinem Zeitpunkt muß mir ein Licht aufgegangen sein, daß es eine Verbindung gab zwischen meinen Phantasien und einem ganz bestimmten prickelnden Gefühl dort, wo ich Pipi machte. Nach und nach fingen die Phantasien und das Pipi-Gefühl an, zusammenzugehören.

Aber ich ahnte nicht, was ich mit dem Ganzen anfangen sollte. Ich dachte nicht im Traum daran, mit jemandem darüber zu sprechen; ich war fest davon überzeugt, daß ich es für mich behalten mußte. Und andererseits kam ich nicht los von meinen Phantasiespielen. Es blieb mir also nichts anderes übrig, als selbst zu experimentieren.

Ein-, zweimal, als ich wußte, ich würde für längere Zeit allein zu Hause sein, bewerkstelligte ich komplizierteste Aktionen, die ich lange im voraus und sorgfältig geplant hatte. Ich schaffte es, mich selbst in unangenehmen Stellungen zu fesseln – einmal an eine Türklinke, ein anderes Mal ans Bett. Ich selbst hatte auch ganz genau vorherbestimmt, wie lange dieser Zustand dauern sollte.

Ob ich mich an die Zeit hielt, weiß ich nicht mehr genau. Nichts hinderte mich daran, mich zu befreien – und langweilig und unangenehm genug war es –, und außerdem gab es niemanden, der mich kontrollierte, niemanden, der mich sah, niemanden, der beschlossen hatte, daß das mit mir geschah. Ich versuchte auch ein paarmal, mich selbst zu schlagen, aber nicht sehr heftig. Entweder tat es weh, und das paßte mir nicht; oder es hatte überhaupt keine Wirkung. Das Ganze war ziemlich kompliziert. Aber es prickelte so schön – besonders, während ich es mir ausdachte. Jetzt war ich ganz sicher, daß dieses prickelnde Gefühl *irgend etwas Bestimmtes* war, über das ich keine Kontrolle hatte.

Woher nahm ich eigentlich den Stoff für die Phantasien, die ich so zielbewußt ausarbeitete?

Möglicherweise hatte ich das Ganze selbst erfunden, aber es muß nicht so gewesen sein. Wenn ich zurückdenke, finde ich es ganz unglaublich, wie sehr meine Phantasie durch Literatur genährt wurde – durch Kinderbücher nämlich, durch die guten, alten, ganz normalen und anerkannten Kinderbücher, die man in der Schulbücherei oder in der richtigen Stadtbücherei leihen konnte. Stoff gab es überall, und ich kann mich noch an eine Menge erinnern.

Da gab es Bücher über das Leben in Internaten, wo die kleineren Jungen Sklaven der größeren waren und von ihnen bestraft wurden, wenn sie nicht alles aufs genaueste ausführten. Da gab es Bücher über Initiationsrituale exotischer Völker. Es gab «Onkel Toms Hütte» und andere Bücher über schwarze Sklaven in Amerika. Es gab Bücher über Armeen mit eiserner Disziplin und Militärrecht und Strafexpeditionen. Es gab Bücher über Foltermethoden von Chinesen, Japanern und Indianern.

Und dann waren da natürlich die griechischen Mythen über alle möglichen Leute, die zu ewigen Strafen verurteilt wurden: Die Danaiden, die ein bodenloses Faß füllen mußten, Sisyphus, der den schweren Stein den Berg hinaufrollen mußte und ihn kurz vor dem Gipfel wieder herunterrollen sah, so daß er von vorne anfangen mußte, und dann Tantalus! Wenn man doch bloß Tantalus sein könnte, verurteilt, sein Leben lang im Wasser zu stehen und dennoch Durst zu haben, die leckersten Früchte in Reichweite zu haben und dennoch zu hungern, weil Wasser und Früchte jedesmal zurückweichen, sobald man die Hand nach ihnen ausstreckte ...

Es gab auch historische Romane – Geschichten aus dem katholischen Mittelalter mit seinen raffinierten und einfallsreichen Verhörtechniken, Geschichten aus der Wikingerzeit, in der die Unfreien zwar mit rohen, aber dennoch höchst wirkungsvollen Mitteln kleingehalten wurden, und dann all die Geschichten aus dem Altertum. Das Altertum war das beste, besonders das alte Rom; dort brachte die Sklaverei alle erdenklichen Strafsysteme hervor, die sehr anschaulich beschrieben wurden.

Historische Bücher waren eigentlich dicke Wälzer und oft langweilig. Aber offenbar fand ich bald halb-bewußt Verwendung für sie. Ich konnte fast riechen, welche Bücher «guten Stoff» für mich enthielten, und die Quälereien wurden dann Teil meiner eigenen Phantasien. Ich hatte viel mehr aus historischen Romanen als aus Comics und Illustrierten, wahrscheinlich, weil sie genauere Beschreibungen boten.

Trotzdem waren die Geschichtsbücher – die wir in der Schule benutzten – die allerbesten, denn darin ging es nicht um Phantasien. Es ging um die *Realität*, und darauf konnte man wirklich ganz anders vertrauen.

Sehr oft war das Kleingedruckte in den Geschichtsbüchern für mich das wichtigste, denn hier wurde eingehend beschrieben, wie Gefangene gefoltert und aufständische Bauern bestraft wurden. Oft gab es auch Bilder von Prangern und Peitschen und Schraubstöcken. Ich konnte alles gebrauchen. Ich schluckte alles bedenkenlos.

Jahrelang war ich regelrecht unglücklich darüber, daß ich in einer so zivilisierten Zeit lebte, und neidisch auf diejenigen, die im Mittelalter gelebt hatten, in Zeiten von Hexenjagd und Inquisition. Warum war ich nicht als Sklave oder Fronbauer in einer anderen, ereignisreicheren Epoche geboren worden! Meine unglückliche und sehnsüchtige Liebe zu den goldenen Tagen der Folter wurde nur übertroffen von meinem Entsetzen, als ich die ersten Berichte aus der Realität hörte, der wirklichen Realität. Es waren Berichte über die gleichen Geschehnisse, und sie geschahen zu meiner Zeit. Es schien, als gäbe es zwei Arten von Realität, die eine in Büchern und eine andere, die mich selbst traf oder jemanden, den ich kannte, oder jemanden, den ich nur sehen oder hören konnte, oder einfach jemanden, der heute lebte. *So* wirklich hatte ich es nicht gewollt. So konnte ich es überhaupt nicht gebrauchen!

Aber jetzt konnte ich es nicht mehr aufhalten. Manchmal überlegte ich mir, ob das Ganze wohl ein raffiniertes Spiel war, eine Rache des Schicksals, eine Strafe für meine Phantasiewünsche. Aber das war es nicht. Es war lediglich Realität.

Die ganze Intensität, die ich auf meine Phantasien verwendet hatte, verlagerte ich jetzt in die Wirklichkeit. Ich reagierte übersensibel – wenn man das so nennen kann – auf alles, was mit Autorität zu tun hatte, auf die Beziehung zwischen Henker und Opfer, auf Gewalt, Zwang und Folter. Wenn ich an Foltern dachte, packte mich das Entsetzen, und die Wirklichkeit war voll von Stoff für solche Gedanken. Jahrelang beschäftigten sich meine wachen Alpträume mit dem, was man Menschen antat – in Konzentrationslagern, im Krieg, bei Verhören. Ich setzte mich an ihre Stelle, mich und meine Nächsten, das heißt meine Familie. Ich dachte dauernd daran. Es hörte nicht auf.

Es wurde sozusagen Mittelpunkt meines Lebens, es wuchs sich aus zu Zwangsvorstellungen, hätte man sagen können, wäre es nicht Realität gewesen. Denn es hätte geschehen können, es konnte noch immer geschehen und es geschieht weiter. Es geschah und geschieht jeden Tag überall auf der Welt.

Ich dachte oft darüber nach, wie alles gekommen wäre, wenn ich ein bißchen älter gewesen wäre und hätte entscheiden müssen, ob ich in den Widerstand gehe oder nicht – ob ich es gewagt hätte und was geschehen wäre. Auch jetzt noch ist mir ständig bewußt, daß man jederzeit und fast ohne Vorwarnung vor diese Entscheidung gestellt werden kann, ob man ernsthaft in das eigene Zeitgeschehen eingreifen soll oder nicht. Wie würde ich reagieren? Wie könnte mir das Rückgrat gebrochen werden, wenn die Wirklichkeit zu nahe käme – wenn ich gefoltert würde, wenn ich mitansehen müßte, wie andere gefoltert werden, wenn meine Kinder oder jemand, den ich liebe, oder einfach jemand, den ich hören kann, der Folter unterworfen werden?

Diese Bilder waren und sind ständig in meinem Bewußtsein, werden vermutlich nie mehr verschwinden. Ich gebe mir die größte Mühe, diese Gedanken nie bis zum bitteren Ende zu denken, aber in einer passenden Situation – während eines Fieberanfalls, im Traum oder unter dem Einfluß irgendeiner bewußtseinserweiternden Droge – kann ich ihnen nicht entgehen, das weiß ich. Das ist einer der Gründe, warum ich nie wagen würde, LSD oder etwas ähnliches zu nehmen.

Dieses Gewahrsein ist immer da, auch im Alltag. Ich werde diese Dinge gewahr, wenn ich beim Zahnarzt sitze und all die raffinierten Folterinstrumente sehe, und wenn ich bei einer gynäkologischen Untersuchung auf dem Stuhl liege und meine Beine nach oben ragen. Ich werde es bei jedweder Art von *Behandlung*, sei es bei einem Arzt, einer Kosmetikerin, einer Masseuse oder einem Chiropraktiker gewahr.

Das Gewahrsein kann auch dadurch zustande kommen, daß irgendein winziger äußerer Anlaß meine Gedanken mit unerbittlicher Traumlogik in eine bestimmte Richtung drückt. Was, wenn du tagelang in diesem Bus bleiben müßtest, der mit unbekanntem Ziel unterwegs ist? Was, wenn die Eier, die du gerade kochst, so kochendheiß unter die Achselhöhlen gesteckt würden, wie sie es bei Hans Egede gemacht haben? Wenn sie die Saunatür abschlössen, so daß du nicht mehr rauskommst? Wenn sie sich liebevoll deinen Nägeln widmeten, die du so sorgsam pflegst? Wenn dir jemand die Zigarette wegnähme und sie dir auf der Haut ausdrückt? Und so weiter und so weiter. Es ist unerschöpflich, kein Tag vergeht, ohne daß es auftaucht.

Man kann auch nicht gerade behaupten, daß es an Nahrung für solche wachen Alpträume mangelt. In kaum einem Kinofilm, Fernseh-Krimi oder Zeitungsartikel fehlen raffinierteste Quälereien und Gewalt, und man muß schon eine Hornhaut haben, um das aushalten zu können. Viele haben die offenbar, aber mir ist schon vor langer Zeit klargeworden, ich werde sie nie bekommen. Ich muß den Fernseher ausschalten, weggehen oder Augen und Ohren verschließen.

Und ich meine jetzt nur die Unterhaltung. Daneben gibt es noch die politischen Realitäten: niedergeschlagene Aufstände, Juntas und andere Systeme, die ihre Macht und ihre Autorität demonstrieren.

Aber es ist nicht einmal so einfach und eindeutig. Es gibt da außerdem auch immer noch etwas anderes. Es gibt da immer noch auch etwas Prickelndes. Wenn ich auf Schilderungen von

Mißhandlungen stoße, passiert gewöhnlich folgendes: Ich überfliege vorsichtig einen Bericht – um herauszufinden, ob ich mich traue, ihn zu lesen. Ist er zu hautnah und schmeckt zu sehr nach Realität, dann blättere ich schnell weiter, damit er nicht in mein Bewußtsein ätzt und ich ihn nicht wieder loswerde, wie sehr ich auch möchte. Aber wenn er unterhalb einer bestimmten Schwelle liegt, kann ich es immer noch nicht lassen, ihn als Stoff für Phantasien zu gebrauchen. Entscheidend ist schon lange nicht mehr, ob es sich tatsächlich um Phantasie oder Realität handelt. Denn ich weiß, daß es keinen Unterschied macht.

Germaine Greer sagte in einem Interview im «Playboy», daß wir allmählich herausfinden müssen, warum uns der Anblick einer Nazi-Uniform sexuell erregt. Mich erregt eine Nazi-Uniform nicht, aber ich verstehe, warum es ihr so ergeht. Für sie bedeutet sie Vergangenheit, Geschichte, Phantasie, für sie liegt sie auf der gleichen Ebene wie Rammböcke und Pranger für mich. Eine Nazi-Uniform wird dagegen für mich immer Realität sein und bleiben, weil ich die Zeit erlebt habe, in der sie tatsächlich eine Bedrohung war, ein Alptraum, der in der Realität zu Hause war und der mich selbst und alle Leute, die ich kannte, treffen konnte.

Ich habe einmal einen Roman gelesen, der davon handelte, wie sich Personen in einem Konzentrationslager sexuell stimulieren, indem sie über die Gefangenen reden. Diese Szene gehört zum Obszönsten, was ich je gelesen habe. Aber das Obszöne bestand nicht darin, daß hier die Realität als Pornographie benutzt wurde, denn das tut man oft – vorausgesetzt die Entfernung ist sicher. Es bestand darin, daß die Szene auch *gleichzeitig* Realität für die Beteiligten war und die Opfer wartend draußen in der Kälte stehen mußten ... Es wäre für mich das gleiche, wenn ich das Fußball-Stadion von Santiago oder ein blutiges Zuchthaus für meine sexuellen Phantasien benutzte. So locker ist meine Bindung an die Realität nicht ...

Aber alles ist relativ. Ich kann Realität so lange nicht benutzen, wie sie nicht weit genug von mir entfernt ist, um nicht mehr als Realität zu erscheinen, und mir ermöglicht, sie mir als Phantasie vorzustellen. Dann allerdings kann ich sie prostituieren, kaufen wie eine Ware zur sexuellen Anregung. Dann kann ich mich ihrem pornographischen Wert hingeben.

Das sind nur ein paar Beispiele von den Konflikten, die für mich heute existieren, die ich aber schon vor vielen Jahren als Konflikte erfuhr. Ich wußte nicht, was ich mit diesem schmutzigen Mischmasch anfangen sollte, der in meinem Kopf oder wo auch immer – herumspukte. Was war das bloß alles?

Ich mußte es herausfinden, und deshalb fing ich an, auf gut Glück in Büchern herumzustöbern, in denen ich irgend etwas Brauchbares darüber vermutete. Denn natürlich wagte ich nicht, mit irgend jemandem darüber zu sprechen.

2
Etwas mit Namen Masochismus

Frühe Aufklärungsbücher: Fabricius-Møller, Krafft-Ebing und andere

> Ein lediger Mann in guter Stellung, Mitte Vierzig, vernünftig und sympathisch, bekam ab und zu einen Rappel. Er ging zu einer bestimmten Frau und bezahlte sie dafür, daß er ihren Kachelofen reinigen durfte. Während er unbekleidet diese Arbeit verrichtete und die Frau ihm dabei zusah und kommandierte, daß er den Ofen auch wirklich sauber zu machen hatte, bekam der Mann eine Erektion, einen Orgasmus und einen Samenerguß.
>
> Dann hatte er eine Zeitlang Ruhe, aber bald mußte er wieder darum bitten, den Ofen reinigen zu dürfen und sich also bis zum Äußersten erniedrigen.

Diese Beschreibung hat sich tief in mein Gedächtnis eingeprägt. Es war die erste Beschreibung dieser Art in einem seriösen Buch, das ich mehr oder weniger zufällig in einem Regal der Stadtbücherei gefunden hatte. Das Buch hieß: «Geschlechtsverhalten», der Verfasser war J. Fabricius-Møller, und der Abschnitt begann folgendermaßen:

> Zur gleichen Kategorie des Masochismus muß auch folgender Fall gezählt werden, der merkwürdigste, den ich je erlebt habe.

Masochismus. Es gab also einen Namen dafür.

Ich war also *Masochistin* und gehörte in Bücher über *Sexualität.* Aber ich fand mich nicht bei den Beschreibungen von Geschlechtsorganen oder frühkindlicher Sexualität, sondern rangierte noch nach Abtreibungen, Geschlechtskrankheiten und Abnormitäten. Ich gehörte nicht zum normalen Sexualleben, sondern zum *abnormen* Sex, der ganz am Ende des Buches kam. Hier war ich aufgeführt, zusammen mit einer Reihe anderer, abnormer Phänomene:

Narzißmus (Selbstverliebtheit), Fetischismus (Aufreizung mittels eines bestimmten Gegenstands), Pygmalionismus (Aufreizung mittels Statuen und Bildern), Exhibitionismus (zwanghafte Entblößung der Geschlechtsteile), senile Unzucht, Algolagnie (hier stehe ich, die Masochistin, neben Sadisten), Urolagnie (Urintrinker), Koprolagnie (Fäkalienesser), Päderastie (Knabenliebe), Kleptolagnie (Aufreizung mittels Stehlen), Pyrolagnie (Aufreizung durch den Anblick von Feuer), Voyeurismus (die Gaffer), Pädophilie (Unzucht mit Minderjährigen), Zoophilie (Unzucht mit Tieren), Nekrophilie (Unzucht mit Leichen), Homosexualität und Bisexualität. Zusammen füllten wir vierzehn der zweihundertsechsundfünfzig Seiten dieses Buches.

Ich glaube, ich war froh, einen Namen zu bekommen – ich schwebte jetzt nicht mehr so im luftleeren Raum. Ich erschrak allerdings auch ein bißchen, als mir klar wurde, in welch zweifelhafte Gesellschaft ich durch diesen Namen geraten war. Aber Fabricius-Møller war sicher ein anerkannter Autor, davon ging ich aus, und später bekam ich die Bestätigung, sein Buch war jahrelang das meistgelesene dänische Aufklärungsbuch über Sex.

Deshalb war ich auch froh, daß er überhaupt niemanden verurteilte, im Gegenteil, er war sehr tolerant:

> Man kann mit Sicherheit behaupten, daß nichts, aber auch gar nichts, was das menschliche Gehirn je ausgeklügelt hat, nicht auch im Bereich der Sexualität benutzt wird, und mitunter ist das von einer solchen Häßlichkeit, daß man sich angewidert abwenden muß. Aber selbst wenn es noch so sehr gegen unsere Gefühle geht, dürfen wir doch nie vergessen, Mitleid mit diesen Menschen zu haben und ihnen Verständnis entgegenzubringen. Sie sind oft gepeinigte Seelen mit einem mehr oder weniger kranken Gemüt, die unsere Hilfe ebenso nötig haben wie alle anderen Kranken.

Und am Schluß des Buches schrieb er:

> Sollte Sie irgend etwas von dem, was ich Ihnen erzählt habe, verstimmt haben, insbesondere heute, wo wir die abstoßenderen Aspekte des Sexuallebens sehen, dann bewahren Sie es in einer entfernten Ecke Ihrer Erinnerung auf. Aber sie

sollte nicht so fern sein, daß sie es nicht wieder hervorholen können, wann immer es Ihnen auf Ihrem Lebensweg wieder begegnet, denn so können Sie mit Verständnis auch über den Dingen stehen, die Sie am meisten abstoßen.

Und wenn Sie nun die häßlichen Dinge versteckt haben, möchte ich Sie bitten, sich zum Ausgleich daran zu erinnern, daß es nichts Schöneres im Leben gibt als vertrauensvolle Liebe zwischen zwei Menschen, die sich lieben. Liebe macht die Menschen schön und gut.

Das war wirklich schön gesagt, so schön, daß ich beinahe vergaß, daß diese Worte auch auf mich gemünzt waren, aber leider auf besondere Weise: Ich gehörte zu den Abstoßenden und nicht zu den vertrauensvoll Liebenden. Ich versuchte es zu vergessen, aber das war nicht so einfach. Es ist schwer, etwas schön Formuliertes zu vergessen.

Das Buch von Fabricius-Møller erschien 1944 und wurde sehr verschieden aufgenommen, vor allem wegen seiner Toleranz. Die meisten Rezensenten lobten seinen Stil – aber es gab auch einige, die entrüstet waren. Sie beschuldigten den Autor «schockierender Offenheit» und meinten ganz eindeutig, daß ich in einem solchen Buch nicht vorkommen sollte: Sie schrieben, daß «der Abschnitt über sexuelle Ausschweifungen bedenkenlos gestrichen werden kann», daß der Realismus des Autors «fast einen Anstrich von Zynismus hat» und daß das Buch «nicht nur moralische, sondern auch ästhetische Werte» sehr vermissen ließe. Einige Kritiker meinten auch, daß jemand, dem es «am Herzen liegt, daß die dänische Jugend aufrecht und gesund wird und sich zu starken Persönlichkeiten entwickelt, die ihr Triebleben in der Gewalt und größte Achtung vor der Liebe zwischen Mann und Frau haben, in Dr. Fabricius-Møllers Buch keine Unterstützung findet».

Ein Rezensent sagt geradeheraus:

Rein menschlich gesehen ist dies kein Buch, das man jungen Leuten ohne weiteres in die Hand geben kann. Auf viele sittsame Jugendliche – nicht zuletzt auf unschuldige junge Frauen – könnte es wie ein Schock wirken, wie eine brutale Einführung in eine Welt, die sie besser entweder nicht kennen oder nur langsam kennenlernen sollten. Gegen den Hinweis des Verlags auf der Rückseite, daß jeder Vater und jede Mutter dem Sohn oder der Tochter dieses Buch bedenkenlos überlassen kann, möchte ich auf das Nachdrücklichste protestieren.

Glücklicherweise las ich diese Rezensionen erst Jahre später, sonst wäre ich vermutlich schon ein bißchen schockiert gewesen, daß Jugendliche nicht einmal wissen durften, daß ich existierte. Aber sie erfuhren es trotzdem, denn Fabricius-Møllers Buch stand in vielen Bücherschränken. Deshalb ist auch anzunehmen, daß es beigetragen hat zum Verständnis vieler Leute darüber, was normal ist und was nicht. Er selbst unterscheidet:

Unter normalem Geschlechtsverhalten verstehen wir alle die Formen, die gewöhnlich bei gesunden, natürlichen Menschen vorkommen, und unter abnormem Geschlechtsverhalten fassen wir alle die Formen zusammen, die sehr selten sind und in ihrer Form wesentlich von den üblichen abweichen. Die Grenze zwischen Normal und Anomal ist jedoch vage, es gibt alle möglichen Übergänge.

Es verwirrte mich etwas zu erfahren, daß es alle möglichen Übergänge zwischen mir und den anderen und trotzdem eine unverkennbare Grenze gab und daß diese Grenze offenbar nach Zahlen, statistisch gezogen wurde – die anderen waren normal, weil es so viele von ihnen gab, ich war nicht normal, weil es von meiner Art nicht so viele gab. Wie viele wohl?

Fabricius-Møller kannte übrigens auch andere Namen für meine Gruppe, aber es waren Namen, die ihm nicht gefielen. Der Ordnung halber nannte er sie trotzdem: *Perversionen, widernatürliche Sexualität und sexuelle Abweichungen*. Und auf Seite 237 (wo ich aufgeführt bin) finden sich Abbildungen verschiedener Foltergeräte, u. a. Handschellen, Peitschen und Nagelgürtel. Diese Abbildungen interessierten mich sehr, und natürlich verschlang ich auch den Absatz über Algolagnie; es schmeichelte mir immer noch ein bißchen, daß mir eine ganze Seite und ein noch viel eigentümlicherer Name gewidmet wurden.

Ich möchte den ganzen Abschnitt hier zitieren:

Algolagnie. Bezeichnet die Form des Sexualverhaltens, bei dem die sexuelle Lust durch verschiedene Arten von Quälerei erregt wird oder ihre ausschließliche Befriedigung findet. Wir unterscheiden eine *aktive* Form, *den Sadismus*, so benannt nach Marquis de Sade, der darüber Bücher geschrieben hat, und eine *passive* Form, *den Masochismus*, benannt nach *Sacher-Masoch*, der diese Form beschrieb.

Sadismus. Hier wird die sexuelle Lust dadurch erregt, daß der andere Partner gewalttätig gequält wird. Meistens ist die Gewalttätigkeit körperlich, wir sprechen jedoch auch von psychischem Sadismus. Eine unglaubliche Vielzahl von Peinigungsinstrumenten wird dabei zur Anwendung gebracht. Die Abbildung zeigt eine kleine Sammlung solcher Gegenstände, die zu sadistischen und masochistischen Zwecken gebraucht wurden.

Der Sadist kann mitunter teuflisch vorgehen und sogar beträchtliche Gewalt anwenden, die den Tod seines Opfers herbeiführen kann; wir nennen das *Lustmord.*

Masochismus. Ist das Gegenteil von Sadismus. Der Masochist erreicht sexuelle Befriedigung durch Leiden, in diesem Fall sowohl in der körperlichen wie in der psychischen Form.

Ein Fall, der mir in meiner Praxis begegnete, zeigt besser als Worte, worum es geht. Ein Mann in mittleren Jahren ließ sich ab und zu von seiner Frau auspeitschen. Er zog sich die Unterhose über dem Hinterteil stramm und beugte sich über einen Sessel, und sie schlug dann mit aller Kraft und einer Hundepeitsche auf ihn ein, bis Hose und Haut blutig waren. Hierdurch bekam er eine Erektion und empfand größte sexuelle Lust bis zum Orgasmus und Samenerguß.

Das ist ein typischer Fall von Masochismus. Hätte die Ehefrau dadurch sexuelle Befriedigung empfunden, daß sie ihren Mann schlug, was nicht der Fall war, wäre sie Sadist gewesen.

Zur gleichen Kategorie des Masochismus muß wohl folgender Fall gezählt werden ... *(Hier folgt die Geschichte des Mannes, der den Kachelofen reinigen mußte.)*

Ich habe diese Beispiele angeführt, um Ihnen zu zeigen, wie ungewöhnlich scheinbar gesunde Menschen in ihrem Sexualverhalten sein können.

Daß Neigungen, wie die beiden erwähnten sexuellen Zwänge, besonders aber der Sadismus, von großem Unglück begleitet sein können, bedarf keiner Erklärung. Wenn sich jedoch ein Sadist und ein Masochist finden, können sie natürlich glücklich miteinander leben.

Es folgt der Abschnitt über Urolagnie – sexuelle Erregung durch Trinken von Urin.

Das war die übliche Einführung, die jungen Frauen und Männern aus einigermaßen aufgeklärtem Haus – dazu gehörte auch ich – damals bezüglich dessen, was «abnormes Geschlechtsverhalten» hieß, zuteil wurde. Sicherheitshalber schlug ich ergänzend in Salmonsens Lexikon nach, das mir immer eine gewisse Ehrfurcht eingeflößt hatte. Richtig, ich stand auch im Salmonsen:

Masochismus: Eine Anomalität im sexuellen Bereich, benannt nach dem österreichischen Schriftsteller Sacher-Masoch. Der Masochismus ist daran zu erkennen, daß ein Individuum, dessen Geschlechtstrieb diese Richtung hat, nur dadurch sexuelle Befriedigung finden kann, daß ihm beim Geschlechtsverkehr (oder auch ohne einen solchen) Schmerzen zugefügt werden, in der Regel durch Schlagen oder Beißen; in manchen Fällen richtet sich das Verlangen auch auf das Zufügen von seelischen Schmerzen, etwa durch Beschimpfen und Verspotten. Masochismus ist der Gegensatz zu Sadismus, also dem Verlangen, einer anderen Person Schmerzen zuzufügen. Leichte Aspekte von Masochismus finden sich bei vielen Menschen, deren Geschlechtstrieb insgesamt normal ist. Als wirklich krankhaft gelten nur die verhältnismäßig seltenen Fälle, bei denen der Geschlechtstrieb ausschließlich durch masochistische Handlungen befriedigt werden muß. K. H. K.

Eigentlich hatte ich alles in allem gar nicht so wenig erfahren. Es gab normale und anomale Sexualität, und ich gehörte in die Anomalität, obgleich es viele Übergänge gab und auch normale Menschen ein bißchen von dem fühlten, was ich fühlte.

Ich repräsentierte die abstoßendsten Seiten der Sexualität, trotzdem sollte man mir und meinesgleichen Toleranz und Mitgefühl entgegenbringen.

Ich war die eine Hälfte eines Paars, Sadismus bildete die andere (und eindeutig die feinere, denn er wird immer zuerst genannt). Ich war eigentlich nur das Gegenteil eines Sadisten.

Ich war harmlos – im Gegensatz zum Sadisten.

Wenn ich eines Tages einen Sadisten finden könnte, hätte ich die Chance, glücklich zu werden.

Letzteres war ich auch schon ein bißchen gewahr geworden, aber wo findet ein junges Mädchen einen Sadisten? Überhaupt hatte ich viel Stoff zum Nachdenken bekommen, denn das, was ich gelesen hatte, steckte voller innerer Widersprüche. Aber das Wichtigste, was ich gewonnen hatte, war die ganze schlichte Tatsache, daß ich einen Namen bekommen hatte. Ich war also *etwas Bestimmtes.* Ich gehörte zu einer bestimmten Kategorie, ich hatte meinen Platz. Die Schublade, in die ich gehörte, roch zwar nicht so gut wie die anderen, aber sie war jedenfalls eine echte Schublade mit einem Etikett vorne drauf. Irgendwie wirkte das tröstlich, es war eine Art Anerkennung.

Daß ich einen Namen bekommen hatte, schien wie der erste Schritt zur Bewußtwerdung. Es war, als ob sich ein Haufen unorganisierter Brocken und Klumpen zu einem einigermaßen festen Bild formten, es sah nicht nur aus wie etwas Bestimmtes, sondern wie etwas Besonderes, etwas, das nicht so war, wie es sein sollte. Nicht gerade ein Verbrechen, aber doch nahe daran.

Ich schlug noch in vielen anderen Büchern nach. Ich wollte gern mehr wissen. In erster Linie wollte ich weitere ausführliche und realistische Beschreibungen darüber haben, was man als Masochist so tat. Erklärungen konnten warten.

Ich wollte eine möglichst breite und treffende Beschreibung von mir selbst haben, denn ich hatte keine Lust, mit dem Gefühl herumzulaufen, ich bin ein unbeschreiblicher Abfallhaufen. Ich wollte auch gern wissen, wieviel von dem, was ich empfand, auch von anderen empfunden wurde. Vielleicht konnte ich mir daraus eine Strategie ableiten, das heißt mir mein Leben entsprechend meinen abnormalen Bedingungen zurechtlegen.

Und schließlich, ich glaube schon sehr früh, gestand ich mir selbst zu, daß ich es erregend fand, etwas von solchen «Autoritäten» Geschriebenes über Sadisten und besonders Masochisten zu lesen. Die Einzelheiten stimmten da zuverlässig, unter anderem deshalb, weil die klinischen Fälle oft schon Jahre zurück lagen.

Wenn ich auf besonders detaillierte Beschreibungen stieß, fand ich oft Verweise auf ein ganz bestimmtes Buch: «Psychopathia sexualis» von Dr. Richard Freiherr von Krafft-Ebing (1886). Eines Tages nahm ich allen Mut zusammen und besorgte mir das Buch. Es war ein Riesenwerk von über vierhundertfünfzig Seiten, allein mehr als hundert handelten von meinem Sadisten und mir – wahrhaftig eine Goldgrube. Ich fand schnell heraus, warum Krafft-Ebing noch immer zu den Standardwerken zählt, obwohl das Buch am Ende des 19. Jahrhunderts erschien.

Allerdings mußte man Latein können, um wirklich etwas davon zu haben. Es ist nämlich nicht für Leute geschrieben, die sich vom Lesen detaillierter Schilderungen sexueller Abweichungen gern sexuell erregen lassen – ganz im Gegenteil. Vorsichtshalber sind die wirklich intimen Teile auf Lateinisch geschrieben. Sex von hinten heißt dort *coitus a tergo*. Damals schrieb man solche Bücher nicht für gewöhnliche Sterbliche oder Patienten, sondern für die Elite: Akademiker, Forscher, Ärzte. Es war nie vorgesehen, daß *ich* es las.

Krafft-Ebings Diskretion macht sein Buch ebenso zur schönen Lektüre, wie es Fabricius-Møllers Buch ist, obwohl er mit nichts hinterm Berg hält. Aber sein Ausgangspunkt an sich ist schön und befaßt sich auch mit *Liebe*.

Er schreibt in der Einleitung, daß er die Liebe zwar als Naturtrieb ansieht, aber gleichzeitig auch als die Fähigkeit, durch die die Menschen über den Tieren stehen.

> Es ist dem Menschen gegeben, sich auf eine Höhe zu erheben, auf welcher der Naturtrieb ihn nicht mehr zum willenlosen Sklaven macht, sondern das mächtige Fühlen und Drängen höhere, edlere Gefühle weckt, die unbeschadet ihrer sinnlichen Entstehungsquelle, eine Welt des Schönen, Erhabenen, Sittlichen erschließt.

Wir können also optimistisch sein: Die Liebe ist etwas Schönes und wird unsere niederen Instinkte schon zähmen. Aber gleichzeitig muß man die Liebe auch nüchtern betrachten, jedenfalls gewisse Formen der Liebe. Denn als Arzt sieht man so viel Scheußliches, und Krafft-Ebing hat sich vorgenommen, über all die Scheußlichkeit zu schreiben, denn:

> er sieht sich einer Nachtseite menschlichen Lebens und Elends gegenübergestellt, in deren Schatten das glänzende Götterbild des Dichters zur scheußlichen Fratze wird, und die Moral und Ästhetik an dem «Ebenbild Gottes» irre werden möchten.»

Alle Menschen, denen wir in diesem dicken Buch begegnen, beleidigen uns, denn sie sind weder gut noch schön. Aber dafür können sie nichts; sie sind krank. Ich bin krank. Was sagt Krafft-Ebing über mich?

Um es vorweg zu sagen, er spricht zunächst natürlich überhaupt nicht von mir, sondern von meinem feineren Gegenstück, dem Sadisten. Er schreibt über Lustmord, Nekrophilie, Mißhandlung und Schändung von Frauen, über «idealen» Sadismus, Knabenpeitscher und Tierquäler. Aber dann komme ich:

> Das Gegenstück des Sadismus ist der Masochismus. Während jener Schmerzen zufügen und Gewalt anwenden will, geht dieser darauf aus, Schmerzen zu leiden und sich der Gewalt unterworfen zu fühlen.
>
> Unter Masochismus verstehe ich eine eigentümliche Perversion der psychischen *Vita sexualis* (Geschlechtsleben), welche darin besteht, daß das von derselben ergriffene Individuum in seinem geschlechtlichen Fühlen und Denken von der Vorstellung beherrscht wird, dem Willen einer Person des anderen Geschlechtes vollkommen und unbedingt unterworfen zu sein, von dieser Person herrisch behandelt, gedemütigt und selbst mißhandelt zu werden. Diese Vorstellung wird mit Wollust betont; der davon ergriffene schwelgt in Phantasien, in welchen er sich Situationen dieser Art ausmalt; er trachtet oft nach einer Verwirklichung derselben und wird durch diese Perversion seines Geschlechtstriebes nicht selten für die normalen Reize des anderen Geschlechtes mehr oder weniger unempfindlich, zu einer normalen *Vita sexualis* unfähig – psychisch impotent.

Diese psychische Impotenz beruht dann aber durchaus nicht auf einem *horror sexus alterius* (Abscheu vor dem anderen Geschlecht), sondern nur darauf, daß dem perversen Triebe eine andere Befriedigung als die normale, zwar auch durch ein Weib, aber nicht durch Koitus, adäquat ist.

Ob der Masochismus absolut ist oder durch normale Sexualität ergänzt wird, ob er rein psychisch bleibt oder ausagiert werden muß, ob die Fähigkeit zum normalen Beischlaf weiterlebt oder nicht – all das hängt davon ab, wie stark die Perversion ist, wie stark die ethischen und ästhetischen Hemmungen der Person sind und wie robust diese kranke Person selbst ist. Aber allen Masochisten, wie heftig sie davon auch gezeichnet sind, ist ein Vorstellungsvermögen gemein, in dem Unterwerfung und Mißhandlung dominieren.

Es folgt eine Reihe von Fallgeschichten, die detailliert und gewissenhaft niedergeschrieben sind. Sie sind klinisch aufgeteilt:

a) Aufsuchen von Mißhandlungen und Demütigungen zum Zwecke sexueller Befriedigung. (Darunter Ideeller Masochismus.)
b) Larvierter Masochismus. Fuß- und Schuhfetischisten.
c) Ekelhafte, Selbstdemütigung involvierende und offenbar zum Zweck der Befriedigung masochistischer Gelüste unternommene Handlungen – larvierter Masochismus, Koprolagnie.
d) Der weibliche Masochismus.

Danach folgten ein Versuch, die Ursprünge des Masochismus zu beschreiben, und ein zusammenfassender Schlußabschnitt über Masochismus und Sadismus. Auch für jede einzelne Kategorie wird der Versuch gemacht, *Ursachen* zu finden: Krafft-Ebing beschreibt genau die Geschlechtsorgane seiner Patienten, ihre Kopfform, ihren Körperbau, Abweichungen innerhalb der Familie, Gehirnerschütterungen, Nasenkrankheiten, erbliche Veranlagung zu Krankheiten des zentralen Nervensystems. Und er untersucht die jeweilige Geschichte und Praxis der Selbstbefriedigung, jeden irgendwie außergewöhnlichen Vorfahren, die Frage, ob der Patient zu ausschweifend gelebt hat und viele andere Dinge.

In Krafft-Ebings Krankenblättern steckt viel Material für jemanden, dem die Phantasie ausgegangen ist – und sie behandeln alle wirkliche, lebendige Menschen, die eine Menge Spezialitäten haben.

Es gibt einen Mann, der sich über einen Stuhl lehnte und eine Frau auf sich reiten ließ, manchmal eine dreiviertel Stunde lang; er genoß es, die Zügel und den Druck der Schenkel zu spüren und zu hören, wie die Frau ihm mit fröhlicher Stimme Befehle gab.

Es gibt einen Mann, der ein Mädchen mit Stöckelschuhen auf sich stehen ließ, daß ihr einer Absatz seinen Augapfel traf und der andere seine Kehle.

Es gibt einen Mann, der einen Diener dafür mietete, daß der ihn bei einem Schäferstündchen mit einer Dame überraschte und hinauswarf.

Es gibt einen Mann, der von einer Prostituierten geschlagen werden wollte, zur Strafe dafür, daß er nicht in die Schule gehen wollte. Dann mußte sie ihm sein Pausenbrot machen und ihn eindringlich zur Schule schicken.

Es gibt einen Mann, der zum Orgasmus kam, wenn er nur eine dominante Frauenstimme (zum Beispiel von einer Kassiererin) hörte, die einen Mann (zum Beispiel einen Diener) ausschimpfte.

Es gibt einen Mann, der von nichts anderem träumte, als dressiert zu werden wie ein Hund oder ein Pferd, und der seine Dame schriftlich darum bat, ihn zu behandeln, wie ein Sklavenhalter seine Sklaven behandelte.

Es gibt einen Mann, der von einem Sklavendasein träumt, bei dem er nichts anderes zu essen bekommt als Kartoffelschalen und abgenagte Knochen und auf dem nackten Boden schlafen muß.

Es gibt einen Mann, der einem Mädchen in einem Bordell alle vier Wochen einen Brief schrieb: «Liebes Gretchen! Ich komme morgen abend zwischen acht und neun. Knute und Peitsche! Herzliche Grüße ...»

Und dann gibt es noch all die anderen, die Mädchen in Bordellen dafür bezahlen, daß sie sie einsperren, schlagen, auspeitschen und sonstwie demütigen.

Manche von ihnen haben ihre Vorlieben in die Praxis verlängert, andere begnügten sich damit, sie in der Phantasie auszuleben. Ein paar haben versucht, ihre Phantasie zur Realität zu machen, und sind zutiefst enttäuscht worden. Andere litten zutiefst unter einem schrecklichen Stimmungsumschwung, der sie genau im Augenblick des Orgasmus überfällt.

Einige der Fallgeschichten skizziert Krafft-Ebing knapp, aber genau; andere Fälle werden ausführlicher beschrieben und geben eine eindrucksvolle Vorstellung davon, wie mühsam Menschen versucht haben, Einzelheiten ihres Lebens als Bruchstücke eines Musters zu sehen, um sich darüber klar zu werden, was eigentlich in ihnen vorging. Hier ist ein solches ausführlicheres Beispiel, das der Patient selbst aufgezeichnet hat. Ich möchte es in seiner ganzen Länge zitieren.

Beobachtung 57.

Ich bin 35 Jahre alt, geistig und körperlich normal. In den weitesten Kreisen meiner Verwandten – in gerader wie in der Seitenlinie – ist mir kein Fall von psychischer Störung bekannt. Mein Vater, welcher bei meiner Geburt etwa 30 Jahre alt war, hatte, soviel ich weiß, eine Vorliebe für üppige und große Frauengestalten.

Schon in meiner früheren Kindheit schwelgte ich gern in Vorstellungen, welche die absolute Herrschaft eines Menschen über den anderen zum Inhalt hatten. Der Gedanke an die Sklaverei hatte für mich etwas höchst Aufregendes, und zwar gleich stark vom Standpunkte des Herrn wie von dem des Dieners aus. Daß ein Mensch den anderen besitzen, verkaufen, prügeln könne, regte mich ungemein auf, und bei der Lektüre von «Onkel Toms Hütte» (dieses Werk las ich etwa zur Zeit der eintretenden Pubertät) hatte ich Erektionen. Besonders aufregend war für mich der Gedanke, daß ein Mensch vor einen Wagen gespannt würde, in welchem ein anderer, mit einer Peitsche versehener Mensch saß und den ersten lenkte und durch Schläge antrieb.

Bis zum 20. Lebensjahr waren diese Vorstellungen rein objektiv und geschlechtslos, d. h., der in meiner Vorstellung entworfene war ein Dritter (also nicht ich), auch war der Herrscher nicht notwendig ein Weib.

Diese Vorstellungen waren daher auch ohne Einfluß auf meinen geschlechtlichen Trieb bzw. auf die Ausübung desselben. Wenngleich durch jene Vorstellungen Erektionen eintraten, so habe ich doch niemals in meinem Leben onaniert, auch koitierte ich von meinem 19. Jahre an ohne Beihilfe der erwähnten Vorstellungen und ohne jede Beziehung auf dieselben. Immerhin hatte ich eine große Vorliebe für ältere, üppige und große Frauenspersonen, wenngleich ich auch jüngere nicht verschmähte.

Ab meinem 21. Lebensjahr fingen die Vorstellungen an, sich zu objektivieren, und als Essentiale trat hinzu, daß die «Herrin» eine über 40 Jahre alte, große, starke Person sein mußte. *Von jetzt an war ich – in meinen Vorstellungen – stets der Unterworfene;* die «Herrin» war ein rohes Weib, die mich in jeder Beziehung, auch geschlechtlich, ausnützte, die mich vor ihren Wagen spannte und sich von mir spazieren fahren ließ, der ich folgen mußte wie ein Hund, der nackt zu ihren Füßen liegen mußte und von ihr geprügelt beziehungsweise gepeitscht wurde. Das war das feststehende Gerippe meiner Vorstellungen, um welche sich alle anderen gruppierten.

Ich fand in diesen Vorstellungen stets ein unendliches Behagen, welches mir Erektion, niemals aber Ejakulation verursachte. Infolge der entstandenen geschlechtlichen Aufregung suchte ich mir sodann irgendein Weib, mit Vorliebe ein äußerlich meinem Ideale entsprechendes aus und koitierte mit demselben, ohne irgendwelches reale Beiwerk, zuweilen auch ohne beim Koitus von den Vorstellungen befangen zu sein. Daneben hatte ich jedoch auch Neigung zu anders gearteten Weibern und koitierte auch, ohne durch Vorstellung hierzu gezwungen zu sein.

Obgleich ich nach alledem ein in geschlechtlicher Beziehung nicht allzu anomales Leben führte, traten doch jene Vorstellungen periodisch mit Sicherheit ein, blieben sich im wesentlichen auch stets gleich. Mit zunehmendem Geschlechtstriebe wurden die Zwischenräume immer geringer. Gegenwärtig melden sich die Vorstellungen etwa alle 14 Tage bis 3 Wochen. Würde ich vorher koitieren, so würde vielleicht dem Eintritt derselben vorgebeugt werden. Ich habe niemals den Versuch gemacht, meine sehr bestimmt und charakteristisch auftretenden Vorstellungen zu realisieren, d. h. sie mit der Außenwelt in Verbindung zu bringen, sondern habe mich stets mit Schwelgereien in Gedanken begnügt, weil ich von der Überzeugung fest durchdrungen war, daß sich eine Realisierung meiner «Ideale» niemals auch nur annähernd würde herbeiführen lassen. Der Gedanke an eine Komödie mit bezahlten Dirnen erschien mir stets lächerlich und – zwecklos, denn eine von mir bezahlte Person könnte in meiner Vorstellung niemals die Stelle einer «grausamen Herrin» einnehmen. Ob es sadistisch angehauchte Weiber wie Sacher-Masochs Heldinnen gibt, bezweifle ich. Wenn es deren aber auch gäbe und ich das Glück (!) gehabt hätte, eine solche zu finden, so würde mir ein Verkehr mit derselben mitten in der realen Welt immer nur als eine Komödie erschienen sein. Ja, sagte ich mir, wenn es mir sogar passiert wäre, in die Sklaverei einer Messalina zu gelangen, so glaube ich, daß ich bei den sonstigen Entbehrungen jenes von mir erstrebten Lebens sehr bald überdrüssig geworden wäre und in den lucidis intervallis meine Freiheit unter allen Umständen zu erreichen getrachtet hätte.

Dennoch habe ich ein Mittel gefunden, in gewissem Sinne eine Realisierung herbeizuführen. Nachdem durch vorangegangene Schwelgereien mein Geschlechtstrieb stark angeregt ist, gehe ich zu einer Prostituierten und stelle mir dort irgendeine Geschichte des vorerwähnten Inhalts, in welcher ich die Hauptperson bilde, innerlich lebhaft vor. Nach etwa halbstündiger, unter stetiger Erektion erfolgender innerer Ausmalung solcher Situationen koitiere ich sodann mit gesteigertem Wollustgefühl unter starker Ejakulation. Nach der letzteren ist der Spuk verschwunden. Beschämt entferne ich mich sobald als möglich und vermeide, auf das Vorangegangene zurückzukommen. Sodann habe ich etwa 14 Tage keinerlei Vorstellungen mehr; bei besonders befriedigendem Koitus kommt es sogar vor, daß ich bis zum nächsten Anfalle gar kein Verständnis für masochistische Situationen habe.

Der nächste Anfall kommt aber sicher, ob früher oder später. Ich muß jedoch bemerken, daß ich auch koitiere, ohne durch solche Vorstellungen präpariert zu sein, insbesondere auch mit weiblichen Wesen, die mich und meine bürgerliche Stellung genau kennen und in deren Gegenwart ich jene Vorstellungen durchaus perhorresziere. *In letzteren Fällen bin ich jedoch nicht immer potent*, während die Potenz unter dem Banne masochisticher Vorstellungen eine unbedingte ist. Daß ich in meinem übrigen Denken und Fühlen sehr ästhetisch veranlagt bin und die Mißhandlung eines Menschen an sich usw. im höchsten Grade verachte, erscheint mir nicht überflüssig zu bemerken. Schließlich will ich nicht unerwähnt lassen, daß auch die Form der Anrede von Bedeutung ist. Es ist eine Essentiale in meinen Vorstellungen, daß die «Herrin» mich mit «Du» anredet, während ich dieselbe mit «Sie» anreden muß. Dieser Umstand des Geduztwerdens von einer dazu geeigneten Person, als Ausdruck der absoluten Herrschaft, hat mir von früher Jugend an schon Wollustgefühle erregt und tut dies auch heute noch.

Ich habe das Glück gehabt, eine Frau zu finden, welche mir in allen Punkten, vor allem auch in geschlechtlicher Beziehung, durchaus zusagte, obwohl dieselbe, wie ich nicht erst hinzuzufügen brauche, in keiner Weise masochistischen Idealen ähnelt.

Dieselbe ist sanftmütig, jedoch üppig, ohne welche Eigenschaft ich mir überhaupt einen geschlechtlichen Reiz nicht vorstellen kann.

Die ersten Monate der Ehe verliefen geschlechtlich ganz normal, die masochistischen Anfälle blieben gänzlich aus, ich hatte beinahe das Verständnis für den Masochismus verloren. Da kam das erste Kindbett und hiermit die notwendig gewordene Abstinenz. Pünktlich stellten sich sodann mit eintretender Libido die masochistischen Anwandlungen wieder ein, welche mit unabweisbarer Notwendigkeit einen außerehelichen Koitus mit masochistischen Vorstellungen herbeiführten – trotz meiner aufrichtigen, großen Liebe zu meiner Frau.

Bemerkenswert ist hierbei, daß der später wieder beginnende Koitus maritalis sich nicht als ausreichend erwies, um die masochistischen Vorstellungen zu bannen, wie das bei einem masochistischen Koitus regelmäßig der Fall ist.

Was das Wesen des Masochismus anbelangt, so bin ich der Ansicht, daß bei demselben die Vorstellungen, also die geistige Seite, Haupt- und Selbstzweck sind. Wäre die Verwirklichung masochistischer Ideen (also die passive Flagellation u. dergl.) das ersehnte Ziel, so steht hiermit die Tatsache im Widerspruche, daß ein großer Teil der Masochisten zur *Verwirklichung* entweder gar nicht schreitet, oder, wenn er dies dennoch versucht, *eine große Ernüchterung* empfindet, jedenfalls die ersehnte Befriedigung nicht erzielt.

Schließlich möchte ich nicht unterlassen, aus meiner Erfahrung zu bestätigen, daß die Zahl der Masochisten, besonders in großen Städten, in der Tat eine ziemlich große zu sein scheint. Die einzige Quelle für derartige Forschungen sind – da Mitteilungen inter viros nicht stattzufinden pflegen – die Aussagen der Prostituierten, und da diese in den wesentlichen Punkten übereinstimmen, wird man immerhin gewisse Tatsachen für erwiesen annehmen können.

Dahin gehört zunächst die Tatsache, daß jede erfahrene Prostituierte irgendein zur Flagellation geeignetes Werkzeug (gewöhnlich eine Ruthe) im Besitze zu haben pflegt, wobei allerdings in Betracht zu ziehen ist, daß es Männer gibt, die sich lediglich zur Erhöhung ihrer Geschlechtslust geißeln lassen, also – im Gegensatze zu den Masochisten – die Flagellation als Mittel betrachten.

Dagegen stimmen die Prostituierten fast sämtlich darin überein, daß es eine Anzahl von Männern gibt, welche gern «Sklaven» spielen, d. h. sich gerne so nennen hören, sich schimpfen und treten, auch schlagen lassen. Wie gesagt, die Zahl der Masochisten ist größer, als man es sich bisher hat träumen lassen.

Die Lektüre Ihres Kapitels über diesen Gegenstand machte, wie Sie sich denken können, einen ungeheuren Eindruck auf mich. Ich möchte an eine Heilung, sozusagen an eine Heilung durch Logik, glauben, nach dem Motto: «tout comprendre c'est tout guérir».

Freilich ist das Wort Heilung mit Einschränkung zu verstehen, und zwar muß man auseinanderhalten: allgemeine Gefühle und konkrete Vorstellungen. Die ersteren sind niemals zu beseitigen. Sie kommen wie der Blitz und sind da, man weiß nicht von wannen und wieso.

Aber die Ausübung des Masochismus durch Schwelgen in konkreten, zusammenhängenden Vorstellungen läßt sich vermeiden oder doch eindämmen.

Jetzt liegt die Sache anders. Ich sage mir: Was, du begeisterst dich an Dingen, die nicht nur das ästhetische Gefühl anderer, sondern auch dein eigenes reprobiert? Du findest etwas schön und begehrenswert, was andererseits, nach deinem eigenen Urteil, häßlich, gemein, lächerlich und unmöglich zugleich ist? Du sehnst eine Situation herbei, in die du in Wirklichkeit niemals gelangen möchtest? Diese Gegenvorstellung wirkt sofort hemmend und ernüchternd und bricht den Phantasien die Spitze ab. Tatsächlich habe ich auch seit der Lektüre Ihres Buches (etwa Anfang des Jahres) nicht ein einziges Mal mehr geschwelgt, obwohl die masochistischen Anwandlungen sich in den regelmäßigen Intervallen einstellen.

Im übrigen muß ich gestehen, daß der Masochismus trotz seines stark pathologischen Charakters nicht nur nicht imstande ist, mir den Genuß des Lebensglückes zu vereiteln, sondern überhaupt auch nicht im geringsten in mein äußeres Leben eingreift. In nicht masochistischem Zustand bin ich, was Fühlen und Handeln anlangt, ein äußerst normaler Mensch. Während der masochistischen Anwandlungen ist zwar im Gefühlsleben eine große Revolution ausgebrochen, meine äußere Lebensweise erleidet jedoch keine Änderung. Ich habe einen Beruf, welcher es mit sich bringt, daß ich mich viel in der Öffentlichkeit bewege. Ich übe denselben auch im masochistischen Zustande ebenso aus wie sonst.

Ich reagiere mit gemischten Gefühlen auf Berichte wie diesen, von einem Mann, der vielleicht höherer Beamter ist, vielleicht Rechtsanwalt, vielleicht Redakteur, vielleicht Intendant. Erstens empfinde ich eine starke sexuelle Erregung beim Lesen seiner detaillierten, klinisch nüchternen und sehr nuancierten

Phantasien. Zweitens empfinde ich den Bericht wie einen Handschlag von einem Lust- und Leidensgenossen, quer über ein Jahrhundert hin. Ich empfinde es als beruhigend, fast behaglich, daß es so viele von uns gibt, daß wir so verschieden sind und doch so vereint.

Ich finde es interessant und belehrend, die Beschreibungen der verschiedenen menschlichen Erfahrungen zu lesen, die Krafft-Ebing aufgezeichnet hat. Seine persönlichen Analysen dagegen sind nicht besonders überzeugend – seine Versuche zu erklären, warum manche Menschen Masochisten werden und andere nicht. Manche dieser Erklärungsversuche widersprechen sich sogar: An einer Stelle schreibt er, der Masochismus sei darauf zurückzuführen, daß die sexuelle Empfänglichkeit einer Person krankhaft hoch sei, so daß alles – selbst Schmerz – sexuell anregend wirke, an anderer Stelle jedoch schreibt er, Masochismus finde man bei Personen, die zu ausschweifend gelebt hätten und deshalb abgestumpft seien, weshalb sie für ihre Potenz einen besonders krassen Reiz brauchten.

Potenz ... Plötzlich kam mir die Erleuchtung, daß fast alle von Krafft-Ebing beschriebenen Fälle Männer sind. Gab es eigentlich keine Masochistinnen – außer mir?

Beim näheren Hinsehen zeigte sich, daß in Krafft-Ebings Abschnitt über den Masochismus vierunddreißig männliche Beispiele aufgeführt sind, aber nur drei weibliche. Das findet jedoch seine ganz natürliche Erklärung in Krafft-Ebings Theorien hinsichtlich dessen, was ein Mann ist und was eine Frau – zwei Arten Mensch, die so verschieden sind (und sein sollen), als kämen sie von verschiedenen Planeten:

> Ohne Zweifel hat der Mann ein lebhafteres geschlechtliches Bedürfnis als das Weib. Folgeleistend einem mächtigen Naturtrieb, begehrt er von einem gewissen Alter an ein Weib. Er liebt sinnlich, wird in seiner Wahl bestimmt durch körperliche Vorzüge. Dem mächtigen Drang der Natur folgend, ist er aggressiv und stürmisch in seiner Liebeswerbung. Gleichwohl füllt das Gebot der Natur nicht sein ganzes psychisches Dasein aus. Ist sein Verlangen erfüllt, so tritt seine Liebe temporär hinter anderen vitalen und sozialen Interessen zurück.

> Anders das Weib. Ist es geistig normal und wohlerzogen, so ist sein sinnliches Verlangen ein geringes. Wäre dem nicht so, so müßte die ganze Welt ein Bordell und Ehe und Familie undenkbar sein. *Jedenfalls sind der Mann, welcher das Weib flieht, und das Weib, welches dem Geschlechtsgenuß nachgeht, abnorme Erscheinungen.*

Für die Frau ist Liebe also nicht körperlich, sondern geistig, und wenn sie Mutter wird, hat ihr Sexualleben hauptsächlich Bestätigung der Liebe und Zuneigung des Ehemannes zu sein:

> Das Weib liebt mit ganzer Seele. Liebe ist ihm Leben, dem Manne Genuß des Lebens. Unglückliche Liebe schlägt diesem eine Wunde. Dem Weib kostet sie das Leben oder wenigstens das Lebensglück. Es wäre eines des Nachdenkens werte psychologische Streitfrage, ob ein Weib zweimal in seinem Leben wahrhaft lieben kann. Jedenfalls ist die seelische Richtung des Weibes eine monogame, während der Mann zur Polygamie hinneigt.

Hinsichtlich des eigentlichen Sexuallebens ist die Rollenverteilung eindeutig:

> Im Verkehr der Geschlechter kommt dem Mann die aktive, selbst aggressive Rolle zu, während das Weib passiv, defensiv sich verhält. Für den Mann gewährt es einen großen Reiz, das Weib sich zu erobern, es zu besiegen, und in der ars amandi (Liebeskunst) bildet die Züchtigkeit des in der Defensive bis zum Zeitpunkte der Hingebung verharrenden Weibes ein Moment von hoher psychologischer Bedeutung und Tragweite. Unter normalen Verhältnissen sieht sich also der Mann einem Widerstand gegenüber, welchen zu überwinden seine Aufgabe ist und zu dessen Überwindung ihm die Natur den aggressiven Charakter gegeben hat.

Diese sexuelle Rollenverteilung bringt eine entsprechende Rollenverteilung im Bereich der Perversionen mit sich:

> Einmal stellt der Sadismus, in welchem das Bedürfnis nach Unterwerfung des anderen Geschlechtes ein konstituierendes Element bildet, seiner Natur nach eine pathologische Steigerung des männlichen Geschlechtscharakters dar, zweitens sind die mächtigen Hindernisse, die sich der Äuße-

> rung des monströsen Triebes entgegenstellen, begreiflicherweise für das Weib noch größer als für den Mann.

Wir werden also nicht so häufig Sadistinnen. Aber warum werden wir dann auch nicht so häufig Masochistinnen – warum werden nur so wenige von uns Masochistinnen? Dafür gibt es zwei Gründe.

Erstens hat die Frau ein so starkes Gefühl für Scham und Sittlichkeit, daß sie aus einem geradezu körperlichen Bedürfnis heraus auf jeden Angriff perverser sexueller Begierden mit fast unüberwindlichen Widerständen reagiert. Kurz: Uns Frauen ist es nahezu unmöglich, pervers zu werden, denn dazu sind wir wohl zu unsinnlich und – rein moralisch – zu hochstehend. Wenn Krafft-Ebing dann allerdings endlich über weiblichen Masochismus spricht, lautet es so:

> Beim Weibe ist die willige Unterordnung unter das andere Geschlecht eine physiologische Erscheinung. Infolge seiner passiven Rolle bei der Fortpflanzung und der von jeher bestehenden sozialen Zustände sind für das Weib mit der Vorstellung geschlechtlicher Beziehungen überhaupt die Vorstellungen der Unterwerfung regelmäßig verbunden. Sie bilden sozusagen die Obertöne, welche die Klangfarbe weiblicher Gefühle bestimmen.
>
> So liegt es nahe, den Masochismus überhaupt als eine pathologische Wucherung spezifisch weiblicher psychischer Elemente anzusehen, als *krankhafte Steigerung einzelner Züge des weiblichen psychischen Geschlechtscharakters, und seine primäre Entstehung bei diesem Geschlechte zu suchen.*

Frauen sind also irgendwie geborene Masochistinnen, während Männer zu Sadisten werden. Aber Männer können auch zu Masochisten werden, und wenn man derartige Fälle untersuchen will, muß man herausfinden, ob sie auch andere weibliche Eigenschaften aufweisen (Krafft-Ebing nennt da: Ängstlichkeit, Reizbarkeit, Willensschwäche und ähnliche). Es kann nämlich kein Zweifel darüber bestehen, daß der Masochist sich in einer passiven, weiblichen Rolle gegenüber der Herrscherin fühlt und daß seine sexuelle Befriedigung

> davon abhängt, daß ihm die Illusion des Unterworfenseins

unter den Willen der Domina gelingt. Die daraus resultierende Wollust ist an und für sich *nicht verschieden von dem Gefühl, welches für das Weib aus seiner passiven Rolle beim intersexuellen Akt resultiert.*

Pech nur für die masochistischen Männer, daß es so schwierig ist, in der wirklichen Welt Herrscherinnen zu finden. Sie sind also gezwungen, sie in ihrer Phantasie zu erfinden und mit diesen Phantasien zu onanieren, was wiederum zu psychischer Impotenz führen kann ...

Ein masochistischer Mann übernimmt demnach eine Art Frauenrolle. Umgekehrt müssen sich die wenigen Frauen, die wirklich Masochistinnen genannt werden können, vorstellen, Männer zu sein.

Die letzte Behauptung verstand ich nicht gleich, bis mir aufging, wie überwältigend logisch Krafft-Ebings Beweisführung im Grunde war: Wenn eine Frau sich vorstellen will, sie wird zutiefst gedemütigt, dann hat es keinen Zweck, daß sie sich selbst als Frau sieht, das heißt als ohnehin gedemütigtes Wesen. Tatsächlich können nur Männer in den Dreck gezogen werden, denn Frauen sind schon drin ...

Aber im übrigen sind die meisten Frauen gar nicht Masochistinnen. Sie sind ganz einfach Frauen. Das gilt nicht zuletzt für gewisse fremde Kulturkreise. Krafft-Ebing bringt ein besonders schönes Beispiel, das er selbst in einem Buch von 1698 gefunden hat und das seither von einem Buch zum anderen gewandert ist. Es ist die Geschichte über russische Bauersfrauen:

Es sind einige Nationen, namentlich die Persianer und Russen, so (bevorab die Weiber) Schläge für ein sonderbares Liebs- und Gnadenzeichen annehmen. Sonderlich sind die russischen Weiber fast nicht vergnügter und fröhlicher, als wenn sie gute Schläge von ihren Männern empfangen, wies Joann Barclarus mit einer merkwürdigen Historie erläutert. Es kam ein Teutscher, Namens Jordan, in Muscovien, und weil ihm das Land gefiel, ließ er sich häuslich daselbst nieder, und nahm ein Russisch Weib, so er hertzlich liebte, und in allem freundlich gegen sie war. Sie aber sah immer runtzlicht aus, warff die Augen nieder und ließ ach und wehe von sich hören. Der Mann wollte wissen, warum? denn er ja nicht ersinnen konnte, was ihr fehlen mochte. Ey, sprach sie, was wolt ihr mich doch lieb haben, massen ihr dessen noch kein Zeichen habt spüren lassen. Er umhälsete sie und bat, wo er sie etwa ohnversehens und unwissend beleidigt hätte, solches ihm zu verzeihen, er wollte es ja nimmer thun. Mir fehlt nichts, war die Antwort, als nach unser Landesmanier, die Geißel, das eigentliche Merkmahl der Liebe. Jordan merkte diese Mode, und gewehnte sich daran, da fieng das Weib an den Mann hertzinniglich zu lieben. Eben solche Geschicht erzählt auch Peter Petreus von Erlesund mit dem Zusatz, wie die Männer gleich nach der Hochzeit unter anderen unentbehrlichem Hausgeräth, ihnen auch Peitschen zulegten.

Man kann nicht umhin, die Begeisterung zu spüren, die Krafft-Ebing für die Frauen der primitiven russischen Gesellschaft empfindet: Das sind wirkliche bodenständige Personen. Aber er hält es auch für wahrscheinlich, daß Frauen einer höheren Kulturstufe ihre Rolle beim Geschlechtsakt als angenehm empfinden, eben weil sie passiv ist. Und er meint, je höher entwickelt eine Gesellschaft ist, desto größer sei der Unterschied zwischen Männern und Frauen. Es werde immer so sein, daß «das kecke Auftreten des Mannes eine sexuelle Anziehungskraft auf die Frau ausübt».

Damit hat er anscheinend bündig erklärt, weshalb es so wenige echte Masochistinnen gibt – und weshalb es, trotz aller häßlichen Krankheitsgeschichten, auch keinen Grund zum Verzweifeln gibt, in einer Welt, in der Männer Männer und Frauen Frauen sind.

Er sagt allerdings nichts darüber, wie Männer Männer und Frauen Frauen werden, lediglich, es sei nun einmal so. Und das wußte ich auch vorher schon, denn das lag sozusagen in der Luft – damals. Das mußte man nicht erst untersuchen. Allen war klar, was männlich und was weiblich war und daß hier die Natur persönlich sprach.

Es lag auch in der Luft, daß die Natur mit Nachdruck und einem leicht drohenden Unterton sprach und daß es einem nicht gut bekommen würde, wenn man etwa anfangen wollte, zuviel darüber nachzudenken. Weder die Ärzte noch Frauen oder Dichter überhörten die Stimme der Natur. Alles, was widernatürlich war, würden die Ärzte heilen müssen. Die Kompetenz, beurteilen zu können, was natürlich war, bekam man, indem man die Augen schloß, tief durchatmete und sich auf die Stimme der Natur konzentrierte, die mit der Stimme des gesunden Menschenverstandes im Chor sang. Das war alles sehr einfach damals, und wenn ich mich hier verhältnismäßig eingehend mit Krafft-Ebing beschäftigt habe, dann deshalb, weil ich ihn für einen so ausgezeichneten Vertreter dessen halte, worüber sich alle einig waren und was man kaum zu diskutieren wagte, aus Angst, selbst als widernatürlich zu gelten.

Krafft-Ebing hatte ja außerdem Beweise: Es gab viel mehr Männer, die ihn aufsuchten, als Frauen. Natürlich fiel damals keinem Arzt ein, daß es andere Gründe haben könnte, wenn weniger Frauen kamen. Vielleicht konnten sie sich gar nicht leisten, ihn zu konsultieren? Die wenigsten Frauen hatten damals eigenes Geld, und wie viele mochten ihrem Ehemann wohl eine Rechnung präsentieren, die vom Verfasser eines Buches über das abnorme Sexualverhalten stammte?

Vermutlich mußten sie auch wirklich zusätzliche besondere Widerstände überwinden, bevor sie über perverse Triebe sprachen. Das gilt heute noch und wird gelten, solange wir mit Schuldgefühlen reagieren, weil wir überhaupt starke sexuelle Triebe haben.

Und warum sollten sie ihn aufsuchen, wenn sie instinktiv ahnen mußten, daß er ihnen doch nur auf die Schulter klopfen und versichern würde, daß ihr Masochismus ganz natürlich sei? Es wäre ihnen sicher schwergefallen, die Krankheit, von der befallen zu sein sie fürchteten, überhaupt in Worte zu kleiden. Und sie hätten sicher Angst gehabt, in die Liste der abstoßenden Krankheiten zu kommen. Sie haben sich sicher ähnlich unter Druck gefühlt, wie die junge Frau, die bei einem Treffen mit Germaine Greer ihre Verzweiflung darüber zum Ausdruck brachte, daß vermutlich ohnehin drei Viertel von uns Masochistinnen seien.

3
Columbine

Nicht lange nachdem ich meine Unschuld verloren hatte, wie es so schön heißt (oder hieß), saß ich eines Tages in meinem Zimmer und hatte das bestimmte Gefühl, ich müßte jetzt einfach etwas *schreiben*.

Ich hatte noch nie versucht zu schreiben, und mir war völlig unklar, worüber und wie das ging. Aber an meiner Wand hing ein Poster vom Tivoli mit einem Harlekin darauf, und so schrieb ich darüber.

Wenn ich die kleine Geschichte hier einfüge, dann nicht, weil ich sie für ein literarisches Meisterwerk halte, sondern weil ich immer eine besondere Beziehung zu ihr gehabt habe. Ich denke schon, es liegt eine ganze Portion Logik darin, daß meine allerersten Schreibversuche meinen wesentlichen Konflikt spiegelten – meinen, und wie ich glaube, auch den vieler anderer Frauen.

Ich spürte eine quälende Unruhe und Bitterkeit darüber, daß Liebe nicht genügte, um jemanden, den ich liebte, in mir lesen zu lassen wie in einem offenen Buch. Er konnte das Geheimnis nicht entschleiern, das ich tief in mir fühlte. Er konnte mir nicht helfen herauszufinden, was für ein Geheimnis das war. War es das Geheimnis des Frauseins an sich? Warum peinigte es mich dann und machte mich gleichzeitig stolz? Und wer konnte mir helfen, das Rätsel zu lösen – konnte das niemand außer mir selbst?

Etwas muß heute geschehen.

Sie sind mitten zwischen den Blumen, in der Mitte des Straußes, ein Garten von Rosen und Glockenblumen, zartrote Sterne und gelbe, und hängende Ranken, die duften. Die Sonne scheint durch die Blätter auf sie herab, und Columbine hört die letzten Geigen. Sie hat mit Harlekin getanzt und steht noch immer auf Zehenspitzen mitten in der weißen Rose. Sie sieht zu ihm auf, seine Hand ruht noch auf seinem Herzen, und er schaut sie an.

Aber jetzt ist die Musik verklungen, seine Hand sinkt herab, und er atmet tief. Sie sucht seine Augen – ach, es ist immer dasselbe, sie blicken zur Seite, verschwinden, sehen durch sie hindurch und verblassen wie die Musik. Niemand ist mehr da, nur sie – warum ist er so fern? Harlekin, komm näher. Wenn du mich liebst, müssen wir uns mit den Augen ineinander versenken. Wenn du mich liebst, mußt du auf alle meine Fragen antworten, noch bevor ich sie stelle. Und es muß heute passieren. Heute muß sie Harlekins Blick auffangen. Jetzt sieht er sie wirklich an und spricht, aber seine Stimme klingt hart:

«Columbine», sagt er, «was ist denn heute mit dir los? Du warst gar nicht richtig bei mir. Du bist ein paarmal aus dem Takt geraten. Du mußt dich ein bißchen zusammennehmen.»

Sie gehen, er ein paar Schritte vor ihr. Das macht nichts, denn sie weint ein bißchen, und das würde ihn doch nur ärgern.

Aber dann dreht er sich um, sie fühlt seine Hand auf ihrer Schulter. Sie kniet im Gras nieder und verbirgt ihr Gesicht in den Margeriten. Sie kann die Tränen nicht zurückhalten, es ist lustvoll, sich gehenzulassen – die Rosen duften, die Sonne ist mild und die Luft still, es ist Juni. Von weither hört sie den Kuckuck. Jetzt ist Harlekin ganz bei ihr. Noch nie hat sie ihn so geliebt wie in diesem Augenblick. Es wird immer Juni sein für sie, und sie werden auf Blumen gehen.

«Kleine Columbine», flüstert er, «Columbine, kannst du mir vergeben? Es ist meine Schuld. Meine weiße Rose, du darfst nicht weinen, komm, wir wollen zusammen weitergehen!» Sie steht auf, das Gras ist weich und windet sich um ihre Knöchel. Er drückt sie an sich. «Ja», sagt er noch einmal, «du bist meine weiße Rose.» Da war es, als ob sie ein bißchen zu frieren anfinge.

Sie gehen zurück auf den Weg, die Sonne ist jetzt hinter einer Wolke verschwunden. Voller Staunen sieht Columbine, daß die Blumen verwelkt sind. Jetzt kommen sie in den Wald, das Moos am Wegrand ist feucht. Er bleibt stehen, zieht sie an sich, hält sie an den Hüften und betrachtet ihr Gesicht. Sein Blick trübt sich, seine Stimme wird weich: «Columbine, mein Täubchen, meine weiße Blume, ich werde auf dich aufpassen! Du sollst immer bei mir sein, damit niemand dir wehtun kann.»

Sie sieht zu ihm auf, irgend etwas sitzt auf seiner Nase, ein Flöckchen von einem Löwenzahn? Sie pustet es weg. «Und dein wunderschönes, goldenes Haar!» sagt er. «Es leuchtet wie die Sonne, es ist glänzend und durchsichtig, ein stiller See, ein Heiligenschein, der dich umgibt. Dein wunderschönes, goldenes Haar!» Seine Augen strahlen, endlich kann Columbine ganz bis auf den Grund seiner Augen sehen. Sie läßt ihr Haar durch die Finger gleiten, ganz langsam, sie hält eine Locke fest, dreht sie um den Finger, sie braucht nicht hinzusehen.

Er beugt sich hinab, um sie zu küssen. Aber sie windet sich aus seinen Armen und läuft davon. Der Regen weint eine Träne für sie, aber der Wind kommt und trocknet sie, streichelt sanft und sicher ihr Haar – auf das sie so stolz ist, ihr wunderschönes, schwarzes Haar.

4
Außenseiter in einer sexuell privilegierten Gesellschaft

Alfred C. Kinsey, Kirsten Auken, Morton Hunt
und andere, neuere Aufklärungsbücher
Bent H. C. Claësson, Inge und Sten Hegeler
und Lars Ullerstam

Läßt sich denn gar nicht feststellen, ob wirklich drei Viertel aller Frauen Masochistinnen sind? Daß drei Viertel von uns das Gefühl haben, sie wären im tiefsten Innern schwarz wie die Nacht oder die Sünde, weil wir uns in Wirklichkeit nur nach einem Mann sehnen, der uns schlecht behandelt, erdrückt, verprügelt und an den Haaren durchs Zimmer zerrt? Haben drei von vier Frauen Sklavinnenseelen?

Es wäre gut, ein paar Fakten darüber zu bekommen. Aber das war zumindest damals, als ich das Problem wälzte, gar nicht so einfach, wie man annehmen möchte.

Ich versuchte zum Beispiel, in den Kinsey-Reports nachzulesen. Der erste behandelt das sexuelle Verhalten amerikanischer Männer und widmet von seinen achthundert Seiten ganze vier dem Masochismus. Es wird auch nicht untersucht, wie viele Männer Masochismus praktizieren.

Der Kinsey-Report über die Männer erschien 1948. Kirsten Aukens Report über das sexuelle Verhalten dänischer Frauen erschien 1953, folgt in großen Zügen dem Muster Kinseys und enthält also ebenfalls keine Untersuchung über den Masochismus bei Frauen. Hätte sie ein paar Jahre gewartet, wäre ihr vielleicht der zweite Kinsey-Report (über die amerikanischen Frauen) Vorbild gewesen. Dann hätten wir über diese Seite des sexuellen Verhaltens der dänischen Frauen vielleicht etwas mehr erfahren. Aber dieser Kinsey-Report erschien erst 1953, im selben Jahr wie der Bericht von Kirsten Auken.

Der zweite Kinsey-Report, der anders als der erste auch Frauen einschloß, bezog ein neues Gebiet mit ein: die psychischen Stimuli. Man konstatierte, daß Frauen weit weniger psychisch stimulierbar sind als Männer. Auf Grund dieser Beobachtung kam das Team zu dem Ergebnis, daß Frauen also in höherem Maße durch körperliche Stimuli sexuell zu erregen sind, und riet den Männern, dies zu Beginn des Geschlechtsaktes zu beachten.

Zum Beispiel fand man heraus, daß das Anhören sadomasochistischer Geschichten amerikanische Frauen weniger erregt als amerikanische Männer. Dagegen erregen sich Frauen bei Filmen und beim Lesen romantischer Literatur sexuell genauso wie Männer – und wenn sie gebissen werden. Die Anzahl der Frauen, die durch Bisse erregt werden, ist sogar größer. Der Kinsey-Report erörtert allerdings nicht, ob der Grund etwa darin zu suchen sei, daß Frauen masochistischer veranlagt sind als Männer. (Oder ob Männer vielleicht mehr beißen ...)

Seit dem Erscheinen des Kinsey-Reports haben einige Forscher die Behauptung, Frauen reagierten sexuell nicht auf psychische Stimuli, angezweifelt. Phyllis und Eberhard Kronhausen haben Frauen befragt, die sogar sehr heftig auf die verschiedensten Formen von Pornographie reagierten, und es gibt andere Forscher, die Frauen dazu veranlassen konnten, über ihre Phantasien während des Beischlafs zu erzählen.

All diese Untersuchungen sind interessant zu lesen, aber keine ist brauchbar für irgendeine Statistik, zum Teil deshalb, weil überhaupt nur sehr wenige Frauen befragt worden sind.*

Zum fünfundzwanzigsten Geburtstag des Kinsey-Reports veröffentlichte die *Playboy-Foundation* eine breite Untersuchung über das sexuelle Verhalten amerikanischer Männer und Frauen in den siebziger Jahren, deren Herausgeber Morton Hunt war. Ihr lagen ausführliche Fragebogen zugrunde, die an einen repräsentativen Querschnitt der amerikanischen Bevöl-

* Auch der Hite-Report, der am Ende der siebziger Jahre, also sehr spät innerhalb der Phase meines Lebens erschien, die ich in diesem Kapitel beschreibe, enthält wenig oder gar kein Material über sexuelle Phantasien; Nancy Fridays Buch «Die sexuellen Phantasien der Frauen», in dem sie zwar vorkamen – und dessen Übermaß an Vergewaltigungs- und sadomasochistischen Phantasien mich tief beeindruckte –, erschien erst 1975 und enthielt dagegen keinerlei statistische Aufarbeitung dieser Phantasien.

kerung ähnlich dem Kinseys verteilt wurden und etwa zweitausend Personen erfaßten.

Hunt hält sich an die Kinsey-Reporte, geht aber auf manchen Gebieten einen Schritt weiter. Unter anderem erscheinen bei ihm zum erstenmal konkrete Zahlen über Sadismus und Masochismus. Nach Hunt hat der Sadomasochismus in den letzten fünfundzwanzig Jahren zugenommen, aber noch immer sind die Zahlen erstaunlich niedrig, jedenfalls weit entfernt von jenen fünfundsiebzig Prozent. Die Verteilung von Sadismus und Masochismus auf Männer und Frauen ist allerdings die traditionell zu erwartende: Die Masochistinnen und die Sadisten sind jeweils in der Überzahl. Hunt errechnete, daß 4,8 Prozent der Männer, aber nur 2,1 Prozent der Frauen sexuelle Lustgefühle durch das *Zufügen von Schmerz* bekommen und daß dieses Verhältnis beim *Erleiden von Schmerz* nahezu umgekehrt ist: Nur 2,5 Prozent der Männer, aber 4,6 Prozent der Frauen erleben dabei sexuelle Lust.

Darüberhinaus zeigt sich, daß sadomasochistische Aktivitäten fast nie innerhalb der Ehe praktiziert werden, sondern nur mit außerehelichen Partnern. Hunt sieht den Grund dafür in einer Gemeinsamkeit von unverheirateten und sadomasochistisch verkehrenden Personen: Beide können erhebliche emotionale Probleme haben.

Ein dritter bemerkenswerter Punkt ist, daß mehr jüngere Leute Sadomasochismus praktizieren als ältere. Andrerseits geschieht es durchaus nicht aus experimenteller Neugier; die weitaus meisten Personen, die es überhaupt versuchen, bleiben dabei. Ferner ist die Zahl der *aktiven* Sadisten und Masochisten sehr niedrig. Sie sind auch nie als sexuelle Minderheit anerkannt worden: Es gibt keine oder nur sehr wenig Bars, wo sie sich treffen können, und es gibt auch nicht die Art von gesellschaftlicher Offenheit oder allmählicher gesellschaftlicher Anerkennung wie etwa gegenüber Homosexuellen.

Aber wie steht es mit der psychischen Form? Hierzu bemerkt Kinsey, daß nur zehn Prozent der Männer und drei Prozent der Frauen sich beim Lesen pornographischer Geschichten sexuell erregten. Und nur vier Prozent der Frauen hatten laut Kinsey-Report sadomasochistische Phantasien beim Onanieren benutzt. Das Team der *Playboy-Foundation* ging direkter zur Sache, aber die Fragen, die diese Forscher stellten, waren eher eng formuliert. Sie fragten, ob beim Onanieren jemals Phantasien auftauchten, in denen die Person jemanden zum Geschlechtsakt zwang oder selbst gezwungen wurde, was das Gebiet des Sadomasochismus natürlich nicht annähernd absteckt. Hier die Zahlen (die alle Personen einbezieht, die zu irgendeinem Zeitpunkt onaniert haben):

Solche, die daran gedacht haben, andere zum Geschlechtsverkehr zu zwingen – prozentual:

Männer		Frauen	
unter 35	35 und darüber	unter 35	35 u. darüber
18	7	3	2

Solche, die daran gedacht haben, zum Geschlechtsverkehr gezwungen zu werden – prozentual:

Männer		Frauen	
unter 35	35 und darüber	unter 35	35 u. darüber
14	5	24	12

Die Zahlen scheinen größer zu werden, wenn man den Masochismus der Phantasien mitrechnet. Aber noch immer läßt sich nicht sagen, was herausgekommen wäre, wenn man weitere Fragen gestellt hätte – und sie anders formuliert hätte. Zum Beispiel: Woran denken Sie, wenn sie onanieren? Empfinden Sie etwas bei dem Wort Sklave? Wenn Sie erotisch angestachelt und hingehalten werden? Wenn Ihr Partner Sie während des Geschlechtsverkehrs hart anfaßt? Wenn er Ihre Bitte, weniger gewalttätig zu sein, mißachtet? Man könnte tausend Fragen stellen, aber man müßte sorgfältig nachdenken, bevor man die Fragen formuliert, damit nicht die meisten Frauen bewußt oder unbewußt mit Nein antworten.

Bis auf weiteres müssen wir uns mit den vorhandenen Zahlen begnügen. Aber die Zahl derer, die durch sadomasochistische Bilder, Filme, Erzählungen, Bücher usw. sexuell erregt werden, muß weitaus größer sein, als aus der Playboy-Statistik hervorgeht. Das läßt sich daran ablesen, wie sehr die internationale Porno-Welle in den letzten Jahren in Richtung Sadomasochismus geschwappt ist. Die Zahl der S/M-Hefte ist stark gestiegen, und heute kann man fast kein «gewöhnliches» Porno-Heft mehr aufschlagen, ohne über Peitschen, Fesseln und diverse andere Formen von Vergewaltigung und Folter zu stolpern. Offenbar läßt sich damit Profit machen, demnach muß es auch Menschen geben, die sich davon stimulieren lassen. Warum praktizieren sie es dann nicht? Weil es schwierig ist, einen Partner zu finden (wo doch so wenige Menschen über ihre «andersartigen» Neigungen zu sprechen wagen)? Weil es gefährlich ist (dadurch, daß man sich nur schwer vor etwas schützen kann, das passieren könnte, wenn man zum Beispiel gefesselt ist)? Oder ganz einfach, weil die meisten Leute nicht einmal wagen, sich selbst einzugestehen, daß sie solche Neigungen haben?

Als der *Playboy* einige der Untersuchungsergebnisse zum erstenmal veröffentlichte, ließ er dem Bericht eine Diskussion folgen. Die Teilnehmer waren Psychologen, Autoren und verschiedene andere, die im Zusammenhang mit dem ganzen Thema bekannt waren. Hier sind einige der Fragen, die in Verbindung mit Sadismus und Masochismus diskutiert wurden:

Tritt Sadomasochismus heute weiter verbreitet auf als früher (vielleicht, weil der Kinsey-Report trotz allem eine größere Offenheit bewirkt hat) – oder wagen wir heute nur, offener darüber zu reden und mehr Porno-Hefte zu kaufen? Sind wir einfach ein kleines bißchen toleranter geworden?

Eberhard Kronhausen vertritt die Meinung, daß Sadismus und Masochismus überall in unserem Erziehungssystem stekken. Er nennt hier insbesondere die englischen Internate mit Rohrstockzüchtigung und Hierarchie unter den Schülern, in der die kleinen Jungen Sklaven der größeren waren. Er ist außerdem davon überzeugt, daß der heutige Sadomasochismus auf die großen Kriege, die wir erlebt haben, zurückzuführen ist. Er berichtet von Bomberpiloten, die ihm erzählten, daß sie beim Bombadieren einer feindlichen Stadt einen Orgasmus bekamen und die darauf beharrten, daß es besser gewesen sei, als mit einer Frau ins Bett zu gehen. Kronhausen meint im übrigen, daß es jeder Person erlaubt sein müsse, eigene und private sexuelle Wünsche zu entwickeln, solange damit niemand zu etwas gezwungen wird – und solange Kinder nicht darin verwickelt werden, auch wenn sie eventuell selbst den Anstoß dazu gäben. Als Psychologe ist Kronhausen allerdings nicht gerade begeistert über den Aufschwung des Sadomasochismus, denn der beruht seiner Meinung nach auf der mangelnden Fähigkeit des Menschen, sich der Sexualität hinzugeben und sie zu genießen und eine gesunde Sinnlichkeit auszubilden, der eigentlich keine Grenzen gesetzt sein sollten.

Ein anderer Teilnehmer, ebenfalls Psychologe, schätzt, daß zehn bis fünfzehn Prozent aller Phantasien bei Frauen masochistisch seien, die übrigen seien seiner Meinung nach ganz gewöhnliche Beischlafphantasien, in der die Frau unten liegt und der Mann oben. Insgesamt meint er, Frauen sollten sehr viel mehr phantasieren, es würde ihre Kreativität entfalten.

Ein anderes Thema war, wer eigentlich bestimmt, wo es langgeht – der Sadist, wie man annehmen sollte, oder in Wirklichkeit der Masochist, der zu erkennen gibt, wann die Grenzen überschritten werden? In diesem Zusammenhang schildert W. B. Pomeroy, ein Mitarbeiter Kinseys, eine Szene, die einmal für das Archiv gefilmt wurde. Ein Sadist hatte einen Masochisten gefesselt und träufelte mit einer brennenden Kerze heißes Wachs auf die Geschlechtsteile seines Partners. Gleichzeitig beobachtete er aber aufmerksam dessen Gesichtsausdruck, und jedesmal, wenn er sah, daß es langsam zuviel wurde, hob er die Kerze etwas und wartete, bis sich das Wachs abgekühlt hatte. «Mir war plötzlich klar, daß der Masochist buchstäblich die Hand des Sadisten unter Kontrolle hatte», erzählt Pomeroy.

Ein anderer Teilnehmer meint, ein echter Sadist sei überhaupt nicht interessiert an einem masochistischen Partner, denn der hätte ja Spaß daran – ihn interessiere nur ein Mensch, der es verabscheut.

Tauschen der Sadist und der Masochist regelmäßig ihre Rollen, wie zum Beispiel in «Wer hat Angst vor Virginia Woolf?» oder auf die Weise, daß eine Frau, deren Mann ihr abends die Klitoris mit einem trockenen Finger stimuliert und ihr damit wehtut, ohne daß sie etwas zu sagen wagt, am nächsten Tag «ganz zufällig» wichtige Papiere wegwirft, die auf seinem Schreibtisch liegen?

Stimmt es, wie ein Teilnehmer behauptet, daß die meisten Kunden von Sadistinnen unter den erfolgreichsten, einflußreichsten und bedeutendsten Männern, den Säulen der Gesellschaft zu suchen sind? Und wo liegt hierfür die Erklärung, haben sie auf Grund solcher Positionen Schuldgefühle und folglich das Bedürfnis, selbst mißhandelt zu werden? Heißt das, hinter dem Masochismus stecken Schuldgefühle?

Auf der anderen Seite fällt mir Linda Lovelace ein, die Hauptdarstellerin des Films «Deep Throat». Sie bekennt sich zu vielen masochistischen Phantasien. Sie liebt die Vorstellung, gefesselt zu werden und alles mögliche angetan zu bekommen, ohne sich im geringsten rühren zu können, so daß sie schließlich kurz davor ist zu explodieren. Aber sie protestiert heftig gegen die Theorie, daß masochistische Phantasien aus Schuldgefühlen stammen. Sie behauptet energisch, sie habe keine Schuldgefühle.*

Das ist sicher die einzige ihrer Phantasien, die sie nie zu verwirklichen versucht hat.

Und gerade sie, die so viele Phantasien verwirklicht hat, (hauptsächlich die von Männern, vermute ich), die gezeigt hat, daß ihr nichts Menschliches fremd ist, warum verwirklicht sie nicht ihre eigenen masochistischen Phantasien?

Warum fällt es uns eigentlich immer noch so schwer, unsere masochistischen Phantasien zu verwirklichen, obwohl die Zeiten toleranter geworden sind? Obwohl ein respektabler Verlag ein Buch über die verschiedenen Requisiten für die sadomasochistische Erotik herausgeben (und mit Adressen- und Preislisten versehen) kann – z. B. Reitpeitschen, neunschwän-

* In ihren 1980 unter dem Titel «Ordeal» erschienenen Memoiren nahm Linda Lovelace viele ihrer früheren Behauptungen zurück und erklärte, sie sei zu ihren Filmrollen gezwungen worden.

zige Katzen, Knuten, Ruten, Rohrstöcke, Fesseln für die Fußgelenke und raffinierte Pranger, an dem der Masochistin (hoffentlich ist sie wirklich eine) die Hände hochgerissen werden? Alles ist hier abgebildet und mit toleranten, bürgerlichen Kommentaren versehen. Drei verschiedene Auspeitschungssituationen werden gezeigt – einmal mit einem männlichen Opfer, die beiden anderen Male mit weiblichen, getreu der Tradition. Der Verfasser hat folgenden Kommentar dafür übrig (in Anbetracht dessen, daß das Buch von einem Mann geschrieben ist, der um nichts in der Welt in den Verdacht geraten will, er selber litte an einer so ausgeprägt weiblichen Perversion wie dem Masochismus, ist er einleuchtend): «Ich muß gestehen, daß dies ein Gebiet ist, welches meine Toleranz auf eine harte Probe stellt.» Wenn er auch nichts anderes erreicht hat, er hat jedenfalls seine Hände in Unschuld gewaschen.

Er findet im übrigen wie so viele andere, es müsse uns erlaubt sein, unsere privaten sexuellen Wünsche zufriedenzustellen, solange niemand, darunter zu leiden hat. Warum tun wir es dann nicht? Warum ist es dann immer noch ein leicht anrüchiges Thema, warum meldeten sich ausschließlich Männer, als die beiden jungen Sexualwissenschaftler Bent und Jette Leute aufforderten, ihnen ihre besonderen sexuellen Interessen zu schreiben – Diskretion selbstverständlich garantiert?

Erst beim zweiten Versuch brachten sie ein paar Bekenntnisse von Frauen zusammen. Aber die Situation war kein Zufall. Und es ist auch kein Zufall, daß Bent und Jette eine resignierende Einstellung zu den Problemen ihrer Patienten haben: Letzten Endes sagen sie ihnen nur, daß sie mit ihrem abweichenden Verhalten leben müssen. Eine andere Möglichkeit gibt es nicht. Und allein die Tatsache, daß man überhaupt darüber *reden* kann, bewirkt schon sehr viel.

Vieles deutet darauf hin, daß sexuell abweichendes Verhalten offener als früher behandelt wird. Auch Fabricius-Møller fällte keine Urteile, wollte niemanden wegen seiner masochistischen Neigungen ins Gefängnis oder in eine Entziehungskur schicken, aber seine Toleranz war wie die gegenüber Leuten, die Weißwein zu Fleisch bestellen oder vergessen haben, sich die Hose zuzuknöpfen – taktvoll, aber kalt.

Ein neueres Aufklärungsbuch für jüngere Leute schlägt ganz andere Töne an, die fast frei von Schulmeisterei sind. «Sexualinformation für Jugendliche» von Bent H. Claësson erschien 1968 in der dänischen Originalausgabe. Hier steht, daß es ganz normal ist, während des Onanierens zu phantasieren.

> Wenn die Phantasien masochistische oder sadistische Züge tragen, so sagen sie selbstverständlich auch etwas darüber aus, was sich in uns verbirgt; aber das muß noch keinesfalls etwas «Anormales» signalisieren. Es ist nur notwendig, daß man zu sich selbst steht – im übrigen sollte man jedoch darauf achten, daß sich solche Charakterzüge nicht plötzlich gegen Mitmenschen richten.

Ich brauche also keine Angst zu haben. Aber worauf soll ich achten? Daß meine sexuellen Neigungen in andere Lebensverhältnisse eingreifen könnten? Ist der Mensch womöglich ein so einheitliches Ganzes, daß sich ein Verhaltensmuster notwendigerweise in allen Bereichen wiederholen läßt?

Oder soll vielleicht gar nicht ich auf etwas achten, sondern nur die Sadisten?

Und was steht in diesem Buch über Masochisten und Sadisten? Und an welcher Stelle? Nun, nicht mehr *hinter* den Geschlechtskrankheiten, aber doch noch ziemlich nahe daran. Und hier bin ich wieder aufgeführt, gemeinsam mit Homosexuellen, Exhibitionisten, Leuten, die es mit Tieren treiben, dem Gruppensex frönen oder Inzest begehen. Aber hier steht auch:

> Nicht selten ist ein und dieselbe Person sowohl sadistisch als auch masochistisch veranlagt.

Den erotischen Spielen vieler Menschen seien sadistische und masochistische Elemente beigemischt, aber erst wenn sie Bedingungen für die sexuelle Erregung und Befriedigung würden, könne man von sexueller Abweichung sprechen.*

Es ist also alles gar nicht so schlimm? Aber so gut ist es auch nicht. Ich glaube jedenfalls nicht, daß ich das junge Mädchen sein könnte, das auf dem Umschlag der dänischen Ausgabe

* Diese Bemerkungen stehen nicht in der deutschen Ausgabe, sie sind deshalb hier nach der dänischen referiert. (A. d. Ü.)

fröhlich und nackt mit einem hübschen nackten jungen Mann herumläuft. Ich glaube auch nicht, daß ich auf den Fotos vom Geschlechtsakt dargestellt bin, nicht einmal auf denen von dem onanierenden Mädchen. Wenn es um junge Leute geht, müssen gewisse Grenzen gewahrt bleiben. Deshalb gibt es wohl auch kein Bild von einem hübschen jungen Mädchen, das von einem hübschen jungen Mann gefesselt und geschlagen wird. Solche Mädchen hat man jungen Leuten erst vor kurzem vorgeführt, allerdings nicht in einem Aufklärungsbuch, sondern in einer Broschüre über das Lesen von Pornographie. Daß Gymnasiastinnen sich mit ihr nachgerade identifizieren sollen, ist jedoch nicht beabsichtigt.

Aber etwas anderes ist interessant bei Claësson: Mein Sadist und ich, wir können die Rollen tauschen. Darauf war ich nicht gefaßt gewesen, und es hat mich, ehrlich gesagt, etwas verwirrt.

Und noch etwas: Wie beurteilt man eigentlich, wann sadistische und masochistische Elemente Bedingung für sexuelle Erregung und Befriedigung sind?

Und wenn sie es nun sind? Wenn sie für mich *Bedingung* sind? Dann bin ich auf keinen Fall normal ...

Es wäre sehr schön, wenn man genau wüßte, was normal wäre ... Aber glücklicherweise wissen wir es ja. Wir brauchen nur die beiden Journalisten Inge und Sten Hegeler zu fragen. Sie antworten kurz und bündig, Glück sei zu wissen, was normal ist. Und sie behaupten, normal sei ein weiter Begriff.

Sie sagen es natürlich nicht so geradeheraus, aber sie geben doch deutlich zu verstehen, daß eigentlich alles normal ist, solange man anderen nichts antut, was ihnen zuwider ist. Alles ist ... nun ja, vielleicht nicht normal, aber jedenfalls in Ordnung und nichts, worüber man sich den Kopf zerbrechen muß. Und wenn man in ihrem «ABZ der Liebe» unter dem Stichwort «Masochismus» nachschlägt, beginnt der Artikel mit folgenden Worten: «... eine Besonderheit innerhalb des Geschlechtsverhaltens.»

Es gibt viele Stellen im «ABZ der Liebe», wo man abgesehen von Masochismus und Sadismus noch nachschlagen kann; es gibt Stichworte wie Gouvernante, Dippoldismus, Erziehung, Minderheit, Perversion, Natürlichkeit, Persönlichkeit, Sexualleben, Flagellanten usw. Unter Masochismus steht folgendes:

> *Masochismus*; *masochistisch*: ist eine Besonderheit innerhalb des Geschlechtsverhaltens. Eine Person, die durch Peinigung oder Demütigung sexuell besonders erregt wird, wird masochistisch genannt. Wir wollen dabei jedoch nicht vergessen, daß wir alle etwas von diesen Gefühlen in uns haben, vom Masochismus, vom Sadismus und all den anderen -ismen, die wir als Perversionen bezeichnen. Alle diese Dinge kommen im ganz normalen Geschlechtsverhalten vor. Das Gefährliche daran ist die Einseitigkeit, denn sie läßt auf ein verkümmertes Gemüt schließen.

Der Masochismus hat seinen Namen von dem österreichischen Schriftsteller Leopold von Sacher-Masoch erhalten, der im neunzehnten Jahrhundert gelebt und in seinen Büchern beschrieben hat, welches Vergnügen es ihm bereitete, von seiner Frau mißhandelt zu werden. Die Religionsgeschichte kennt darüber hinaus zahlreiche Beispiele von Menschen, die damit ihren Geschlechtstrieb befriedigten, daß sie sich selbst kasteiten, weil sie es auf natürliche Weise nicht tun durften. Es kam auch bei Nonnen vor, die zum Zölibat gezwungen waren und äußersten Genuß aus grausamsten Selbstzüchtigungen und Selbsterniedrigungen zogen – vom Fasten und Geißeln bis hin zum Trinken von Pestblut und Auslecken von Lepraschwären. Manche von diesen Nonnen wurden heiliggesprochen. Es gab außerdem breite religiöse Bewegungen von Flagellanten, deren Angehörige jedoch zumeist nicht wußten, daß sexuelle Triebe dahintersteckten.

Wie aus einer kleinen Untersuchung, auf die unter dem Stichwort «Gouvernante» hingewiesen wird, hervorgeht, gibt es heute viele einseitig ausgerichtete Masochisten. Bei den meisten ist deutlich zu erkennen, daß der Keim zu ihren besonderen Wünschen schon in der Kindheit gelegt wurde.

Bei den übrigen ist es zumindest wahrscheinlich, daß die Ursache hierfür in Erlebnissen demütigender, sadistischer Formen der Bestrafung während der Kindheit zu suchen ist.

Es gibt zahlreiche andere Beweise dafür, wie Erziehung die Persönlichkeit formen kann, aber nur wenige regen so zum Nachdenken an.

Sowohl Männer als auch Frauen können Masochisten werden; die Tatsache, daß unter den Erwachsenen hauptsächlich Männer eine «Gouvernante» suchen und sich danach sehnen, von einer strengen Gebieterin «erzogen» zu werden, hängt vermutlich damit zusammen, daß in unserer patriarchalischen Gesellschaft Frauen leichter und ohne aus der Rolle zu fallen einen dominierenden Mann finden.

Darüber hinaus kann es manchmal für eine Frau, die vielleicht schwer erregbar ist (siehe Frigidität), einen passiven Genuß darstellen, wenn sie von ihrem Mann zu dessen eigener Befriedigung mißbraucht wird. Dieser passive Genuß hat gewisse Ähnlichkeiten mit masochistischen Gefühlen (siehe auch Deformitätsfetischismus und Transvestitismus).

Inge und Sten Hegelers ganze Arbeit zielt darauf ab, diejenigen unter uns zu beruhigen, die sich Sorgen machen und zermartern, weil sie sich als perverse Minderheit ausgesperrt fühlen. Aber, so betonen sie, das sind wir gar nicht. Wir tun lediglich Dinge, die andere nicht wagen zu tun, beziehungsweise wir tun ein bißchen mehr von den Dingen, die alle zumindest in Ansätzen auch tun. «Das meiste davon rumort leise in den Köpfen der meisten Menschen», schreiben sie unter dem Stichwort «Perversionen». Unter «Phantasien» steht:

> Sie sind absolut keine perversen, krankhaften Vorstellungen, sondern eins der vielen Sicherheitsventile, mit denen ein gesundes und normales menschliches Wesen ausgestattet ist.

Man fühlt sich immer sehr gesund und normal, wenn man etwas von Inge und Sten Hegeler gelesen hat, das war schon so, als sie eine ständige Rubrik in einer Zeitung hatten. Die Briefe an sie und ihre Beratungen erschienen später als Buch unter dem Titel «Frag Inge und Sten». Alle ihre Ratschläge verfolgen den Zweck, die Menschen zu beruhigen. Ein von masochistischen Neigungen geplagtes Mädchen, das befürchtet, verrückt zu sein, bekommt folgende Antwort: «Sie sind weder verrückt noch geisteskrank, aber natürlich haben Sie ein Problem ...»

Dieses Buch ist zwar in einzelne Abschnitte aufgeteilt, es gibt aber weder einen Abschnitt über «Perversionen» noch einen über «normales Geschlechtsverhalten». Natürlich nicht! Masochismus zum Beispiel ist für sie ja nur eine «Besonderheit», und der Abschnitt, in dem etwas über mich steht, trägt die Überschrift «Besondere Fragen». Hier findet sich auch eine längere Diskussion über das Vergnügen am Schlagen und Geschlagenwerden. Dieses Vergnügen, so meinen Inge und Sten Hegeler, kennen «Menschen, die selbst als Kinder und Jugendliche geschlagen worden sind». Und sie fügen wieder hinzu: «Regt das nicht zum Nachdenken an?»

Und dabei bleibt es. Was sollten sie auch sonst unternehmen, solange keine gründlichen Untersuchungsergebnisse über einen möglichen direkten Zusammenhang zwischen einer veralteten Erziehung und dem Sadismus-Masochismus vorliegen?

Überhaupt sind viele Dinge niemals gründlich untersucht worden, so zum Beispiel auch die Frage, ob zwischen dem Geschlecht und dem Masochismus einer Person ein direkter Zusammenhang besteht ... Inge und Sten Hegeler zitieren den Brief eines Mannes, der fast rührend über Frauen berichtet, die sich gern schlagen lassen:

> Solche Frauen sind die liebevollsten, treuesten, ehrlichsten und hingebungsvollsten – und es steigt ihnen nicht zu Kopf, daß sie verwöhnt werden ...

Die Autoren selbst sind jedoch sehr vorsichtig mit solchen Verallgemeinerungen:

> Es ist schwer zu sagen, ob (unter Masochisten) Frauen in der Überzahl sind, denn diese Frage ist noch nie untersucht worden. Im übrigen brauchen sich Frauen dieses Bedürfnisses nicht einmal bewußt zu werden, es genügt, wenn sie sich einen strengen Ehemann suchen und ihn reizen.

Über masochistische Männer dagegen heißt es:

> Solche Männer haben es wirklich schwer, denn es gibt nicht

so viele Frauen, denen es Spaß macht, Männer zu verprügeln. Aber es gibt sie ...

Und für jemanden, der nach den eigentlichen Ursachen fragt, haben Inge und Sten Hegeler folgende Antwort:

> Die Frage nach dem *Warum* ist auch ein schwieriges Kapitel – in der Pubertät sind die meisten Menschen sehr leicht sexuell erregbar, und der Weg vom Schmerz zur Lust ist nicht so weit ...

Bei Inge und Sten Hegeler finden sich viele Ansätze für Erklärungen, eine tatsächliche Erklärung des Masochismus jedoch fehlt. Und das kann man ihnen nicht einmal verdenken, denn sie hatten nicht die Absicht, Erklärungen zu liefern, sondern Trost, sie wollten die Angst, anormal zu sein, beseitigen, indem sie die Kluft zwischen *normal* und *anormal* aufheben.

> Das Normale ist ein dehnbarer Begriff, und die meisten von uns haben ihre kleinen Eigenheiten auf sexuellem Gebiet, die sie möglicherweise mit einigen Hunderttausend anderen Leuten auf der Welt teilen ...

Das Traurige ist nur, daß es – auch wenn wir alle fast normal sind – immer ein paar gibt, die normaler sind. Wenn man nämlich im «ABZ der Liebe» unter den Stichwörtern «Perversion», «pervers» nachschlägt, findet man etwas, was mich zumindest sehr verunsichert hat:

> Echte Perversion ist eine geistige Mißbildung, eine fanatisch einseitig getroffene Wahl innerhalb des breiten Spektrums natürlicher und allseitiger sexueller Beziehungen.

Und damit wären wir also immer noch keinen Schritt weiter.

Dann hilft es auch nicht viel, wenn Sten Hegeler in seiner Zeitungsrubrik (zum Beispiel bezüglich eines Masochisten, der in Ausübung seiner «Besonderheit» gestorben ist) erklärt, wir alle trügen ein bißchen von solchen Perversionen in uns (zum Beispiel, wenn wir uns gegenseitig in die Schulter beißen), es sei – insbesondere in Schichten, die es sich leisten können, sich den entsprechenden Partner zu kaufen, aber auch allgemein – in Dänemark stark verbreitet, und im übrigen haben Leute, die dabei sterben, offenbar eine extrem hohe Orgasmusschwelle, die nach extrem viel körperlichem Schmerz für die Befriedigung verlangt. Dann hilft es auch gar nichts, wenn man liest, es ging darum, «sich selbst zu erkennen und sich gegenseitig zu verstehen».

Doch, ein bißchen hilft es. Es hilft dabei, sich nicht allein zu fühlen. Es hilft im Grunde genommen auch dadurch, daß es einen daran erinnert, daß *Normalsein* gar nicht so entscheidend ist. Wichtiger ist, wie man sich selbst fühlt. Vielleicht sollte man lieber wirklich genießen, was man hat, anstatt sich nach etwas anderem zu sehnen?

Das meint jedenfalls der schwedische Psychiater Lars Ullerstam, der 1967 ein Buch mit dem Titel «Die erotischen Minderheiten» herausgab.

Auf den ersten Blick sah es so aus, als käme ich in diesem Buch gar nicht vor. Aber das lag daran, daß mein Sadist und ich zusammen in ein Kapitel mit der Überschrift «Algolagnie» gesteckt worden waren. Zuerst fühlte ich mich ganz heimatlos, aber dann sah ich, daß ich wieder von den gewohnten Freunden umgeben war, es waren sogar ein paar dazugekommen. Die Rubriken hießen: Inzest, Exhibitionismus, Pädophilie, Saliromanie, Homosexualität und Skoptophilie; danach folgten nicht nur Transvestitismus, Nekrophilie, Fetischismus, Zoophilie, Gerontophilie und Pyromanie, sondern auch etwas «frisches Blut» wie Onanie, Autoerotismus (was dasselbe ist), Triolismus und sexueller Kolletivismus. Letzteren an dieser Stelle zu finden hat mich gefreut und gleichzeitig erstaunt.

Aber es war Absicht, daß wir alle uns hier begegnen. Ullerstam will zeigen, daß unser Sexualleben vielfältig und es deshalb absurd ist, irgend etwas davon für pervers zu erklären. Er selbst erkennt nur den Begriff «Minderheit» an, und er berücksichtigt ihn nur unter einem Aspekt, nämlich dem, daß Minderheiten nicht die gleichen Rechte haben wie die Mehrheit.

Nach Ullerstam liegt das daran, daß wir zur Sexualität eine doppelte Einstellung haben. Einerseits haben wir auch auf sexuellem Gebiet eine Art «Wohlstandsmoral» eingeführt, die Geschlechtsverkehr wie ein Genußmittel behandelt. Aber wir haben sie andererseits nicht so weit gefaßt, daß auch sexuelle Perversionen dazugehören, sondern vielmehr eine «erotisch privilegierte Gesellschaft» geschaffen:

Geschlechtlicher Genuß ist in unserer Gesellschaft folglich zum Privileg von Menschen geworden, die ganz bestimmte heterosexuelle Bedürfnisse haben. Die Debatte über die Sexualmoral, die in regelmäßigen Abständen in unserem Land aufflammt und deren Vertreter sich für fortschrittlich halten, hat sich fast ausschließlich damit befaßt, dieser ohnehin begünstigten Kaste weitere Vorteile zu verschaffen.

Gehört man nicht zur Mehrheit, liegt die Sache gleich ganz anders:

Wir scheinen also Originalität in sexuellen Dingen nicht für besonders lobenswert zu halten. Wir sprechen übrigens in dieser Beziehung auch nicht von Originalität, sondern verwenden statt dessen den Begriff «Anomalität» (neben «Perversion»), und dieses Wort ist nicht gerade schmeichelhaft.

In sexuellen Angelegenheiten fallen statistische Norm und Ideal offensichtlich zusammen. Es gilt als gegeben, daß die Mehrheit in diesem Fall recht hat und wir alle uns ihren Gewohnheiten anzupassen haben. Einzig erlaubte Variationen sind rein technischer Natur, also Variationen der Stellungen beim Geschlechtsverkehr zwecks effektivster Reizung der Geschlechtsorgane. Zu diesen Fragen erteilen Handbücher und Sexualpädagogen bereitwillig Auskunft – wohlgemerkt: solange es sich um heterosexuellen Geschlechtsverkehr handelt. Wenn aber jemand wissen möchte, wie man die Technik beispielsweise beim Triolismus (Geschlechtsverkehr zu dritt) oder bei der Sodomie variiert, würde ich ihm nicht raten, eine der offiziellen Kliniken aufzusuchen. Für Erwachsene heißt die sexuelle Maxime: gedankenloser Konformismus.

Das Ergebnis ist ein Konflikt zwischen zwei Normen:

Auf der einen Seite ist man dafür, daß jeder nach seiner Façon selig werden soll, und hat nichts dagegen, *Behinderten zu ihrem Glück zu verhelfen.* Auf der anderen Seite findet man es jedoch falsch, wenn ein «Perverser» in aller Freiheit sein sexuelles Glück ausprobieren darf, vor allem will niemand dazu beitragen, daß er es erreicht.

Einen Teil der Schuld daran trägt die christliche Moral. Und im übrigen haben wir heute eine neue Form von Puritanismus.

Nicht daß Ullerstam meint, für Puritaner dürfe kein Platz sein! Er meint nur, sie sollten nicht ihre Verhaltensweisen anderen aufzwingen dürfen. Und das tun Puritaner auch weiterhin.

Sie verstecken sich dabei nicht mehr so sehr hinter der Religion, sondern oft hinter wissenschaftlichen oder medizinischen Terminologien. Wer heute etwas verbieten will, tut das am wirkungsvollsten, indem er etwas für «unnatürlich» erklärt.

Es gibt eigentlich nur eins, was noch wichtiger ist als natürlich zu sein, nämlich «gesund» zu sein. Wir leben heutzutage unter einer Art «Terrorregime» der Gesunden. Diese Gesundheit, die mit geistiger Hygiene nicht das geringste zu schaffen hat, scheint aus Amerika zu kommen und besteht aus einem eigenartigen Gemisch aus sonnengebräunter Kernigkeit, Brutalität und Prüderie.

Ullerstam fährt fort:

Machen wir dieser Gesellschaft des sexuellen Privilegs ein Ende! Ich möchte ausrufen: Sexuelle Minderheiten aller Kategorien, vereinigt euch! Aus leicht einsehbaren Gründen hat diese Aufforderung jedoch nicht die gleiche Aussicht auf Erfolg wie jener marxistische Kampfruf. *Die sexuell Abweichenden sind zu sehr verunsichert und mit Schuldgefühlen beladen, als daß sie wagen würden, öffentlich hervorzutreten.* Die Initiative muß von anderer Seite kommen.

Er macht selbst eine Reihe von Vorschlägen, wie man erotischen Minderheiten helfen könnte, sich zusammenzutun, besonders Sadisten und Masochisten. Er benutzt für sie sogar einen anderen Namen, Algolagnie, die er in aktive Algolagnie (Sadismus) und passive Algolagnie (Masochismus) unterteilt. Er tut das, weil er meint, die Leute hätten die groteskesten Vorstellungen über Sadismus. Sobald ein Kind mißhandelt wird oder ein Polizist zu hart durchgreift, sprechen die Zeitungen von Sadismus. Das Wort Sadismus ist zum Teil Schimpfwort und zum Teil Bezeichnung für eine sexuelle Eigenart und sollte eigentlich aus sachlichen Diskussionen verbannt werden, weil es stark emotional gefärbt ist.

Aber – was wissen wir denn über diese Algolagnie?

In Wirklichkeit überhaupt nichts, konstatiert Ullerstam. Gewiß ist eine Menge darüber geschrieben worden. Daß wir aber trotzdem nur so wenig wissen, liegt laut Ullerstam zum Teil daran, daß die Sexualwissenschaftler, die auch veröffentlichen, an der Verbreitung von qualifiziertem Wissen auf diesem Gebiet nicht interessiert sind:

> Das Einzige, was wir über die Algolagnie sicher wissen, ist, daß sie große Glücksmöglichkeiten birgt.

Er berichtet über einige speziellere Formen dieses Glücks:

> Etliche Masochisten haben Aussagen über Erlebnisse während der Folterung von bemerkenswert hohem Niveau gemacht: Erfahrungen religiöser, visionärer oder ästhetischer Art, die gelegentlich offenbarungsartige Formen annahmen.

Als Beispiel dafür nennt Ullerstam den französischen Schriftsteller Jean Genet und besonders dessen Buch «Das Wunder der Rose». Er erwähnt auch einen englischen Colonel namens Sparker, der 1873 ein Buch mit dem Titel «Experimental Lecture» veröffentlichte, in dem es heißt:

> Sein Erzieher hält dafür, daß sinnliches Vergnügen dadurch zu erlangen ist, daß man in einer Person die stärksten Gefühle weckt. Nun ist der Schmerz das stärkste aller Gefühle, fährt er fort, und seine Wirkung ist gewiß und unfehlbar. Und somit kann der Mann, der den stärksten Eindruck auf eine Frau machen und ihren Organismus zum absoluten Gipfel der Erregung führen kann, sicher sein, daß auch er selbst sexuellen Genuß im höchsten Grade erreicht.

Es besteht also für Männer mit masochistischen Ehefrauen kein Grund zur Klage. Für masochistische Männer dagegen sehr viel:

> Es gibt Männer, die nur heiraten, um die wunderbare Demütigung dadurch zu erfahren, daß sie die eigene Ehefrau und deren Liebhaber bedienen, während diese in ihrem Beisein Geschlechtsverkehr haben. Es ist schade (für die Männer), daß der Sadismus ihrer Frau oft nicht sehr echt ist, aber zumeist wissen die Frauen doch bestens und rücksichtslos Kapital zu schlagen aus der Unfähigkeit ihrer Männer, ihren Launen zu widerstehen, um sich nichtsexuelle Vorteile zu verschaffen.

Schließlich hat Ullerstam eine ganz einfache Erklärung für eine Tatsache, die einige der Teilnehmer an der Playboy-Diskussion überrascht hatte: warum immer mehr reiche Männer in hohen und erfolgreichen Positionen in England in Bordelle gingen, die oft wahre Folterkammern waren, um sich erniedrigen zu lassen:

> Sie waren die einzigen, die dafür bezahlen konnten. Und trotzdem haben sich zahlreiche Autoren in die Irre führen und zu tiefschürfenden Betrachtungen über das Bedürfnis der Herrschenden, ihre Schuld vor den in Fron gehaltenen Menschen zu sühnen, hinreißen lassen.

Und welche praktischen Vorschläge macht er selbst? Er spricht sich dafür aus, daß Masochisten mit Hilfe von Spezialisten in Bordellen zu sexueller Befriedigung verholfen werden solle.

> Es gibt jedoch auch einzelne, die es brauchen, daß die «ausführende Person» sexuell erregt ist; in solchen Fällen wäre es wünschenswert, wenn man sie mit zu ihnen passenden Sadisten zusammenbringen könnte, denn daraus könnte sich eine vortreffliche Symbiose ergeben.

Im weiteren schlägt Ullerstam vor – vorausgesetzt allerdings, eine «Gruppe von vorurteilslosen Leuten würde unerwartet die politische Macht bekommen» – Erziehung und Aufklärung zu verbessern. Eltern sollten lernen, die sexuelle Neugier ihrer Kinder anzuregen und sich über deren sexuelle Aktivitäten zu freuen. Im schulischen Sexualkundeunterricht sollten sexuelle Abweichungen als legitime Formen der geschlechtlichen Befriedigung und absolut gleichwertig neben der Heterosexualität behandelt werden.

Am Ende stehen einige praktische Tips: es könnten Büros zur Vermittlung von sexuellen Kontakten eingerichtet werden; die Zeitungen könnten besondere Anzeigenteile für sexuelle Minderheiten zur Verfügung stellen, frigide und impotente Leute könnten an erfahrene Ärzte überwiesen werden, die versuchen sollten, latente «Perversionen» ihrer Patienten ans Tageslicht zu bringen, der Bereich der pornographischen Dienstleistungen und die Bordelle sollten ausgebaut werden, damit wir nicht zum Beispiel von einem Fest, auf dem wir sexuell angeregt, aber nicht befriedigt wurden, frustriert nach Hause gehen müssen ...

Was pornographische Dienstleistungen angeht, so sieht Ullerstam sein Buch als ersten Beitrag und spricht am Ende offen die Hoffnung aus, es möge ihm gelungen sein, verschiedene pornographische Bedürfnisse zu befriedigen. Denn:

> Ich kann nicht anders empfinden, als daß man vor allen Quellen sexueller Lust Achtung haben sollte, auch vor denen, die durch emotionale Schäden entstanden sind.

Aber es ist noch ein weiter Weg, bevor solche hohen Ziele erreicht sind. Und selbst wenn man nur eine etwas gelassenere Einstellung in dieser ganzen Frage wünscht, ist der Weg noch lang. Das wird ganz deutlich, wenn man zu aktuellen Geschehnissen Leute wie Sten Hegeler befragt. Die Presse zeigt eine geradezu unanständige Neugier – und sie läßt sich nur deuten als konsumorientierte Ausbeutung eines immer noch starken Drangs bei der Bevölkerung, etwas über sexuelle Abweichungen zu erfahren, selbst wenn sie so aufgeklärt ist wie die dänische.

Das wird auch im Alltag spürbar, wann immer man unter Leute kommt. Die allgemeine Einstellung gegenüber dem Anormalen ist immer noch geprägt von einer erschütternden Ängstlichkeit, das Anormale wirkt abschreckend und anziehend zugleich. Man flüchtet sich in spöttische Nachahmungen, wie sie früher gegenüber Homosexuellen an der Tagesordnung waren: schlag mich, schlag mich – ha ha ha! Oh, ich bin so masochistisch – ha ha ha! Und kennst du schon den von dem Mann, der immer *gepeitscht* werden mußte, um einen hoch zu kriegen? Ha ha ha ...

Diesem Einfluß der öffentlichen Meinung können wir alle nicht entgehen. Die öffentliche Meinung ist schuld daran, daß Linda Lovelace ihre Phantasien vom Gefesseltwerden nicht in die Tat umsetzt (oder vielleicht wagt sie nur nicht zu sagen, daß sie es doch getan hat). Sie ist schuld daran, daß jenes Mädchen beim Treffen mit Germaine Greer es als etwas Furchtbares empfand, daß so viele von uns mehr oder weniger masochistisch veranlagt sind.

Ich selbst habe auch den Mund darüber gehalten, aber ich

habe eine Menge Bücher gelesen. Nicht auf einmal, obwohl es hier den Anschein erwecken könnte. Im Gegenteil, die Lektüre erstreckte sich über viele Jahre. Aber offenbar sammelten sich alle Bücher in einem bestimmten Raum meines Gehirns – und dort lagen sie und diskutierten miteinander.

Mit jedem Buch wurde ich ein bißchen klüger, aber auch verwirrter und wißbegieriger. Ich fühlte mich abwechselnd eher pervers und eher originell. Ich fühlte mich vor allem abwechselnd mehr und weniger als Frau. Aber eine Sache kam mir überhaupt nicht akzeptabel vor, nämlich daß ich gleichzeitig auch ein bißchen sadistisch sein sollte. Ansonsten war schon etwas Wahres an der ganzen Sache.

Sollte ich weiterlesen, oder sollte ich mich auf eigene Experimente werfen?

Nun, mit der Zeit tat ich beides.

5

Some day my Prince will come

Wie gesagt, irgendwann verlor ich meine Unschuld. Ich fand nur, daß ich sie nicht richtig verloren hatte. Und die Bücher bestärkten mich in meiner Vermutung, daß es tief in mir drinnen einige dunkle Punkte gab, die bis jetzt nur niemand entdeckt hatte. Ich war «eine Frau geworden», wie es so schön heißt – aber war ich das auch wirklich? Ich fühlte mich immer noch anders als die andern. Ich fühlte mich irgendeines dunklen Verbrechens schuldig, das gleichzeitig vielleicht doch gar kein Verbrechen war, sondern das innerste Geheimnis der Sexualität.

Ich war ganz sicher, daß ich meinen ersten Orgasmus erst bekommen würde, wenn ich den Mann träfe, der durch meine sonnige Unschuld hindurch bis auf den Grund meines Wesens sehen konnte. Denn ich hatte noch immer keinen, und die Jahre vergingen. Aber ich war ganz sicher, daß Masochismus und Orgasmus zusammengehören – auf jeden Fall für mich, aber vielleicht für alle Frauen.

Wenn ich mich von einem Mann sexuell angezogen fühlte, lag es nie an seinem Aussehen. Jedenfalls war es nicht so, wie Männer sich von Frauen auf Grund des Aussehens angezogen fühlen. Ich empfand Männer mit gutgebauten Körpern, schönen Gesichtern und schönen Haaren als Genuß, aber nicht unbedingt sexuell anziehend. Sie machten mir auch Angst. Ich war fest davon überzeugt, daß sie sich nie in mich verlieben würden, sie waren doch viel zu perfekt. So schrieb ich selbst sie von vorneherein ab.

Wenn so einer sich dann doch in mich verliebte, wollte ich das nie wirklich glauben. Ich war immer ganz sicher, ich hätte eine Menge Rivalinnen, die auf die Dauer doch gewinnen würden, Frauen, die der jeweilige Mann vor mir gekannt hatte. Ich studierte ihn auf alten Fotos, und immer schien er früher einen Gesichtsausdruck gehabt zu haben, den er mit mir zusammen nicht hatte. Einen Gesichtsausdruck, der mich anzog, den aber, wie gesagt, eine andere hervorrief und nicht ich – eine, die besser war, eine, die etwas hatte, was ich nicht hatte, eine, die mehr Frau war, vermutlich. Aber was war das eigentlich? Eine, die wagte, sich mehr zu ihrem Masochismus zu bekennen – vielleicht? Eine, die wagte, aufreizender zu wirken?

Natürlich hatte das Aussehen eine Bedeutung, aber auf andere Art: mehr als Ausdruck für etwas Inneres. Entscheidend konnte zum Beispiel ein schmerzlicher Ausdruck sein, den ich auslegte als Unangepaßtheit, als Unzufriedenheit mit der Welt, als Rebellion, also als Hinweis darauf, daß er sein eigenes Leben leben wollte, daß er selbst die Bedingungen stellte und notfalls die ganze Welt umkrempelte. – Deshalb sagten mir Körper oder Haare nicht so viel wie Lippen und Augen.

Seine Augen, wenn er in seine Arbeit vertieft war. Wenn er mit einem ebenbürtigen Gegner diskutierte, wenn er eine Sitzung leitete, wenn er zielbewußt irgend etwas anstrebte, ohne mir auch nur die geringste Beachtung zu schenken. Und wenn er mich dann endlich mit diesen Augen ansah, hatte ich das Gefühl, ich schmelze, ich zergehe, ich verschwinde und werde zu einem seligen Nichts.

Seine Lippen, wenn sie schmal und hart waren. Ich stellte mir dann vor, daß er mich herumkommandierte, mir Befehle gab – ach, wie ich danach hungerte, von ihm herumkommandiert zu werden! Oder daß er schwieg mit diesen geizigen und fordernden Lippen.

Ich verliebte mich auch in seinen Gang, weil der mir sagte, daß er ein Ziel hatte und wußte, wie er es erreichen konnte, daß er Herr der Lage war und alles schaffte. Und in seine Hände, die ich oft fast nicht anzusehen wagte, weil sie eine zu aufreizende Sprache sprachen und ich nicht wagte, diese Gedanken zu Ende zu denken. Die Hände waren das Erregendste bei einem Mann.

Oder war es seine Stimme? Die Stimme war, verglichen mit dem Körper, etwas so wenig Greifbares, daß sie alles beinhalten konnte. Eine ganze Welt aus Phantasien und Sehnsüchten ließ sich daraus bauen. Und hellhörig vernahm ich jeden Laut, der nach Sicherheit, Überlegenheit, Allwissenheit, Entschiedenheit klang; aber auch nach Nachsicht und väterlicher Geborgenheit; oder nach Skepsis, Zynismus, Verachtung, Verschlossenheit. Und mir sind viele Stimmen begegnet, die so klangen. Eigentlich klangen sie alle ein bißchen so ... das war vielleicht einer der Gründe, warum ich immer weiter hoffte.

Das Wichtigste für mich war allerdings, daß er auf irgendeinem Gebiet perfekt war. In welchem, war nicht entscheidend, aber am besten wohl in irgend etwas, das mit seiner Arbeit zu tun hatte. Ob er Baß spielte oder Straßen baute, Geschäfte führte oder Schlittschuh lief war nicht so wichtig – wenn er es nur effektiv und hervorragend tat. Wenn er nur Erfolg damit hatte. Wenn er nur der Typ des Gewinners war. Ich war immer auf dem Sprung, dem Sieger um den Hals zu fallen, ganz egal, um welchen Kampf es ging.

Der Verlierer interessierte mich auch, aber auf eine andere Art. War der Verlierer eine Frau, hatte ich das merkwürdige Gefühl, etwas Schamloses, leicht Pornographisches mitanzusehen. Ich fühlte mich fast wie ein Voyeur.

Natürlich ist das nur die halbe Wahrheit. In Wirklichkeit hielt ich immer zur schwächeren Partei bei jeder Form von Kampf. Aber hier spreche ich nicht über Sympathie oder Mitleid, sondern über sexuelle Gefühle, und bei denen zählten offenbar die entgegengesetzten Dinge.

Alles war auf merkwürdige Weise miteinander vermischt. Es war fast unmöglich zu sagen, was sexuell war und was nicht. Aber es gab jedenfalls einen roten Faden, und der hatte etwas mit Subjekt und Objekt zu tun. Ich fühlte, daß der Mann, den ich lieben sollte, notwendigerweise Subjekt sein mußte, das heißt, *jemand, der selbst etwas war*, der selbständig handelte und aus freien Stücken aktiv war. Und ich fühlte, daß ich, um einen Mann lieben zu können, Objekt werden mußte – das heißt, *eine Person, die selbst nichts ist*, die nicht handelt, sondern behandelt wurde, die sich passiv verhält, denn für mich gab es keinen freien Willen. Damit ein Liebesverhältnis funktionieren konnte, mußte er in höchstem Maße Subjekt und ich im höchsten Maße Objekt sein. Selbstverständlich war mir das damals alles nicht so klar, aber später habe ich begriffen, was dahintersteckte.

Ich glaube, es gab noch einen anderen Grund dafür, daß ich gern Objekt sein wollte. Ich hatte das Gefühl, es wäre sozusagen das Sicherste. Auf diese Weise konnte ich mich vielleicht besser in den Griff bekommen, denn oft hatte ich das Gefühl, ich wüßte nicht, wer ich bin. Ich suchte eine Antwort im Spiegel – aber war das wirklich ich? Wenn mich ein Mann ansah, hatte ich das Gefühl, deutlicher dazusein. Wenn ich dagegen allein durch die Straßen ging, hatte ich manchmal das Gefühl, es gäbe mich gar nicht, und wenn mich jemand grüßte, konnte ich mich richtig darüber wundern, daß jemand mich erkannte. In nichtsexuellen Angelegenheiten zog ich es allerdings vor, daß andere Leute etwas von mir hielten. Ich wollte auch gern etwas Ordentliches werden, wie man so sagt. Im Bett war es genau umgekehrt. Da war ich meiner selbst am sichersten, wenn ich so wenig wie möglich darstellte und für sowenig wie möglich gehalten und am liebsten an den Haaren weggezerrt wurde. Als Objekt konnte ich sicher sein, wirklich zu existieren – und das erforderte das richtige Subjekt, den richtigen Mann.

Deshalb war ich dauernd auf der Suche nach einem Mann, der größer, älter, stärker, tüchtiger und selbstsicherer war als ich. Sonst mußte ich ihn zwanghaft fallenlassen. Einmal hatte ich einen Liebhaber, den ich für gleichaltrig hielt. Als ich auf seinem Führerschein sah, daß er in Wirklichkeit zwei Jahre jünger als ich war, fühlte ich mich peinlich berührt und machte sofort mit ihm Schluß. Ich empfand es irgendwie als Widerspruch zu der ganzen Idee von Sexualität, eine Beziehung zu einem Mann zu haben, der nicht der Überlegene war. Das war doch eine Umkehrung der natürlichen Ordnung, etwas leicht Perverses und stand auf jeden Fall im Widerspruch zu meiner eigenen Natur, so wie ich sie auffaßte. Ich war doch immer schon klein und niedlich gewesen und hatte die strenge Hand der Lehrer, die feste Stimme der Ärzte und den perfekten Professionalismus der Metzger geliebt. Ich schaffte zwar alle Examen spielend, aber ich konnte auch wohlerzogen warten, bis ich gefragt wurde, und meine eigenen Fähigkeiten herunterspielen – ohne mir je einzugestehen, welche enormen Vorteile ich gleichzeitig aus diesem Spiel bezog. Denn wer hilft nicht gern einer kleinen und bescheidenen Person, die zu den Großen aufblickt? Wer läßt es sich entgehen, sanft und gut zu einer Person zu sein, die alles auf ihre Schwäche setzt und damit die Stärke der anderen so richtig herausstellt?

Ich benutzte all das nicht bewußt, aber ich ahnte wahrscheinlich, das alles eine Frage des Kalküls war – und daß die Rolle des Schwachen (die der Frau also) mit einigen sicheren Privilegien verbunden war. Es war aus verschiedenen Gründen eine bequeme Position, gut für Trägheit, kurz gesagt.

Über den Preis machte ich mir keine Gedanken, während ich den Liebhaber meiner Träume suchte – den Mann, der ein Fels in der Brandung wäre, an den ich mich anlehnen könnte, ein solider, unerschütterlicher Halt inmitten dieses überwältigenden, unsicheren, verwirrenden Lebens. Ich machte mir eigentlich überhaupt keine Gedanken. Ich war das wandelnde Gefühl. Ich *fühlte*, daß ich einen Mann mit einem starken, festen und männlichen Willen finden mußte, damit ich das kleine Mädchen werden konnte, das sich an seinen Vater kuschelt und alles Schwierige ihm überläßt. Oder vielleicht der Mutter? Denn, obwohl dieser Mann ein Fels in der Brandung sein und streng und gerecht allen Fährnissen trotzen sollte, er sollte auch liebevoll sein. Streng und gerecht, unbeirrbar und fordernd, hart und befehlend und voller Verachtung – und im selben Moment sanft und verständnisvoll und liebevoll. Es war ein merkwürdiger Partner für meine Sexualität, nach dem ich suchte, und ich stellte den Männern, die mir begegneten, harte Bedingungen, die sie erfüllen mußten. So war es nicht verwunderlich, daß ich so lange warten mußte ...

Zum Glück liefen mir auch Männer aus ganz anderem Holz über den Weg, denn die Sache war insgesamt nicht so einseitig, wie ich sie hier beschreibe, wo ich versuche, diejenige meiner Seiten isoliert darzustellen, die man anderen gewöhnlich nicht zeigt, manchmal nicht einmal sich selbst. Und genau weil man über gewisse Dinge nicht spricht, können sie eine unnatürlich große Rolle in unserem Leben spielen. Solange das, was ich mit mir herumschleppte, ein dunkles Geheimnis war, solange ich nicht einmal ein paar von meinen Phantasien verwirklichen konnte, solange ich herumlief und wie besessen nach einem höchst seltsamen Ideal suchte, so lange blieb alles unlösbar: war dieses Mysterium, dieser Masochismus nur ein Teil meines Ichs oder in Wahrheit mein innerstes Wesen?

Auf meiner Suche war ich ständig verliebt, und einige von den Männern, die mir begegneten, liebte ich sogar. Ich heiratete, bekam Kinder und lebte ein geborgenes und ruhiges Leben. Aber irgendwann mußte die Suche weitergehen, denn *ihm* war ich immer noch nicht begegnet. Diesem Mann, der meinen Willen brechen und mich zum Schmelzen, Schrumpfen und Verschwinden bringen würde – oder vielleicht eher dazu, anzuschwellen wie ein Ballon und größer und größer zu werden ... und dann zusammenzufallen im selben Augenblick, in dem alles einstürzte und auseinanderbrach – wenn der Orgasmus kam. Der Orgasmus, der nie kam. Weil *er* nicht kam, so folgerte ich.

Ich war ganz sicher, daß er sich unzweifelhaft zu erkennen geben würde. Seine harten Augen und seine ruhige Stimme würden ihn verraten. Alles, was er dann mit mir tun würde, würde festlegen, welche Rolle jeder für sich zu übernehmen hätte und in welche Art von Beziehung wir treten würden.

Ich wußte nicht, ob er mich schlagen oder peitschen würde, ob er mich fesseln und dann liegenlassen würde, ob er mich herablassend behandeln und mich zwingen würde, Dinge zu tun, die mich vor Schmerz, Scham und Verlangen zum Explodieren brächten. Oder ob er mich nur behandeln würde wie seine Sklavin, die für ihn da war, ihm gehorsam und untertänig diente, für ihn sprang und selbst den kleinsten Befehl ausführte und mit Strafen rechnen mußte, wenn sie nicht alles bis aufs I-Tüpfelchen ausführte. Wie es im einzelnen sein würde, war mir nicht klar, aber ich war fest davon überzeugt, daß ich auch nicht den geringsten Zweifel hätte, wenn er erschien.

Daß es so lange dauerte, so dachte ich mir, hatte vielleicht auch seinen Grund darin, daß ich selbst dazu beitragen mußte, meine Gefühle deutlicher zu erkennen geben mußte – obgleich ich eigentlich nicht einsehen konnte, warum das nötig sein sollte. Deshalb versuchte ich es zeitweise mit Provozieren, obwohl ich das Gefühl hatte, daß es mir von Natur aus nicht lag und eher wirkte, als müßte *ich* mir Gewalt antun und nicht er.

Es war zum Beispiel nicht ganz einfach, jemanden dazu zu provozieren, daß er einen vergewaltigte, wenn man selbst fast immer Lust auf Sex hatte. Es wäre doch nicht so, wie es sein sollte, es wäre gar keine richtige Vergewaltigung.

Noch schwieriger war es, einen Liebhaber zum Schlagen zu provozieren; ich versuchte, es ihm auf jede erdenkliche Weise durch die Blume zu sagen, aber offenbar machte ich das so gut, daß mich niemand verstand. Ein paarmal konnte ich mich verständlich machen, und irgendjemand versuchte sich wohlmeinend-widerstrebend mit ein paar Klapsen. Aber die hatten nicht das richtige Kaliber ...

Einige Männer versuchte ich auch dazu zu provozieren, mich hart anzufassen, zum Beispiel dadurch, daß ich Widerstand leistete – aber das endete nur in einer Balgerei (oder Überredungsversuchen mit endlosen Debatten). Oder ich sagte, sie sollten aufhören – in der Hoffnung, sie würden den Unterton wahrnehmen und ihren starken Willen durchsetzen und eben nicht aufhören. Aber verflucht noch mal, sie hörten wirklich immer auf, wenn ich sagte, sie sollten aufhören.

Mit der Zeit bekam ich Zweifel, ob ich ihm überhaupt je begegnen würde. Jedesmal, wenn mir ein Mann über den Weg lief, der mich anzog, hoffte ich von neuem. Jedesmal, wenn seine Augen einen Schimmer von Härte zeigten oder seine Stimme leicht kommandierend klang, fiel ich darauf herein. Jahrelang war ich in den einen ganz blassen Abklatsch meines Ideals verliebt: einen Mann, der sich meinen Protesten widersetzte und mir erzählte, daß ich *viel* mehr vertragen könnte; einen, der mich während des Geschlechtsverkehrs mit fernen, kalten Augen ansah; der mir erzählte, wie er ein anderes Mädchen, das er gekannt hatte, terrorisiert hatte, der die Fliegen nur halb totschlug, der mich auf hartem Fußboden nahm, der mir drohte, falls ich jemals mit einem anderen schlafen sollte, dann ... der mir etwas Neues beibrachte, so daß ich wieder eine lernbegierige, unwissende kleine Null wurde ...

Aber wenn es darauf ankam, wurde selbst der älteste, größte, klügste, tüchtigste, härteste und unnahbarste Mann weich.

Sobald ich mich irgendeiner Art von Höhepunkt näherte, war er auch kurz davor – und das bedeutete Absturz für mich: der starke Mann verwandelte sich in einen schwachen, der stöhnte und japste und liebevoll wurde oder einfach wie ein passiver Klumpen dalag und einschlief. Und obgleich ich es wirklich weit darin gebracht hatte, alle möglichen Dinge in alle möglichen anderen umzuinterpretieren – ich konnte es zum Beispiel als Härte und Teilnahmslosigkeit auslegen, wenn er einschlief, was es ja auch war – es genügte eben nicht. Ich lag da mit all meinen aufgestauten Sehnsüchten und Begierden und kam nicht weiter. Auch dieses Mal nicht.

Auf die Art bumste und fickte und poppte ich jahrelang, und es war immer herrlich und oft auch schrecklich. Aber das, worauf ich wartete, passierte nie.

Manchmal simulierte ich – ich spielte einen Orgasmus vor, aber nicht oft. Meistens war es auch gar nicht nötig, denn die meisten Männer interessierten sich viel zuwenig für diese Seite der Angelegenheit, als daß sie bemerkten, daß ich gar nicht kam. Aber häufig erzählte ich es ihnen. Ein paar wurden dann sauer, aber die wenigsten; die meisten wurden entweder auf eine aufreizende Art mitfühlend oder *ihr* Prestige hatte einen Knacks gekriegt, so daß *ich* jetzt *sie* trösten und wieder aufpäppeln mußte. Aber die meisten waren fest überzeugt, daß sie dieses kleine Problem schon würden bewältigen können – bei anderen Frauen hätten sie es doch auch geschafft. Das bestärkte meine Ahnung, daß ich anders war als andere Frauen. Wieviel andere Frauen simulierten, konnte ich natürlich nicht wissen – damals dachte ich auch gar nicht an diese Möglichkeit. Bei anderen Frauen klappte es eben einfach.

Außerdem sagte mir mein Gefühl, mein Orgasmus müßte sozusagen als Geschenk des Himmels kommen – ganz von selbst. Es machte mich krank, wenn die Männer zu rücksichtsvoll und fürsorglich wurden. Ein paar warfen sich auf technische Lösungen, aber die waren ausgesprochen in der Minderheit, und ich selbst hätte ihnen damals auch nicht mit technischen Einzelheiten weiterhelfen können. Heute würde ich wahrscheinlich sagen, daß sie nicht genügend technisch interessiert waren oder vielleicht einfach nicht genügend erotisch.

Außerdem wäre es in meinen Augen völlig falsch gewesen, wenn *ich ihnen* etwas beigebracht hätte. Sollte das Kind etwa den Vater belehren? Ich hatte es am liebsten, wenn sie rücksichtslos waren, wie die Männer in Büchern: «Er warf sie rücksichtslos auf das Bett, ohne von ihrem Widerstand Notiz zu nehmen», stand da immer.

Ich mochte sehr, wenn mich jemand rücksichtslos aufs Bett warf, mir die Kleider herunterriß, so daß Knöpfe flogen und Träger rissen. Je rücksichtsloser, desto besser. Aber es wurde immer die ganz gewöhnliche Rücksichtslosigkeit daraus, wenn es soweit war – und die Wirkung verflog schnell. Dann dauerte es nicht mehr lange, bis ich mich nur noch irritiert fühlte. Sein Rhythmus paßte überhaupt nicht zusammen mit dem, was mir gefiel, ich wurde an den merkwürdigsten Stellen durchgeknetet, meine sämtlichen erogenen Zonen dagegen lagen brach, meine eigenen Wünsche bekamen nicht die geringste Chance – da verwandelte sich mein herrlicher, rücksichtsloser Liebhaber im Handumdrehen in einen groben, gefühllosen Kerl, der kein Gefühl dafür hatte, was Sex wirklich ist, obwohl er sich für den größten Liebhaber aller Zeiten hielt. Es war schon merkwürdig, dachte ich. Ich wünschte mir immer den rücksichtslosen Liebhaber, und plötzlich war alles nur langweilig, frustrierend und zum Verzweifeln.

Warum blieb die endgültige Befriedigung aus? Theoretisch konnte es natürlich an dem betreffenden Mann liegen, vielleicht kam er zu schnell. Aber an diese Theorie glaubte ich damals nicht so recht, denn selbst wenn es sehr lange dauerte, war es so. Gern mochte ich das Vorspiel, ich mochte das Gefühl, wenn die Lust immer stärker wird, aber sie erreichte ihren Höhepunkt an der verkehrten Stelle. Sie erreichte den Höhepunkt, bevor ich wirklich oben war, bevor ich den Gipfel überhaupt sehen konnte. Ich hatte das Gefühl, er ist in Wolken gehüllt, ich kann nicht einmal sehen, wo der Weg anfängt, der dort hinaufführt. Ich konnte nur den Weg nach unten finden.

Du mußt dich einfach fallenlassen, sagten sie oft. Aber die hatten gut reden. Wie sollte ich mich wohl fallenlassen? Und was war damit gemeint? Es bedeutete wohl, daß ich aufhören sollte, an den Orgasmus zu *denken*. Aber es war, wie wenn man jemandem sagt, er soll nicht an einen weißen Elefanten denken – man denkt dann nur noch daran. Also lag ich weiter da und dachte an den Orgasmus, den ich nicht bekommen konnte.

Nachträglich ist mir klar, wie absurd das alles war. Aber damals war ich völlig verzweifelt. Jahrelang dachte ich buchstäblich an nichts anderes, als an den Orgasmus, den ich nicht bekommen konnte. Er verschlang unglaubliche Mengen meiner Gedanken und Energien, er wurde zum Symbol dafür, daß mir eine entscheidende Eigenschaft fehlte, denn ich hielt den Orgasmus für das entscheidende Merkmal von Frauen, die hundertprozentig Frau sind. Ich war also keine hundertprozentige Frau, und nichts hätte mich verzweifelter machen können.

Ich weiß heute nicht mehr genau, warum ich unbedingt eine hundertprozentige Frau sein wollte. Das heißt mit der Zeit wurde mir bewußt, wie mächtig die Kräfte sind, die uns an das Frauenbild fesseln sollen, von dem ich so ungern abweichen wollte. An dieses Ideal, das so widersprüchlich und deshalb unerreichbar war – und dessen mystische Krönung der Orgasmus darstellte. Und dem Orgasmus begegnete ich überall, er wurde andeutungsweise oder direkt beschrieben. Und immer hatte ich das Gefühl, daß er mich zum Narren hielt.

Meine masochistischen Phantasien wurden von meiner Orgasmusbesessenheit verdrängt; sie machte jetzt einen immer größeren Teil meines Wachzustandes aus. Aber immer noch hatte ich dunkel im Gefühl, daß diese beiden Dinge zusammenhingen: daß ich keine hundertprozentige Frau war, mußte seine Ursache darin haben, daß ich Masochistin war; eine Masochistin, die ihren Sadisten noch nicht gefunden hatte. Wenn ich ihn fand, würde er mich in das verbotene Zimmer führen, in das gelobte Land des Orgasmus. Ins Frauenland.

Ich fühlte mich wie Dornröschen, die auf ihren Prinzen wartet. Keinen leuchtenden, auf einem weißen Pferd. Der Prinz, auf den ich wartete, war der Schwarze Prinz.

6
Pornologie, Pornographie und sonstige P-Klassen

Sacher-Masoch, de Sade, Pornographie,
J. P. Jacobsen, Shakespeare, Kafka
und andere

Der Masochismus hat seinen Namen von Leopold von Sacher-Masoch. Der Schriftsteller wurde 1835 in Galizien geboren. Sein Roman «Venus im Pelz» erschien 1869 als Teil eines größeren Romanzyklus' und wurde als einziges seiner Bücher wirklich berühmt. So berühmt, daß die Namen der beiden Hauptpersonen heute zum Symbol eines Herrin-Sklaven-Verhältnisses geworden sind und oft in entsprechenden Kontaktanzeigen benutzt werden.

Wanda und Severin entstammen einem Milieu, in dem Geld und Zeit keine Rolle spielen und in dem also jeder ausreichend Gelegenheit hat, seine speziellen Gelüste zufriedenzustellen. Diese Gelüste tauchen jedoch erst auf, als es sich für Severin als unmöglich erweist, mit Wanda eine normale Beziehung zu haben. Unmöglich, weil Wanda eine unabhängige, moderne Frau ist, die nicht daran glaubt, daß Liebe länger als zwei Monate dauern kann – und die nicht daran denkt, mit einem Liebhaber zusammenzubleiben, für den sie keine Leidenschaft mehr empfindet.

Sie ist eine schöne Frau und trägt oft Pelze. Vermutlich soll damit angedeutet werden, daß sie kalt und unnahbar ist und sich nicht erobern läßt – und gleichzeitig zu heiß für unsere Verhältnisse, so daß man sich an ihr verbrennt. Vermutlich ist auch Severins Wunsch, zu Wanda eine ganz normale romantische Beziehung zu haben, nur eine vorsichtige Formalität, und er wird erst in dem Augenblick «Masochist», als Wanda sie ihm verwehrt. Severin liebt Wanda, und er will mit ihr sein Leben verbringen. Um sie dazu zu überreden, schlägt er ihr vor, ihr Sklave zu werden.

Zuerst protestiert Wanda heftig. Aber er bittet und bettelt so lange, bis sie nachgibt. Sie akzeptiert ihn als Sklaven und fängt an, ihn herumzukommandieren und zu peitschen – was er zunächst uneingeschränkt genießt.

Mit der Zeit wird das Verhältnis vielschichtiger und durch einen Vertrag gefestigt. Wanda und Severin reisen als Paar zusammen fort – die Herrin und ihr livrierter Diener. Wanda behandelt Severin sehr schlecht, läßt sich von ihm bedienen und bestraft ihn, wenn er nicht augenblicklich gehorcht. Gleichzeitig haben sie weiter ein Liebesverhältnis, das auf Gegenseitigkeit beruht. Immer noch kann Severin entkommen. Und immer noch warnt Wanda ihn. Sie ahnt, daß er in ihr Gefühle geweckt hat, die gefährlich werden können.

Jetzt werden Severins Pflichten ernster: er muß Wanda helfen, mit anderen Männern Kontakt aufzunehmen. Er wird gezwungen, ihre sehnsüchtigen Blicke auf Wanda mitanzusehen und dabei zu sein, wenn sie Gunstbeweise austauschen. Einmal ist er der Verzweiflung nahe und versucht, das Verhältnis zu beenden – aber er kann nicht mehr, er ist abhängig geworden. Und damit ist sein Schicksal besiegelt. Der Höhepunkt ist erreicht, als Wanda mit einem schönen Griechen ein Verhältnis anfängt. Sie läßt ihn Severin auspeitschen und schaut selber dabei zu. Danach reist sie mit dem Griechen fort.

Jetzt endlich ist Severin kuriert, so gründlich, daß er die Umkehrung vollzieht. Nach seinen Worten wird er in Zukunft nicht mehr Amboß, sondern Hammer sein. Er wird also in Zukunft Frauen so behandeln, wie Wanda ihn behandelt hat.

«Venus im Pelz» ist ein merkwürdiges Buch – eine romantische Liebesgeschichte in malerischen Umgebungen, die die ganze Skala romantischer Gefühle enthält, dazu so präzise und bedeutungsvolle Einzelheiten, daß das ganze romantische Drum und Dran eher wie eine Kulisse für das Eigentliche wirkt: für die masochistischen Darstellungen. Vielleicht wäre es undenkbar gewesen, ein solches Buch ohne diese Kulissen herauszugeben, selbst für einen so angesehenen Autor wie Sacher-Masoch – oder vielleicht gerade für einen solchen.

Übrigens haben auch die körperlichen Schmerzen, die Wanda ihrem Sklaven zufügt, einen gewissen Stil. Manchmal wirken sie etwas opernhaft, manchmal eher operettenhaft. Sie peitscht ihn nicht nur (mit einer Peitsche, die sie zusammen gekauft haben), sie fesselt ihn auch – an ihren Bettpfosten und sogar an einen Pflug, den er dann mit einem Joch über den Schultern ziehen muß. Sie läßt ihn von ein paar schwarzen Mädchen mit goldenen Haarnadeln stechen. Sie befiehlt ihm, ihre Koffer zu tragen und für sie treppauf und treppab zu laufen. Aber selten wird erzählt, daß es Severin wehtut – und schon gar nicht, daß es ihn sexuell erregt, geschweige denn, daß seine Sklavenerlebnisse ihm sexuelle Befriedigung verschaffen. Wir befinden uns auf höherem Niveau.

Severins Leiden sind jedoch nicht nur körperlich, sondern gleichermaßen psychisch. Und hier scheint der Autor mit beiden Beinen auf dem Boden der Tatsachen zu stehen, wenn er sich an die Beschreibung der psychischen Qualen macht: Wanda ruft ihn zu sich, während er gerade ißt; er fährt dritter Klasse, sie erster; er muß seine eigenen Kleider gegen eine Livree und seinen Namen gegen den Sklavennamen Gregor eintauschen; sie duzt ihn, aber er muß sie mit «Sie» anreden. Zum körperlichen Schmerz bei der Auspeitschung tritt die weitere Erniedrigung, daß sie ihn oft nicht selber peitscht, sondern es ihren Liebhabern überläßt – oder vier schwarzen Frauen (offenbar galt das damals als äußerst entwürdigend), und er muß ständig warten, auf Befehle, auf Strafen.

Das Verhältnis wird vertraglich geregelt – genauer gesagt, durch zwei Verträge, die er unterschreiben muß. Sie lauten folgendermaßen:

Vertrag zwischen Frau Wanda von Dunajew
und Herrn Severin von Kusiemski

Herr Severin von Kusiemski hört mit dem heutigen Tage auf, der Bräutigam der Frau Wanda von Dunajew zu sein, und verzichtet auf alle seine Rechte als Geliebter; er verpflichtet sich dagegen mit seinem Ehrenwort als Mann und Edelmann, fortan der Sklave derselben zu sein, und zwar solange sie ihm nicht selbst die Freiheit zurückgibt.

Er hat als der Sklave der Frau von Dunajew den Namen Gregor zu führen, unbedingt jeden ihrer Wünsche zu erfüllen, jedem ihrer Befehle zu gehorchen, seiner Herrin mit Unterwürfigkeit zu begegnen, jedes Zeichen ihrer Gunst als eine außerordentliche Gnade anzusehen.

Frau von Dunajew darf ihren Sklaven nicht allein bei dem geringsten Versehen oder Vergehen nach Gutdünken strafen, sondern sie hat auch das Recht, ihn nach Laune oder nur zu ihrem Zeitvertreib zu mißhandeln, wie es ihr eben gefällt, ja sogar zu töten, wenn es ihr beliebt, kurz, er ist ihr unbeschränktes Eigentum.

Sollte Frau von Dunajew ihrem Sklaven je die Freiheit schenken, so hat Herr Severin von Kusiemski alles, was er als Sklave erfahren oder erduldet hat, zu vergessen *und nie und niemals, unter keinen Umständen und in keiner Weise an Rache oder Wiedervergeltung zu denken.*

Frau von Dunajew verspricht dagegen, als seine Herrin so oft als möglich im Pelz zu erscheinen, besonders wenn sie gegen ihren Sklaven grausam sein wird.

Das war der zweite Vertrag, der erste ist kurz. Dafür muß er ihn aber auch eigenhändig schreiben und vor dem anderen unterschreiben:

Seit Jahren des Daseins und seiner Täuschungen überdrüssig, habe ich meinem wertlosen Leben freiwillig ein Ende gemacht.

Damit ist Severins Entwürdigung vollkommen: nicht einmal sein Leben gehört ihm mehr. Gleichzeitig verzichtet er auf alle äußeren Merkmale, die ein selbständiges Individuum ausmachen: Namen, Kleidung – und Geld.

Daß er ohne dieses nichts unternehmen kann – tatsächlich also seine Handlungsfreiheit vollständig eingebüßt hat und entmündigt ist –, zeigt sich in dem Augenblick, als Severin anfängt, genug zu haben, und er zeitweilig daran denkt, den Vertrag zu brechen. Voller Hohn bietet Wanda ihm Geld an, aber es ist zu spät. In Wirklichkeit wünscht sich Severin gar nicht mehr, frei zu sein, und am Ende bleibt er. Das Verhältnis wird erst aufgelöst, als Wanda ihren Sklaven verläßt.

Damals besaßen Frauen zwar eigene Kleider, aber keinen

eigenen Namen und schon gar nicht eigenes Geld. Severin wird also in eine Rolle gezwungen, die Ähnlichkeit mit der damaligen Frauenrolle hat. Und doch ist er ein Mann. Ein Mann, der dem Masochismus, jener mit so viel Weiblichkeit behafteten Eigentümlichkeit, seinen Namen gegeben hat ...

Das war offensichtlich ein Problem für den Autor. Er hat sich jedenfalls sehr bemüht, Frauen und Männer gleichzustellen. Es ist geradezu auffallend, wie eifrig er Abbitte für die Rollenverteilung in seinen Wunschträumen tut, wo Frauen harte Gebieterinnen sind und nicht sanft und passiv, wie die Natur es verlangt, und wo Männer weder herausfordernd noch aktiv sind, sondern ihre männlichen Privilegien aufgeben, so daß Wanda sagen kann: «Wie schön du doch bist – du hast die Augen eines Märtyrers!»

Severin ist allerdings auch vorher nicht gerade das, was man einen «richtigen Mann» nennt. Dafür ist Wanda durch und durch eine «richtige Frau». Das zeigt sich, als sie sehr lange und mühsam dazu überredet werden muß, die Rolle der Herrin zu übernehmen, und diese Überredung muß ständig wiederholt werden. Im Grunde muß Severin ihr die Rolle beibringen und sie anlernen, sie wird gewissermaßen seine Schülerin – und das ist schließlich ihre «natürliche» Rolle. Aber als sie gelernt hat, ihre neue Rolle zu beherrschen, kommt es zur Katastrophe: sie verläßt ihren Sklaven. Das ist die endgültige Bestrafung und Erniedrigung – aber gleichzeitig auch das Ende jeder weiteren Entwicklung ihrer beider Beziehung.

Warum verläßt sie ihn? Sie tut es, weil sie schließlich einem waschechten Mann begegnet, einem Kerl von ganz anderem Kaliber als Severin. Sie liebt Severin nur wirklich in den Situationen und Perioden, wo er auf seine eigene Art der Männerrolle gerecht wird: wo er selbständig, beharrlich, voller Initiative und Phantasie ist. Sie liebt ihn kurz vor dem Ende, als er den Vertrag brechen will. Aber im entscheidenden Moment ist seine Rebellion nur leeres Gerede: er sehnt sich nach der Peitsche, er bittet selbst darum, er sehnt sich danach, gedemütigt zu werden, seine Sklavenseele läßt ihm keine Ruhe. Und das wird der Frau Wanda zuviel. Ihre Liebe zerbricht und verwandelt sich ins Gegenteil; sie übergibt Severin ihrem Liebhaber und sieht zu, als der schöne Grieche ihren Sklaven peitscht, so wie er *sie* vielleicht einmal peitschen wird. Daß sie sich dazu entschließt, mit ihm zu verreisen, hat seine Ursache darin, daß er sie genauso unterjochen kann, wie sie Severin zuvor unterjocht hat. Im Grunde ist Wanda eben doch eine «richtige Frau» und könnte niemals einen masochistischen Mann lieben, weil der nicht wirklich ein Mann ist.

Deshalb ist es gut, daß Severin schließlich kuriert *ist* und Hammer wird, statt Amboß zu bleiben. Damit wird alles wieder, wie es sein soll, das natürliche Gleichgewicht ist wieder hergestellt. Und trotzdem kann der Leser kaum vergessen, daß Severin im größten Teil des Buches ein ausgewachsener Masochist *gewesen* ist und daß der Masochismus eben nach diesem Buch über einen masochistischen Mann benannt wurde ...

Die pornographische Literatur wimmelt von Masochisten, aber sie sind in der Mehrzahl Frauen. Vielleicht liegt das daran, daß diese Frauen eigentlich gar keine echten Masochistinnen sind, sondern lediglich passive Opfer, denn es ist anzunehmen, daß pornographische Literatur hauptsächlich für Männer geschrieben wird. Und wenn Männer Pornographie lesen, dann sicher meistens deshalb, weil sie sich ausmalen möchten, eine Frau so zu behandeln, wie «es Frauen ja doch am besten bekommt», und da paßt ihnen eine Masochistin genausogut in den Kram wie die Auffassung, Frauen seien von Natur aus Masochistinnen.

Sind Frauen eigentlich auch Masochistinnen in den Büchern des Vaters des Sadismus (denn der Sadismus hat wirklich einen Vater, wie es sich gehört; übrigens hatten früher die meisten Bücher einen Vater und keine Mutter, abgesehen von der, die die Kinder versorgte, während der Vater schrieb)?

Die Bücher des Marquis de Sade sind voll von vergewaltigten, gepeitschten und auf alle möglichen und unmöglichen Weisen mißhandelten Frauen. Auf jeden Fall sind Frauen immer Opfer. Einige genießen es – möglicherweise – nämlich die, die sanft und anmutig gepeitscht werden, sozusagen zum Zwecke ihrer erotischen Erziehung. Die anderen scheinen es weder vorher noch währenddessen noch nachher zu genießen.

Aber da sie literarische Personen sind, stehen sie nach jedem Übergriff wie Marionetten wieder auf und lassen sich von der erstbesten geilen Person, der sie über den Weg laufen, wieder umlegen.

Das gilt jedenfalls für Justine, die Titelheldin von de Sades berühmtestem (und erstem) Buch. Es wurde innerhalb von vierzehn Tagen im Jahre 1787 in der Bastille geschrieben und trägt den Untertitel «Das Mißgeschick der Tugend».

Und in der Tat wird die tugendhafte Justine von Mißgeschicken verfolgt. Sie brechen ständig und vielfältig über sie herein, und die Handlung des Buches läßt sich nicht kurz wiedergeben. Das gilt selbst für die erste Ausgabe, in der sich die Mißgeschicke aus zwölf verschiedenen Ecken noch beschränkten auf Prügel, versuchte oder vollzogene Vergewaltigungen und verschiedene scheußliche, aber nicht sonderlich phantasievoll beschriebene Mißhandlungen.

Warum geht es der armen Justine so schlecht? Ganz einfach: weil Tugendhaftigkeit sich nicht lohnt. Das Buch ist eigentlich eine kleine, revolutionäre, anti-religiöse, moralische Erzählung, wie etwa Voltaires «Candide», der etwas früher geschrieben wurde. Genau wie der naive Candide ist Justine ein weltfremdes, dumm-argloses Kind, das an Ammenmärchen glaubt, die davon berichten, daß die Tugend und das Gute immer siegen. Eigentlich gibt es gar keine Sadisten in de Sades erstem Buch, nur eine Menge Männer, die auf Moral und schöne Gefühle pfeifen und sich nach Lust und Laune bedienen. Und Justine – ist sie Masochistin? Nein, eigentlich nicht. Eigentlich ist sie nur dumm.

Dumm ist sie, weil sie an die Tugend glaubt. Das bewegte Zeitalter de Sades war nicht gerade dazu angetan, jemanden in dem Glauben zu bestärken, daß man auf das Gute im Menschen bauen könne: Folter und schrankenlose Machtausübung gehörten zum täglichen Leben. Eigentlich war es verständlich, alle die zu verspotten, die darauf bauten, daß das Gute triumphieren und die Tugend sich auszahlen würde. Bei de Sade wird die Logik messerscharf herausgestellt, und bestraft wird schließlich die Tugend.

An anderer Stelle vertritt de Sade den Standpunkt, es gäbe

nur eine einzige vernünftige Haltung für den Menschen zu dieser Welt: hemmungslose Hingabe an seine Begierden. Das einzige, was man beim Sterben bereuen sollte, sollten die Begierden sein, deren Erfüllung man sich *versagt* hat. Wenn man diesen Ausgangspunkt akzeptiert hat, folgt daraus logisch (so de Sade), daß es sinnlos ist, Rücksicht darauf zu nehmen, ob die eigenen Begierden Schmerz und Unglück für die Person bedeuten, mit der man sie befriedigt.

Das gilt natürlich insbesondere für das Verhalten von Männern gegenüber Frauen:

> Wenn also unbestreitbar wird, daß wir von der Natur das Recht erhalten haben, jeder Frau nach Belieben unsere Wünsche auszusprechen, so wird auch unbestreitbar, daß wir das Recht haben, sie zu zwingen, sich unseren Wünschen zu unterwerfen, nicht ausschließlich, dann widerspräche ich mir, sondern momentan. Es ist unbestreitbar, daß wir das Recht haben, Gesetze zu erlassen, welche sie zwingen, der Glut dessen nachzugeben, der sie begehrt; da die Gewalt selbst eine der Auswirkungen dieses Rechtes ist, können wir sie legal anwenden. Ja! Hat die Natur nicht dieses unser Recht bewiesen, indem sie uns die Kraft verlieh, sie unseren Wünschen zu unterwerfen?
>
> (...)
>
> Das Gesetz, welches die Frauen in dem uns erwünschten Maße in den oben erwähnten Freudenhäusern zur Prostitution verpflichtet, sie dazu zwingt, wenn sie sich verweigern, sie bestraft, wenn sie sich versagen, ist also eines der gerechtesten Gesetze, und kein legitimes oder billiges Motiv könnte dagegen ins Feld geführt werden.
>
> Ein Mann, der irgendeine Frau oder irgendein Mädchen genießen will, kann sie also, wenn die Gesetze, die ihr erlassen werdet, gerecht sind, ersuchen lassen, sich in einem der Häuser einzufinden, von denen ich sprach; und dort wird sie ihm unter Aufsicht der Matronen dieses Venustempels übergeben zu dem Zweck, mit Demut und Unterwürfigkeit alle Launen zu befriedigen, die er sich mit ihr vertreiben möchte, wie ausgefallen und ungewöhnlich diese auch sein mögen, denn es gibt keine einzige, die nicht auch in

der Natur vorkäme, keine einzige wird von dieser verleugnet ...

Man darf daraus aber nicht schließen, daß de Sade Frauen für zum Leiden geschaffene Masochistinnen oder für minderwertige Geschöpfe hält, mit denen man machen kann, was man will. Das kann man natürlich, aber:

> Wir werden das Gleichgewicht wieder herstellen. Ja, wir werden es wieder wiederherstellen, und wir müssen es zweifellos auch; jene Frauen, die wir gerade so grausam versklavt haben, müssen unleugbar entschädigt werden ... Ich sage deshalb, daß die Frauen, da sie viel ungestümere Neigungen zu den Freuden der Wollust empfangen haben als wir, ihnen sollen frönen können, soviel sie wollen, absolut ungebunden durch jegliche Ehebande und falsche Vorurteile der Schamhaftigkeit; ich will, daß die Gesetze ihnen erlauben, sich soviel Männern hinzugeben, wie ihnen beliebt; ich will, daß ihnen genau wie den Männern der Geschlechtsgenuß mit allen Geschlechtern und allen ihren Körperteilen erlaubt werde; und unter der besonderen Bedingung, daß sie sich selbst allen hingeben, die dies begehren, müssen sie die Freiheit erhalten, all jene zu genießen, die sie für würdig befinden, sie zu befriedigen.

Ein Mann darf also eine Frau peitschen, um den größtmöglichen erotischen Genuß zu erzielen – die Frau darf ihn aber auch peitschen, ja, sie soll sogar. Ein Mädchen in diesem Buch wird ermuntert, sich auspeitschen zu lassen, aber sie war zuvor auch aufgefordert worden, dasselbe später mit dem Mann zu tun:

> Das Blut verschönt unsere Hintern, indem es sie färbt ... Mut, mein Engel, Mut; denk daran, daß man immer durch Schmerzen zum Vergnügen gelangt.

Deshalb ist es auch nur logisch, daß ein junges Mädchen lernt, das Leben so zu sehen, wie es nun einmal ist:

> Die Ungeheuerlichkeiten, die Greuel, die abscheulichsten Verbrechen mögen dich nicht mehr in Erstaunen setzen, Eugenie; das Schmutzigste, das Infamste, das Verbotenste ist es, was am stärksten das Hirn erregt ... Immer ist dies es, was uns am wonnevollsten uns entladen läßt.

Was uns am wonnevollsten uns entladen läßt ... ja, das steht da wirklich. Gemessen an den gesellschaftlichen Verhältnissen seiner Zeit war Marquis de Sade nämlich ein fortschrittlicher Mann, so merkwürdig das auch klingen mag. Er war nicht nur der Überzeugung, Frauen sollten die gleichen Rechte wie Männer haben, er war auch ein Gegner der Gefängnisstrafe und nicht zuletzt der Todesstrafe (denn – so sagt er – wenn man einen Verbrecher hinrichtet, hat man nur erreicht, daß zwei Leute tot sind). Und was den sexuellen Genuß angeht, so sollte alles erlaubt sein:

> Unsere wonnevollsten geistigen Erlebnisse gehen aus der Phantasie hervor ... wenn wir die Phantasie schweifen lassen, wenn wir ihr die Freiheit geben, die äußersten Grenzen zu überschreiten, die ihr (...) diktiert werden, dann wären ihre Ausschweifungen ungeheuerlich.

Fast alles, was de Sade geschrieben hat, ist eine schwerverdauliche Mischung aus philosophischen Diskussionen und erotischen Orgien. In den nachfolgenden Ausgaben der «Justine» und in ihrer Fortsetzung «Juliette» gehen die Phantasien wirklich ins uferlose. Hier ist alles erlaubt, es gibt eine Fülle von Beschreibungen höchst barbarischer und raffiniert ausgeklügelter Quälereien – einschließlich intravaginaler Torturen – die man einfach absurd nennen könnte, wenn man nicht wüßte, was in der Welt vor sich geht. Vermutlich war de Sade für die nach ihm kommenden professionellen Sadisten ein unerschöpflicher Quell der Inspiration.

Wie sadistisch der Marquis selbst war, ist uns nicht bekannt. Aber wir wissen ein paar Dinge, zum Beispiel, daß er 1768 als achtundzwanzigjähriger in Paris die sechsunddreißigjährige Rose Keller auf der Straße ansprach und dazu überredete, mit ihm nach Arceuil in sein Haus zu kommen. Dort zwang er sie sich auszuziehen und fesselte und peitschte sie.

Übrigens wissen wir auch von Leopold von Sacher-Masoch, daß er eine Frau fand, die sich den Namen seiner Heldin zulegte und einen regelrechten Vertrag über ein Herrin-Sklaven-Verhältnis mit ihm schloß.

Vergleicht man die Vorgänge in Sacher-Masochs mit denen in de Sades Büchern, findet man als ersten Gegensatz die Sache mit dem Vertrag. Für den Masochisten ist diese dauerhafte Bindung von größter Bedeutung; er geht freiwillig darauf ein, unterschreibt selbst, denn der Vertrag bindet die Herrin ebenso wie den Sklaven. Die Herrin muß in Wirklichkeit auch ihren Teil der Bürde tragen, ebenso wie es anfangs dem Sklaven zufällt, sie zu ihrer Tätigkeit zu erziehen. Er ist ihr Lehrer, er muß ihr die Rolle der Herrin so lange beibringen, bis sie ihr in Fleisch und Blut übergegangen ist. Erst dann kann er sicher sein, daß seine Begierden richtig gestillt werden – oder noch mehr.

Bei de Sade gibt es keinerlei Vertrag, aber dafür eine feststehende Philosophie, ein ganzes System, das seinen unabänderlichen Gesetzen folgt. Die Opfer können klagen und jammern, soviel sie wollen, keine gefühlvolle Seele wird ihnen Gehör schenken. Es gibt überhaupt keine Gefühle, keine Wärme, und es findet sich nicht die geringste Spur jener großen romantischen Gefühle, die der Geschichte von Wanda und Severin zugrunde liegen. Es gibt nur kalte Logik und überreizte Sinne. Von dem verträumten Halbdunkel, das Sacher-Masochs Paar umschließt, ist hier nichts zu finden. Bei de Sade geht alles bei grellem und starkem Licht vor sich, bei dem keine Einzelheit, kein Organ, keine Obszönität übersehen werden kann.

Aber eins haben die beiden Autoren vielleicht gemeinsam: jeder von ihnen hat auf seine Weise einer «Perversion» – oder wie immer wir es im jetzigen Stadium nennen – seinen Namen gegeben, aber die erregende Wirkung beim Lesen ihrer Bücher hält sich in Grenzen. Wenn man Verbrauchertips für das Publikum aufstellen würde, denen der jeweilige pornographische Wert zugrunde liegt (eine Art P-Wert-Skala etwa), dann würde Sacher-Masoch nicht besonders weit oben liegen, weil sein Buch zu romantisch ist, und de Sade würde sogar ziemlich weit nach unten rutschen, weil der Leser viel zu viele Diskussionen durchkauen muß, bevor er an die Leckerbissen kommt. Und dann muß er auch französisch verstehen können oder zumindest englisch, denn sehr viel ist nicht in andere Sprachen übersetzt worden.

Möchte man dagegen ein Buch lesen, das an der Spitze der P-Wert-Skala steht, dann vielleicht die «Geschichte der O» – aber die möchte ich mir für später aufheben.

Nun hat allerdings niemand behauptet, daß de Sades und Sacher-Masochs Bücher besonders hohe P-Werte hätten. Sie sind schließlich in vielen öffentlichen Büchereien zu haben, und *da* gibt es bekanntlich keine Pornographie – also können diese Bücher nicht als Pornographie bezeichnet werden. Es gibt Leute, die sie als *Pornologie* bezeichnen, aber auch das klingt immer noch ein bißchen anrüchig.

Seit neuerem werden tiefsinnige Kriterien aufgestellt, die festlegen sollen, was «Kunst» und was «Pornographie» ist. Vor einigen Jahren liefen in Dänemark eine Reihe von Prozessen gegen Verleger wegen Übertretung der Pornographie-Gesetze, als Strafe drohte die Beschlagnahmung der Bücher, die sie versucht hatten zu veröffentlichen. Es waren höchst eigentümliche Prozesse. Gutachten von Experten wurden erstellt – aber nicht von Porno-Experten, sondern von Literatur-Experten. Für die Verleger hing alles davon ab, ob diese Experten beweisen konnten, daß das inkriminierte Buch *literarischen* Wert besaß oder nicht. Denn dann war es keine Pornographie mehr, sondern Literatur und durfte erscheinen. Wenn es sich nachweislich um *Kunst* handelte, gehörte das Buch in höhere Sphären, und da gab es nur Harfenmusik und alle häßlichen Gedanken hatten zu weichen vor dem Schönen und Guten (daß ein bißchen vom Wahren im Schlepptau kam, war dann egal).

Auch heute gibt es immer noch Leute, die nicht ohne weiteres einräumen mögen, daß ein anständiges Buch *gleichzeitig* auch ein unanständiges sein kann, und Pornographie ist in den meisten Ländern ein Problem. Selbst hier in Dänemark gibt es Leute mit einer so tiefverwurzelten puritanischen Lebensauffassung, daß sie alles, was irgendwie mit Sex zu tun hat, als unrein betrachten. Sie behaupten steif und fest, daß Sex überhaupt nicht existiert – oder zumindest nur in sehr wenigen Formen, die alle nichts mit Lust zu tun haben. Deshalb gibt es immer noch Widerstand gegen alle Bücher, die *positiv* zum Ausdruck bringen, daß wir Geschöpfe mit starken Trieben sind.

Inzwischen wurde der Pornographie-Paragraph in Dänemark abgeschafft; die Folge war die Porno-Welle. Heute wird

Unanständiges nicht mehr unter dem Ladentisch verkauft und sicher nicht immer so diskret verpackt, daß man es mit einer amtlichen Broschüre verwechseln könnte.

Es ist ja auch keine amtliche Broschüre. Aber Ordnung herrscht trotzdem im Geschäft, und die Hefte, die man mit nach Hause nimmt, sind über jeden Zweifel erhaben: das hier ist weder Kunst noch Literatur, es ist echte Pornographie, also ein Produkt, das sich unmittelbar an einen bestimmten Markt wendet, um bestimmte Bedürfnisse zufriedenzustellen. Wenn man überhaupt von Kunst sprechen kann, dann ist es *«Gebrauchskunst»*.

Vermutlich unterteilen sich die Kunden der Porno-Industrie hauptsächlich in zwei Gruppen: Verbraucher von Normal-Pornos und Verbraucher von Spezial-Pornos – in diesem Fall «S/M».

Normal-Pornos konsumieren vermutlich Leute, die zeitweilig oder dauernd der Möglichkeit beraubt sind, ein einigermaßen regelmäßiges Sexleben zu führen (zum Beispiel, weil sie im Gefängnis sitzen) – und solche, die Lust, Zeit und Geld haben, um sich mit etwas zusätzlicher Geilheit zu versorgen, der sie sich dann in müßigen Stunden unter der Bettdecke hingeben können. Sozial vergleichbar in ihrer Bedeutung sind die Pornos etwa den Sportsendungen im Fernsehen, beide lenken die Gedanken von konstruktiveren Dingen ab. Aus dieser Sicht muß die Pornographie zu den systemerhaltenden Faktoren gezählt werden. Das System wiederum – so jedenfalls ist anzunehmen – steigert das Porno-Bedürfnis, indem es zur Entfremdung der Menschen untereinander beiträgt, und macht so aus unserem Sexleben allmählich einen Warenaustausch: jetzt spendiere ich dir ein paar Biere, dafür rechne ich dann darauf, daß du mit mir schläfst. Oder: Du wirst mich schon gut finden, denn ich kann zwei Stunden und siebzehn Minuten dranbleiben. Oder: Wenn ich dir einen Orgasmus verschaffe, mußt du mir auch einen verschaffen, und dann sind wir quitt ...

Die Pornographie ist auch nicht gerade zurückhaltend, wenn es darum geht, das gängige Frauenbild zu propagieren.

In normalen Porno-Heften sind hauptsächlich Frauen abgebildet, denn sie werden hauptsächlich von Männern gekauft. Frauen mit einem oder mit mehreren Männern oder allein, die sich auf mehreren Seiten oder durch das ganze Heft entkleiden. Die Männer brauchen nur noch zuzugreifen, Frauen – das sind Nullen, gratis zu haben. Wenn sie überhaupt einen Willen besitzen, dann den einzigen, mit Männern ins Bett zu kommen (wenn sie nicht gerade vergewaltigt werden – aber das endet auch immer damit, daß sie es eigentlich genießen). Und das ist nur logisch: wenn Sexualität zur Ware wird, wird es die Frau natürlich auch. Frauen – oder zumindest ihre verschiedenen Öffnungen – werden Konsumgüter.

Die Mehrzahl dieser Normal-Pornos befaßt sich (in Text und/oder Bild) mit dem sanktionierten heterosexuellen Geschlechtsverkehr und seinen Variationen: Anzahl der beteiligten Personen, Hautfarbe, gesellschaftlicher oder altersmäßiger Status, Stellungen und Anzahl der aufeinanderfolgenden Orgasmen.

Aber es gibt auch viele Hefte, die sich mit weniger sanktionierten Formen von Sex beschäftigen, darunter sadomasochistische Kombinationen mit oder ohne abschließenden Geschlechtsverkehr. Eine Reihe von solchen Heften haben sich auf die zwei Hauptformen von S/M spezialisiert: «spanking» (Prügel dieser oder jener Sorte) oder «bondage» (erotischer Zwang, meistens mit Fesselung), und ein paar ganz raffinierte Hefte holen sich ihre Anregungen aus den Folterkammern der Nazis oder ähnlicher Leute. Das Angebot wird eindeutig bestimmt von den wechselnden Phantasiewellen der Kunden.

Die Kunden, die diese Hefte kaufen, tun es (so jedenfalls ist es anzunehmen), weil sie sexuell abhängig sind von Reizen, die als pervers, lasterhafter als andere oder zumindest als höchst anrüchig gelten.

Für eine sexuelle Beziehung im herkömmlichen Stil findet sich – wenn man nicht gerade vom Pech verfolgt ist und die Wohnverhältnisse es zulassen – immer ein Partner. Aber bei den Besonderheiten sieht die Sache schon anders aus. Die meisten dieser Menschen wissen, daß sie in der Schublade «anomales Geschlechtsleben» stecken und schämen sich furchtbar. Deshalb fristen so viele ihr Leben in der frustrierten, unterdrückten Jagd nach einem Partner – wenn sie sich nicht mit einem begnügen mögen, für den sie in einem Massage-Institut, das mit «deutscher Massage» Reklame macht, bezahlen können.

Die Hefte sind dazu da, die Phantasie der Verbraucher mit Material zu versorgen – Einzelheiten, Situationen, Bilder, Gedankenreihen, Methoden, Formulierungen usw. – das *brauchbar* ist. Es ist direkt brauchbar zum Onanieren. Es kann auch indirekt gebraucht werden – wenn man es speichert, um beim nächsten «normalen» Geschlechtsverkehr einen Orgasmus zusammen mit einem Partner zu bekommen, der vielleicht nichts von diesen Neigungen wissen darf. Vielleicht liefert die sadomasochistische Pornographie den Verbrauchern auch die Ideen dafür, wie sie ihre Phantasien konkret ausprobieren können. Tun sie das, werden sie aller Voraussicht nach enttäuscht. Jedenfalls behauptet der Hunt-Report, daß die wenigsten von denen, die Sadomasochismus *praktizieren*, dabei zum Orgasmus kommen. Das stimmt allerdings nicht mit dem überein, was in den Pornos zu lesen steht, und es geht auch nicht allen so – aber scheinbar vielen.

Dagegen läßt sich trotz zahlreicher Versuche nicht beweisen, daß zwischen Gewaltkriminalität und S/M-Pornos ein Zusammenhang besteht. Nichts deutet darauf hin, daß diese Form der Pornographie für die weniger stabile Person zur Gewalttätigkeit anreizt.

Leider wissen wir auch nichts darüber, ob S/M-Pornographie zur Abhängigkeit führt. So wie die Dinge liegen, ist es nur natürlich, daß S/M-Pornos das Sexleben ihrer Verbraucher mehr beeinflussen als Normal-Pornos das *ihrer* Leser. Zweifellos verdienen Leute an unseren sexuellen Abweichungen. Aber solange es keine Beweise dafür gibt, daß S/M-Pornos auch das Sexleben derjenigen negativ berühren, die nicht von vornherein sadomasochistische Neigungen haben, finde ich, daß wir sie als Notlösung akzeptieren müssen. Sie verbieten, hieße die *Symptome* einer Krankheit beseitigen, aber nicht ihre Ursache.

In den S/M-Heften wie in den üblichen Pornos spielen oft auch Männer die masochistische Rolle, aber überwiegend sind es die Frauen. Es gibt auch Unterschiede bei den Bildern von Männern und Frauen, die Männer kriechen wirklich herum wie Hunde und sehen absolut erbärmlich, unästhetisch und jämmerlich aus – die Mädchen dagegen sind selbst während der übelsten Mißhandlungen noch schön und ästhetisch. Wie ist das möglich?

Es liegt daran, daß die Mädchen meistens gar keine Masochistinnen sind. In Wirklichkeit sind sie einfach Konsumgüter wie Stripperinnen, nur noch mehr. Sie sind als Masochistinnen verpackt und werden im Handel als solche deklariert, sind aber in Wirklichkeit nur Opfer von Sadisten – oder von Männern, die ganz allgemein der Gedanke erregt, daß es Frauen mal «richtig gegeben» wird. Deshalb dürfen diese Frauen nicht aufhören, gut auszusehen. Mit ihnen sollen sich nicht unterwerfungshungrige Frauen identifizieren wie umgekehrt die männlichen Masochisten, die sich mit den sabbernden Hunden auf den Bildern tatsächlich identifizieren können müssen. Und damit wird noch einmal unterstrichen, daß es für hübsche Mädchen die natürlichste Sache der Welt ist, Masochistinnen zu sein ...

Die meisten Frauen scheuen sich ohnehin, in ein Geschäft zu gehen und eine übliche Sex-Illustrierte zu kaufen, und zwar nicht nur, weil traditionsgemäß die Männer das meiste Geld haben, sondern weil sich nun einmal die Männer für Pornographie interessieren, bei Frauen dagegen würde das unweiblich wirken. Deshalb kostet es eine Frau erst recht Überwindung, in einen Laden zu gehen und ein ausgesprochenes S/M-Heft zu kaufen. Wir wagen auch heute noch nicht einmal, über das sanktionierteste Sexleben wirklich offen zu reden – aber wenn wir uns irgendeiner Perversion verdächtigt fühlen, möchten wir uns am liebsten in ein Mauseloch verkriechen.

Daß es so wenige weibliche Porno-Kunden gibt, hat noch einen weiteren Grund: Frauen lassen sich einigen Befragungen zufolge stärker von Worten als von Bildern stimulieren. Das hat wahrscheinlich damit zu tun, daß wir unsere Augen nie daran gewöhnt haben, einen Männerkörper als anziehend zu betrachten, wozu umgekehrt Kunst, Werbung und alles mögliche andere die Augen der Männer in bezug auf Frauenkörper trainiert haben.

Die meisten Porno-Hefte enthalten weit mehr Bildmaterial als Lesestoff. Sieht eine Frau ein solches Heft zusammen mit einem Mann an, wird sie feststellen, daß er an den Bildern und sie selbst mehr am Text hängenbleibt. Nicht so sehr bei den Erzählungen, die meistens sehr einförmig sind, aber bei Leserbriefen, Anzeigen und persönlichen Berichten von Lesern. Darin stecken oft eine Menge Einzelheiten, die so genau und so verblüffend sind, daß sie ganz stark und aufdringlich nach Wirklichkeit riechen ... Und wenn schon nicht nach echter Wirklichkeit, dann jedenfalls nach Wachträumen, die von wirklichen Menschen geträumt wurden ...

Auch die S/M-Kontaktanzeigen verteilen sich ungleich auf Männer und Frauen. Es gibt weitaus mehr Männer, die eine Gebieterin, als Frauen, die einen dominierenden Mann suchen. Weil es mehr Masochisten als Masochistinnen gibt? Angesichts der vielen anderen Erklärungsmöglichkeiten wäre es wohl übereilt zu folgern, es gäbe so viele dominierende Männer, daß es sich erübrige, sie durch Anzeigen zu suchen, oder, Frauen wagten aus Rücksicht auf ihren Ruf nicht zu annoncieren; oder, sie hätten Angst vor einem echten Sadisten ... Allerdings suchen auch viele Männer per Anzeige eine Sklavin.

S/M-Anzeigen erscheinen sowohl in Porno-Heften wie auch in angesehenen Zeitungen, aber die Sprache ist unterschiedlich. In Zeitungen wird sie verschlüsselt und benutzt Ausdrücke wie «altmodische Erziehung», «eine feste Hand» und «Interesse an Disziplin». Porno-Hefte sind weniger prüde, und hier finden sich wirkliche Perlen. Ich möchte nur eine nennen, die mir neulich auffiel: Sie stammt von einem deutschen Mann:

> Wo ist meine Masochistin – eine unverklemmte, perverse Frau, die gern erzogen und bedingungslos erniedrigt werden will, *und die sehr gern Schokolade mag?* Angebote unter ...
> (Hervorhebung der Autorin)

Ich finde den P-Wert einer solchen Anzeige sehr hoch, weil sie der Phantasie Rätsel aufgibt, die je nach individuellem Bedarf verschieden gelöst werden können: bekommt sie die Schokolade hinterher als Trost? Ißt er die Schokolade vor ihrer Nase? Fesselt er sie und stellt eine Schachtel Pralinen neben sie? Es gibt genügend Möglichkeiten.

In letzter Zeit haben die Boulevardblätter Anzeigenseiten zum Thema Sex eingeführt. Hier können Leute mit speziellen Interessen Kontakt miteinander aufnehmen. Solche Anzeigen bezwecken zweierlei: erstens, Tabus zu beseitigen und Menschen, die von der Diktatur der sexuellen Mehrheit unterdrückt werden, das Leben zu erleichtern – und zweitens, die Auflage der Zeitung zu erhöhen. Und sie geht automatisch nach oben, weil viele Leute die konkreten Formulierungen der Anzeigen als Nahrung für ihre eigene Phantasie benutzen können.

Ähnlichen Stoff bieten auch die Skandalseiten der Boulevardblätter, in denen es von Sexualmorden, Pornoklubs, Kindesmißhandlungen, Züchtigungen, Quälereien und Folter, Gefängnisreports und Interviews mit spezialisierten Prostituierten und mit Ärzten zum Thema sexuelle Minderheiten nur so wimmelt. Und nicht nur die der Boulevardpresse – auch die «seriöseren» Zeitungen halten durchaus mit, allerdings getarnter.

Selbst das Fernsehen ist nicht frei davon, wie sich zeigt, wenn man die Programme auf ihren P-Wert hin untersucht. Ich denke nicht nur an die Kriegsberichte, sondern an alle Serien, in denen dem Helden – Erwachsene und Kinder sehen zu – Folter angedroht oder tatsächlich angetan wird, falls er nicht «singen» oder gemeinsame Sache machen will. Elektrische Apparate werden sorgfältig an empfindlichen Körperteilen befestigt, Chemikalien bereitgestellt und ein System von Drähten kann jeden Augenblick all das Furchtbare auslösen, das Kindern die Alpträume und Erwachsenen die Sexträume bringt. Daß es meistens bei der Drohung bleibt oder daß sie außerhalb des Blickfeldes wahrgemacht wird, ist in diesem Zusammenhang nebensächlich: wir haben bis ins kleinste vorgeführt und erzählt bekommen, worum es geht.

In diesen Sendungen sind die Opfer gewöhnlich *Männer*, und zwar nur, weil Helden Männer sind. Aber sie sind lediglich Opfer, keine Masochisten. Auch die Sadisten, die Foltern vorbereiten, sind gewöhnlich Männer. Frauen haben zu diesem Universum nur Zugang, wenn sie die richtigen Maße haben – oder als Opfer, die von den Helden gerettet werden.

Man muß also gar nicht unbedingt auf Pornos zurückgreifen, um sich sadomasochistisch stimulieren zu lassen. Dem Unreinen ist alles unrein, und Inspiration kann man sich an vielen Stellen holen – auch an solchen, wo die Motive im dunkeln bleiben: ob Geld verdient werden soll an unserer Angst, uns zu unseren verschiedenen Neigungen zu bekennen – oder unsere Kultur widergespiegelt werden soll, die voll von Opfern und Henkern ist, wohin wir auch sehen.

Deshalb muß man auch nicht unbedingt in einen Porno-Film gehen, wenn man sich nicht traut. Man braucht sich nur einen ganz gewöhnlichen Film anzusehen, in dem Catherine Deneuve an einen Baum gefesselt und gepeitscht wird oder Maria Schneider die Butter holen muß, bevor Marlon Brando sie in den Arsch fickt und dabei zwingt, all das zu sagen, was sie am meisten demütigt. Man kann sich Filme von Bergman, Warhol, Cayatte, Pinter, Godard, Fassbinder, Dreyer, Buñuel und vielen anderen ansehen, die Experten darin sind, zu zeigen, wie sich Menschen gegenseitig quälen und unterdrücken und Katz und Maus miteinander spielen.

Man muß auch nicht unbedingt pornographische Dias kaufen, wenn einem das unangenehm ist. Vieles von hohem P-Wert findet sich in schönen Kunstbüchern: Bilder der Leiden Christi, Darstellungen von Märtyrern und Heiligen, surrealistische Höllenvisionen – sowie symbolhafte oder realistische Darstellungen der politischen Wirklichkeit mit verfolgten und gequälten Menschen.

Wenn man sich schämt, Porno-Hefte zu kaufen, und die üblichen Groschenhefte mit gewalttätigen Inhalten nicht lesen mag, kann man jederzeit in die Bücherei gehen und Aufklärungsbücher leihen. Anleitungen in der Liebeskunst vom «Kama Sutra» bis hin zu aufgeklärtesten amerikanischen Experten gibt es überall zu kaufen, und ein bißchen S/M-Wert fällt da immer ab. Man kann eins der «erotischen» Bücher kaufen, die heute sogar zum guten Ton gehören und neben der neuesten gastronomischen Lektüre auf dem Rauchtisch liegen; alle «Schlafzimmergeschichten», die auf sich halten, bringen mindestens eine S/M-Erzählung, und alle Bücher über unschuldige junge Frauen, die durch viele Männerhände gehen, lassen mindestens eine dieser Hände das sein, was in Anzeigen «energisch» heißt.

Natürlich wären ein paar «richtige» Autobiographien von Sadisten und Masochisten noch viel besser, aber sie sind schwer zu finden. Das einzige dänische Beispiel ist: «Ich – eine Frau» von Siv Holm, ein Zwischending zwischen Roman und Autobiographie und eindeutig nicht aus spekulativen Gründen oder zur sexuellen Erregung geschrieben. Die Autorin schreibt ganz offen über ihre Phantasien:

> Und welche Phantasien hat eine Frau, die lieber onaniert, als sich von einem Mann ficken zu lassen, dessen Hände sie nicht ertragen kann? Sie träumt von anderen Händen, starken Händen: nimm mich – küß mich – fessele mich – schlag mich. Laß mich frei – küß mich – fick mich. Ja jetzt – so, ich bin nichts, siehst du, ich krieche ganz unter dich, versinke im Boden, bis ich nichts mehr bin. Steck mich in die Tasche – in die mit Knopf! Der Knopf muß draußen sitzen, denn ich will nicht bestimmen, wann die Tasche auf- und zugemacht wird. Ich will überhaupt nichts bestimmen – n-i-c-h-t-s – bestimmen.

Endlich die Phantasien einer waschechten Masochistin – und sie sind brauchbar! Endlich eine Frau, die wagt, ihren Masochismus einzugestehen! Endlich eine, die wagt, geradeheraus zu sagen, daß sie nichts selbst bestimmen will ...

Aber wenn Siv Holm Masochistin ist, dann jedenfalls keine von der üblichen Sorte. Sie will nämlich nur in sexuellen Situationen nicht selbst bestimmen, in allen anderen dagegen darf niemand über sie bestimmen. Sie sagt das in einem Interview:

> Als Frau möchte ich beherrscht werden, als Mensch möchte ich respektiert werden.

Das ist ein bißchen verwirrend – nicht wahr? Aber vielleicht nur deshalb, weil die meisten Masochistinnen in Büchern von

Männern beschrieben wurden. Und die Zahl der Männer, die Masochistinnen beschrieben haben, ist endlos, und es fällt viel leichter, diejenigen aufzuzählen, die es *nicht* getan haben. Ich will also hier keine Liste aufstellen, sondern nur ein paar Beispiele dafür anführen, daß sogar ein anerkannter, in Schulen gelesener Klassiker besten S/M-Stoff enthalten kann: z. B. J. P. Jacobsens «Frau Marie Grubbe».

Dieser Roman spielt im 17. Jahrhundert, als Leute noch gerädert wurden und Schinderknechte Frauen auspeitschten und aus der Stadt trieben. Einem Dichter, der seine Leser für Gewalttätigkeit und Wollust gleichzeitig empfänglich machen will, kommt das sehr gelegen.

Schon wenn wir der blutjungen Marie Grubbe zum erstenmal begegnen, werden dunkle Saiten aufgezogen. Sie hat einen Wachtraum, und der ist – obwohl ein Wachtraum einer literarischen Figur von vor vielen hundert Jahren – sehr eindeutig. Er beginnt inmitten des betäubenden, sinnlichen Dufts von Rosen und Geißblatt:

> In dem Gemach mit den roten Purpurteppichen und dem vergoldeten Alkoven liegt Griseldis zu den Füßen des Markgrafen, aber er stößt sie von sich; eben hat er sie von dem warmen Lager in die Höhe gezerrt, jetzt öffnet er die schmale rundbogige Tür, und die kalte Luft strömt herein auf die arme Griseldis, die an der Erde liegt und weint, und es ist nichts zwischen dem kalten Nachthauch und ihrem warmen Leibe als das dünne, dünne Linnen. Aber er jagt sie hinaus und verschließt die Tür hinter ihr. Und sie preßt die nackte Schulter gegen die kalte, glatte Tür und schluchzt und hört ihn gehen da drinnen auf den weichen Teppichen ...

Griseldis ist die hartgeprüfte und immer wieder verstoßene Unschuld, die so viele Renaissancedichter in ihren Werken erschufen, und sie dient als Vorbild für Marie Grubbes ferneres Leben. Marie ist von edler Geburt und durch Heirat an den Hof gekommen; nur die schwarzen Prinzen ziehen sie unwiderstehlich in ihren Bann, die Männer, von denen sie herablassend behandelt wird, und jeden Mann, der Schwäche zeigt, weist sie zurück. Von Ulrik Christian ist sie eingenommen, denn er ist ein Held und legt seine Hände hart um ihre Handgelenke. Und doch kann sie ihn auf die Dauer nicht ertragen, weil er zu weich ist; in Stig Høg verliebt sie sich erst, als sie merkt, daß in seinen unbestimmbaren Melancholien auch scharfer und wilder Spott liegt, wird ihn aber leid, als sie feststellen muß, daß er von Zweifeln geplagt wird und gar nicht so stolz ist, wie sie angenommen hatte.

Marie Grubbe beschließt ihr Leben zusammen mit einem Mann, der weit unter ihrem Stand steht: Søren, der Knecht mit der bäurischen Sprache, der groben Arbeit, die seinen Körper abgehärtet hat, und der plumpen Zudringlichkeit. Ihn liebt sie, und ihm folgt sie durch dick und dünn. Sie wird seine gehorsame Ehefrau und sie muckst auch nicht auf, wenn er sie schlägt, weil sie zu selbstbewußt auftritt. Sie hat von Anfang an gewußt, daß

> sie sich unter all dies beugen, dies alles lieben, Gutes und Böses aus dieser schwarzen Hand nehmen sollte ... es lag in dieser Selbsterniedrigung ein seltsamer Genuß, der halb verwandt war mit grober Sinnlichkeit, aber zugleich auch verwandt mit dem, was als das Edelste und Beste in der Natur des Weibes gilt ...

Marie Grubbe hat Charakter, Stärke und genug eigenen Lebenswillen, um Vorurteilen und gesellschaftlichen Konventionen die Stirn zu bieten – und ihren Weg als Frau zu gehen, das heißt, den Weg der Selbsterniedrigung. Als echte Frau findet sie ihre wahre Stärke in äußerster Schwäche, Abhängigkeit, Demut und Selbstaufgabe. Dabei trägt sie die volle Verantwortung für ihr eigenes Leben. Sie ist es, die in jeder Situation entscheidet – und wo immer es möglich ist, entscheidet sie sich für die Schwäche gegen die Stärke bei sich selbst und für die Stärke gegen die Schwäche bei Männern.

Marie Grubbe ist nur eine der unzähligen masochistischen Frauen, die die Literatur bevölkern und dazu beitragen, daß alle möglichen Leser Frauen auf Grund ihrer ureigensten Natur für Sklavenseelen halten. Die Frauen, die das nicht sind, werden es schon noch, wie die Hauptperson in Shakespeares «Der Widerspenstigen Zähmung» beweist. Dieses Stück ist das klassische Beispiel dafür, wie eine unabhängige Frau mit einem Minimum an *körperlicher* Überlegenheit *gegen ihren*

Willen zur Masochistin gemacht wird und als ihre eigene Karikatur innerhalb der Männergesellschaft endet.

Die Widerspenstige – die Furie, die gezähmt werden soll –, heißt eigentlich Katharina, wird aber Kate genannt, vielleicht weil diese Abkürzung an «Katze» erinnert. Ihr Dompteur heißt Petruchio. Er hat sie nie gesehen, aber eine Frau mit Mitgift ist nicht zu verachten, und deshalb eröffnet er ihr, nachdem er mit ihrem Vater verhandelt hat, kurzerhand, er wolle sie heiraten. Sie wird natürlich wütend über diese Frechheit, aber da sie uns am Anfang als ausgemachte Streithenne vorgestellt wurde, sollen wir uns selbstverständlich über sie lustig machen und uns auf den spannenden sportlichen Kampf freuen, der kommen muß. Denn Kate hat nicht nur psychische Stärke, sondern ist auch auf körperlichem Gebiet eine würdige und provozierende Widersacherin.

Aber Petruchio ist eben ein kleines bißchen stärker als sie. Er kann sie genau dann unterkriegen, wenn es ihr am wenigsten paßt, und er tut es. Er gebraucht jedes Mittel, das ihm als Herrscher zur Verfügung steht: er läßt sie bei der Hochzeit warten und macht sie zum Gespött der Leute, er schickt sie zu Pferd fort und läßt sie bis zur völligen Erschöpfung reiten, er schnappt ihr das Essen, als sie völlig ausgehungert ist, und die Kleider, als sie verfroren ist, vor der Nase weg und lockt mit Sex in der Hochzeitsnacht.

Das ist eine schnelle und wirkungsvolle Gehirnwäsche. Aus der unabhängigen Wildkatze Kate wird eine zahme Hauskatze. Sie ist pünktlich, gehorsam, bescheiden, nett und zuvorkommend geworden. Sie hat gelernt, ihm recht zu geben, selbst wenn er Quatsch redet. Sie folgt ihm aufs Wort und weist ihre Mitschwestern zurecht, weil sie sich ihren Männern gegenüber nicht auch so verhalten.

Aus ihrer Schlußhymne auf die natürliche Sklaverei der Frau läßt sich zwar mit etwas Phantasie ein Quentchen Ironie heraushören, aber sie ist so gut versteckt und so zweideutig, daß man sie eher als Vorschau auf weitere spannende Prügeleien verstehen darf, auf schöne sportliche Prügeleien, bei denen sie wieder einmal unten liegen und ihr Make-up sich mit Sperma verschmieren wird, bei denen sie fast keine Luft kriegt und verzweifelt versuchen muß, ihren hoffnungslosen Kampf gegen die Übermacht in Masochismus zu verwandeln – um wenigstens etwas davon zu haben.

Auch die klassische Komödie bietet viel Stoff dieser Art, Stoff für die Phantasien masochistischer Frauen sowie für alle die Männer, die ihren Glauben bestätigt finden wollen, daß Frauen genau das mögen, was Männern in den Kram paßt.

Der Traum (so müssen wir es wohl nennen) von der masochistischen Frau ist in Pornographie, Kunst, Literatur und Werbung so häufig anzutreffen, daß wir gelernt haben zu glauben, es könne nur so sein und Frauen seien wirklich so. Es verstellt uns den Blick dafür, wieviel Nahrung dieses Frauenbild eigentlich unseren intimsten Phantasien und unserer Auffassung von uns selbst gibt. Eine solche Auffassung läßt dann zum Beispiel ein junges Mädchen von heute verzweifeln, weil wir es nicht schaffen werden, uns zu befreien; weil wir letzten Endes zur Unfreiheit geboren sind.

Aber zurück zu den Büchern: es gibt noch eine Sorte Bücher, die das auf eine völlig andere Art bewirken und meistens gar nicht von Frauen handeln. Ich meine Bücher, in denen der Staat geschildert wird als Maschinerie, gesteuert von kalten, gefühllosen Gesetzen, auf die wir keinen Einfluß haben. Eine Gesellschaft nach dem System de Sades, die uns alle zu Marionetten und hilflosen Opfern macht. Schilderungen dieser Art nehmen zu, aber das beste Beispiel ist immer Franz Kafkas «Prozeß».

Kafka ist – sein Gesamtwerk weist so ausgesprochen masochistische Untertöne auf, daß man es (nach Belieben) als Pornographie lesen kann, obwohl es fast nirgends um Sex oder das Geschlechterthema geht. Das vollkommenste Beispiel für eine von der Sexualität im üblichen Sinne losgelöste masochistische Haltung ist der Roman «Der Prozeß».

Die Hauptperson Josef K. ist Prokurist bei einer Bank, bis ... Das Buch beginnt so:

> Jemand mußte Josef K. verleumdet haben, denn ohne daß er etwas Böses getan hätte, wurde er eines Morgens verhaftet. Die Köchin der Frau Grubach, seiner Zimmervermieterin, die ihm jeden Tag gegen acht Uhr früh das Frühstück brach-

te, kam diesmal nicht. Das war noch niemals geschehen. K. wartete noch ein Weilchen, sah von seinem Kopfkissen aus die alte Frau, die ihm gegenüber wohnte und die ihn mit einer an ihr ganz ungewöhnlichen Neugierde beobachtete, dann aber, gleichzeitig befremdet und hungrig, läutete er. Sofort klopfte es und ein Mann, den er in dieser Wohnung noch niemals gesehen hatte, trat ein. Er war schlank und doch fest gebaut, er trug ein anliegendes schwarzes Kleid, das, ähnlich den Reiseanzügen, mit verschiedenen Falten, Taschen, Schnallen, Knöpfen und einem Gürtel versehen war und infolgedessen, ohne daß man sich darüber klar wurde, wozu es dienen sollte, besonders praktisch erschien. «Wer sind Sie?» fragte K. und saß gleich halb aufrecht im Bett. Der Mann aber ging über die Frage hinweg, als müsse man seine Erscheinung hinnehmen, und sagte bloß seinerseits: «Sie haben geläutet?» «Anna soll mir das Frühstück bringen», sagte K. und versuchte, zunächst stillschweigend, durch Aufmerksamkeit und Überlegung festzustellen, wer der Mann eigentlich war. Aber dieser setzte sich nicht allzulange seinen Blicken aus, sondern wandte sich zur Tür, die er ein wenig öffnete, um jemandem, der offenbar knapp hinter der Tür stand, zu sagen: «Er will, daß Anna ihm das Frühstück bringt.» Ein kleines Gelächter in Nebenzimmer folgte, es war nach dem Klang nicht sicher, ob nicht mehrere Personen daran beteiligt waren. Obwohl der fremde Mann dadurch nichts erfahren haben konnte, was er nicht schon früher gewußt hätte, sagte er nun doch zu K. im Tone einer Meldung: «Es ist unmöglich.»

Es ist unmöglich und von jetzt an ist nichts mehr möglich für den Mann, dessen Name zu einem Buchstaben reduziert wurde. Ihm wird befohlen, schlechtere Kleidung anzuziehen, seine Wächter essen sein Frühstück, und er bekommt keine Antwort, als er fragt, weswegen er angeklagt ist. Er muß gehorchen, Vorladungen Folge leisten, sich nach dem System richten und seinen Gesetzen gemäß handeln, denken und fühlen. Eine Zeitlang kann K. sich noch frei bewegen, aber er wird überwacht, irgendwoher wird er beaufsichtigt – woher, weiß er nicht. Er sucht Instanzen auf, von denen er glaubt, daß sie seinen Fall bearbeiten, er fühlt sich geradezu angezogen von den mystischen Untersuchungszimmern. Aber ob es überhaupt Untersuchungszimmer sind, ob sein Fall dort überhaupt bearbeitet wird, geschweige denn, nach welchen Gesetzen er verurteilt werden soll, worin sein Verbrechen besteht und wie das Urteil eventuell lauten wird, bleibt für ihn im dunkeln. Er hat nicht einmal Anspruch auf einen Verteidiger in diesem Prozeß, der in Wirklichkeit gar kein Prozeß ist, sondern nur die Hinauszögerung einer Hinrichtung. Eines Tages wird er von zwei Männern abgeholt und weggeführt, er wird ausgezogen, auf die Erde gesetzt, man lehnte ihn an einen Stein und bettete seinen Kopf darauf in einer «sehr gezwungenen und unglaubwürdigen» Haltung, und im Anschluß an einige Höflichkeitsformalitäten

> legten sich die Hände des einen Herrn an K.s Gurgel, während der andere das Messer ihm tief ins Herz stieß und zweimal dort drehte. Mit brechenden Augen sah K. noch, wie die Herren nahe vor seinem Gesicht, Wange an Wange aneinandergelehnt, die Entscheidung beobachteten. «Wie ein Hund!» sagte er, es war, als sollte die Scham ihn überleben.

K. stirbt wie ein Hund und voller Scham – aber die Geschichte beginnt mit der Feststellung, daß er nichts Böses getan hat. Was ist passiert?

Er hat lediglich die Anklage akzeptiert. Er fühlt, daß sie gerecht ist – er fühlt es immer stärker, je mehr Zeit vergeht und je länger die mystische Maschinerie arbeitet.

Er fühlt auch, daß er eigentlich den beiden Herren das Messer abnehmen, selbst in sich stoßen müßte, und er denkt:

> Vollständig konnte er sich nicht bewähren, alle Arbeit den Behörden nicht abnehmen, die Verantwortung für diesen letzten Fehler trug der, der ihm den Rest der dazu nötigen Kraft versagt hatte.

Zum Schluß betrachtet er sich also als Schuldigen, der die Strafe verdient hat. Er hat ein bißchen gezappelt – wie eine Marionette, wie die Maus, mit der die Katze spielt. Aber nicht sehr lange. Es war hoffnungslos, der Kreis um ihn herum wurde immer enger: ohne Namen, ohne eigene Kleider und ohne

Rechte, gefangen in den dunklen Gängen der Gesetze und der Bürokratie ist er sich selbst überlassen, den Menschen und der Welt entfremdet. Die Gehirnwäsche ist geglückt, er hat die Maßstäbe der Übermacht übernommen. Und damit hat er seine Handlungsfreiheit, seinen Willen, seine Identität aufgegeben.

Das System, das ihn steuert, ist völlig unpersönlich. Es ist willkürlich oder gerecht, oder beides gleichzeitig. Es hat eine ganz eigene absurde Logik, die sich dazu eines Labyrinths benutzt von in sich widersprüchlichen Gesetzen und sich einer undurchdringlichen Sprache bedient, deren einzig sicheres Merkmal der Jargon der Autorität ist.

Allein diese Sprache – die Sprache der Behörden und die juristisch-bürokratisch-pedantische Sprache Kafkas – bringt einen Mann dazu, an seinem Selbstwert zu zweifeln und sich zu fragen: existiere ich überhaupt? Und so funktioniert auch das System, das in dem Buch beschrieben wird. Es soll lähmen, vernichten, zermalmen. K. hört auf, als Mensch zu existieren und stirbt als Unperson, wie ein Hund. Ob er unglücklich war, erfährt man nicht.

Ist K. also ein Masochist? Vielleicht. Aber vielleicht ist er auch Christ, vielleicht handelt dieses Buch von der Ohnmacht des Menschen angesichts der Gnade Gottes oder von der Absurdität des Staates. Allen diesen Möglichkeiten ist die Ahnung gemeinsam, daß nichts zu ändern ist. Andere verfügen über uns.

Aber ganz gleich, wie man den «Prozeß» lesen möchte, ob man Kafka als Masochist bezeichnen will oder nicht (was vorgekommen ist, genau wie J. P. Jacobsen als Anhänger der Algolagnie bezeichnet worden ist) – eigentlich ist nicht K. die Hauptperson, sondern das System, in dem er gefangen ist. Das zentrale Thema des Buches ist die Methode, mit der das System die Menschen machtlos macht. Das System ist der gefühllose Herrscher, nach dem Severin, Marie Grubbe und Siv Holm sich sehnen und den de Sade seinen weiblichen Helden zur Seite stellte.

Masochistische Wunschträume, sadistische Erfindung oder wie man es sonst nennen will. Für mich hat «Der Prozeß» einen hohen P-Wert wegen seiner kalten Sprache und der Art und Weise, wie die Hauptperson durch die Sprache und das System gedemütigt wird. Deshalb habe ich es hier auch aufgeführt – es ist zwar kein Porno im gängigen Sinne, aber ich möchte mir Ullerstams Worte zu eigen machen und entschieden erklären, daß ich es gut finde, wenn jemand davon pornographisch profitiert. Ich habe es selbst oft getan und möchte nicht darauf verzichten, und solange man einen bestimmten Brennstoff braucht, um sexuell zu funktionieren, muß man ihn sich da holen, wo man ihn bekommen kann, und anderen die gleichen Rechte zugestehen. Alles andere wäre Heuchelei – sowohl bei Frauen als auch bei Männern.

Im übrigen ist Josef K. ein Mann, ist Severin ein Mann und sind Leopold von Sacher-Masoch und Kafka und J. P. Jacobsen Männer. Männer haben den Masochismus beschrieben. Wenn man behaupten wollte, sie hätten eigentlich nur ihrer eigenen Sexualität entfremdete Menschen beschrieben, würde man es sich zu einfach machen.

Aber wir wollen – wie de Sade sagt – das Gleichgewicht wiederherstellen und auf die Frauen zurückkommen. Wir erteilen dazu einem Mann das Wort, der sich anhört, als ob er Bescheid wüßte: Nietzsche.

Nietzsche zweifelt ebensowenig an der ordentlichen Verteilung der Geschlechtsrollen wie Krafft-Ebing, wie die Schriftsteller, Porno-Käufer und wie das Mädchen beim Germaine-Greer-Treffen. Er bringt das kurz und bündig in einem berühmten Satz zum Ausdruck, der sich bei mindestens drei Vierteln derer, die ihn gehört haben, offenbar tief eingeprägt hat: *Wenn du zum Weibe gehst, vergiß die Peitsche nicht!*

Also sprach Nietzsche in «Zarathustra», und dieser Satz muß dem nächsten Kapitel über Freud voranstehen. Freud war der erste, der sich ernsthaft mit dem Masochismus befaßt hat. Und auf Freud habe ich mich in meiner nächsten Phase geworfen, weil ich nach all diesen verblümten Urteilssprüchen endlich etwas Handfestes erfahren mußte.

Aber zuvor möchte ich alle diejenigen warnen, die dieses Buch lesen, um sich neue Anregungen für ihre sexuellen Phantasien zu holen: das folgende Kapitel hat fast keinen P-Wert. Es ist schwierig und nicht sehr spannend und erfordert ein gewisses Maß an Konzentration, und ich kann nicht einmal dafür garantieren, daß es die Mühe lohnt. Trotzdem meine ich, es zu schreiben war der Mühe wert.

Zweiter Teil

7
Das kleine penislose Geschöpf

Sigmund Freud

Gehst du zum Weibe, vergiß die Peitsche nicht ... Weiß Gott, was Freud zu diesem Satz gesagt hätte. Ob er sich heimlich die Hände gerieben hätte über eine so treffende Formulierung einer Ansicht, die auch in seinen eigenen Theorien enthalten ist – der Annahme nämlich, es gäbe eine Verbindung zwischen Weiblichkeit und Masochismus?

Das Mysterium des Masochismus hat Freud sein Leben lang beschäftigt. Er legte drei gründlich ausgearbeitete Theorien dazu vor. Aber er war nicht überzeugt, der Lösung des Rätsels näher gekommen zu sein, und forschte weiter. Die verschiedenen Theorien widersprechen sich. Aber das könnte auch daran liegen, daß immer wieder neue Gesichtspunkte auftauchten, sobald er eine neue Schicht des Problems freigelegt hatte.

Das Mysterium Frau hat Freud ebenfalls sein Leben lang beschäftigt – und auch hier war er nicht überzeugt, eine Lösung gefunden zu haben. Und das klingt verwirrend. Warum sind Frau und Weiblichkeit Mysterien, Mann und Männlichkeit dagegen nicht? Gibt es eine andere Erklärung als die, daß Freud den Mann als das Normale betrachtet und die Frau als eine Art Abweichung? Eine schöne, zugegeben, ein Mysterium – aber eben doch eine Abweichung der Gattung, die der Mann ausmacht.

Während Freud allergrößte Sorgfalt aufwendet, um herauszufinden, was Masochismus eigentlich ist, übernimmt er bezüglich der Frau bedenkenlos die gängigen Volksmärchen: die Frau ist passiv, unkreativ, moralisch labil und insgesamt dem Mann unterlegen. Diese Volksmärchen über die Frau sind seine wesentliche Arbeitsgrundlage, und auf diesem Fundament errichtet er sein eigenes Gedankengebäude. Der 1856 geborene

Freud wird so zum Bindeglied zwischen früheren Dichtern und Ärzten (den frommen und nicht so frommen) und heutigen Dichtern und Ärzten – und ihren Patientinnen.

Wie abhängig Freud von dem alten Frauenbild war, kommt an unzähligen Stellen in seinem Werk zum Ausdruck, aber er versteckt sich oft hinter formalen Einschränkungen wie etwa: «im allgemeinen sagt man» ..., oder: «man pflegt den Frauen vorzuwerfen». Er unternimmt jedoch keinen Versuch, das, was man Frauen vorzuwerfen pflegt oder über sie sagt, zu entkräften – im Gegenteil. Er unternimmt so gut wie gar nichts, um herauszufinden, welche Rolle die konkreten gesellschaftlichen Verhältnisse für die von ihm als gegeben angesehene Natur der Frau gespielt haben. Es gibt sogar etwas, das sehr augenfällig beweist, daß seine Arbeitsvoraussetzung eine ... sagen wir, *einseitige* Auffassung von der Frau beinhaltet, nämlich bestimmte Zusammenstellungen von Wörtern, die wiederholt auftauchen und dem Leser so gut wie kommentarlos vorgesetzt werden: *passiv-feminin* und *femininer Masochismus* (mit dem letzten Begriff versucht Freud, eine Eigenschaft des Masochismus bei Männern zu beschreiben).

Es könnte wie ein reines Sprachproblem aussehen. Aber Sprache ist ein höchst wirkungsvolles Instrument der Indoktrinierung, solange man sie nicht analysiert, und es ist wichtig, sich von Anfang an klarzumachen, was solche Wortpaare aussagen.

Sie suggerieren erstens, es gäbe keinen besonderen Anlaß, die Wörter auseinanderzuhalten, es sei denn, weil sie Tautologien sind, Wörter also mit derselben Bedeutung, die sich auch mit einem einzigen ausdrücken ließe. Man könnte einfach passiv oder feminin sagen, feminin oder masochistisch, sie scheinen ja dieselbe Bedeutung zu haben. Aber es gibt zweitens einen praktischen Grund für Ausdrücke wie passiv-feminin (oder aktiv-maskulin): indem man sie gebraucht, hämmert man ständig ein, wie die Welt der Geschlechter auszusehen hat und wie weise die Natur mit Männern und Frauen umgegangen ist. Mal angenommen, die Natur hätte uns gleich geschaffen – das heißt, manche Männer aktiv, andere passiv, manche Frauen passiv, andere aktiv, schließlich auch noch sowohl passive als auch aktive Männer und Frauen – welch ein heilloses Durcheinander hätte das gegeben! Es ist schon besser, daß es ein System gibt und wir alle unseren angewiesenen Platz darin haben.

Aber weil Freud bei seiner Forschung von dieser scharfen Abgrenzung der Geschlechter ausgeht (was selbstverständlich zusammenhängt mit der Zeit, dem Ort und den Verhältnissen, in denen er lebte), können wir uns unmöglich ohne eine gewisse vorgefaßte Skepsis seiner Lektüre widmen. Und damit sind wir quitt: er zweifelt an uns und wir an ihm.

Aber selbst wenn wir meinen, daß sein wissenschaftliches Fundament logische Mängel enthält – sein Gebäude könnte ja trotzdem halten. Wir müssen also, trotz aller Skepsis, hineingehen und genau ansehen, was Freud uns über Masochismus und Weiblichkeit zu sagen hat. Er ist der erste, der überhaupt Theorien aufgestellt hat, die das Thema wirklich ernst nehmen. Er begnügt sich nicht wie Krafft-Ebing mit Beschreibungen. Er beschreibt im Gegenteil fast gar nicht. Er fragt nicht nach dem Wie, sondern nach dem *Warum*.

Aber will man in Freuds Theoriegebäude hineingehen, ist es nicht damit getan, daß man einfach durch die Tür mit dem Schild *Masochismus* tritt. Man muß den ganzen Weg durch die Grundbegriffe seines Denkens nehmen, um seine speziellen Theorien zu verstehen. Das ist nötig, auch wenn man vielleicht glaubt, man wüßte viel über Freud, obwohl man nie eine Silbe von ihm gelesen hat. Denn man kann heute keine Zeitung und keine Illustrierte (für weibliche oder männliche Leser) aufschlagen, ohne auf Freudsche Begriffe zu stoßen – wie z. B. das Unbewußte, Verdrängungen, Komplexe, Hemmungen. Andere Begriffe wie Fixierung, Regression, Sublimierung sind vielleicht weniger bekannt, verstärken aber gerade deshalb die Achtung vor der Psychoanalyse, der Methode Freuds.

Genaugenommen können wir mit keinem Problem mehr zum Arzt gehen, ohne in einen Dschungel Freudscher Begriffe zu geraten, aus dem wir nicht so leicht wieder herauskommen, denn für gewöhnliche Sterbliche ist der ganze Freudianismus praktisch nicht nachprüfbar, nicht kontrollierbar. Das scheint auch ganz logisch zu sein, schließlich beschäftigt er sich ausführlich mit dem Unbewußten – und genau darüber können wir doch gar nichts wissen. In den Freudianismus ist ein unentrinnbares Autoritätsprinzip eingebaut, das eine tiefe Kluft zwischen dem allwissenden Behandelnden einerseits und dem prinzipiell unwissenden Patienten andererseits reißt. Aber eben das ist ein weiterer Grund, Freuds Werke gründlich zu studieren. Wir können damit eine bewußte und kritische Haltung gegenüber seinen Theorien gewinnen, die so entscheidend dazu beigetragen haben wie wir – so ganz unbewußt – definiert werden – von Männern und von uns selbst.

Wie ein Mensch sich benimmt, denkt und fühlt, wird von vielen verschiedenen Motiven bestimmt. Einige davon sind uns bekannt – die klar umrissenen und vernunftsbedingten. Aber darüber hinaus gibt es eine Menge dunkler Motive, die wir nicht durchschauen können – weder bei uns selbst noch bei anderen. Das liegt nach Freud daran, daß sie *unbewußt* sind. Wir haben eine Anzahl fester Grundhaltungen, aber oft wissen wir gar nicht, daß wir sie haben. Diese Grundhaltungen sind bestimmend für unser Handeln, denn sie sind Reste verschiedener fundamentaler Erfahrungen in unserer frühesten Kindheit – wir haben sie so früh gemacht, daß wir uns nicht mehr daran erinnern können, denn unsere Kindheit hüllt sich aus unerklärlichen Gründen in Dunkelheit (und das, obwohl wir gerade da die stärksten Erlebnisse haben). Viele dieser Erlebnisse sind sexueller Art, denn eine Sexualität besitzen wir von Anfang an.

Daß viele unserer entscheidenden Erlebnisse im dunkeln liegen, hat noch einen anderen Grund: sie waren negativ. Schocks, Ängste, Enttäuschungen. Manche davon waren so erschütternd, daß wir nicht mit ihnen hätten leben können, wenn wir ihnen unser ganzes Leben lang hätten ins Auge sehen müssen. Deshalb haben wir sie weggepackt. Wir haben sie vergessen, und wir haben vergessen, daß wir sie vergessen haben, wie R. D. Laing es ausgedrückt hat. Wir haben sie *verdrängt*, so nennt es Freud. Aber sie sind noch immer da, und sie sind noch immer höchst wirksam.

Sie tauchen auf bei psychisch Kranken. Und solche Menschen hat Freud untersucht, um die Verdrängungen ans Licht zu holen, die die Menschen an Angst, Depressionen und Zwangsvorstellungen leiden lassen – an Neurosen. Freud meinte, wenn er die Kranken dazu bringen könnte, sich ihre Verdrängungen bewußt zu machen, wenn er sie bewegen könnte, sich die heftigen frühen Erlebnisse vor Augen zu führen, anstatt sie irgendwohin zu verstauen, dann könnten sie von ihren Neurosen befreit werden. Er kam auch zu der Erkenntnis, daß nicht nur Kranke mit Verdrängungen herumlaufen: wir alle tun es. Die Methode, die er entwickelte, um das Unbewußte ans Licht zu holen, nannte der *Psychoanalyse*.

Der Psychoanalytiker versucht gewöhnlich, die kontrollierende Vernunft und den Intellekt des Patienten auszuschalten und sich statt dessen auf alles zu konzentrieren, was sich sozusagen an der Kontrolle, die dazu dient, alles Bedrohliche zu unterdrücken, vorbei- und hervordrängt. Das geschieht zum Beispiel, wenn wir träumen, wenn wir «aus Versehen» etwas Verkehrtes sagen oder tun, wenn wir uns erlauben, eigenen Gedanken und Einfällen nachzugehen, ohne sie bewußt zu steuern. Der Psychoanalytiker untersucht außerdem genau, welche Haltung der Patient ihm gegenüber einnimmt, denn im Verhältnis Patient–Arzt – in der sogenannten «Übertragungssituation» – findet er das Grundmuster für die Gefühle und Handlungen des Patienten im Allgemeinen wieder.

Mit Hilfe der psychoanalytischen Methode entdeckte Freud eine Reihe übereinstimmender Eigenarten bei allen Patienten. Aus diesen Eigenarten leitete er sein Verständnis dafür ab, wie sich die Kindheit abspielt, die uns allen gemeinsam ist, wie sich unsere früheste Sexualität entwickelt zur Sexualität als Erwachsene, wie Jungen zu Männern und Mädchen zu Frauen werden. Und wie es kommt, daß manche Leute Masochisten werden.

Anatomie ist Schicksal, sagt Freud. Er meint damit, daß sich aus der weiblichen und der männlichen Anatomie naturgemäß bestimmte psychische Eigenschaften und Anlagen ergeben. Das gilt besonders für zwei entscheidende Zusammenhänge: erstens das Verhältnis des Kindes zu den Eltern, das sich bei einem kleinen Mädchen und einem kleinen Jungen ganz unterschiedlich gestaltet und zweitens das Verhältnis beider Kinder zum Penis, der in Freuds Vorstellungswelt ungefähr dieselbe Dimension bekommt wie der Heilige Gral, der Stein der Weisen, der Stern von Bethlehem oder Onkel Dagoberts Geld. Das kleine Mädchen schämt sich, daß es keinen hat, und der Junge hat Angst, daß er ihm abgeschnitten wird. Die Haltung beider Kinder bildet das, was Freud den Kastrationskomplex nennt (Kastration heißt: Penis abschneiden).

«Der kleine Penisträger» und «das kleine penislose Geschöpf» erhalten auf diesem Hintergrund ganz verschiedene Rollen im Verhältnis zu Vater und Mutter. Diesem Verhältnis gab Freud den Namen Ödipuskomplex, nach dem griechischen Sagenkönig Ödipus, der seinen Vater erschlug und mit seiner Mutter ins Bett ging.

Genau das, meint Freud, tut der Junge – oder vielmehr, er täte es, wenn er könnte.

Anfangs lieben sowohl das Mädchen als auch der Junge ihre Mutter. Sie gibt ihnen ja von Anfang an Liebe, während der Vater gar nicht recht existiert. Er ist höchstens ein Rivale, der ihnen etwas von der Zeit und der Liebe der Mutter stiehlt. Aber eines Tages wird diese Konkurrenz so unerträglich für den Jungen, daß er anfängt, den Vater zu hassen. Er hat nämlich entdeckt, daß der Penis des Vaters viel größer ist als sein eigener, und daß er sich keine Hoffnung zu machen braucht, seinen Rivalen je zu schlagen und die Liebe zu seiner Mutter je auszuleben und mit ihr ins Bett zu gehen. Der Junge vermutet auch, daß der Vater, sein Feind, ihm bei der ersten Gelegenheit den Penis abschneiden wird. Und was dann passiert, kann er bei seiner Mutter und seinen Schwestern sehen: dann hat man eine Wunde und keinen Penis mehr.

Die Entwicklung des Mädchens verläuft anders. Es verliebt sich in den Vater – natürlich, denn er ist ja ein Mann – und betrachtet die Mutter als Rivalin. Und dann kommt der große Schock, den das Mädchen nie verwindet, beim Anblick der Wunde, dort wo ein Penis sein sollte, und der Haß auf die Mutter bricht aus, denn sie muß es gewesen sein, die das Mädchen kastriert hat. Die einzig mögliche Entschädigung, auf die es hoffen kann, ist, vom Vater ein Kind zu bekommen.

Im Gegensatz dazu kann sich der Junge in Ruhe weiter seiner Liebe zur Mutter hingeben, bis er als Erwachsener eine neue Mutter findet und heiratet, während das Mädchen im Verhältnis zu seinen Eltern verschiedene Stufen überwinden muß. Kommt es über die Phase, in der es nur seine Mutter liebt, nicht hinaus, besteht die Gefahr, daß es später homosexuell wird; kommt es über die Phase, in der es nur seinen Vater liebt, nicht hinaus, besteht die Gefahr neurotischer Fixierung auf den Vater. Andererseits ist gerade eine bestimmte Vaterfixierung Voraussetzung dafür, daß aus dem kleinen Mädchen eine *natürliche* Frau wird.

Und noch etwas muß das Mädchen schaffen, das auch mit dem Penis zusammenhängt. Es hat nämlich eigentlich doch einen, allerdings einen winzig kleinen. Das ist die Klitoris, sie entspricht physiologisch dem Penis des Jungen, nur leider ist sie eben winzig klein. Aber es gibt sie, und Freud sieht in ihr einen Beweis dafür, daß das Mädchen irgendwie bisexuell ist – oder genauer gesagt: irgendwie maskulin. Und das bedeutet wirklich Unglück, denn es kann dem Mädchen passieren, niemals eine richtige Frau zu werden – zum Beispiel wenn es mit seiner Klitoris onaniert und über den klitoralen Orgasmus nicht hinauskommt. Das Mädchen muß es schaffen, irgendwann einmal seine sexuellen Empfindungen von der Klitoris auf die Vagina zu übertragen – und damit gleichzeitig aufhören zu onanieren. Der Orgasmus darf nur durch den Penis des Mannes in der Scheide passieren. Erst damit ist die natürliche Bestimmung der Frau vollkommen erfüllt.

Noch etwas vollzieht sich dabei: das Mädchen vertauscht die aktive (männliche) Rolle mit der passiven (weiblichen). Und somit sind alle Hindernisse aus dem Weg geräumt, und das Mädchen kann eine richtige kleine Frau werden.

Damit wären wir beim Masochismus – denn, gibt es eine passivere und damit femininere Haltung als die masochistische? Freud verneint das, indem er seine männlichen, masochistischen Patienten charakterisiert als Männer, die eben eine feminine Haltung angenommen haben. Nebenbei bemerkt er zwar, daß im Masochismus auch etwas Infantiles liegt, also etwas Kindliches – Masochisten sind zur Hilflosigkeit und zum Gehorsam verurteilt –, aber die naheliegendste und natürlichste Charakterisierung besagt dennoch, daß masochistisches Verhalten ausgeprägt feminin sei: Wenn ein Mann masochistische Neigungen aufweist, wird er also gewissermaßen zur Frau – und muß deshalb in ärztliche Behandlung.

Wir müssen jedoch noch weiter zurück in die Kindheit gehen, um den Bemühungen Freuds um eine Erklärung für den Masochismus folgen zu können.

Zu Freuds großen Entdeckungen gehört, daß schon das ganz kleine Kind eine Sexualität hat, sie ist nur ganz anders als alles, was wir später als normal bezeichnen:

> Es ist eigentlich selbstverständlich; wenn das Kind überhaupt ein Sexualleben hat, so muß es von perverser Art sein, denn dem Kinde fehlt noch bis auf wenige dunkle Andeutungen, was die Sexualität zur Fortpflanzungsfunktion macht.

Freud beschreibt, wie sich die kindliche Sexualität entwickelt und aus welchen Quellen sie sich speist. Die erste Phase dieser Entwicklung nennt Freud die *orale Phase*. Alle Lustgefühle werden auf den Mund und seine Umgebung konzentriert, wir sehen das deutlich, wenn das Kind gestillt wird, die Flasche bekommt oder an den Fingern lutscht. Die zweite Phase nennt Freud die *anale Phase*. Die Lustgefühle werden konzentriert auf Exkremente, Darm und Anus (After). In dieser Zeit treten zwei einander widersprechende Triebe auf: ein aktiver, der später männlich werden kann und die Darmmuskulatur betrifft, die sich des Darminhaltes bemächtigt und ihn nicht hergeben will, und ein passiver, der sich in körperliche Lust, in sinnliche Empfindungen im Zusammenhang mit dem After umsetzt.

Freud begnügt sich jedoch nicht damit, diese Phase einfach anal zu nennen. Er bezeichnet sie auch als *anal-sadistisch*. Gemeint ist damit, daß die anale Phase durch einen heftigen Drang zur Aggression gekennzeichnet ist. Freud behauptet, daß sich Kinder in dieser Phase ausgesprochen grausam gegen Tiere und Spielgefährten verhalten und ihnen mit Wohlbehagen (zumindest ohne jedes Mitleid) Qualen und Schmerzen aller Art zufügen. Er behauptet weiter, daß die Wut, in die kleine Kinder oft ausbrechen, wenn man ihnen einen Einlauf macht, aus der Reizung ihres Afters resultiert und eine Art Ersatzaggression ist. Daher die Bezeichnung anal-sadistisch.

Über Sadismus brauchen wir uns also nicht zu wundern. Er ist ganz natürlich in der Entwicklung jedes Kindes. Er ist *primär* und braucht nicht weiter erklärt zu werden. Masochismus dagegen tritt in der natürlichen kindlichen Entwicklung nicht unbedingt auf. Er erscheint nur, wenn sich der natürliche Sadismus umkehrt beziehungsweise: wenn sich der Sadismus nach innen gegen das Kind selbst kehrt. Masochismus ist also *sekundär*. (Zu diesem Ergebnis kam Freud während einer Phase seiner Forschungsarbeit, er hat diese Auffassung später geändert.)

Die frühkindlichen Entwicklungsstadien laufen unbewußt ab, wir wissen darüber nur etwas, weil die Psychoanalyse das Unbewußte wieder hochholen kann – und diese Erkenntnisse lassen sich später durch Beobachtung von Verhaltensmustern kleiner Kinder ergänzen. Auf die orale und die anale Phase folgt dann ein Stadium, in dem Sexualität weniger manifest wird, sie ist nur latent vorhanden. Diese Phase endet, wenn das Kind sexuell reif ist und die erwachsene Sexualität übernimmt, die seinem Geschlecht zu entsprechen hat.

Wenn ein erwachsener Mensch jedoch eine perverse Sexualität ausbildet, dann liegt das laut Freud an einer *Regression*, das heißt daran, daß er in eine Phase zurückfällt, die längst überstanden sein sollte. Der Sadist fällt demnach zurück in seine anale Phase, und kann nur dadurch Hilfe finden, daß es dem Psychoanalytiker gelingt, die Knoten der Vergangenheit zu lösen, die den Sadisten scheinbar an dieses Stadium fesseln. Ob das gelingt, ist nicht sicher. Die gesamte Phase ist ja verdrängt, und irgendwo im Unterbewußtsein des Patienten sitzt ein unbewußter Wächter und paßt auf, daß die Verdrängung nicht wieder aufgehoben und damit bewußt wird. Irgendein erschütterndes Erlebnis in dieser Phase muß so stark gewesen sein, daß das Kind gezwungen war, es beiseite zu schaffen (laut Freud ist es gewöhnlich das Erlebnis des elterlichen Geschlechtsverkehrs), und das Unbewußte leistet Widerstand dagegen, daß es zutage kommt. Solche Widerstände haben ganz «greifbare» Formen, wie in Psychoanalysen mit Hilfe von bewußtseinserweiternden Drogen (zum Beispiel LSD) deutlich wurde. Widerstände und Wächter nehmen die Gestalt unverkennbar feindlicher Wesen an – Tiere, Drachen, Riesen, schreckerregende Personen –, und die Patientin muß sie in der Phantasie körperlich niederkämpfen, wenn sie bis zu der Erinnerung vorstoßen will, die von diesen Feinden bewacht und verteidigt wird. Aber wenn es ihr gelingt, sie zu bezwingen und ihrer Vergangenheit offen gegenüberzutreten, dann kann sie vielleicht mit all den Verdrängungen aufräumen und einen Teil ihrer Angst loswerden. Indem Freud frühkindliche Entwicklungsphasen rekonstruierte, kam er zu der Behauptung,

> daß alle Perversionsneigungen in der Kindheit wurzeln, daß die Kinder zu ihnen alle Anlagen haben und sie in dem ihrer Unreife entsprechenden Ausmaß bestätigen, kurz, daß die perverse Sexualität nichts anderes ist als die vergrößerte, in ihre Einzelregungen zerlegte infantile Sexualität.

Was die Perversionen Sadismus und Masochismus angeht, stand für Freud schon frühzeitig außer Zweifel, daß er hier auf wichtige Phänomene gestoßen war:

> Eine ablehnende Ausflucht wie, es seien ja nur Raritäten und Kuriositäten, wäre leicht abzuweisen. Es handelt sich im Gegenteil um recht häufige, weit verbreitete Phänomene. (...)
>
> Wenn wir diese krankhaften Gestaltungen der Sexualität nicht verstehen und sie nicht mit dem normalen Sexualleben zusammenbringen können, so verstehen wir eben auch die normale Sexualität nicht.

Freud meint, daß Sadismus und Masochismus unter den Perversionen eine Sonderstellung einnehmen, weil dieser entscheidende Gegensatz zwischen Aktivität und Passivität zu den Grundzügen der Sexualität gehört. Die menschliche Kulturgeschichte zeigt, daß Grausamkeit und Geschlechtstrieb in engem Zusammenhang stehen. Aber auf welche Weise? Kommen hier Reste von kannibalischen Gelüsten zum Vorschein? Oder birgt vielleicht einfach jede Form von Schmerz auch die Möglichkeit eines Lustgefühls in sich? Handelt es sich um eine oder um mehrere psychologisch festzumachende Neigungen?

Die auffälligste Eigentümlichkeit dieser Perversion liegt aber darin, daß ihre aktive und ihre passive Form regelmäßig bei der nämlichen Person mitsammen angetroffen werden. Wer Lust daran empfindet, anderen Schmerz in sexueller Relation zu erzeugen, der ist auch befähigt, den Schmerz als Lust zu genießen, der ihm aus sexueller Beziehung erwachsen kann. Ein Sadist ist immer auch gleichzeitig ein Masochist, wenngleich die aktive oder die passive Seite der Perversion bei ihm stärker ausgebildet sein und seine vorwiegend sexuelle Betätigung darstellen kann. Wir sehen so gewisse der Perversionsneigungen regelmäßig als *Gegensatzpaare* auftreten ...

Dieser Umstand bringt die Versuchung mit sich

solche gleichzeitig vorhandenen Gegensätze mit dem in der Bisexualität vereinten *Gegensatz von männlich und weiblich* in Beziehung zu setzen, *für welchen in der Psychoanalyse häufig der von aktiv und passiv einzusetzen ist.*

Die Perversionen wurzeln also tief im normalen Geschlechtsleben. Aber wie können sich dann normale Triebe in Masochismus verwandeln?

Freud äußert sich dazu in drei Abhandlungen und kommt zu drei verschiedenen Erklärungen:

1. Der Masochismus ist nach innen, also gegen die Person selbst gekehrter Sadismus.

2. Gemeinhin glauben wir, daß wir vom Lustprinzip gesteuert werden. Es gibt jedoch ein anderes, ebenso wichtiges Prinzip, das Grundlage für Masochismus wird, nämlich den Todestrieb.

3. Der Masochismus entspringt in Wirklichkeit einem unbewußten Schuldgefühl.

Die erste Theorie entwickelt Freud in der Abhandlung: *«Ein Kind wird geschlagen»*, mit dem Untertitel: «Beitrag zur Kenntnis der Entstehung sexueller Perversionen.»

Ausgangspunkt ist hier eine Phantasievorstellung, die Freud wiederholt bei Personen gefunden hatte, die zu ihm in die Analyse kamen. Sie bestehen ganz einfach daraus, daß ein Kind geschlagen wird, und sind mit Lustgefühlen verbunden. Allerdings berichten die Patienten nicht gerade gerne von diesen Phantasien. Es hat sogar den Anschein, als ob sie sich ihrer schämten und sich schuldig fühlten.

Freud fand heraus, daß diese Phantasien zuerst während der frühen Kindheit auftreten, bevor das Kind zur Schule geht, etwa im Alter von vier bis fünf Jahren. Wenn mit dem Älterwerden die Phantasien aufhören, werden sie fast immer ersetzt durch Lektüre – von pornographischen Büchern wie zum Beispiel «Onkel Toms Hütte».

Es wäre denkbar, sagt Freud, daß die Kinder, die diese lustbetonten Phantasien haben (die auch oft zur Onanie und zum Samenerguß führten), sich auch daran erinnern können, ob sie Wollust empfunden haben, wenn sie zusahen, wie andere Kinder in der Schule verprügelt wurden, aber das war nicht der Fall. Mehr noch, es war eine ausdrückliche Voraussetzung in den Phantasien, daß den Kindern nichts Ernsthaftes zustoßen durfte – sie sollten nur geschlagen werden.

Man könnte auch erwarten, daß die Patienten selbst als Kinder geschlagen worden sind, aber auch das war nicht der Fall. Freud fügt hinzu, daß selbstverständlich alle zu irgendeinem Zeitpunkt mit der körperlichen Überlegenheit ihrer Eltern (oder Erzieher) konfrontiert worden sind und daß es in allen Kinderzimmern Prügeleien gibt. Aber jedesmal, wenn die Patienten gefragt wurden, was für ein Kind es war, das geschlagen wurde, ob es immer dasselbe war, wer das Kind schlug, ob der Patient selbst schlug oder ob er geschlagen wurde, kam keine richtige Antwort, sondern nur ein verzagtes «ich weiß nicht mehr, ich weiß nur noch, daß ein Kind geschlagen wird». Es ließ sich nicht einmal feststellen, welches Geschlecht das Kind hatte – das gleiche wie die Person, die die Phantasien hatte, oder das entgegengesetzte. Deshalb, sagt Freud, ließ sich auch nicht mehr feststellen, ob die Phantasie sadistisch oder masochistisch gewesen war.

Er schließt daraus, daß Masochismus eine primäre Perversion ist. Einer der Bestandteile, die zusammen die Sexualität ausmachen, mußte sich früher als die übrigen entwickelt haben. Merkwürdig ist nur, daß den Ausschlag etwas ganz Banales gegeben hatte, das andere Individuen nicht aus der Ruhe brachte, und das sah Freud wiederum als Beweis dafür an, daß der Patient eine besondere Veranlagung haben mußte.

Freud entwickelt seine Theorie anhand ganz weniger Personen: Aus einer Gruppe von sechs Leuten wählt er vier Frauen aus, die beiden Männer hebt er für spätere Untersuchungen auf.

Bemerkenswert an diesen Frauen ist, daß sie irgendwie unbestimmt bleiben – es wirkt fast wie Gleichgültigkeit.

Das Kind, das geschlagen wird, ist niemals das phantasierende Mädchen. Es ist häufig ein kleiner Bruder oder eine kleine Schwester, wenn es sie gibt. Und die Person, die schlägt, entpuppt sich immer als Erwachsener, der später klar als Vater des Mädchens identifiziert werden kann.

Freud unterscheidet drei Phasen, die in der «Schlag-Phantasie» durchlaufen und folgendermaßen beschrieben werden:

1. *Vater schlägt Kind* – und es ist ein Kind, das ich hasse.
2. *Vater schlägt mich.* Nach Freud die wichtigste Phase, die jedoch niemals bewußt geworden ist. Sie ist ausschließlich eine Rekonstruktion auf der Grundlage des Analysematerials.
3. *Ein Kind wird geschlagen* – vom Vater, vom Lehrer ... aber ich bin es nicht. Diese Phase der Phantasie wird durch detaillierte verschiedene Demütigungen erweitert, hat deutlich erotischen Charakter und eignet sich zum Onanieren. Was aber, wenn es sich gar nicht um die phantasierende Person handelt, sondern um ein unbekanntes Kind, vielleicht sogar um mehrere – womöglich Jungen?

Sehen wir uns die drei Phasen im einzelnen an.

Die *erste Phase* (Vater schlägt Kind) stammt eigentlich aus der frühen Kindheit, genauer: aus der Ödipus-Zeit, d. h. der Zeit, in der das Mädchen an seinen Vater gefesselt ist und der Haß auf die Mutter entsteht – wie auch ein Haß auf die kleineren Geschwister, die die Liebe der Erwachsenen stehlen. In der ersten Phase könnten die Phantasien also bedeuten: Vater schlägt das andere Kind, er liebt also das andere Kind nicht – Vater liebt nur mich.

Obwohl die Schlagphantasie bewußt erst im Alter von vier

bis fünf Jahren auftritt, liegt ihr Ursprung viel weiter zurück: ungefähr zwischen zwei und vier oder fünf Jahren. Deshalb ist es naheliegend, sie als ein Endergebnis zu betrachten, etwas, das eine Vorgeschichte hat – jedenfalls nicht als Anfang. Scheinbar wird sie von der Eifersucht des Kindes hervorgerufen und abhängig von seinem Liebesleben, wird aber auch stark von seinen egoistischen Interessen gefördert. Sie tritt unabhängig davon auf, ob das Mädchen seinen Vater das andere Kind wirklich hat schlagen sehen oder nicht.

Damit, sagt Freud, ist der Boden für späteren sexuellen *Sadismus* gelegt.

Während der Phase sehr starker Bindung an den Vater wünscht sich das Mädchen irgendwann einmal ein Kind von ihm. Sie weiß zwar noch nicht, wie es gemacht wird, bezieht es aber irgendwie auf ihre Genitalien – zumindest auf die Funktion des Pinkelns. Und jetzt trifft der Ödipuskomplex (die starke Bindung an den Vater) auf das «Schicksal» des Mädchens: die Liebe zum Vater und der Haß auf die Mutter müssen unbedingt verdrängt werden.

Warum? Weil die Zeit für solche Gefühle vorbei ist und eine neue Lebensphase beginnen muß. Und weil laut Freud jedes Kind in seiner individuellen Entwicklung dieselben Stadien durchlaufen muß, die die Menschheit in ihrer Entwicklung insgesamt durchlaufen hat. Das Kind muß alle Gefühle verdrängen, die mit Inzest zu tun haben, genauso wie die Menschheit alle Neigungen ersetzt oder unterdrückt hat, die zum Inzest, also zur geschlechtlichen Liebe zwischen Eltern und Kindern hätten führen können.

Gleichzeitig mit diesem Verdrängungsprozeß entsteht beim Kind ein Schuldgefühl, dessen Ursprung zwar auch unbekannt ist, das aber vermutlich mit dem verbotenen Wunsch nach einer sexuellen Beziehung mit dem Vater zusammenhängt. Dieses Schuldgefühl ruft Bilder denkbar strenger Strafen hervor, die das kleine Mädchen treffen können: Nein, Vater liebt mich nicht, er schlägt mich ja. Auf diese Weise wird die *zweite Phase* (Vater schlägt mich) zum unmittelbaren Ausdruck des Schuldgefühls, das von jetzt ab die Liebe zum Vater begleitet.

Die Schlagphantasie ist damit *masochistisch* geworden. Freud interpretiert das Schuldgefühl immer als Ursache für die Umkehrung von Sadismus in Masochismus. Aber neben dem Schuldgefühl hat auch die Liebe ihren Anteil daran: Schläge sind nicht nur eine Strafe für eine verbotene sexuelle Beziehung, sondern auch deren regressiver Ersatz, das heißt, das Kind versetzt sich zurück in ein frühes Entwicklungsstadium, um die jetzt verbotene Liebesbeziehung zum Vater wiederherzustellen. Und das wiederum bedeutet, daß die Phantasie erotisch und damit zum Onanieren zu gebrauchen ist – das heißt, sie wird erst jetzt im Sinne des Wortes masochistisch.

Diese zweite Phase bleibt unbewußt, vermutlich, weil sie so stark verdrängt wurde, und muß in der Analyse rekonstruiert werden. Freud hält sie für die entscheidende.

Die *dritte Phase* (ein Kind wird geschlagen) ist scheinbar wieder sadistisch. Das Schwergewicht des Satzes: «Vater schlägt ein anderes Kind ... Vater liebt nur mich», scheint sich verlagert zu haben, der Schwerpunkt liegt jetzt auf dem ersten Teil, nachdem der zweite Teil verdrängt worden ist. Aber obgleich es ein anderes Kind ist, das geschlagen wird, hat die Befriedigung doch masochistischen Charakter, denn sie hat das sexuelle Gewicht aus dem zweiten Teil des Satzes übernommen – und damit auch das Schuldgefühl. Die vielen unbestimmten Kinder, die vom Vater oder Lehrer geschlagen werden, nehmen ersatzweise die Stelle des phantasierenden Kindes ein.

Freud betrachtet also die masochistische Phantasie (oder Perversion) als untrennbar gebunden an den Ödipuskomplex – die sexuelle Liebe des Mädchens zum Vater. Zwar tritt diese Phantasie bewußt nicht früher auf als im Alter von vier bis fünf Jahren, wenn der Ödipuskomplex bereits überstanden ist, aber Freud nimmt an, daß das, was auf so rätselhafte Weise in Erinnerung bleibt, Ersatz für dessen Überreste ist.

Wenn man Perversionen im allgemeinen vom Ödipuskomplex ableiten kann, bestätigen sie um so mehr dessen Bedeutung, und Freud hält den Ödipuskomplex deutlich für den Kern von Neurosen und die Grundvoraussetzung für spätere Perversionen – weil der Ödipuskomplex den Höhepunkt der kindlichen Sexualität darstellt. Perversionen sind also sozusagen aus dem Ödipuskomplex zurückgebliebene «Narben».

Und tatsächlich verlaufen die Phasen der Schlagphantasie etwas unterschiedlich bei Jungen und Mädchen (wenn die beiden Männer in Freuds Gruppe als Beweis anzusehen sind): die Jungen versetzen sich in ihrer Phantasie in Frauenrollen. Also «deckt sich ihr Masochismus mit einer femininen Einstellung». Bemerkenswert daran ist nur, daß die Person, die schlägt, bei Männern eine Frau ist!

Aber lassen wir die Jungen erstmal weg! Im Augenblick interessiert mich brennend, was Freud über mich sagt. Also:

Freud behauptet, es sei weder merkwürdig noch ungewöhnlich, daß ich schon im Alter von vier oder fünf Jahren masochistische Empfindungen gehabt habe. Er meint, das käme daher, daß ich einmal in meinen Vater verliebt war, und gleichzeitig sowohl meine Mutter wie auch meinen jüngeren Bruder haßte. Er nennt die Phantasien eine Art Wunschdenken – es hätte mir richtig gutgetan, wenn mein Vater meinen kleinen Bruder verhauen hätte, nicht zuletzt deshalb, weil er nur damit bewiesen hätte, daß er nur mich allein liebt (eigentlich hätte er dann auch meine Mutter verhauen müssen ...). Später sei mir dann klar geworden, daß ich alles, was mit dem Verliebtsein in meinen Vater zusammenhing, vergessen muß, weil ich wegen dieser sexuellen Gefühle für jemanden, mit dem ich so nah verwandt war, ein schlechtes Gewissen hatte. Deshalb – sozusagen als Buße – habe ich mir vorgestellt, daß mein Vater *mich* schlägt. Wenn ich mit so verdorbenen Gedanken herumlief, hatte ich es ja auch nicht besser verdient. Aber irgendwie habe es mir auch gutgetan, denn schließlich war es ja mein *Vater*, der mich schlug! Ich habe also nach und nach vergessen, daß ich ihn liebte, und sei statt dessen dazu übergegangen, mir vorzustellen, daß mein Vater und später mein Lehrer andere Kinder schlagen. Ich habe allerdings nicht gewagt, mir einzugestehen, daß eigentlich ich die Schläge bekam (also, ehrlich gesagt, genau das habe ich gewagt – vielleicht war ich also besonders verdorben).

Soweit Freud. Ich fühlte mich geschmeichelt angesichts so gründlicher Forschung um meinetwillen. Klüger fühlte ich mich allerdings nicht. Aber das lag vielleicht nur daran, daß ich noch nicht durch eine Analyse gegangen war, ich konnte ja gar nicht wissen, ob das, was er sagte, richtig war – ich mußte mich damit begnügen, ihm zu glauben. Soll ich ihm glauben? Bloß weil er so viel über mich gesagt hat?

Freuds zweite Abhandlung über den Masochismus heißt: «Jenseits des Lustprinzips». Hier hält Freud es für nötig, ein «ökonomisches Prinzip» einzuführen, er muß sich also fragen, wie die Rechnung aufgehen kann. Wenn wir davon ausgehen, daß wir vom Lustprinzip gesteuert werden – wir wählen immer, sowohl bewußt als auch unbewußt, den Weg der mit den größten Lustgefühlen verbunden ist – wie kann es dann überhaupt zum Masochismus kommen, der ja gerade der Lust entsagt und sich die Unlust zum Ziel setzt? Um diesen Widerspruch zu erklären, gibt es für Freud nur zwei Möglichkeiten: entweder muß er zugeben, daß der Masochismus nicht im Widerspruch zum Lustprinzip steht – oder er muß zugeben, daß nicht alles vom Lustprinzip gesteuert wird. Er wählt die zweite Möglichkeit.

Bezüglich der Unlust hatte Freud schon früher Vorbehalte angemeldet: der Masochist strebt sie nicht wirklich an, sondern nur scheinbar – der Sadist übrigens auch nicht, jedenfalls nicht das Kind im sadistischen Stadium. Freud meint, daß das Kind nicht beabsichtigt, anderen wehzutun, wenn es sich grausam gegen Tiere oder Spielgefährten verhält – der Schmerz sei nur eine notwendige Begleiterscheinung. Erst wenn sich der Sadismus später in Masochismus verwandelt, erhalte der Schmerz eine Funktion – denn es sei anzunehmen, daß Schmerz genau wie andere Unlustgefühle auf die sexuelle Erregung einwirke und einen lustbetonten Zustand schaffe, der den Schmerz akzeptabel macht. Für den Masochisten wie für den Sadisten könnte gelten, daß

> man natürlich in beiden Fällen nicht den Schmerz selbst genießt, sondern die ihn begleitende Sexualregung, und dies dann als Sadist besonders bequem.

Und trotzdem ... wie ist es möglich, daß Schmerz und Unlust zu etwas Erstrebenswertem werden? Freud nimmt eine Analyse-Situation zum Ausgangspunkt für seine Erklärungen.

Die Patientin erinnert sich an nichts; vielleicht erinnert sie sich nicht an genau das Allerwichtigste. Trotzdem folgen ihr Handeln und ihre Reaktionen immer dem gleichen Muster. Das kommt deutlich in ihrem Verhältnis zum Analytiker zum Ausdruck (in der Übertragungs-Situation). Es scheint die zwanghafte Wiederholung eines immer gleichen Musters zu sein, selbst Situationen, aus denen sich nicht ein Funken Lustgefühl pressen läßt, werden wiederholt. Es handelt sich also um einen «Wiederholungszwang». Denn wäre es kein Zwang, warum müßte die Patientin dann alles wiederholen, was sie quält und schmerzt – warum müßte sie sich dann selbst in eine Situation bringen, in der sie wieder zum Kind wird, das von den Eltern enttäuscht ist, das eifersüchtig auf die kleineren Geschwister ist, das sich vergeblich ein Kind vom eigenen Vater wünscht, das fühlt, wie die elterliche Zärtlichkeit abnimmt und das Heranwachsen mit größeren Anforderungen einhergeht? Und warum sollte sie eine Bestrafung provozieren, die an ein Erlebnis erinnert, das ihr einmal vor langer Zeit gezeigt hatte, daß sie abgewiesen und verschmäht wurde? Wird sie auf teuflische Weise vom Schicksal verfolgt? Oder warum sollen wir sonst akzeptieren, daß der Wiederholungszwang das Lustprinzip ablöst?

«Was nun folgt, ist Spekulation», gesteht Freud und behauptet dann weiter, daß auch unsere Triebe dem Wiederholungsprinzip unterworfen sind. Ein Trieb könnte ein dem Organismus innewohnender Drang sein, frühere Zustände wiederherzustellen - Ausdruck also der konservativen Natur allen Lebens.

Nun gut – ein Organismus entwickelt sich, indem er wächst und sich produziert, nicht wahr? Freuds paradoxe Antwort lautet, daß die organische Entwicklung von «äußeren, störenden und ablenkenden Einflüssen abhängig ist». Er sagt:

> Alles Lebende stirbt aus *inneren* Gründen, kehrt zum Organischen zurück.

Und fährt fort:

> *Das Ziel alles Lebens ist der Tod,* und zurückgreifend: *Das Leblose war früher da als das Lebende.*

Alles ist also nur ein Umweg zum Tod, und der Selbsterhaltungstrieb zum Beispiel hat nur den einen Zweck sicherzustellen, daß der Organismus nicht zu früh oder auf Grund eines

Kurzschlusses stirbt, sondern daß er «seine eigene Todesbahn» beschreibt – auf seine Weise stirbt. Darüber ist selbst Freud erstaunt: «Aber das ist unmöglich!»
Trotzdem hält er es für möglich, obwohl das Leben der Organismen mit einer Art Verzögerungsrhythmus ausgestattet ist. Die eine Gruppe der Triebe (die Todestriebe) stürmt nach vorn, um so schnell wie möglich das Endziel des Lebens zu erreichen, die andere Gruppe (die Geschlechtstriebe) ist bemüht, die Bahn zu verlängern.

Freud sagt auch, daß es in Wirklichkeit gar nicht möglich ist, einen allgemeinen Evolutionstrieb festzustellen – was ist denn Entwicklung? Eine Frage der Definition von höheren und niedrigeren Stufen. Aber sogar für die Menschheit ist der wirkliche, der eigentliche Weg ein *rückläufiger* ...

Ursprünglich hatte Freud unterschieden zwischen Geschlechtstrieben, die auf ein Objekt gerichtet sind, und ihrem Gegenteil, Ego-Trieben (zum Beispiel dem Selbsterhaltungstrieb). Jetzt formuliert er einen neuen Widerspruch: den zwischen Ich-Trieb / Todestrieb und Geschlechtstrieb / Lebenstrieb, was den Dualismus noch verschärft. Und dann fragt er: ist der Sadismus nicht vielleicht ursprünglich ein lediglich umgelenkter Todestrieb?

Und entsprechend der Masochismus – er wäre dann allerdings nicht, wie Freud zuerst angenommen hatte, ein sekundärer, sondern ein primärer Trieb.

Das Seelenleben trachtet vor allem danach, die innere Spannung konstant zu halten, zu vermindern und aufzuheben, nimmt Freud an und nennt dies «das Nirwanaprinzip, wie Barbara Low sagt».

Der Mensch hat also sowohl Todestriebe als auch Lebenstriebe. Außerdem überlebt bis heute der Mythos von einem Trieb, der tatsächlich seinen Ursprung in einem früheren Zustand haben soll. Er wird in Platons «Gastmahl» überliefert; Platon führt einen Menschen vor, der früher androgyn war und jetzt gespalten ist und dessen zwei Hälften (die männliche und die weibliche) danach trachten, sich wiederzuvereinen. Aber, sagt Freud abschließend: «Ich glaube, es ist hier die Stelle abzubrechen ...»

Also, Freud meint, da ich Masochistin bin, strebe ich zu einem früheren Zustand zurück, etwa: «Gedenke, oh Mensch, aus Staub bist du gemacht.» Erkenne ich mich eigentlich wieder in dieser Theorie? Ja, vielleicht insofern, als ich beim Geschlechtsverkehr vermutlich danach trachte, den Moment zu erreichen, in dem ich verschwinde, in dem ich mich vergesse und vor mir selbst verschwinde. Aber soviel ich weiß, ist eine Art der Selbstvergessenheit bei *allen* Menschen Ziel des Geschlechtsaktes. Ich sehe nicht, daß sie eine Besonderheit von mir, der Masochistin, sein soll.

Und wenn Freud bedeutungsvoll zitiert: *«Das Nirwanaprinzip,* wie Barbara Low sagt», bin ich nicht sicher, ob er wirklich weiß, wovon er spricht. Meines Wissens meint *Nirwana* einen Zustand, in dem das Ich aufgehoben ist, allerdings keinen Zustand von Tod, sondern ganz im Gegenteil von Leben in höchster Intensität.

Und trotzdem spricht mich irgend etwas in dem Wort *Todestrieb* an ...

Scheinbar war Freud mit seinen Abhandlungen über den Todestrieb auch nicht ganz zufrieden – es sei denn als Vision. Er arbeitete jedenfalls weiter und schrieb die Abhandlung *«Das ökonomische Problem des Masochismus»,* denn der Masochismus machte ihm Sorgen. Freimütig gesteht er, daß eine «große Gefahr» mit ihm verbunden sei. In dieser, seiner dritten Abhandlung, greift er noch immer auf den Gegensatz zwischen Todestrieben und den erotischen Lebenstrieben zurück, aber jetzt geht er weniger dichterisch, sondern viel systematischer ans Werk. Wenn man überhaupt weiterkommen will, muß man erforschen, wie sich das Lustprinzip zu den beiden anderen Triebformen verhält, meint er.

Er unterscheidet jetzt drei verschiedene Formen des Masochismus:

1. den erotogenen Masochismus (von dem er annimmt, daß er den beiden anderen zugrunde liegt)
2. den femininen Masochismus (den er übrigens – aus «Materialgründen» wie er sagt – nur an Männern studiert)
3. den moralischen Masochismus.

Über erotogenen (erotischen) *Masochismus* sagt Freud kurz und bündig, daß er eine biologische und konstitutionelle Begründung haben, das heißt in der Konstitution der betreffenden Person wurzeln müsse – und dennoch unverständlich ist und bleibt. Dagegen ist das, was er mit femininem Masochismus bezeichnet, für einen Beobachter relativ leicht zugänglich.

Die nächste, bequem zu erreichende Deutung ist, daß der Masochist wie ein kleines hilfloses und abhängiges Kind behandelt werden will, besonders aber wie ein *schlimmes* Kind! Man macht leicht die Entdeckung, daß die Phantasien die Person in eine *«für die Weiblichkeit charakteristische Situation»* versetzen, also Kastriertwerden, Koitiertwerden oder Gebären bedeuten. *«Ich habe darum diese Erscheinungsform des Masochismus den femininen genannt»*, sagt Freud frei heraus, «obwohl so viele seiner Elemente auf das Infantilleben hinweisen.»

Darüber hinaus tritt ein Schuldgefühl auf. Die Person hat gegen irgend etwas verstoßen, und das muß durch all die Schmerzen und Qualen gesühnt werden.

Und damit sind wir bei der dritten Form: *dem moralischen Masochismus*. Hier ist die Verbindung zur Sexualität lockerer geworden. Es ist nicht mehr so entscheidend, wer die Person leiden macht. Entscheidend ist das Leiden selbst: «der richtige Masochist hält immer seine Wange hin, wo er Aussicht hat, einen Schlag zu bekommen.» Und das liegt daran, daß der Zerstörungstrieb (der Todestrieb tritt auch in Form des Selbstvernichtungstriebes auf) sich wiederum nach innen gegen die Person selbst kehrt.

Quelle dafür ist wieder der Ödipuskomplex: ursprünglich sind die Eltern sexuelle Objekte, dann verlieren sie ihr sexuelles Gewicht und werden vom *Über-Ich* abgelöst. Das Wort Über-Ich verwendet Freud für den Teil der Persönlichkeit, der das Gewissen, moralische Forderungen und ähnliches umfaßt. Das Über-Ich hat die Aufgabe, das Ich davor zu bewahren, in seinen Trieben unterzugehen (die Freud als «Es» bezeichnet).

Das Über-Ich bewahrt, so könnte man sagen, die Macht

und die Strenge der Eltern und deren Neigung, zu kontrollieren und zu strafen. Mit der Zeit wird die ganz persönliche Bedeutung der Eltern geringer; ihre Rolle übernehmen z. B. Lehrer, Autoritäten, selbstgewählte Vorbilder und sozial anerkannte Helden. Und jetzt wird deutlich, wie sich der moralische Masochismus von einer strengen Moral unterscheidet: bei der Moral liegt der Schwerpunkt auf dem Sadismus des Über-Ichs, während er beim moralischen Masochismus etwas mit dem Verlangen des Ichs nach Strafe zu tun hat.

Das also ist die geheime Bedeutung des moralischen Masochismus: Gewissen und Moral entstehen dadurch, daß der Ödipuskomplex überwunden und entsexualisiert wird; durch den moralischen Masochismus hingegen erhält die Moral einen neuen sexuellen Wertigkeits (Inhalt). Der moralische Masochismus schafft die Voraussetzung für «sündige» Handlungen, die gesühnt werden müssen – entweder durch Vorwürfe seitens des sadistischen Bewußtseins oder durch das Schicksal, die riesige Macht der Eltern. Sadismus des Über-Ichs und Masochismus des Ichs ergänzen einander.

Aber das hat laut Freud auch etwas damit zu tun, daß wir als Menschen in einer *Kultur* leben. Wenn die Kultur unsere Triebe unterdrückt, erzeugt sie gleichzeitig ein Schuldgefühl über diese Triebe, und das Gewissen wird strenger und empfindlicher, je mehr wir uns der Aggressionen gegen andere Leute enthalten (obwohl das umgekehrte zu erwarten wäre).

Zum Schluß unterstreicht Freud die Dualität des Masochismus: er ist gefährlich, weil er sich von den Todestrieben ableitet, aber da er gleichzeitig erotisch ist, kann nicht einmal die Selbstvernichtung stattfinden, ohne daß die Triebe befriedigt werden ...

Also – nein, ehrlich gesagt: ich verstehe das alles nicht. Aber es macht mich nachdenklich, daß Freud zwischen verschiedenen Formen des Masochismus unterscheidet, einer erotischen und einer moralischen. Verwirrend ist nur, daß er kurz danach sagt, die erotische sei Ursache der anderen Formen – denn dann sind sie ja nicht wirklich verschieden ...

Ich finde auch interessant zu hören, daß ich an unbewußten

Schuldgefühlen leide, obwohl ich ebenso hartnäckig wie Linda Lovelace behaupten möchte, daß ich sie nie bemerkt habe. Aber Freud sagt an anderer Stelle, daß wir uns vorstellen müssen, daß das Schuldgefühl unbewußt sein, daß ein solches unbewußtes Schuldgefühl eine entscheidende Rolle bei vielen Neurosen spielen und zum wichtigsten Hemmnis für ihre Heilung werden kann:

> Wollen wir nun zu unserer Wertskala zurückkehren, so müssen wir sagen: nicht nur das Tiefste, auch das Höchste am Ich kann unbewußt sein.

Das Höchste und das Tiefste ... warum sollen eigentlich meine natürlichen Triebe das Tiefste sein, wenn Freud ansonsten versucht, die Leute normal zu machen, d. h. mit der Natur in Übereinstimmung zu bringen? Das verstehe, wer kann. Ich verstehe nur soviel, daß er behauptet, ich habe ein unbewußtes Schuldgefühl und ein unbewußtes Bedürfnis, mich selbst zu strafen, und das alles komme von meinem Über-Ich, meinem besten Teil.

Ich hatte gar nicht damit gerechnet, daß ich als Frau auch ein richtiges Über-Ich habe. Das war doch den Jungen vorbehalten und trat auf, wenn sie Angst bekamen, ihr Vater würde sie kastrieren – deshalb ließen sie doch den Vater fallen und ersetzten ihn durch ein Über-Ich, das ihre Moral und ihr Gewissen steuert. Mädchen müssen den Vater doch gerade behalten und dürfen ihn nicht gegen ein Über-Ich eintauschen – warum kann ich dann trotzdem Schuldgefühle bekommen? Wenn Freud das Über-Ich als «das Höchste» betrachtet, kann er doch nicht gleichzeitig die Meinung vertreten, ich als Frau habe ein Über-Ich – das ist selbstverständlich Männern vorbehalten. In meiner Naivität glaubte ich damals, daß Freud mit seinem «moralischen Masochismus» etwas Wesentliches bei mir getroffen hätte. Ich habe nämlich das Gefühl, ich als Frau in vielem, was ich empfinde und tue, gesteuert von einer Menge «höherer» Bestimmungen: ich meine all die Dinge, die ich freiwillig getan habe, auch ohne vorher bei einem Analytiker gewesen zu sein (das war auch wirklich nicht nötig!), um die Regeln zu befolgen und eine «richtige Frau» zu werden. Und was dafür von einer

Frau verlangt wird, sind ja nicht gerade Klenigkeiten – weder die Gebote (du sollst eine gute Mutter, Geliebte, Köchin, Ehefrau und so weiter sein) noch die Verbote (auf einen Nenner gebracht: bilde dir ja nicht ein, daß du irgend jemand bist).

Aber inzwischen verstehe ich Freud: die Sache mit dem «eine-richtige-Frau-werden» hat gar nichts mit dem Über-Ich zu tun, mit solchen Kleinigkeiten gibt er sich überhaupt nicht ab. Das Über-Ich hat etwas mit *Kultur* zu tun, es drückt aus, daß wir gerade in der Kultur die Bestrebungen finden, die «das Tiefste», nämlich unsere Triebe, überwinden und durch Moral ersetzen sollen. Meine ganze Frauenrolle hat nach Freuds Meinung überhaupt nichts mit Kultur zu tun – sie gehört ja gerade zur *Natur*. Und wenn ich dem Gebot der Natur nicht folge, bin ich nicht einfach unmoralisch, sondern krank, und eigentlich gibt es nur eine echte Bedrohung für mich: *behandelt* zu werden, bis ich wieder normal bin, zum Beispiel von Psychoanalytikern, die es sich zur Aufgabe gemacht haben, Sorge zu tragen, daß die Gebote der Natur befolgt werden. Und zwar nicht etwa von den Männern, denn die gehören offenbar einer vornehmeren Rasse an und sollen die Gebote der *Kultur* befolgen, sondern von den Frauen.

Aber was ist denn nun eine natürliche, normale Frau?

Nun, darüber kann ich bei Freud nachlesen. Eine normale Frau bin ich, wenn ich meiner Klitoris und meinem Männlichkeitskomplex entsagt und meinen Ödipuskomplex überwunden habe, wie es sich gehört. Und das heißt vor allem, daß ich meine Liebe von meiner Mutter auf meinen Vater übertragen habe, damit ich ja nicht Gefahr laufe, homosexuell zu enden ...

Von meiner Mutter? Genau – denn Freud war scheinbar nicht ganz zufrieden mit seiner alten Theorie über den Ödipuskomplex. Er hat nicht aufgehört, sich mit ihm zu beschäftigen, die Theorie auszubauen, und das Wichtigste, was er entdeckte, war, daß die Ödipusphase nicht ein Anfang war, sondern ein Ende – daß sie also eine Vorgeschichte hatte, und zwar das Stadium, in dem die Liebe des kleinen Mädchens auf die Mutter konzentriert ist.

Wenn Freud später erklärt, wie sich das bisexuell veranlagte

Mädchen zur Frau entwickelt, führt er vier Voraussetzungen, vier Gründe dafür an, warum sich das Mädchen von seiner Mutter abwendet:

1. Es glaubt, daß die Mutter ihm zu wenig Milch gibt und damit auch zu wenig Liebe.
2. Es glaubt, daß sie seinen kleineren Geschwistern mehr Liebe gibt als ihm.
3. Die Mutter verbietet dem Mädchen zu onanieren.

Und dann der vierte Grund, der im Gegensatz zu den drei vorhergehenden nur für Mädchen gilt:

4. Es entdeckt, daß der Penis des Jungen viel größer als seine Klitoris ist, und geht davon aus, daß die Mutter ihr den Penis abgeschnitten hat. Es bekommt den Schock seines Lebens und hört nie mehr auf, den Jungen um seinen Penis zu beneiden.

Dieser alles überschattende Penisneid kann wiederum zu verschiedenen Reaktionen bei dem Mädchen führen:

a) Das Mädchen kann sexuelle Hemmungen oder sogar eine Neurose entwickeln. Außerdem entdeckt es, daß der Mutter auch der Penis abgeschnitten wurde; das führt zu einer Geringschätzung der Mutter und später der Frauen im allgemeinen.
b) Das Mädchen kann sich einen Männlichkeitskomplex aufbauen, das heißt, versuchen, wie ein Mann zu sein, um wettzumachen, daß es keinen Penis hat.
c) Und endlich kann es in einer normalen ödipalen Vaterbindung brav seinen Vater lieben und brav aufhören, seine Klitoris zum Onanieren zu gebrauchen, sich in die passive, normale Frauenrolle finden und brav dem Wunschtraum nach einem Kind vom Vater hingeben. Woraus natürlich nie etwas wird, aber vielleicht hat das Mädchen später Glück (wenn es mit einem Mann, der seinem Vater gleicht, verheiratet ist) und bekommt einen Sohn: damit erhält es die endgültige Kompensation für den Penis, den es selbst nie hatte.

Aber – müssen wir uns eigentlich wirklich so eingehend mit diesem verdammten Ödipuskomplex beschäftigen, wenn wir doch am Masochismus interessiert sind? Wir müssen, denn

Freud betont ausdrücklich, daß diese beiden Dinge eng zusammengehören. Er meint, daß die Perversionen eine Art Negativ oder Abzug von Neurosen und daß die Neurosen eng mit dem Ödipuskomplex verbunden seien: wenn ein Teil des archaischen Erbes der Menschheit (das, was wir als Menschen alle gemeinsam haben) verdrängt werden muß, dann wehren sich die Sexualtriebe dagegen, und es entstehen Ersatzgebilde – wie zum Beispiel der Masochismus. Deshalb ist die verdrängte kindliche Sexualität die wesentliche Triebfeder von Neurosen – und der Ödipuskomplex ist ihr Kernkomplex. Findet das irgend jemand kompliziert? Freud hätte mit der ihm eigenen barschen Logik dazu bemerkt: wenn es nicht so kompliziert wäre, brauchten wir keine Psychoanalyse ...

Wenn ich jetzt versuchen möchte, Freud in einigen Punkten, die das Masochist-Problem berühren, zu kritisieren, muß ich mich wohl oder übel mit der Ödipustheorie abgeben.

Aber – kann ich als Laie Freud überhaupt kritisieren?

Eigentlich wohl nicht; ich habe keine Kenntnisse aus erster Hand, noch weiß ich, wie die Psychoanalyse das Unbewußte bewußtmacht und die vergessene Vergangenheit zu festen Mustern rekonstruiert. Ich weiß nur, was ich bei Freud und anderen Psychoanalytikern gelesen habe, und begründete Kritik basiert niemals auf der Autorität anderer.

Ich kann deshalb nur benennen, was an offensichtlicher Unwahrscheinlichkeit in Freuds Theorie steckt und welche Widersprüche in ihr auftreten.

Ich muß gestehen, daß ich bei diesem Versuch ein etwas merkwürdiges Gefühl habe. Freuds Ödipustheorie sagt mir eigentlich wenig, obwohl ich mich eingehend mit ihr beschäftigt habe. Aber wie könnte es auch anders sein, denn sie behandelt ja etwas, das tief in meinem Unbewußten zu Hause ist, von dem ich also gar nichts wissen *kann*.

Warum versuche ich es trotzdem? Warum habe ich dieses Kapitel überhaupt geschrieben? Vielleicht wegen meines masochistischen Pflichtgefühls oder weil mein sadistisches Über-Ich es mir befohlen hat? Nein, geschrieben habe ich es eigentlich, um alles Material zusammenzufassen und um

Freuds Ansichten über den Masochismus in *verhältnismäßig* leicht verständlicher Form darzustellen, damit sich die anderen nicht erst durch seine gesammelten Werke kämpfen müssen. Ich persönlich habe von der Lektüre nicht viel gehabt, außer daß ich mich mit den Dingen vertraut gemacht habe, die den meisten Psychoanalytikern und sehr vielen Psychiatern als Grundlage dienen.

Hier sind einige der Fragen, an denen ich herumrätsele:

Warum eigentlich sollen der Penis meines Vaters und meines kleinen Bruders eine so überwältigende Rolle in meinem Leben gespielt haben, wenn ich mich doch daran erinnern kann, daß ich die kleinen Dinger von kleinen Jungen sehr niedlich fand, aber sonst nichts? Wenn ich gar keine Ahnung hatte, wozu sie später gebraucht werden sollten? Wenn ich eigentlich fand, daß ein erwachsener Penis gar nichts besonders Schönes war, eher etwas Furchterregendes? Ist das so verhängnisvoll?

Und wenn ich wirklich meine Mutter in Verdacht gehabt hätte, mir meinen Penis abgeschnitten zu haben – warum sollte sich dann eigentlich mein kleiner Bruder davor fürchten, daß ihm der Penis vom Vater und nicht von der Mutter abgeschnitten würde?

Selbst wenn ich meinen Vater liebte, mußte ich dann unbedingt meine Mutter hassen? War ich wirklich so versessen darauf, ihn zu *besitzen*, ihn für mich zu haben, daß ich ihr nicht gönnte, auch von ihm geliebt zu werden? Wer von uns, Freud oder ich, war eigentlich hoffnungslos verfangen in Besitzdenken? Erklärt sich vielleicht manches daraus, daß Freud wie auch ich an bestimmten Orten und in einer bestimmten Zeit lebten, deren Gesellschaftsform von gewalttätigen Gegensätzen zwischen Besitzenden und Besitzlosen ist?

Und angenommen, es wäre wirklich so, warum haßte ich eigentlich meinen Vater nicht ebenso – er liebte doch auch meinen Bruder, nicht nur mich?

Warum eigentlich sollen meine Gefühle für meinen Vater und für meine Mutter so unterschiedlich gewesen sein? War ich wirklich so besessen von den Unterschieden im *Geschlecht* meiner Eltern, daß ich gar nicht anders konnte, als völlig verschieden auf sie zu reagieren? Wer von uns, Freud oder ich, war eigentlich hoffnungsverfangen in patriarchalischem Denken? Erklärt sich vielleicht manches daraus, daß Freud wie auch ich an bestimmten Orten und in einer bestimmten Zeit lebten, deren Gesellschaftsform so heftig den Gegensatz zwischen männlichen und weiblichen Funktionen innerhalb der Kernfamilie betont?

Selbst wenn es stimmt, daß all diese Erfahrungen mich zeitlebens seelisch zum halben Invaliden gemacht haben, warum ausgerechnet mich? Warum nicht auch meinen jüngeren Bruder? Und all die anderen Menschen, die unter solchen Bedingungen aufgewachsen sind?

Und warum interessiert sich Freud so viel mehr für Masochismus als für Sadismus? Daß wir so viel Grausamkeit, so viele Aggressionen in uns tragen, gibt das gar nicht zu denken? Steht wirklich fest, daß Sadismus natürlich ist, Masochismus aber nicht? Wäre es nicht denkbar, daß dieser «Sadismus» ein Produkt elender Lebensverhältnisse ist und nur dann auftritt, wenn einem das Wasser bis zum Halse steht – aus materiellen Gründen oder aus Mangel an menschlicher Wärme?

Und dann unser archaisches Erbe, das wir nach Freud mit der gesamten Menschheit teilen und das uns alle einzeln die gesamte Entwicklung der Menschheit noch einmal wiederholen läßt – unsere *Natur* also – warum wird es immer nach Zuständen in der Vergangenheit beurteilt? Warum gilt eine neuere Entwicklung nie als wirkliche Entwicklung? Ist das tatsächlich so, weil alles Leben danach trachtet, einen früheren Zustand wiederherzustellen?

Wäre nicht auch möglich, daß unsere Natur *veränderbar* ist – abhängig von den Verhältnissen, in denen wir aufwachsen, und der Gesellschaftsform, von der wir umgeben sind und der wir angehören? Hat Freud vielleicht Angst zuzugeben, daß sich seine Mitmenschen bewußt und eigenmächtig ändern können, weil das sein Grundkonzept von einer ewig gültigen Natur des Menschen und Struktur der Familie umstoßen würde – und damit auch das einer ewig gültigen Gesellschaftsstruktur?

Spricht Freud deshalb so geringschätzig von den Frauenrechtlerinnen seiner Zeit («die uns die völlige Gleichberechtigung aufschwatzen wollen», wie er sich ausdrückte – eben! Was zum Teufel wohl sonst?) Hält er uns deshalb nicht nur für eitler, neidischer, starrer als Männer, sondern auch für moralisch minderwertiger, insofern als wir ein schwächeres Über-Ich haben als Männer («Feministinnen hören das nicht gern», wie er sich ausdrückt – zum Teufel! Nein danke!)?

Wenn ich mich auf die Suche nach einem Psychoanalytiker machen würde, damit er meinen Masochismus behandelt – würde der mich nicht nach Hause schicken, mir auf die Schulter klopfen und zur Beruhigung versichern, das sei ganz natürlich? Wie Freud es getan haben könnte, der auf den engeren Zusammenhang zwischen Sadismus und dem Wesen des Mannes einerseits und Masochismus und dem Wesen der Frau andererseits hinweist, als bestünde dort eine geheime Verwandtschaft, jedoch hinzufügt, daß man hier noch nicht weit vorangekommen sei. Ein typisch Freudsches Manöver: wir wissen gar nichts, alle möglichen Vorbehalte sind angebracht. *Und trotzdem!*

Und trotzdem ... obwohl alle diese Fragen und vielleicht noch viele andere offenstehen, bereue ich nicht, daß ich versucht habe, mich mit seinen Gedanken vertraut zu machen, so wie er selbst sie formuliert hat und nicht wie sie in den Illustrierten stehen. Trotz des merkwürdigen Widerspruchs zwischen den Höhenflügen seiner Imagination und den knochentrockenen Kartenhäusern, die daraus entstanden, habe ich etwas von ihm gelernt.

Ich habe gelernt, wieviel Vergangenheit ich mit mir herumschleppe und wie früh im Leben die entscheidenden Dinge passieren. Freud hat mir gezeigt, welch seltsame Wege die in uns wohnenden Kräfte gehen können, wenn sie nicht den richtigen Weg gehen dürfen. Er hat mir beigebracht, daß es etwas gibt, das Über-Ich genannt wird ... obwohl er sicher nicht gedacht hätte, daß ich mit genau diesem Wort das bezeichne, was er meine Natur nennt – und schon gar nicht, daß ich mich jemals mit diesem Über-Ich und den Kräften anlegen würde, die es geschaffen haben und versuchen, es am Leben zu erhalten.

8
Auftritt des Schwarzen Prinzen

Eines Tages kam er dann doch, mein Schwarzer Prinz – der Liebhaber meiner Träume, der Sadist. Es war wirklich wie im Märchen, wenn jemand mit dem Zauberstab winkt. Alles ging wie von selbst. Ich brauchte ihn nicht einmal zu provozieren. Er tat all das, wovon ich phantasiert hatte. Er sprach leise und drohend, er schlug mich und zwang mich zu verschiedenen demütigenden Sachen, als er mit mir ins Bett ging. Ich kam so hoch wie nie zuvor.

Aber nicht ganz nach oben.

Ich war völlig verunsichert, als sich das mehrere Male wiederholte.

Es dauerte auch nicht lange, bis der Held meiner Träume sich dankend verabschiedete und seiner Wege ging. Ich war sehr unglücklich. Heute verstehe ich gut, daß ihn der Jubel, mit dem ich ihn empfing, erschreckt hat. Man muß schon Stehvermögen haben, um einen so heißen Empfang aushalten zu können. Aber damals wunderte es mich, denn ich glaubte, Männer, die prügelten, leise und drohend sprachen, wären stark und könnten alles verkraften.

Ich war noch viel verunsicherter, als ich kurz darauf meinen ersten Orgasmus erlebte. In meiner Ehe, nach fast zwanzig Jahren aktiven Sexlebens, nach Prüfungen, Geburten und beruflichen Erfolgen, mitten in einem guten und geborgenen Dasein.

Ich grübelte wie eine Verrückte, wie das zusammenhängen könnte. Ich glaube, daß sich verschiedene Dinge zu einem merkwürdigen Muster zusammengefügt hatten.

Erstens war eine kolossale Spannung freigesetzt worden. Das Wunder war geschehen, der Prinz war dagewesen, es gab wirklich Prinzen wie jenen, auf den ich gewartet hatte. Er hatte eine Tür in das verbotene Zimmer für mich geöffnet. Aber es war nicht voll der Herrlichkeiten, von denen ich geträumt hatte. Das überraschte mich sehr, aber dafür konnte ich jetzt anfangen, mich zu entspannen, und versuchen, wirklich da zu sein, wo ich gerade war.

Zweitens hat mich mein Herr Prinz ganz sicher an Orte geführt, an denen ich vorher noch nicht gewesen war, wahrscheinlich bis an den Anfang meines Wegs und vielleicht sogar ein Stück nach oben – so weit nach oben, daß ich zum erstenmal einen Schimmer von dem Gipfel zu sehen bekam, auf den ich hinauf wollte. Obwohl ich es vielleicht nicht gleich bewußt registrierte, glaube ich doch, daß dieser Schimmer sich eingebrannt hat und ich ihn nicht wieder vergessen konnte, und so hatte ich schließlich einen Kurs, nach dem ich steuern konnte.

Aber warum hatte es dann mit dem Prinzen nicht geklappt?

Weil mir die Puste ausging, bildlich gesprochen. Was da vor sich ging, war viel zu gewaltsam und lenkte ab. Es nahm meine ganze Aufmerksamkeit in Anspruch, so daß ich nichts anderes bewältigen konnte. Ich mußte mich konzentrieren, wenn es wehtat; außerdem saugte ich automatisch alle Details auf dem Weg ein und hatte für nichts anderes Platz. Obwohl ich jahrelang von dieser Rolle geträumt hatte, mußte ich erst lernen sie zu spielen. Gleichzeitig wurde mir auf eine merkwürdige Weise klar, daß es eine Rolle war. Und gleichzeitig mußte ich meinen Körper auf eine neue, unvertraute Weise gebrauchen. Ich hatte keine Reserven mehr, um auch noch nach oben zu klettern. Ich glaube, es ging mir wie einem, der lange gehungert hat, plötzlich eine große Portion Essen serviert bekommt und mit Wolfshunger darüber herfällt. Das geht schief.

Ich fand heraus (was ich mir hätte denken können), daß der körperliche Schmerz, wenn er unmittelbar zur sexuellen Stimulation taugen soll, auf einem ganz bestimmten und sehr eng begrenzten Niveau bleiben muß. Das gilt vielleicht nicht für alle Menschen, für mich galt es. Ernsthafter Schmerz ist so unangenehm, daß er keinen Platz für die Lust läßt. Ich kann dann einfach nur noch daran denken, daß es weh tut, daß es aufhören soll und daß ich hier weg muß. Wenn es dagegen nicht richtig wehtut, passiert überhaupt nichts. Der ideale Schmerz müßte von einem Computer gesteuert werden, der dafür sorgt, daß er sich genau innerhalb der engen Grenzen hält, in denen er zur sexuellen Lust wird. Diese haarscharfe Balance fällt in der Phantasie leicht, aber im wirklichen Leben ist sie fast unmöglich zu erreichen. In Wirklichkeit mußte ich also den Schmerz als unmittelbare Reizung abschreiben.

Aber nicht als indirekte. Ich kam zu dem Resultat, daß der erstrebte Zustand *außerhalb* des konkreten Schmerzes lag. Schmerz ist zwar ein notwendiger Bestandteil dieses Zustands, aber weil der Mechanismus so empfindlich und die Balance so hoffnungslos unerreichbar ist, wird der Schmerz nur außerhalb der eigentlichen Situation wirksam: vorher und nachher. Es *muß* irgendwann wehtun (leider), die Schmerzschwelle *muß* überschritten werden, der Augenblick muß kommen, wo ich den Schmerz hasse und verabscheue und mir nur noch wünsche, zu entkommen. Aber wenn man einmal auf dem Schmerz-Planeten gewesen ist, kann man ihn zu einem anderen Zeitpunkt sexuell nutzen.

Ernsthafter Schmerz hebt den sexuellen Zusammenhang sozusagen auf, zum Beispiel indem man mit dem einen oder anderen Gegenstand geschlagen wird. Aber vorher und nachher ist reichlich Platz für sexuelle Verwertung der Situation. Sexuelle Reizung liegt im Sich-Erinnern (weißt du noch, wie es war) oder in der Drohung (du weißt, was du zu erwarten hast) und vielleicht besonders stark in einer Kombination von beidem (du willst es vielleicht noch mal versuchen). Das setzt voraus, daß man vorher schon einmal am eigenen Leibe verspürt hat, was Schmerz ist – wohingegen ein paar pflichtschuldige Klapse eines freundlichen Liebhabers weder Fisch noch Fleisch sind. Nur der Schmerz, den man haßt, läßt sich so manipulieren, daß er zum sexuellen Reiz werden kann.

Aber ich fand auch heraus, daß für mich die körperliche Seite entscheidend war. Ich konnte in der Praxis den körperlichen Schmerz überspringen und ihn durch das Symbol des Schmerzes ersetzen – die Demütigung. Die Demütigung hat viele verschiedene Bestandteile – Angst und Schrecken (aber nicht vor einer wirklichen Mißhandlung), Scham, Ohnmacht, das Gefühl, beherrscht zu werden und sich nicht wehren zu können, das Gefühl, von jemandem abhängig zu sein – das Gefühl, ein Nichts geworden zu sein.

Das nutzte ich aus, als ich nach Hause kam; hier schlug mich nämlich niemand, und darüber war ich sehr froh; hier demütigte mich auch niemand, und das mußte ich auf andere Art wettmachen – wie ich das tatsächlich auch schon vorher getan hatte. Aber jetzt organisierte ich meine Phantasietätigkeit einfach besser.

Als ich nach dem Erlebnis mit meinem Prinzen nach Hause kam, endlich meinen ersten Orgasmus bekam (und es blieb nicht bei dem einen), hatte ich offenbar auch Erfahrungen mit nach Hause gebracht. Sie waren meiner Phantasie behilflich, normalen Geschlechtsverkehr in sadomasochistischen umzuwandeln, obwohl eigentlich nur ich da etwas zu suchen hatte.

Meistens hatte ich immer noch Angst davor, meine Wünsche zu äußern. Aber es gab gewisse Dinge, die ich jetzt kultivieren konnte, ohne mir zu viele Blößen zu geben: zum Beispiel einen langsamen Rhythmus. Ihn konnte ich heimlich – in meiner Phantasie – in etwas Brauchbares verwandeln: ich konnte mir einbilden, daß ich ihn haßte, weil er langsamer war, als ich wollte (was teilweise auch stimmte), daß er nur ein Ziel verfolge, mich hinzuhalten, mich warten zu lassen, meine Lust hinauszuzögern und mich dadurch zu beherrschen und zu demütigen. Der Orgasmus kam vielleicht genau in dem Augenblick, als wir bewegungslos dalagen, und ich mir selbst vor Augen hielt, wie entsetzlich sexuell ausgehungert ich war.

Ich kann noch eine Menge andere, ähnliche Dinge tun, um die Wirklichkeit an mein persönliches Puzzle-Spiel, meine eigene Bedürfnisstruktur anzupassen. Wenn mein Partner müde wird, kann ich mir einbilden, er sei nur darauf aus, zu demonstrieren, wer hier den Ton angibt. Wenn mein Partner zu früh kommt und bewegungslos daliegt, bilde ich mir ein, er habe es mit Absicht getan, um mich zu quälen. Wenn er dagegen an meinem Körper herumspielt, bilde ich mir ein, er sei kalt und gefühllos und nur darauf aus, mich so hoch zu bringen, daß ich fast platze. Und so weiter.

Irgendeine unschuldige Handlung in bewußten Sadismus umzumünzen, erfordert ständige anstrengende Phantasiearbeit. Aber es hat streckenweise funktioniert, verdammt gut sogar, trotz der ewigen Betrügereien und Selbstbetrügereien, die ihm zugrunde liegen.

Selbstverständlich hatte es nicht die gleiche Wirkung wie die Situationen mit einem Mann, der diese Mechanismen bewußt nutzte und mich nicht darüber im Zweifel ließ, daß er mit ihnen spielte, vorausgesetzt, er hielt ganz bestimmte Spielregeln ein – meine eigenen!

Zum Beispiel glauben viele Männer, daß Vergewaltigung oder Vergewaltigungsspiele bei Frauen automatisch Unterwerfungsgefühle auslösen – und daß ihre Erregung sich steigert, je härter, schneller und gewalttätiger sie angefaßt wird. Aber das ist männliches Wunschdenken und leitet sich ab aus der alten Auffassung, Frauen seien zarte Wesen ohne jedes eigene sexuelle Verlangen – und *dieses* männliche Wunschdenken läßt mich zumindest kalt. Deshalb kann ich es natürlich trotzdem benutzen – zum Beispiel wenn ich mich wehre wie eine Wahnsinnige und mich überzeugen lasse, daß mein Partner stärker ist als ich. Aber wenn ich sexuell erregt bin, will ich ja dasselbe wie er, nämlich daß wir miteinander schlafen, und so groß sind meine Fähigkeiten zu Phantasien nun wieder nicht, das ich das zum Beispiel als Erniedrigung ansehen kann. Zugegeben, ich werde an den Haaren davongeschleppt – aber meinem eigenen Ziel entgegen, nicht von ihm weg. Deshalb werden die Vergewaltigungsspiele nie erregend genug, um mich zum Orgasmus zu bringen.

Eine tatsächliche Vergewaltigung ist sexuell auch nicht gerade erregend. Wenn ich mich wirklich in einer Situation befinde, in der ein Mann mich gegen meinen Willen zum Beischlaf zwingen will, ist das Verünftigste, Augen zu und durch. Wenn ich dabei wider Erwarten doch sexuelle erregt werde, bekomme ich sehr gemischte Gefühle. Vielleicht handelt es sich um einen Mann, der mir wirklich zuwider ist – wenn ich zum Beispiel gesehen habe, daß er gerade ein Kind geschlagen hat. Dann kann es einerseits erregend sein zu fühlen, wie mein Wille und meine Empfindungen zerstört werden. Aber gleichzeitig geht es hier ja um sexuelle Erregung schlechthin, also um etwas, das an sich sehr echt und erstrebenswert ist.

Ich kann so also zwar normalen Geschlechtsverkehr in sadistischen verwandeln, aber muß nicht unbedingt masochistischen Stoff aus einem Geschlechtsakt mit echten sadistischen Elementen beziehen. So einfach ist das alles nicht ...

Dann gibt es noch alltäglichere Situationen, die sich außerhalb des Schlafzimmers und in Kleidung abspielen, zum Beispiel eine häusliche Arbeits- oder Bedienungssituation, die in jeder Zweierbeziehung vorkommt, oder in fast jeder.

Angenommen, ich putze einem Mann die Schuhe. Das kann als erniedrigend ausgelegt werden (kann er sich die Schuhe nicht selber putzen?), aber es kann auch zu einer zufälligen Arbeitsteilung gehören, die eigentlich vernünftig und feinfühlig ist. Wenn ich nun das Gefühl habe, Schuhputzen als solches sei erniedrigend, kann ich unterschiedlich reagieren. Ich kann entweder opponieren und mit dem Schuhputzen aufhören oder weitermachen – und verbittert werden und mich beleidigt fühlen. Und ich kann auch, ohne mir darüber klar zu sein, meine Irritation nach innen kehren und sie in ein Minderwertsgefühl verwandeln – ich tauge gerade noch dazu, seine Schuhe zu putzen, während er sich mit Höherem beschäftigt.

Aber genau diese alltägliche Frauensituation läßt sich zu einer echten sado-masochistischen Situation aufbauschen, wenn sie richtig genutzt wird. Wenn er pfeiferauchend im Sessel sitzt und mir beim Schuheputzen zusieht; wenn er meine Arbeit kommentiert, mich kritisiert oder wenn er die tüchtige Frau lobt, die ihn so gut bedient, wie es sich nun einmal gehört – dann werde ich, die bis dahin freie und selbständige Frau, in eine Rolle manövriert, in der ich nicht mehr aus eigenem Antrieb handele, sondern zum Handeln gezwungen werde.

Auf diese Weise läßt sich vieles im Laufe des Tages in bewußte Machtspiele ummünzen und können Unterhaltungen zum puren Austausch von Befehlen und demütigen Antworten werden: räum den Tisch ab! Kaffee! An meinem Hemd fehlt ein Knopf!

Ehealltag in der Männergesellschaft – oder auch: hochgezüchtete Sexspiele, Teile des Vorspiels. Aber selbst wenn es so ist, gehören immer noch zwei zu diesem Spiel. Unklar ist auch, wer die Spielregeln aufstellt. Denn wenn das Spiel als Sexspiel funktionieren und nicht nur die tägliche Bequemlichkeit für den einen Partner sicherstellen soll, dann ist es notwendig, daß der andere Partner die Bedingungen stellt. Dann muß der Sklave seinen Herrn zuerst anlernen, genau wie Severin es mit Wanda tat. Sonst wird alles chaotisch, das Spiel verliert seinen sexuellen Gehalt und ich werde wütend und giftig und werfe ihm das Hemd an den Kopf und frage, warum zum Teufel seine Mutter ihm nicht beigebracht hat, wie man Knöpfe annäht. Und das war zu *dem* Zeitpunkt ja nicht beabsichtigt.

Ich lebte sowieso in verschiedener Hinsicht in der Sklavenrolle – in der Wirklichkeit. Ich spülte, schrieb Adressen, war unscheinbar und nett wie alle anderen, ich blieb im Hintergrund bei Zusammenkünften, tat nie den Mund auf und kam gar nicht auf die Idee, daß ich daran etwas ändern konnte (vor der Frauenbewegung). Und das war allerdings vollständig unbewußt. Ich hatte keine Ahnung, was da vor sich ging. Ich registrierte, daß ich mich wohlfühlte als Marionette, die von ihrem Partner geführt wurde – ich fand es herrlich und erregend, wenn er an den Drähten zog, die mich willenlos machten. Aber wenn er an den falschen Drähten zog, ging alles kaputt – es mußte nur zufällig ein Draht sein, der mir nicht paßte. Erst langsam erkannte ich, wie paradox dieses ganze Spiel war. Mir wurde immer bewußter, daß in Wirklichkeit ich die Nutznießerin war und er der Gebende. Mir wurde klar, wie grenzenlos egozentrisch man als Masochist ist. Alles mußte sich um mich drehen, und nur um mich ...

Das Ganze ist ein einziger großer Selbstbetrug. Ich bin diejenige, die bedient und verwöhnt wird. Ich bin die wirkliche Hauptperson. Ich bin diejenige, die eine ganz bestimmte Behandlung braucht, um mir einbilden zu können, ich bin ein Nichts.

Daß es schwierig ist, ein in sich so widersprüchliches Ziel zu erreichen, liegt auf der Hand. Aber mit Hilfe der Phantasie läßt es sich erreichen.

Tatsächlich erreichte ich mein Ziel immer öfter. Ich bezweifle allerdings, daß ich auch nur einen einzigen Orgasmus in meinem Leben erreicht habe – mit einem Mann oder allein – der nicht von einer Menge Erniedrigungsphantasien begleitet war. In meiner Phantasie habe ich also viele Männer betrogen, in dem ich sie in etwas verwandelte, was sie gar nicht waren, indem ich sie nach einem Muster handeln ließ, von dem sie keine Ahnung hatten, vielleicht sogar, indem ich ganz andere Männer aus ihnen machte. Es tut mir leid, daß es sein mußte, und ich könnte gut verstehen, wenn sie sich gemein betrogen fühlten – falls sie es erfahren. Ich selbst jedenfalls habe das Gefühl, sie an der Nase herumgeführt zu haben. Und mich selbst irgendwie auch. Denn von einem bestimmten Moment an schien mein Partner überflüssig zu werden, um nicht zu sagen, er ging mir geradezu auf die Nerven – weil er mich bei etwas störte, das eigentlich eine Art Onanie war ...

Aber diese Methode mußte sein, wenn ich sexuell funktionieren sollte. Und mir ist auch klar geworden, daß mich viele meiner Liebhaber vermutlich auf die gleiche Weise betrogen haben – indem sie aus mir eine ganz andere Frau machten, eine, die sie kannten, ein Filmstar oder eine aus einem Pornoheft. Und damit könnte ich mich trösten, wenn es ein Trost wäre. Aber da bin ich nicht ganz sicher.

Von den Männern, die mir begegneten, hatten nur sehr wenige Begierden, die meinen entsprachen. Deshalb mußte ich ich mir den Zündstoff für meine Phantasien immer selbst verschaffen. Und eigentlich wurde es mit der Zeit immer einfacher, sie bewußt auszubauen mit Material aus anständigen medizinischen und literarischen Büchern und weniger anständigen Pornos.

Aber als ich das ganze Puzzle schön sortiert und angefangen hatte, mich mit meinem Schicksal mehr oder weniger abzufinden, wurde ich dieser ganzen anstrengenden Komödie allmählich müde. Was sollte das alles?

9
Die Furcht vor der Freiheit

Einige von Freuds Nachfolgern:
Erich Fromm, Karen Horney, Helene Deutsch,
Marie Bonaparte

Auf den letzten Seiten seines Buchs «Der verschwundene Handlungsbevollmächtigte» beschreibt Hans Scherfig den Aufenthalt Theodor Amsteds im Gefängnis zur Weihnachtszeit. Amsted genießt die vollkommene Geborgenheit, die er endlich gefunden hat. Seine ausgeklügelten Pläne haben Erfolg gehabt: er wurde verurteilt wegen eines Mordes, den er nicht begangen hat. Er hat das unerhörte Glück gehabt, daß man ihn lebenslänglich einsperrt. Endlich ist er alle Sorgen los. Nie mehr braucht er zu irgend etwas Stellung zu nehmen, nie mehr für sich selbst zu sorgen, nie mehr selbständig zu sein. Er ist das unangenehme freie Leben losgeworden, das ihm Angst gemacht hatte. In Zukunft wird für ihn gesorgt werden, so wie seine tatkräftige Mutter und sein strenger Vater in seiner Kindheit für ihn gesorgt hatten, in einer geordneten Kindheit, wo *aufgegessen* wurde, was auf den Teller kam. Endlich hat er zurückgefunden – nicht gerade in den Mutterschoß, aber doch in den sicheren Hafen der Autorität. Und ihm und seinen Mitgefangenen wird die frohe Weihnachtsbotschaft verkündet ...

Ich bin nicht sicher, ob jemals jemand darauf gekommen ist, den verschwundenen Handlungsbevollmächtigten als Masochisten zu bezeichnen. Aber es gäbe nur ein Gegenargument: Scherfigs Buch ist frei von jeglicher unterschwelliger Sexualität. Dagegen ist es voll von unterschwelligem und offenem Humor – und Humor und sexuelle Perversionen kommen gewöhnlich nicht gut miteinander aus.

Aber sonst ist der Unterschied zwischen Theodor Amsted und Josef K. und vielen anderen eigentlich nicht sehr groß. Die Unfreiheit zieht sie an wie Motten das Licht, und eigentlich ließe sich Amsted in die Kategorie einordnen, die Freud moralische Masochisten nennt. Allerdings benutzt der kleine Handlungsbevollmächtigte die Flamme, die Josef K. verbrennt, sozusagen zum Wärmen.

Der verschwundene Handlungsbevollmächtigte ist also kein wirklicher Masochist und schon gar keine Frau. Wenn ich trotzdem in diesem Zusammenhang an ihn denken muß, hat das damit zu tun, daß er ein *autoritärer Charakter* ist. Der Ausdruck stammt aus einem Buch von Erich Fromm mit dem Titel «Die Furcht vor der Freiheit».

Fromm versucht in diesem Buch, die Voraussetzungen für die autoritären Systeme zu finden, die zum Zweiten Weltkrieg geführt haben, besonders die im «Dritten Reich». Wenn man erklären möchte, was damals in der Welt geschah, muß man die Konflikte des einzelnen Menschen untersuchen, meint er.

Freud hatte etwas ähnliches getan, aber während er den einzelnen Menschen in gewisser Weise als isolierte Einheit betrachtete, interessiert sich Fromm in erster Linie für das Verhältnis des einzelnen zur übrigen Welt. Und während Freud der Auffassung ist, das Individuum verhalte sich mehr oder weniger deutlich ein Leben lang nach einem ganz bestimmten Muster, meint Fromm, das Verhalten sei einer ständigen Veränderung unterworfen.

Diese Entwicklung beschreibt er folgendermaßen:

Das kleine Kind ist durch die Nabelschnur mit seiner Mutter verbunden. Wenn es geboren wird, muß die Nabelschnur durchschnitten werden – und das gilt auch im übertragenen Sinne: die *primären* Bindungen, die dem Kind Sicherheit, Geborgenheit und die Gewißheit der *Zugehörigkeit* geben, müssen zerschnitten werden, damit das Kind selbständig und frei werden kann. Danach wird es vor eine neue Aufgabe gestellt: es muß sich eigenhändig orientieren, einen festen Halt im Leben finden und anders als bisher Sicherheit erwerben.

Damit erhält die Freiheit eine Doppelbedeutung: einerseits wird das Individuum gestärkt, andererseits wird es einsamer:

> Diese Lostrennung von einer Welt, die im Vergleich zur eigenen, individuellen Existenz überwältigend stark und mächtig, oft auch bedrohlich und gefährlich ist, erzeugt ein Gefühl der Ohnmacht und Angst.

Der furchterregenden Freiheit gegenübergestellt, hat das Kind zwei Möglichkeiten: wenn es eine spontane Verbindung mit der Welt eingehen kann, durch Liebe und Arbeit, und seine Gefühle, seine Sinne und seinen Intellekt frei und ungezwungen ausdrücken kann, kann es eine positive Freiheit erlangen – das heißt, es kann wieder mit seinen Mitmenschen, der Natur und sich selbst eins werden, ohne seine Selbständigkeit zu verlieren. Die zweite Möglichkeit ist der Verzicht auf Freiheit.

Dazu können verschiedene «Fluchtmechanismen» gebraucht werden. Einer ist zum Beispiel bei Menschen anzutreffen, die Fromm autoritäre Persönlichkeiten nennt.

Der autoritäre Typus versucht, die alten, primären Bindungen durch neue, sekundäre zu ersetzen. Das funktioniert dadurch, daß er seine Persönlichkeit verschmelzen läßt mit jemandem oder etwas außerhalb von sich selbst – daß er sich seiner Autorität unterwirft. Dieser Mechanismus ist am deutlichsten im masochistischen Verhalten zu erkennen, und mit dem umgekehrten Vorzeichen im sadistischen. In beiden Fällen handelt es sich um eine Form der Flucht vor unerträglicher Einsamkeit.

Fromm beschreibt, wie sich das masochistische Verhalten am häufigsten äußert: als Gefühl von Unterlegenheit, Ohnmacht und Bedeutungslosigkeit. In der Analyse zeigt sich, daß Personen, die von solchen Gefühlen besessen sind, sich bewußt zwar über sie beklagen, sich aber unterbewußt gern minderwertig und unbedeutend fühlen möchten.

Somit kann man begreifen, daß manche Menschen wirklich den Wunsch haben, sich selbst herabzusetzen, zu erniedrigen und Schmerzen zuzufügen – und das sogar genießen. Wenn ein Masochist sich schlagen und «moralisch» schwächen läßt, indem er sich ausschimpfen, erniedrigen und wie ein kleines Kind behandeln läßt, wird sein Gefühl, bedeutungslos zu sein, noch stärker.

Aber wie ist das zu erklären – kann man Furcht vermindern, indem man sie vergrößert? Denn genau das versucht die masochistische Person.

Fromms Antwort ist eine Art Gleichung: solange ich mit

dem Wunsch, selbständig und stark zu sein, und dem Gefühl der Schwäche und Ohnmacht gleichzeitig kämpfe, bin ich Opfer eines grausamen Konflikts. Wenn es mir aber gelingt, mein individuelles Ich auf ein Nichts zu reduzieren und mich über das Bewußtsein des Alleinseins hinwegzusetzen, kann der Konflikt gelöst werden. Sich absolut schwach und hilflos zu fühlen, ist eine der Möglichkeiten, ans Ziel zu kommen. Sich dem Schmerz und der Verzweiflung zu überlassen, eine andere, sich zu betrinken, eine dritte, und der Gedanke zu Selbstmord ist die letzte Hoffnung, der letzte Ausweg, wenn alle anderen Mittel, die Bürde der Einsamkeit erträglich zu machen, fehlgeschlagen sind. Bei all diesen Panikreaktionen handelt es sich um ein Mittel, nicht um Ziele. Schmerzen und Erniedrigungen sind nur der Preis, der bezahlt werden muß.

Man kann die Bürde der Freiheit auch dadurch erträglich machen, daß man sich mit einem anderen Menschen zusammentut, eine neurotische Bindung eingeht. Der Masochist kann das tun, indem er sich unterwirft, der Sadist, indem er dominiert – denn der Machthunger des Sadisten ist ebenfalls nur Ausdruck einer mangelnden Fähigkeit, mit sich selbst zu leben, und sein Wunsch, zu dominieren, ist nur ein verzweifelter Versuch, in Ermangelung echter Stärke sekundäre Stärke zu gewinnen.

Der Masochist – der Sklave – ist gezwungen, den Haß, den er im Grunde für seinen Herrn empfindet, zu verdrängen. Und zwar aus zwei Gründen: erstens, weil Haßgefühle gefährlich und quälend sind, und zweitens, weil er sein persönliches Schamgefühl besänftigen muß. Das funktioniert dadurch, daß er die Person, der er sich unterwirft, mit Eigenschaften ausstattet, die seine eigene Unterwerfung rechtfertigen.

Übrigens muß es nicht unbedingt ein einzelner Mensch sein, den der Masochist als Partner wählt. Man kann eine Institution, die bestimmte Gebote und Verbote aufstellt, als Autorität wählen und sich ihr unterwerfen. Diese Autorität kann auch eine innere sein – zum Beispiel Pflichtgefühl oder Gewissen. Eine Analyse würde in diesem Fall zeigen, daß das Gewissen mit derselben Härte regiert wie äußere Autoritäten. Die sichtbare Autorität wurde lediglich ersetzt durch eine anonyme.

Ein Mensch, für den es unerträglich ist, in Freiheit zu leben – der autoritäre Charakter – ist nicht unbedingt neurotisch zu nennen, sagt Fromm. Es kommt an auf die soziale Situation, in der er sich befindet, die Arbeit, die er tun muß, die Kultur, in der er lebt.

Für den autoritären Charakter existieren sozusagen zwei Geschlechter: das starke und das schwache. Seine Liebe und seine bewundernde, bereitwillige Haltung zur Unterwerfung werden automatisch durch Macht geweckt, ganz gleich ob diese Macht von einer Person oder einer Institution ausgeht. Die Macht um ihrer selbst willen fasziniert ihn – er untersucht nicht, was sich hinter der Macht verbirgt, und verachtet entsprechend machtlose Menschen und Institutionen.

Der autoritäre Charakter ist niemals revolutionär – aber man kann ihn durchaus Rebell nennen. Allerdings können unerklärliche Veränderungen in ihm vorgehen, durch die er imstande ist, sich extrem autoritären Systemen zu unterwerfen. Auf ähnliche Weise unterwirft er sich seinem Schicksal. Am liebsten nennt er die «Vorsehung» schuld am Entstehen von Kriegen und behauptet, daß die eine Hälfte der Menschheit von der anderen geführt werden muß ...

Fromm sagt also, wenn ich Masochistin bin, dann weil ich Angst vor der Freiheit habe. Er hält sich nicht lange damit auf, zu beschreiben, wie ich bin, sondern interessiert sich mehr für die Gefahren, die meine masochistische – oder autoritäre – Haltung mit sich bringt: daß ich mich kritiklos einem anderen Menschen oder einer Institution oder einer Partei oder einer Religion hingeben könnte. Oder dem Schicksal. Oder meinem Gewissen oder meinem Pflichtgefühl. Irgend jemanden oder irgendeiner Sache, die groß sind und Macht genug haben – die Macht, die ich selbst nicht zu ergreifen wage ...

Karen Horney ist eine Psychoanalytikerin, die sich dem Problem auf andere Weise nähert. Sie meint, daß Freud den menschlichen Erbfaktoren und der menschlichen Konstitution zuviel Bedeutung beimißt; sie hält Masochismus für sehr viel mehr bedingt durch die sozialen Verhältnisse, in denen man aufwächst. Sie hält es auch für gefährlich anzunehmen, daß die Vergangenheit den Menschen regiert. Sie zieht vor, den

Schwerpunkt auf die Gegenwart zu legen und ihren neurotischen Patienten dadurch zu helfen, daß sie ihnen klarmacht, wie sie hier und jetzt funktionieren und worin die inneren Widersprüche liegen, die ihnen ihre Energien rauben und sie daran hindern, normal zu funktionieren.

Außerdem stellt sie den Begriff des Masochismus in Frage. Freud unterschied zwischen einem erogenen, einem femininen und einem moralischen Masochismus. Karen Horney sagt, diese drei Dinge müßten noch viel schärfer voneinander getrennt werden, und fragt: ist der Masochismus wirklich ein sexuelles Phänomen oder eine Grundstruktur des Charakters, die auf allen Gebieten zum Ausdruck kommt, also unter anderem *auch* auf dem sexuellen?

Immerhin entwirft sie, genau wie Fromm, einen Charaktertypus, der Angst hat und deshalb eine Menge Energien aufbringen muß, um die Sicherheit nicht zu verlieren. Sich jemand anderem auf Gedeih und Verderb auszuliefern, ist die masochistische Methode, eine solche Situation zu bewältigen. Das ist nichts anderes, sagt Karen Horney, als wenn eine kleine, gefährdete Nation ihre Rechte und ihre Unabhängigkeit an eine mächtige, aggressive Nation abtritt und damit deren Schutz erwirbt.

Karen Horney räumt ein, daß diese Auffassung im Widerspruch zur gängigen Definition von Masochismus steht, die ihn als Streben nach sexueller Befriedigung durch Leiden interpretiert. Diese Definition enthält nach ihrer Meinung drei unbewiesene Behauptungen: erstens, daß Masochismus im wesentlichen ein sexuelles Phänomen ist; zweitens, daß er nach Befriedigung strebt, und drittens, daß er einen Wunsch zu leiden darstellt.

Bevor sie dazu Stellung nimmt, inwieweit Masochismus wirklich ein sexuelles Phänomen ist, trennt sie zwei Haupttendenzen im Charakterbild des Masochisten:

1. Eine Neigung, sich selbst zu unterschätzen. Häufig hat die Person von dieser Tendenz keine Ahnung, sie kennt nur das Ergebnis, nämlich, daß sie sich nichtssagend, unbedeutend, unbegabt, dumm und wertlos fühlt. Sie übertreibt ihre Unzulänglichkeit und reagiert häufig mit einem hilflosen «ich kann

nicht». Sie ist unscheinbar und verkriecht sich in Mauselöchern.

2. Eine Neigung, sich abhängig zu machen. Diese Abhängigkeit ist lebensnotwendig. Die Person hat das Gefühl, sie kann ohne die Nähe, Bereitwilligkeit, Liebe oder Freundschaft eines anderen Menschen ebensowenig leben, wie sie ohne Sauerstoff existieren könnte.

Um die Sache zu vereinfachen, sagt Karen Horney, nennen wir den Menschen, von dem die Frau abhängig ist, ihren «Partner» , ob es sich dabei nun um ihren Vater, ihre Mutter, ihren Liebhaber, ihren Ehemann, ihren Freund oder ihren Arzt handelt. Es könnte genausogut eine Gruppe sein, zum Beispiel die Familie oder eine religiöse Sekte.

Die Frau hat das Gefühl, sie könne überhaupt nichts von sich aus tun, sondern müsse alles von ihrem Partner empfangen: Liebe, Erfolg, Ansehen, Fürsorge, Schutz. Ohne daß sie sich selbst darüber klar ist, häufig sogar im Widerspruch zu ihrer ganz bewußten Bescheidenheit und Demut, sind ihre Erwartungen fast schmarotzerhaft.

Sie muß sich so an einen anderen Menschen klammern, daß sie die Grenzen, die eine Beziehung hat, nicht mehr wahrnehmen kann. Deshalb kann sie nie genug Beweise für die Liebe und das Interesse des Partners bekommen. Und dieselbe Einstellung hat sie gewöhnlich zum Leben im allgemeinen: sie fühlt sich wie ein Spielball in den Händen des Schicksals und hält sich für völlig unfähig, ihr Schicksal selbst in die Hand zu nehmen.

Wie kommt eine Frau zu dieser Einstellung? So fragt Karen Horney.

Durch eine Verknüpfung von ungünstigen Einflüssen wird die Fähigkeit des kleinen Mädchens, spontan die Initiative zu ergreifen und eigene Gefühle, Wünsche und Gedanken zu äußern, durcheinandergebracht. Deshalb empfindet sie ihre Umgebung als feindlich. Die Bedingungen sind hart, also muß sie eine Möglichkeit finden, die ihr ein Leben in Geborgenheit sichert, und also entwickelt sie das, was man neurotische Züge nennt. Dazu gehören Selbstdegradierung und übertriebene Anpassung an die herrschenden Moralgebote.

Die so erzielte Sicherheit ist echt – denn eine Frau, die sich selbst unterschätzt und herabsetzt, erzielt Sicherheit durch Unauffälligkeit. Sie verhält sich wie eine Maus, die lieber in ihrem Loch bleibt, aus Angst, die Katze könnte sie fressen, wenn sie sich hervorwagt. Sie erlebt das Leben wie ein blinder Passagier, der sich still verhalten muß und keine Rechte hat.

Der keine Rechte hat ... Das steht da wirklich. Aber ich muß gestehen, daß ich auf der letzten Seite nicht ganz ehrlich war. Karen Horney spricht nicht von *«der Frau»*, sondern vom «masochistischen Menschen». Aber da es uns so oft erzählt worden ist, daß Frauen Masochistinnen sind, will ich auch weiterhin Frau sagen, wo Karen Horney vom masochistischen Menschen spricht. Denn ich finde, ihre Beschreibung des masochistischen Menschen paßt ganz ausgezeichnet auf die traditionelle Frau in der traditionellen Männergesellschaft. Wir erfahren wirklich etwas über uns selbst – wie wir waren, als es noch keine Frauenbewegung gab ...

Weiter Karen Horney:

Wenn ihre Sehnsucht nach Selbstherabsetzung und damit das ganze Muster zusammenbrechen, entsteht Angst. Eine Frau, die ihre Fähigkeiten unterschätzt, bekommt Angst, wenn sie in einer Diskussion ihre Meinung äußern will, und entschuldigt sich selbst dann noch, wenn sie Wertvolles zur Diskussion beiträgt. Diese Frauen hatten als Kinder oft Angst, anders als andere Kinder angezogen zu sein und deswegen aufzufallen. Sie können nicht begreifen, das jemand sich durch sie verletzt fühlen könnte oder jemand sie leiden mag oder schätzen. Da niemand sie je vom Gegenteil überzeugt hat, bleiben sie bei der Annahme, sie wären bedeutungslos. Sie fühlen sich meistens verlegen und unwohl, wenn ihnen eine verdiente Anerkennung zuteil wird, und versuchen, sie abzuschwächen. Auf die Weise kann produktive Arbeit für sie zur Plage werden, denn hier wird erwartet, daß sie sich mit besonderen persönlichen Ansichten und Gefühlen durchsetzt. Eine solche Frau kann eine Arbeit nur tun, wenn ein anderer Mensch dabei ist, der ihr ständig Zuspruch und Sicherheit bietet.

Wenn sie, trotz der Schwierigkeiten, Erfolg hat, erlebt sie ihn nicht als Erfolg. Eine neue Idee, eine zu Ende geführte Arbeit werden augenblicklich bagatellisiert. Sie kauft sich einen Volkswagen statt eines Jaguars, auch wenn sie am liebsten den Jaguar hätte und ihn sich leisten könnte.

Möglicherweise hat sie ganz allgemein das Gefühl, an Minderwertigkeitskomplexen zu leiden. Dieses Gefühl ist jedoch eher *Ergebnis* ihres fehlenden Selbstwertgefühls als dessen Ursache. Aber sie merkt nicht einmal, daß sie selbst versucht, sich unauffällig zu machen...

Aus dieser Art und Weise, sich von der Angst zu befreien, entstehen Konflikte. In Wirklichkeit braucht die Frau keine Hilflosigkeit. Die Hilflosigkeit ist lediglich das unvermeidliche und unerwünschte Ergebnis der Methode, die sie anwendet, um sich Geborgenheit zu verschaffen.

Daß sie ständig unter ihrer Schwäche leidet, führt auch dazu, daß sie Stärke und Macht kritiklos bewundert. Jeder, der offen aggressiv zu sein oder sich durchzusetzen wagt, kann sicher sein, von ihr zumindest heimlich bewundert zu werden. Ein Mensch, der wagt, zu lügen und zu bluffen, appelliert ebenso an ihre geheime Bewunderung wie einer, der Mut zu guten Taten hat.

Verbindungen, die auf dieser Form von Abhängigkeit beruhen, sind voller Feindseligkeit dem Partner gegenüber . Erstens, weil sie an den Partner Erwartungen stellt. Da ihr Energie, Initiative und Mut fehlen, hat sie die stille Hoffnung, der Partner würde ihr alles geben, angefangen von der Sorgfalt, der Hilfe, der Entbindung von Risiko und Verantwortung bis hin zur Versorgung, zu Ansehen und Ehre. Solche Erwartungen kann jedoch kaum ein Partner erfüllen.

Darüber hinaus reagiert die Frau überempfindlich auf die winzigsten Anzeichen von Geringschätzung oder Gleichgültigkeit seitens anderer und wird wütend; nur kann sie ihre Wut nicht zum Ausdruck bringen. Auf diese Weise entwickelt sich bei ihr Bitterkeit gegenüber anderen; diese Bitterkeit ist einer der wesentlichen Gründe für die Verschärfung ihres Konflikts: einerseits hat sie die anderen nötig, andererseits haßt sie sie...

Die dritte grundlegende Ursache ihrer Feindseligkeit liegt tiefer. Da sie nicht ertragen kann, daß auch nur die geringste

Distanz zwischen ihr und dem Partner besteht, fühlt sie sich im Grunde unterdrückt. Sie hat das Gefühl, bedingungslos auf alle Bedingungen des Partners eingehen zu müssen. Sie hat das Gefühl, er beherrscht sie und sie ist gefangen wie die Fliege im Spinnennetz; die Spinne ist ihr Partner.

In gelegentlichen Explosionen entlädt sich ein Teil ihrer Feindseligkeit. Aber insgesamt wird sie die Feindseligkeit nicht los, weil sie den Partner braucht und Angst hat, ihn zu verlieren. Letzten Endes ist ihr Konflikt also ein Konflikt zwischen Abhängigkeit und Feindseligkeit.

In Wirklichkeit kann sie niemanden wirklich lieben und glaubt auch nicht, daß ihr Partner oder überhaupt irgend jemand sie lieben könnte. Ihre Hingabe ist in Wirklichkeit ein reines Sich-Klammern-an-den-Parnter und bezweckt nur, ihr die Angst erträglich zu machen.

Übrigens wünscht sie sich auch, Kind zu sein. Aber es ist ein neurotischer Wunsch, den die Umstände und der Druck, den die Angst auf sie ausübt, erzeugt hat. Der Traum vom Kindsein ist kein wirklicher Wunsch, sondern nur Ausdruck des Wunsches, beschützt zu werden, nicht auf eigenen Füßen stehen und Verantwortung tragen zu müssen – und dieser Wunsch liegt nahe angesichts der immensen Hilflosigkeit, die sie entwickelt hat.

Eine solche Frau hat eine besondere Art, Wünsche zu äußern: sie vermittelt anderen den Eindruck, sie sei auf Grund ihres schlechten Zustandes besonders hilfsbedürftig. Sie spielt die Unglückliche oder Hilflose, um etwas zu erreichen. Aber das ist auf die Dauer ziemlich nutzlos, denn die Wirkung läßt schnell nach. Ihre Umgebung bekommt taube Ohren und fügt sich früher oder später in die Tatsache, daß sie wirklich ein unglücklicher Mensch ist und ihr niemand helfen kann. Aber sie muß diese Taktik benutzen, weil sie bewußt oder unbewußt davon ausgeht, daß die Welt hart und bedrohlich ist und es spontane Freundlichkeit nicht gibt.

Außerdem ist sie zutiefst überzeugt, daß sie gar kein Recht hat, Forderungen zu stellen, und deshalb ihre Wünsche sich selbst gegenüber rechtfertigen muß. Diese schwierige Situation löst sie dadurch, daß sie ihre Hilflosigkeit und Bedürftigkeit benutzt, um andere unter Druck zu setzen ...

Auf die gleiche Weise zeigt sie ihre Feindseligkeit: sie leidet, ist hilflos, stellt sich als Opfer dar, dem Unrecht geschehen ist, läßt sich kaputtmachen ... Allerdings kann sie auch direkter angreifen, denn in ihrer Grundstruktur stecken Mittel zur Herausbildung von sadistischen Zügen. Sie ist zwar schwach aus vielerlei Gründen, fühlt sich gedemütigt und unterdrückt oder ist es tatsächlich, aber insgeheim haben die anderen Schuld an ihrem Leiden.

Dank ihrer zwanghaften Demut und Anhängigkeit und deren Konsequenzen macht sie eine Mücke zum Elefanten. Es gibt Frauen, die einfach jede Anstrengung scheuen und todmüde werden, wenn größere Arbeiten drohen – zum Beispiel Weihnachtseinkäufe oder längere Reisen. Die typische Reaktion auf Schwierigkeiten ist sofort: «ich kann nicht». Manchmal hat eine solche Frau Angst, daß die notwendige Anstrengung schädlich ist. Häufig wird sie sogar wirklich krank. Sie schiebt die Probleme weg; würde sie sich die Mühe machen, sich aktiv mit ihnen zu beschäftigen, könnte sie ohne Schwierigkeiten eine Lösung finden, und damit wäre die Sache aus der Welt. Statt dessen hat sie die vage und verschwommene Hoffnung, die Schwierigkeiten würden sich nach und nach schon von selber lösen, und schleppt sie deshalb wie eine überwältigende Drohung dauernd mit sich herum, mit dem Ergebnis, daß sie sich noch schwächer fühlt. Und genaugenommen wird sie auch schwächer, denn sie betrügt sich selbst um die Kraft, die aus überwundenen Schwierigkeiten erwächst.

Um dieses verblüffende Verhalten verstehen zu können, müssen wir uns klarmachen, sagt Karen Horney, daß für Frauen fast alle anderen Möglichkeiten, Befriedigung zu erlangen, versperrt sind. Jede Art fruchtbarer, selbstbestätigender Tätigkeit birgt Angst in sich. Frauen wie die beschriebenen sind nicht nur ungeeignet für eine leitende Stellung oder Pionierarbeit, die ihr vielleicht Erfolgserlebnisse verschaffen könnten, sie können einfach keine unabhängige und selbständige Tätigkeit ausüben und planmäßig ein bestimmtes Ziel verfolgen ...

Der Maria-Theresien-Taler…

... hat bei allen Münzsammlern einen guten Ruf. Sicherlich wird auch der Erzfeind der Kaiserin, Friedrich der Große, vom Glanz des respektablen Silbers geblendet gewesen sein. Daß er daraufhin gewissermaßen aus purem Neid den Pfandbrief erfunden hat, ist historisch nicht richtig.

Richtig ist, daß nicht alles Gold sein muß, was glänzend ist.

All das führt notgedrungen auch zu einer grundsätzlichen Beeinträchtigung ihres Liebeslebens. Um ihre eigenen Forderungen und Wünsche zu realisieren, kann sie die anderen nicht entbehren, ihr selbst fehlt aber jede Fähigkeit zu spontanen Gefühlen für die Interessen, die Wünsche, das Glück und die Entwicklung anderer. Deshalb gerät die Befriedigung, die andere durch Liebe und Sexualität erreichen, bei ihr in falsche Bahnen.

Eigentlich kann sie nur auf die Weise Befriedigung erreichen, wie sie Geborgenheit findet: durch Abhängigkeit und Unscheinbarkeit. Aber damit ist ein Problem verbunden, denn Abhängigkeit und Unscheinbarkeit an sich geben keine Befriedigung. Beobachtungen haben jedoch gezeigt, daß es tatsächlich als Befriedigung empfunden werden kann, diese Einstellung bis zum äußersten zu treiben. In ihrer Phantasie und in ihrem sexuellen Leben ist die Frau nicht nur von ihrem Partner abhängig, sondern geradezu Wachs in seinen Händen, wird von ihm beschimpft, unterdrückt, erniedrigt und gequält. Ebenso führt Unscheinbarkeit zu Befriedigung, wenn die Frau sie so übertreibt, daß sie sich völlig an die «Liebe» oder Aufopferung verliert: Sie büßt Identität und Würde ein und läßt ihre Individualität von einer allgemeinen Erbärmlichkeit absorbieren ...

Aber dann schränkt Karen Horney ein, was sie über die Frau ... Verzeihung, über den masochistischen Menschen sagt:

> Jeder Mensch, der aus anderen als neurotischen Gründen schwach und unterdrückt ist, kann sie gleichfalls entwikkeln.

Sie sagt später das gleiche über Frauen, aber darauf werde ich noch genauer eingehen.

Wenn ich so frei war, Karen Horneys Text derart eigenmächtig nachzuschreiben, dann kann ich zu meiner Entschuldigung nur anführen, es lag daran, daß er mich heftig getroffen hat – in jeder Zeile. Aber sie hatte über Masochisten geschrieben, und ich fühlte mich als Frau getroffen. Ich erkannte mich selbst als Frau, und ich erkannte andere – ich fühlte mich in alte Zeiten versetzt, in Zeiten, in denen die Frauen noch nicht entdeckt hatten, daß sie auf eine weniger widersprüchliche und dafür umso verläßlichere Art Geborgenheit gewinnen und sich von Angst befreien konnten: dadurch daß sie selbst Entscheidungen treffen und verantworten, selbständig handeln und Schwierigkeiten bewältigen, anstatt sich einem «Partner» unterzuordnen und zu erwarten, daß er alles macht, und dabei Bitterkeit und verborgene Feindseligkeit zu empfinden, die in Wirklichkeit dabei herauskamen.

Karen Horney hatte gar nicht über Frauen geschrieben.

Es gab jedoch andere Nachfolgerinnen von Sigmund Freud, die es nicht im geringsten sonderbar gefunden hätten, daß mir sofort Frauen einfielen, wenn ich eigentlich nur an masochistische Charaktere hätte denken sollen. Sie hätten es vielleicht höchstens für überflüssig gehalten, das eine Wort gegen das andere einzutauschen, denn auch sie hielten beide im Grunde für ein und dasselbe.

Sie hätten auch an vielen Stellen andere Vorzeichen als Karen Horney gesetzt, hätten aus Minus Plus gemacht. Für sie hätte es keinen Grund gegeben, all diese Probleme so ernst zu nehmen – schließlich handelte es sich um Frauen. Sie hätten statt dessen die Ärmel hochgekrempelt und sich ganz andere Frauen vorgenommen – solche, die versuchen, ihren Masochismus zu durchbrechen. Denn für die Analytikerinnen war Masochismus so etwas wie eine Ehrensache, ein Qualitätszeichen für Frauen.

Helene Deutsch ist Zeitgenossin von Karen Horney und die berühmteste der Vertreterinnen dieser Strömung. Sie hatte bereits in den zwanziger Jahren über dieses Problem geschrieben, aber ihr wichtigstes Buch über die weibliche Sexualität erschien in den vierziger Jahren.

(Der Ordnung halber möchte ich sagen, daß ich in folgendem Abschnitt über Helene Deutsch nicht gemogelt habe. Ich gebe nur wieder, zitiere nur, was sie selbst gesagt hat, auch wenn es noch so unglaublich klingen mag.)

Sie beginnt wie Freud mit der Frage, wie sich ein kleines Mädchen zur Frau entwickelt – denn diese Entwicklung ist weitaus schwieriger als die vom Jungen zum Mann. Die Schwierigkeit liegt darin, daß das Mädchen seine Sexualität in den eigenen Körper hinein verlegen muß. Helene Deutsch meint damit, daß das Mädchen seine Geschlechtsorgane neu bewerten und die Empfindsamkeit der «männlichen Klitoris» an die passive Vagina abgeben muß.

Etwas viel Wichtigeres folgt daraus – nämlich, daß die Frau den Geschlechtsakt als masochistische Handlung erleben muß. Und eigentlich ist der Geschlechtsakt erst neun Monate später zu Ende. Erst die Geburt ist der eigentliche Höhepunkt für die Frau – eine *«Orgie masochistischer Lust»*.

Und so läßt sich nach Helene die Frage beantworten, wann das Mädchen zur Frau wird: sobald sie sich dem Masochismus zuwendet. Die Sexualtriebe und die Fortpflanzungstriebe werden durch eine «masochistische Brücke» verbunden, und in der Erfahrung der Mutter-Kind-Beziehung, so Helene Deutsch, findet der Masochismus in seiner stärksten Ausdrucksform Befriedigung im Glück der Mutterschaft.

Befriedigung im Glück der Mutterkraft

Die Natur hat der Frau ihren Masochismus als magischen Helfer mitgegeben, damit sie heil durchs Leben kommt. Er führt sie auf den rechten Weg und steht ihr bei, von dem Augenblick an, wo sie zum erstenmal die Liebe zum Vater so stark empfindet, daß sie sich wünscht, von ihm kastriert zu werden – er führt sie weiter durch die Zeiten der Menstruation, des monatlichen Blutvergießens, die Zeiten der schmerzhaften Defloration, wo ein Teil ihres Körpers zerstört wird, die Zeiten der Geschlechtsakte, die häufig als schmerzhaft empfunden werden, jedenfalls immer als passiv, bis zur Geburt, die durch und durch schmerzhaft und gefährlich ist.

Der Masochismus ist der Helfer der Frau, weil sie sich nur dadurch der Wirklichkeit anpassen kann, daß sie den Schmerz bejaht. Andererseits ist der Masochismus auch ein gefährlicher Helfer, weil er zu stark werden kann. Helene Deutsch meint damit allerdings (in diesem Zusammenhang) nicht etwa, daß der Masochismus selbst zu stark werden kann – weit gefehlt. Die Gefahr besteht darin, daß die Frau, wenn er zu stark wird, anfängt, sich gegen ihn zu *wehren*, und damit ihrer Weiblichkeit den Rücken kehrt ...

Im Vorwort ihres Buches bedauert Helene Deutsch die immer stärkere Strömung, die das psychologische Verhalten der Geschlechter aus erziehungsmäßigen und kulturellen Faktoren erklärt; sie geht in ihrem Buch von biologischen und anatomischen Voraussetzungen aus.

Beim ganz jungen Mädchen gibt es eine aktive Phase, die ein Risiko beinhaltet:

> Daß diese Aktivität für die spätere sexuelle Entwicklung des Mädchens, d. h. für den späteren «Passivitätsschub» Gefahren enthält, soll nicht geleugnet werden ...

In der Pubertät kommt es zu einer plötzlichen Steigerung der Passivität, die als gutes Zeichen ihrer Weiblichkeit anzusehen ist, jedoch eine neue Gefahr in sich trägt:

> Viele Mädchen, die einem Beruf zustreben, tun es nur unter dem Drucke der sozialen und ökonomischen Verhältnisse und betrachten ihr Ziel als eine Notwendigkeit, von der sie durch die Ehe befreit werden. Trotz ihrer vollwertigen Leistungen geben unzählige Mädchen gern ihre Stellungen auf, um sich der Hausarbeit zu widmen oder sich des berufsfreien Lebens zu erfreuen. Andere folgen der Mode oder einer jugendlichen revolutionären Ideologie ohne wirklichen Drang zur Aktivität ...

In der Pubertät kann überhaupt allerhand passieren: hat sie sich bis jetzt überaus vielversprechend entwickelt, kann sie plötzlich in ihrer Entwicklung stehenbleiben, wenn sie von ihrer «inneren Welt» überwältigt wird – sie kann aber auch ihren Ehrgeiz, ihre Gewissenhaftigkeit und ihr Pflichtgefühl wie eine Rüstung einsetzen, um jede Herausbildung von weiblichen Eigenschaften zu verhindern:

> Sie scheint mir die armseligste Erscheinung in der Welt der Weiblichkeit zu sein, denn die ist genau wie ihre bäurische Version Dulcinea eigentlich ein Mann und wenn auch manchmal ein ausgezeichneter, so doch nur ein halber *Mann* ...

Selbstverständlich muß jemand Stärke als Krankheitszeichen betrachten, der Schwäche und Passivität für natürliche, gesunde, weibliche Eigenschaften und die Intuition für ein gesundes, weibliches Mittel hält, das Leben kennenzulernen. Deshalb meint Helene Deutsch auch, daß sich nur außerordentlich begabte Mädchen den *«Überschuß an Intellekt»* leisten können, ohne Schaden an ihrem Gefühlsleben zu nehmen. Leider habe die moderne Erziehung diese Wahrheit noch nicht erkannt, bedauert sie, und demzufolge werden Mädchen oft intellektuell «überfordert».

Passivität und Masochismus steuern auch die Sexualität des jungen Mädchens und bewirken, daß sie sich ihrem intensiven Innenleben und ihrer Phantasie hingibt. Auf diese Weise wehrt sie sich gegen die «groben sexuellen Forderungen» und verwandelt sie in Liebessehnsucht und Poesie – im Gegensatz zum Jungen, der die Phantasie durch maskuline Tätigkeit ersetzt, die unmittelbar auf die Wirklichkeit abzielt.

Masochismus und Passivität sind allerdings nicht dasselbe, sagt Deutsch, obwohl sie eng zusammenhängen. Es fragt sich deshalb, wie es dem Mädchen gelingt, den eigenen Masochismus zu akzeptieren und ihn am besten auszunützen. Dieser Prozeß beginnt in ihrer Kindheit.

Neben ihrer Passivität und ihrem Masochismus hat sie nämlich eine aktive Neigung, die vom Vater repräsentiert wird. Zu einem bestimmten Zeitpunkt wenden sich sowohl der kleine Junge als auch das kleine Mädchen von der Mutter ab und dem Vater zu. Was erwarten sie von ihm?

Sie erhoffen sich einen Verbündeten gegen die Mutter und deren Welt, denn der Vater repräsentiert die Wirklichkeit und das Leben draußen, und da wollen Kinder als Erwachsene auch gern leben. Aber das ist viel schwieriger für das Mädchen als für den Jungen:

Das Mädchen kann den Vater so sehr überbewerten, daß sie später viel zu hohe Anforderungen an ihren Ehemann stellt. Sie kann sich auch so sehr mit dem Vater identifizieren, daß sie zwar aktiv bleibt und diese Aktivität noch «sublimiert», d. h. für weibliche Zwecke ausnutzt – ihr sexuelles Verhalten dagegen äußerst passiv und masochistisch verbleibt. So sehr, daß sie später entweder erotisch isoliert lebt oder Opfer eines brutalen Mannes wird.

Ihr Verhältnis zum Vater ist also schwierig und komplex: er verkörpert sowohl ihre aktiven als auch die passiv-masochistischen Neigungen. Helene Deutsch formuliert diesen inneren

Widerspruch sehr beredt, ich möchte fast sagen, poetisch:

> Die psychologische Wirkung gestaltet sich so, als würde das Mädchen zwei Väter haben: den «Tagvater», zu dem es in einer bewußten, zärtlichen Beziehung steht, und mit dem es sich in seinen aktiven Strebungen identifiziert, und den «Nachtvater», mit dem sich alle Gefahren der grausamen Erlebnisse der sexuellen Verführung usw. verknüpfen – Gefahren, die in allerlei Phantasien und in Angstträumen zum Ausdruck kommen ...

Und obgleich der Vater sie anfangs in ihrer Aktivität unterstütz hat, hemmt er sie jetzt, denn er repräsentiert die Umwelt.

> Dieser Drang zur Aktivität stößt in allen Entwicklungsphasen des Mädchens auf den hemmenden Einfluß der Umgebung. Der Vater selbst wird zum Vertreter dieser Umgebung und trägt durch seine Haltung viel dazu bei, daß das aktive Vorwärtsstreben zurückgedrängt wird in die *konstitutionell vorgebildete passive Einstellung.*

Helene Deutsch ergründet jedoch nicht die Bedeutung der Rolle, die die Umwelt bei der Entwicklung des Mädchens spielt, sondern beschränkt sich auf das Verhältnis zum Vater. Dieses Verhältnis sei schon in der Kindheit des Mädchens masochistisch geprägt:

> Man braucht nur den angsterfüllten Jubel des kleinen Mädchens zu beobachten, wenn der Vater akrobatische Kunststücke, die oft schmerzhaft sind, mit ihm aufführt, wenn er es in die Luft wirft oder es auf seinen Schultern reiten läßt. Das Mädchen wird in seiner Entwicklung Schwierigkeiten haben, wenn es diese Verführung durch den Vater nicht kennengelernt hat ...

«Der Einfachheit halber» hat Helene Deutsch also die engste Umgebung des Kindes in zwei Teile gespalten: auf der einen Seite steht die Mutter, die ihr Kind hemmt und passiv machen will, auf der anderen Seite der Vater, der sein Kind zur Aktivität anspornt. Hat das Mädchen außerdem noch Brüder, kommen die Anlagen auch im Zusammensein mit ihnen zum Ausdruck – wenn sie sich zum Beispiel davon angezogen fühlt, mit Jungenbanden herumzustreifen:

> Es ist faszinierend, zu beobachten, wie leicht sich dieser

> Drang zur knabenhaften Aktivität in masochistisches Verhalten umwandelt. Die aggressiven Jungen lassen das Mädchen als ihresgleichen zum Spiele zu, unter der Bedingung, daß es sich von Zeit zu Zeit durchprügeln läßt und daß es auf exhibitionistische, demütigende Spiele eingeht. Man hört verzweifelte Schreie, Weinen, Klagerufe; nach kurzer Tröstung ist die bubenhafte Masochistin wieder bei demselben Spiel. Das ist ein einfaches Beispiel für eine Doppelbefriedigung.

Während der Pubertät sind die Phantasien des Mädchens unverkennbar masochistisch geprägt. Sie enthalten Vorstellungen von Vergewaltigung, Erniedrigung und Schlägen.

Übrigens tritt meistens gar nicht der Vater in den masochistischen Phantasien des Mädchens auf; es kommt sogar vor, daß eine Frau dabei ist und das Mädchen fesselt und mißhandelt. Helene Deutsch meint, daß diese Frau die Mutter repräsentiere und das Gegengewicht zu den Verboten der Mutter bilde. Auf diese Weise erhalten die Vergewaltigungsphantasien die Funktion, das Mädchen von seinen Schuldgefühlen zu befreien, die auf Grund der Lustgefühle entstehen, die es trotz aller Verbote durch die Mutter hat.

Laut Helene Deutsch behalten viele Frauen ihre Phantasien sehr lange, ohne deshalb je masochistisch pervers zu werden, da solche Frauen häufig außergewöhnlich empfindlich und negativ auf jede Art physischen und psychischen Schmerz reagieren:

> Bekanntermaßen ist die masochistische Perversion bei Frauen seltener als bei Männern.

Diese höchst interessante Mitteilung steht einfach da, im luftleeren Raum. Woher sie sie hat, sagt sie nicht, sondern fährt einfach fort, als wäre nichts geschehen.

Eine Frau kann aber auch zu masochistisch werden, und ein «schlecht verwalteter Masochismus» ist ein ernsthaftes Problem. Wie also kann die Frau die Gefahren kontrollieren, die ihr aus einem solchen «Überschuß» an Masochismus erwachsen – einem Masochismus, der geradezu neurotisch werden kann? Kann sie ihre «passiv-masochistische Energie» gefahrloser nutzen?

Sie kann, und zwar weil sie auch zum Narzißmus neigt, das

heißt dazu, in sich selbst verliebt zu sein. Ist der Masochismus so unter «narzißtische Kontrolle» gebracht, hat sie noch etwas erreicht:

> Die masturbatorische Vergewaltigungsphantasie bekämpft sie mit allen jenen Mitteln, die sie gegen die Masturbation zur Verfügung hat.

(Wir schreiben das Jahr 1944!) Es geht um einen Zustand

> wo die Kräfteverteilung zwischen dem narzißtischen Ich und dem weiblichen Masochismus zu voller Harmonie führt.

Er ist also das Ziel, das die meisten Frauen glücklicherweise erreichen. Denn:

> Die Attraktion des Leides ist bei ihnen unvergleichlich stärker als bei den Männern.

Voraussetzung ist allerdings, daß das Mädchen seinen Aggressionsüberschuß überwindet und lernt, wieder Liebe für seine Mutter zu empfinden. Das ist einfach für eine Frau, die zum erotisch-masochistischen Typus gehört (der eben ein anderer ist als der *pervers*-masochistische). Für die anderen ist es schwieriger:

> Durch die Vermeidung direkter masochistischer Gefahren wird ihr Leben inhaltlos und leer; ihr Masochismus setzt sich hier in der Versagung der positiven Lebenswerte durch.

Frauen, die den positiven Lebenswerten entsagt haben, sind für Helene Deutsch unter anderem die politisch aktiven Frauen:

> Z. B. ist uns die große Bereitschaft der Frauen zur aktiven Empörung gegen unpersönliches Unrecht wohl bekannt. Man sieht sie häufig an heftigen Protestkundgebungen mitwirken, und an allen revolutionären Bewegungen nehmen sie stärksten Anteil. Meist haben sie sich dabei unbewußt zum Protest gegen ihr eigenes Schicksal erhoben; durch Identifizierung mit den sozial Unterdrückten und Besitzlosen lehnen sie sich gegen ihre eigene unbefriedigende Rolle auf. Bei vielen handelt es sich um den «männlichen Protest» und den sublimierten und sozialisierten Ausdruck der Unzufriedenheit mit dem «anatomischen Unterschied» ... In der Kindheitsgeschichte dieser Frauen finden wir einen ty-

rannischen Vater, an den sie sehr gebunden waren, und ihre sublimierte Aktivität richtet sich unbewußt gegen den Unterdrücker der Mutter, der eigenen Freiheit und vor allem gegen die innere Gebundenheit...

Es ist schon komisch, wie nahe Helene Deutsch der Wahrheit kommt und wie sie fast begreift, welche Erlebnisse dazu beitragen, daß Frauen politisch werden. Aber sie meint das alles durchaus nicht im positiven Sinne, denn es folgt diese blumige Beschreibung der weiblichen Frau, der Frau ohne Männlichkeitskomplex:

> Eine kleine Stenotypistin, die ihren Chef vergöttert – wer er auch sein mag – und sich seine schlechten Launen gefallen läßt, angeblich, um die Stelle nicht zu verlieren, die feinsinnige Frau, die den brutalen Gatten nicht verlassen kann, weil sie ihn «trotzdem» (meist deswegen) liebt, die aktive, hochbegabte Mitarbeiterin, die der Produktion des Meisters ihre ganze intuitive Begabung geopfert hat, in dieser Rolle glückselig ist und die erotische Sehnsucht verdrängt; die slawische Bäuerin, die sich von ihrem alkoholischen Mann prügeln läßt und traurig erklärt: «er liebt mich nicht, denn er prügelt mich nicht mehr»; die Heldin und die Dirne, alle sind sie glücklich oder unglücklich, je nach dem Ausmaß der Verwertung und Verarbeitung ihres weiblichen Masochismus.

Auch auf dem sexuellen Gebiet herrscht eine klare «Arbeitsverteilung»: Aktivität ist die Domäne des Mannes und Passivität die der Frau. Deshalb ist es auch völlig verkehrt, daß in «modern» denkenden Kreisen

> die Ansicht herrscht, daß die Passivität der Frau auf sexuellem Gebiet ein veraltetes Märchen sei, und daß in unserer Gesellschaftsordnung die Wahl des Objektes und die sexuelle Initiative der Frau mehr und mehr überlassen wird. Dieses Verhalten steht im Gegensatz zu den biologischen und *psychologischen* Gesetzmäßigkeiten. Diejenigen, die in ihm den Ausdruck sozial-evolutionistischer Entwicklung sehen, erliegen einer Täuschung. Es handelt sich nicht, wie man meint, um die «Befreiung» des Weibes aus einem sozialen Übel, das sie zur Passivität verurteilt hat. Die psychologi-

sche Einsicht zeigt, daß ein Ineinanderspiel zweier Ängste diese Umkehrung der Rollen verursacht: die Frau benützt die Aktivität als Schutzmechanismus gegen die Angst vor der weiblichen Passivität ...

Der «Männlichkeitskomplex» ist also ein Übergewicht an aktiven und aggressiven Neigungen, das die Frau in Konflikte ihrer Umgebung und allem bringt, was sie noch an inneren Werten besitzt.

Eine andere Form des Konfliktes zwischen der «Weiblichkeit» und der «Männlichkeit» entsteht dadurch, daß sich das innere Interesse Zielen zugewendet hat, bei deren Verfolgung die Weiblichkeit als störend empfunden und abgelenkt wird.

Das gilt insbesondere bei Frauen, die zu versuchen gewagt haben, die Mutterschaft zu verbinden mit einer Tätigkeit, die sie interessiert (Helene Deutsch nennt es Karriere):

Das einfachste Beispiel eines solchen Konfliktes bietet jene Mutter, die nach jedem Erfolg, den sie z. B. in ihrem Beruf erreicht hat, oder nach jeder ehrgeizbefriedigenden Situation, anstatt sich mit Genugtuung der Sache zu erfreuen, von *Schuldgefühlen ihren Kindern gegenüber geplagt ist.* Dazu gehört auch jene Frau, die zwischen zwei Pflichtkreisen: Frau und Mutter einerseits, Berufsperson andererseits, fortwährend schwankt, den einen durch den anderen stört und in keinem Befriedigung findet ... die aktive Frau entzieht tatsächlich psychische Energien, die sie sonst direkt den Objekten ihrer Umgebung, insbesondere den Kindern zuführen würde, denselben zugunsten anderer Ziele. Und umgekehrt, es stehen ihr nicht alle seelischen Kräfte für diese Ziele zur Verfügung, weil sie sie als Weib emotionell mehr für direkte *Objektbeziehungen* verwendet.

Diese «direkten Objektbeziehungen» sind die zu Mann und Kindern in der Kernfamilie. Die Frau hat dem Mann und den Kindern ihre Gefühle gegeben, und das war richtig und in völliger Übereinstimmung mit ihrer natürlichen Rolle in der natürlichen Männergesellschaft. Daß die auch noch auf andere Dinge Energie verwendet hat, zum Beispiel auf den Haushalt und die Kinderversorgung, wird nicht erwähnt, es ist auch nicht anzunehmen, daß der Mann sie ihr etwa abgenommen hat, bloß weil sie «Karriere» in einem Beruf machen will.

Helene Deutsch beschreibt die «aktive Frau». Einen Augenblick lang fühlte ich mich versucht, mit ihrem Text entsprechend umzugehen wie mit dem von Karen Horney und für aktive Frau aktiver Mann zu sagen – aber was könnte man schon mit einem Mann anfangen, der auf jeden Erfolg in seinem Beruf einzig mit Schuldgefühlen gegenüber seiner Frau und seinen Kindern reagieren würde? Ich nehme an, er käme wegen Masochismus in ärztliche Behandlung. Aber ich habe die Begriffe auch deshalb nicht vertauscht, weil ich einsehen mußte, daß zu viel Phantasie nötig wäre, um sich einen Mann in einer solchen Situation vorzustellen – denn wie viele Männer kommen wohl nach Hause und verrichten die andere Hälfte der doppelten Arbeit? Wie viele Männer wären wohl von Schuldgefühlen gequält und nähmen an, mit ihnen sei etwas nicht in Ordnung, und nicht etwa mit all den Anforderungen – Haushalt, elterliche Pflichten, Aussehen, Erotik und so weiter, ganz abgesehen vom eigentlichen Beruf?

Helene Deutsch übergeht diese Dinge, weil sie der Auffassung ist, die natürlichen Unterschiede zwischen männlichem und weiblichem Arbeitsleben resultieren daraus, daß die Fähigkeiten von Mann und Frau auf unterschiedlichen Gebieten liegen. Setzt man sich darüber hinweg, hat das unangenehme Folgen. Wie für die Frauen, die

> wohl eine ausgezeichnete und scheinbar konfliktlose Sublimierung ihrer männlichen Aktivität zustande gebracht haben, ohne sich bewußt zu sein, *daß sie dafür einen hohen Preis mit ihren weiblichen Werten bezahlt haben*. Besonders die Intellektualität der Frau geht sehr weitgehend auf Kosten wertvoller weiblicher Qualitäten. Sie nährt sich aus den Säften des Gefühlslebens und hat als Folge entweder eine Verarmung desselben im ganzen oder bestimmter spezifischer Gefühlsqualitäten ... denn die Intuition ist die Gottesgabe an die weibliche Frau; alles Forschende und Erkennende, alle jene Formen und Arten menschlicher Kulturstrebungen, die eine strenge Objektivität erfordern, sind, mit wenigen Ausnahmen, ein Gebiet des männlichen Intellekts,

seiner geistigen Potenz, mit der die Frau selten erfolgreich konkurrieren kann. Alle Beobachtungen weisen in diese Richtung, *daß die intellektuelle Frau vermännlicht ist;* sie ist diejenige, die an Stelle des warmen, fühlenden Wissens ein kaltes, unproduktives Denken eingesetzt hat.

Es besteht also nicht nur ein Unterschied zwischen Mann und Frau, sondern auch ein Unterschied im Denken, denn an keiner Stelle bezeichnet Helene Deutsch die Rationalität beim Mann als kalt, einseitig und unproduktiv ...

In diesem Zusammenhang gebraucht sie also ausnahmsweise nicht den Begriff Masochismus. Ich hätte das getan, denn wie soll man es nennen, wenn wir Frauen uns einer Unmenge körperlicher Schufterei unterwerfen und dabei sämtlichen männlichen Privilegien entsagen und uns selbst unterdrücken?

Aber vielleicht stimmt das doch nicht ganz. Deutsch hat nur andere Frauen unterdrückt, sich selbst nicht: sie hat studiert, um Ärztin und Psychoanalytikerin zu werden, und in ihrem Beruf viele Artikel und ganze Wälzer verfaßt.

Helene Deutsch erzählt mir also, ich brauche mir um meinen Masochismus überhaupt keine Sorgen zu machen – im Gegenteil. Ich *könnte* zwar zu masochistisch werden, aber das Risiko ist nicht so groß, denn ich habe ja alle Voraussetzungen, mich selbst zu lieben, und das wird mich retten. Viel schlimmer wäre, wenn ich *weniger* masochisisch wäre oder meinen natürlichen Masochismus unterdrücken würde, denn den habe ich schließlich von der Natur mitbekommen. Er ist so eine Art Gottesgabe, die ich nach besten Kräften verwalten soll.

Wäre ich ein Mann, läge die Sache anders. Dann hätte sie mir erklärt, ich litte an moralischem Masochismus, und mich behandelt. Aber bei mir als Frau liegt die Erklärung in meinem erotischen Verhalten, und somit ist alles in Ordnung.

Ich muß gestehen, daß ich Helene Deutsch bei ihrer Aufzählung meiner körperlichen Leiden nicht ganz folgen kann. Ich habe kein blutiges Erdbeben bemerkt, als mir meine Unschuld genommen wurde. Die Menstruationsbeschwerden waren auch auszuhalten, besonders, nachdem die Erfindung der Tampons Minustage zu Plustagen gemacht hatten. Selbst Geschlechtsverkehr war selten eine Qual. Aber natürlich gab es die Geburten. Ich gestehe, daß es beim ersten Kind verdammt wehgetan hat, um ehrlich zu sein, viel zu weh, als daß ich das Gefühl gehabt hätte, mitten in einer Orgie zu sein – nicht einmal in einer masochistischen Orgie.

Aber ich mag das alles ja verdrängt haben. Und ich kann eine Psychoanalytikerin wie Helene Deutsch nie davon überzeugen, daß ihre Theorien auf mich nicht zutreffen, solange sie Begriffe gegen mich verwendet.

Erich Fromm und Helene Deutsch haben sich mehr für meine allgemeinen Funktionen und Verhaltensmuster in der Gesellschaft interessiert, als für mein Sexualleben, obwohl Helene Deutsch behauptet, mein Masochismus sei naturgewollt.

Eine von ihren Analytikerkolleginnen jedoch vertieft sich in diesen Aspekt, sie scheint geradezu besessen von meinem allerintimsten Sexleben. Sie heißt Marie Bonaparte (ein äußerst passender Name für einen angriffslustigen General der Weiblichkeit). 1951 erschien von ihr ein Buch über das weibliche Sexualleben, 1953 wurde es auf Englisch übersetzt – fast hundert Jahre nach Freuds Geburt.

Wie ist es möglich, fragt Bonaparte verwundert, daß eine Frau beim Geschlechtsakt geradezu lüstern sein kann und nach Zärtlichkeiten hungert, die überhaupt nicht masochistisch sind? Schuld ist die Männlichkeit, die auch im weiblichen Organismus enthalten ist. Die Frau ist eigentlich ein in seiner Entwicklung stehengebliebener männlicher Organismus, eine Art Zwischending zwischen Mann und Kind. Die Natur benutzt die verkrüppelte Portion Männlichkeit, um Frauen an die Erotik heranzuführen.

Diese verkrüppelte Portion Männlichkeit – Marie Bonaparte nennt sie auch «im Verhältnis zum männlichen Penis verkürzter Phallos», «verkrüppelter Penis» oder «dieses Organ erlesen männlicher Herkunft» – das ist nichts anderes als unsere gute alte Freundin, «die kleine Klitoris». Aus der Vagina wird bei ihr ein «hohler Penis» ...

Wenn eine etwas vom Geschlechtsverkehr hat, dann deshalb, weil sie eigentlich ein bißchen Mann ist. Um den echten

Penis eines Mannes jedoch wirklich empfinden zu können, muß sie – bewußt oder unbewußt – ihre masochistischen Phantasien akzeptieren, denn – so Marie Bonaparte kurz und bündig:

Der Masochismus ist eigentlich feminin.

Und das gilt für alle seine Formen – angefangen beim Wunsch während der kannibalischen Oral-Phase, vom Vater verzehrt zu werden, über den Wunsch während der sadistisch-analen Phase, von ihm gepeitscht und geschlagen zu werden, den Wunsch während der phallischen Phase, von ihm kastriert zu werden, bis hin zu dem Wunsch der erwachsenen Frau, von dem Mann, der jetzt den Vater ersetzt, penetriert und geschwängert zu werden.

Das kleine Mädchen begehrt die Übergriffe des Vaters und die «Schläge von seinem großen Penis» – und wenn sie ihre Schlagphantasie und die «Passivitätskräfte, die in ihr schlummern», richtig gebraucht, dann kann sie die volle weibliche Vaginalität erreichen. Denn das ist alles ganz natürlich:

> Schlagen ist in der Tat ein der Penetration (!) vorangehender Akt. Man klopft an die Tür, bevor man eintritt. Man rüttelt notfalls am Schloß ...

... und dann ist es nötig, daß die Frau sowohl ihre Klitoris als auch ihren Kampf gegen den Masochismus aufgibt. Sonst wird der Beischlaf zum «Kampf zwischen zwei Männern», in dem der schwächere Teil (die Frau) verliert, und der stärkere die Siegestrophäe gewinnt: den Orgasmus. Sie muß lernen zu akzeptieren, ein Penis

> ist weder eine Peitsche noch eine Rute, weder ein Messer noch eine Patrone, wie in ihren sadistischen Kindheitsphantasien.

Aber trotzdem hat er vielleicht etwas von einer Waffe.

> Während des Koitus wird die Frau tatsächlich einer Art von Schlägen durch den Penis unterworfen. Sie empfängt Schläge und häufig liebt sie sogar deren Gewalttätigkeit.

Sie könnte sonst auch in Verdacht geraten, daß sie ihre Klitoris nie aufgegeben hat und deshalb keine richtige Frau geworden ist, denn der Masochismus gehört zum Geschlechtsakt. Sie wird durch ihren Masochismus im Zusammenhang mit ihrer Passivität beim Koitus genötigt, ein gewisses Maß an Brutalität auf seiten des Mannes zu begrüßen und zu schätzen.

So einfach geht das. Ich muß ständig daran denken, wie gut es mir ergangen wäre, wenn ich nur rechtzeitig auf Marie Bonapartes Couch gelandet wäre: ich hätte nicht nur meinen Masochismus geliebt, sondern auch sämtliche brutalen und rücksichtslosen Liebhaber dieser Welt ...

Alles in allem, Helene Deutsch und Marie Bonaparte wollten mir weismachen, wie perfekt ich als Frau funktioniere. Das war um so nötiger, als ich gerade Karen Horney gelesen und bei ihr zwischen den Zeilen das genaue Gegenteil angedeutet gefunden hatte: alles, was als typisch weiblich gilt, seien eigentlich Spuren einer Neurose.

Manchmal gibt es ganz amüsante Stellen bei Helene Deutsch und Marie Bonaparte. Man könnte sich fast totlachen, wenn nicht alles so traurig wäre. Denn die beiden sind durchaus keine isolierten originellen Einzelgängerinnen, ihre Bücher haben Neuauflagen, werden übersetzt, gelesen und angewandt. Sie berufen sich auf eine einzige männliche Autorität – Freud, und selbst wenn sie Freud «überfreudisieren» und aus seinem Frauenbild eine wahre Karikatur machen, können sie dabei noch eine besondere Autorität ins Feld führen: sie sind selbst Frauen! Sie müssen doch wissen, wovon sie reden!

Aber es stimmt nicht. Sie sind Frauen einer Zeit, in der die Dogmen der männlichen Wissenschaft kritiklos von Frauen übernommen wurden, und deshalb brauchen wir uns nicht an sie zu halten.

In gewisser Weise müssen wir sie allerdings ernstnehmen, denn sie sind nicht die einzigen – sie sind nur konsequenter als viele andere. Sie gehören zu denen, die mitgeholfen haben, das alte Frauenbild zu verankern, und es weiter tun.

Die Autorinnen aus der Frauenbewegung haben ausdauernd argumentiert gegen verschiedene Eckpfeiler der Psychoanalyse, vor allem gegen Ödipuskomplex und Penisneid. Sie haben diese Phänomene in einen bestimmten Zusammenhang gestellt, und zwar nicht nur in den unserer persönlichen Struktur, auch nicht nur in einen «kulturellen», sondern viel direkter in den Zusammenhang der patriarchalischen, kapitalistischen Gesellschaft, in der wir leben. Aber das ist eine Diskussion, die sie letzten Endes nicht gewinnen können. Die Psychoanalyse wird so lange das letzte Wort haben, wie sie uns den Hammerschlag verpassen kann, daß wir auf unseren Männlichkeitskomplex noch nicht ganz verzichtet haben, und sie uns alle zusammen schon kurieren will.

Aber wovon soll ich eigentlich kuriert werden? Doch nicht von meinem Masochismus. Und auch nicht von meinen damit verbundenen Orgasmusproblemen. Dabei haben mir Autoren einer ganz anderen Kategorie geholfen. Die erstellten keine Theorien am Schreibtisch, sondern vertieften ihre praktischen Erfahrungen und gaben sie an mich weiter. Durch sie lernte ich verstehen, daß ich sexuell unterdrückt worden war. Warum wußte ich das nicht schon früher? Weil mir ganz konkrete Dinge fehlten, nach denen ich hätte trachten können. Die bekam ich durch die Lektüre von Mette Ejlersen, eine Autorin, die alle die Männer und Frauen anklagt, die leugnen oder verschweigen, daß der weibliche Orgasmus von der Klitoris stammt.

Das Ehepaar Phyllis und Eberhard Kronhausen, das die weibliche Erregung in allen ihren Phasen beschrieb und berichtete, wie sie gemessen wurde, brachte mir bei, daß ein Orgasmus nicht etwa wie ein Blitz aus heiterem Himmel kommt, sondern daß es wirklich einen Weg zum Gipfel gibt – und daß dieser Weg über die Klitoris führt. Sie sagten geradeheraus, daß alle Frauen zum Orgasmus kommen, wenn sie richtig stimuliert werden.

Das hat mir ganz enorm den Rücken gestärkt, und ich hörte auf, mir selbst die ganze Schuld für meine Mißerfolge zu geben. Es hat mir auch den Rücken gestärkt, als ich bei Kinsey lesen konnte, daß um die Mitte des Jahrhunderts mehr Frauen zum Orgasmus kamen als am Anfang des Jahrhunderts. (Im Hunt-Report wird ergänzt, daß es in den siebziger Jahren noch mehr wurden – so ganz zufällig gleichzeitig mit dem Anwachsen der Frauenbewegung.)

Ich kam zum Orgasmus. Mir fehlte nichts. Jedenfalls nichts Ernsthaftes. Warum also weiter über den Ödipuskomplex grübeln – außer vielleicht, um ihn bei meinen eigenen Kindern abzufangen? Und warum mir den Kopf zerbrechen, ob ich nun an einem Männlichkeitskomplex und an Penisneid litt? Wenn ich die Sache doch so offenherzig behandeln konnte wie Rey Anthony, die fröhlich über die unzähligen klitoralen Orgasmen ihres Lebens und über den Beginn ihrer sexuellen Laufbahn erzählt, damals war sie drei Jahre alt und wunderte sich, daß den Jungen etwas fehlte, was sie hatte:

> Damals hörte ich das Gerücht, daß Jungen nichts zum Pipimachen hätten.
>
> Ich kletterte von Zeit zu Zeit auf einen Stapel Kisten hinterm Haus, um durch das Badezimmerfenster eventuell sehen zu können, wie Vater oder Großvater beschaffen waren. Ich wollte gerne sehen, womit sie Pipi machten. Ich schaffte es nie, etwas zu sehen.
>
> Eines Nachmittags zeigte ein Junge mir seinen «Peter». Gemeinsam machten wir auf dem Fußboden meines Spielhäuschens Pipi.
>
> Es war ein merkwürdiges Fleischstümmelchen, das da rauskam, *wo sein Loch fürs Pipimachen hätte sein sollen* ...

10
Parallele Spuren

Es zeigte sich, daß der langsame, viel zu langsame Rhythmus, den ich so gern hatte, weil er mich so heftig hochbrachte, doppelt wirkte. Erstens körperlich, indem er mir zu der Einbildung verhalf, ich wäre vom Willen eines anderen abhängig; und zweitens dadurch, daß ich eine Art Elementarunterricht darin bekam, wie Erregung körperlich funktioniert.

Ich lernte ganz einfach meine eigenen Funktionen auf eine Weise kennen, die ich kaum zu erhoffen gewagt hatte, denn ich hatte nie richtig Mut gehabt, meinen eigenen Körper zu erforschen (zum Beispiel durch onanieren) – vielleicht, weil ich ihn eigentlich nie ganz als meinen eigenen betrachtet hatte, sondern als etwas, das dem Mann vorbehalten war. Aber wenn man seine eigenen Funktionen besser kennenlernt, kann man natürlich auch besser die Lust in Richtung Orgasmus steuern. Man kann auch jahrelang vergeblich versuchen, einen harten und schnellen Rhythmus mitzumachen, bloß weil einem erzählt wird, daß es für eine Frau das beste ist, «wenn sie bekommt, was ihr guttut». Es war meistens das Gegenteil von dem, was mir guttat ...

Es gibt, soweit ich weiß, Menschen, die einen Orgasmus auf psychische Weise bekommen können – nur dadurch, daß sie ihre Phantasie gebrauchen. Aber die meisten müssen körperlich stimuliert werden. Natürlich war ich jahrelang körperlich stimuliert worden, aber auf eine Weise, die verschwommen blieb und mit der ich aus mehreren Gründen nichts anfangen konnte.

Das lag teilweise daran, daß ich «Technik» immer als etwas Minderwertiges angesehen hatte, etwas, was eine hundertprozentige Frau jedenfalls nicht nötig hat, und teilweise an einer persönlichen Ansicht: wenn Technik schon sein mußte, dann war jedenfalls völlig ausgeschlossen, daß ich sie jemandem beibrachte (was ich auch gar nicht gekonnt hätte) – das ließ sich einfach nicht mit meinen Idealen vereinbaren. Und schließlich lag es noch daran, daß ich mich immer völlig auf meine Vagina konzentriert hatte. Lange bevor ich Freud gelesen hatte, wußte ich schon, daß eine echte Frau einen vaginalen Orgasmus bekommt. Das war ... nun, das wußte man einfach, darüber mußte man nicht nachdenken.

Deshalb bestanden meine einzigen Experimente mit meinem Körper darin, mir Gegenstände in die Vagina zu stecken, und davon hatte ich gar nichts. Und jedesmal, wenn ich selbst oder ein Liebhaber versucht hatte, meine Klitoris zu stimulieren, ging es daneben; offenbar waren wir sehr ungeschickt dabei, wahrscheinlich war es immer zu hart, zu trocken und zu gefühllos. Ergebnis war jedenfalls, daß ich jedes weitere Interesse an diesem merkwürdigen, kleinen Knubbel aufgab.

Überhaupt war ich auch, als ich schon längst kein Teenager mehr war, ziemlich unaufgeklärt. Ein paarmal vertraute ich sehr zögernd und verschleiert Ärzten an, daß ich keinen Orgasmus bekommen konnte. Einer gab mir Hormonpillen, die sich weder positiv noch negativ auswirkten – ein anderer redete um den heißen Brei herum und meinte, daß es an «etwas Psychischem» liegen müsse. Ich fragte auch ein paar Freundinnen um Rat, aber entweder wußten sie keinen Rat oder ich konnte ihre Ratschläge nicht befolgen; ich verlor natürlich nie auch nur ein Sterbenswörtchen über meine masochistischen Begierden, denn für mich war es das Beschämendste der Welt, Masochistin zu sein.

Aber nach der Begegnung mit einem Schwarzen Prinzen kam ich nicht nur mit psychischen Erfahrungen nach Hause, sondern auch mit physischen. Und die brachten eigentlich alles ins Rollen, denn ich lernte, meine Erfahrungen zusammenzufügen mit dem langsamen Rhythmus beim Lieben. Und als ich dann erlebte, wie ich ausgespannt zwischen sexueller Erregung und Befriedigung schwebte, war es, als ob die Lustmechanismen in Zeitlupe vor mir abliefen. Endlich konnte ich Einzelheiten erkennen und mich konzentrieren auf das, was auf mich wirkte. Die Zwischenräume, Pausen und Wartezeiten während des Vorspiels und des Aktes haben meine Sensibilität so erhöht, daß ich genau lokalisieren konnte, wo in meinen Geschlechtsorganen die Lustpunkte lagen.

Eigentlich glaube ich, daß diese Erfahrung eine ganz übliche ist, vermutlich erleben Männer das gleiche, wenn sie eine Frau langsam und provozierend sich ausziehen sehen.

Vermutlich können «heiße Rhythmen» deshalb Musik auch wirklich sexuell erregend machen. Ich meine Musik, die kitzelt, die eben *nicht* genau einen Takt hält (wie Märsche), sondern genau daneben liegt. Was man erwartet und worauf man sich eingestellt hat, bleibt aus, und das läßt einen der Musik sozusagen mit dem ganzen Körper entgegengehen. Swingen nennt man es, und wir swingen dann auch und liefern selbst den Rhythmus, den die Musik uns vorenthält. So geht es mir jedenfalls oft bei Jazz und südamerikanischer Musik.

So geht es mir auch bei vielen Bildern, auf denen eine Linie genau da endet oder sich krümmt, wo sie im Begriff ist, eine perfekte geometrische Figur zu formen. Und bei vielen Filmen, Büchern, Happenings, wo das, was man erwartet, *nicht* eintritt, wo man hingehalten wird und vergeblich warten muß, bis man es im ganzen Körper spürt.

Diese Erfahrung hat sich das Ehepaar Masters und Johnson bei seiner Arbeit mit Paaren, die sexuelle Schwierigkeiten hatten, zunutze gemacht. Masters und Johnson stellten ein langes, sorgfältig ausgearbeitetes Programm zusammen, in dem die Reiztechnik eine entscheidende Rolle spielt. Sie lehrten ihre Patienten, Lust hervorzurufen, sie stärker und stärker werden zu lassen – aber nicht zu befriedigen. Auf diese Weise haben sie vielen Menschen beigebracht, ihre sexuelle Erregung richtig zu nutzen.

Aber davon wußte ich natürlich nichts, damals, als es für mich akut war. Und obgleich ich gerüchteweise von der Bedeutung der Klitoris gehört hatte, glaubte ich anfangs nicht daran. Ich fand, das klang alles ein bißchen zu unwahrscheinlich. Und so war ich wirklich erstaunt, als mir langsam klar wurde, daß der Orgasmus tatsächlich in der Hauptsache aus der Klitoris kam. Ich merkte es unter anderem dadurch, daß ich schließlich zu onanieren lernte. Nach und nach entdeckte ich, was ich alles verkehrt gemacht hatte, und konnte es gar nicht fassen, daß ich immer so schnell aufgegeben hatte. Was hätte ich mir alles ersparen können, wenn ich nur gewagt hätte, mich etwas eingehender mit meinen eigenen Funktionen zu beschäftigen, und nicht die ganze Technik nur als «unweiblich» abgetan hätte!

Inzwischen kann ich zum Orgasmus kommen, manchmal sogar zu einem vaginalen (genauer gesagt, sind es eher gemischte Orgasmen, die die ganze Körperzone miteinbeziehen), am häufigsten aber zu klitoralen. Ich kann einen Orgasmus allein bekommen und mit einem Mann. Aber nicht immer. Oft geht es gar nicht, und oft geht es nicht ohne eine gewisse Anstrengung. Denn wenn es gelingen soll, muß mindestens eine von zwei Bedingungen erfüllt sein: es gehört entweder ein guter Liebhaber dazu oder eine Portion Phantasie. Aber eigentlich beide, denn wenn ich mit einem schlechten Liebhaber zusammen bin, kann ich mich totphantasieren und nicht das geringste geschieht.

Ich bin nicht sicher, ob ein schlechter Liebhaber, der für mich schlecht ist, für alle Frauen schlecht ist. Aber ich bin sicher, daß ein guter Liebhaber für ziemlich viele Frauen ein guter Liebhaber ist. Und das hat wenig mit Potenz zu tun: es hat vielmehr zu tun mit sexueller Intuition, die angeboren sein mag wie Musikalität (wenn sie nicht ganz einfach mit einem Gefühl für andere Menschen zusammenhängt).

Es hat auch etwas zu tun mit einer gewissen Erfahrung – mit dem Wissen, wie ein solches Instrument gespielt wird, und der Fähigkeit, Unterschiede zwischen den verschiedenen Instrumenten wahrzunehmen.

Und es hat nicht zuletzt etwas damit zu tun, ob man es für der Mühe wert hält, genau *dieses* Instrument zum Klingen zu bringen – genau diesen Menschen, mit dem man gerade zusammen ist, zu möglichst intensiven Reaktionen zu bringen, sich das Instrument zu eigen zu machen, wie man so oft sagt, es zu beherrschen – ach, diese Redensarten ...

Mit einem guten Liebhaber geht alles fast wie von selbst, denn ein solcher kann und mag alle körperlichen Möglichkeiten auf eine gute Art nutzen. Und trotzdem – selbst mit einem guten Liebhaber reicht körperliche Stimulation nicht aus. An einer bestimmten Stelle setzt meine Phantasie ein – und erst dann kommt der Orgasmus in Reichweite. Es ist ein ganz strenges Ritual: körperlicher Reiz – Reiz durch Phantasie – Orgasmus. Je besser der Körperkontakt zwischen meinem Liebhaber und mir ist, um so später setzen die Phantasien ein, und um so kürzer ist der Abstand zwischen Phantasien und Orgasmus. Aber der Masochismus ist immer dabei – und sehr lebendig.

Allerdings nicht mehr so wie früher, als alles in frustrierten Klagen darüber endete, daß ich nie den Liebhaber traf, der sadistisch genug war, um mich in das verbotene Zimmer zu führen und meine Phantasiebilder verwirklichen zu lassen. Heute weiß ich, daß es genügt, wenn die Bilder in der Phantasie bleiben, es genügt, an sie zu denken oder über sie zu sprechen.

Wenn ich ein Instrument bin, das mein Liebhaber beherrscht, dann bin ich Objekt – auch wenn er mich nicht schlägt. Aber das ist nicht die ganze «Bett-Grammatik». Entscheidend ist, daß ich nicht mehr Subjekt bin, das heißt, daß ich kein aktives und aus freiem Willen handelndes Wesen mehr bin. Das ist der eigentliche Inhalt jeder Form von Erniedrigung. Das habe ich allmählich gelernt, als ich mehr experimentierte und erfahrener wurde.

Es hat etwas mit dem Willen zu tun, damit, daß der Wille blockiert wird. Oder genauer gesagt, daß der Wille, die Begierde, hochgebracht wird, aber nicht ans Ziel kommt. Wie bei Tantalus.

Als Masochistin befinde ich mich in der quälenden und widersprüchlichen Lage, daß ich ein Hindernis brauche, das zwischen meinem Willen und meinem Ziel steht. Je wirkungsvoller das Hindernis, desto überwältigender die Lust – vorausgesetzt, das Ziel ist immer noch in Sicht. Irgendwann kommt der Augenblick, in dem der Abstand zum Ziel der kleinstmögliche wird – aber das Hindernis, der trennende Abgrund, ist gleichzeitig am größten. In diesem Augenblick erreicht die Lust (oder wie sonst man es nennen will) ein Maximum an Intensität, und dann kann der Kurzschluß kommen, der Abgrund wird übersprungen und die Lust schlägt um in den Orgasmus.

Das passiert am einfachsten dadurch, daß gleichzeitig das Verlangen gereizt und der Weg blockiert wird. Anders ausgedrückt, je mehr ich mich nach dem Ziel sehne, desto heftiger muß betont werden, daß ich es nicht erreiche, und was dabei unterstrichen wird, ist das Machtverhältnis, die Übermacht.

Wenn ich von meinem Liebhaber gefesselt werde, kann der Wille ganz einfach der sein, loszukommen. Mein Liebhaber kann dann den sexuellen Gehalt der Situation verstärken, indem er mich auf all die Dinge aufmerksam macht, die ich tun könnte, wenn ich nicht gefesselt wäre. Auf diese Weise bekommt die Situation den symbolischen Charakter, der sie wirksam macht, denn Gefesseltsein an sich ist nicht besonders schlimm, solange es nicht mit Schmerz verbunden ist.

Wenn ich Hunger habe, aber gleichzeitig gefesselt bin, kann mein Liebhaber meinen Hunger noch anstacheln, indem er sich vor mich setzt und ißt. Auf diese Weise macht er meinen Hunger, mein Verlangen nach Essen heftiger, so lange, bis es in etwas anderes übergeht, nämlich in sexuelles Verlangen, ein Verlangen, das deshalb sexuell wird, weil die Möglichkeiten der Erfüllung gleich Null sind, weil ich gefesselt und des letzten Rests meines Subjekt-Charakters beraubt daliege.

Wenn mein sadistischer (oder einfach neugieriger) Liebhaber mich sexuell aufgeilt und sich gleichzeitig weigert, meine Geilheit so weiterzutreiben, daß ich einen Orgasmus bekomme, dann wirkt dieser Mechanismus logischerweise am intensivsten. Mein Liebhaber kann mir sozusagen mit der einen Hand wegnehmen, was er mit der anderen gibt, und das Ergebnis ist eine sexuelle Erregung, die mich auf einer Ebene ein paar Schritte den Weg zum Gipfel hoch festhält. An diesem Punkt kann die Spannung zwischen den beiden Polen so groß werden, daß die Entladung fast ohne jeden weiteren körperlichen Reiz passiert – alles schlägt dann um und wird zum Orgasmus. Ist das nun eine physische oder eine psychische Situation? Ich weiß nur, der entscheidende Punkt ist, daß ich mir gewahr werde, ich komme trotz meines Willens und all meiner Lust nicht weiter und die ganze Situation beruht darauf, daß ich ganz bewußt erniedrigt und kaltgestellt worden bin. Ich bin ein Nichts geworden.

Auf diese Weise werden körperlicher und psychischer Reiz zu zwei Kurven, die im gleichen Takt verlaufen und aufsteigen – wie zwei parallele Linien, die sich irgendwo in der Ewigkeit treffen, irgendwo in meinem Kopf oder in meinem Körper. Und der Ort oder der Augenblick, wo sie sich treffen, ist der unkontrollierbare Augenblick des Orgasmus.

Ich kann am Anfang die eine oder die andere Kurve nehmen, je nach der jeweiligen Situation – das heißt, je nachdem, ob ich mit einem nicht ganz so guten (oder nur sehr egozentrischen) Liebhaber zusammen bin oder mit einem guten, sinnlichen und körperlich erfahrenen, für den es Teil seiner eigenen Lust ist, daß ich auch komme – und dann die andere Kurve später dazunehmen. Die beiden Kurven brauchen sich gegenseitig – und rufen sich gegenseitig hervor. Es ist eine eingebaute Automatik, die ich nicht kontrollieren kann. Sie schaltet sich von selbst ein, ich kann es nicht verhindern. Jede starke körperliche sexuelle Erregung löst Bilder in meinem Kopf aus – genauso wie alle sadomasochistischen Bilder und masochistischen Phantasien körperliche Erregung auslösen. Die Automatik funktioniert in beide Richtungen.

Aber welche Gesetze herrschen hier? Warum reagieren die Kurven mit tödlicher Sicherheit, indem sie sich gegenseitig Signale zusenden? Warum wird die Phantasie zum Körper und der Körper zur Phantasie? Warum und wie? Was für ein merkwürdiges Parallelsystem ist das, in dem ich gefangen bin?

Manchmal fühle ich mich wie ein Instrument, wo die Saiten über- und untereinander liegen; wird eine Saite berührt, klingt eine andere mit und umgekehrt. Es ist wie eine Doppelsprache, wo alles auf zwei verschiedene Weisen ausgedrückt werden und von der einen Sprache in die andere übersetzt werden kann. Ein bißchen ist es auch so wie Musik hören, wenn man Haschisch geraucht hat – die Töne erzeugen innere Bilder, jeder Ton ruft eine Figur hervor, jeder Tonwechsel verändert das Bild. Ich höre einen Akkord und bin halbwegs in Aladins Höhle. Ich spüre zwei Finger an meiner Klitoris, und ich befinde mich in einer Zelle, ich höre das Wort Peitsche in meinem inneren Ohr und fühle, wie sich mein Unterleib zum Orgasmus zusammenzieht.

Möglicherweise haben viele Menschen Anlagen zu solchen Parallelsystemen, denn viele benutzen Phantasiematerial, um ihre körperliche Erregung zu steigern. Vermutlich tun sie das mehr oder weniger bewußt oder eben mehr oder weniger unbewußt. Aber sie sprechen selten darüber – ich habe auch nie jemand sagen hören, er oder sie sei Masochist/in.

Ich wüßte allerdings gern, ob alle die Leute, die ihre Phantasien systematisch benutzen, sich auch alle deswegen schämen – oder ob das nur diejenigen tun, deren Phantasien in heterosexuellen Normalpornos nicht vorkommen. Ich jedenfalls empfinde die Sache an sich (ganz gleich, ob irgend jemand auf der Welt davon weiß) immer noch als ziemlich entwürdigend. Vielleicht ist das der Grund, weshalb ich oft genau im Moment des Orgasmus von einer Depression erfaßt werde. Vielleicht liegt es auch nur daran, daß ein Orgasmus grundsätzlich begrenzt bleibt, wenn er im Gehirn seinen Anfang nimmt. Ich weiß es nicht. Für mich ist es jedenfalls einigermaßen verzweifelt und hoffnungslos, daß ich auf solche verrückten und quälenden Phantasien zurückgreifen muß, um das zu erreichen, was die natürlichste Sache der Welt sein sollte: sexuelle Befriedigung.

Also mußte ich einfach weiterforschen und herausfinden, wie das alles zusammenhängt. Etwas plumper gesagt – wo liegt der Zusammenhang zwischen höherer Macht und Sexualität? Warum strömt mir das Blut in meine Geschlechtsteile, sobald ich diese Wörter höre – peitschen, dressieren, zähmen, disziplinieren, gehorchen, gehorsam, demütig, Sklavin, Unterwerfung ... all diese Wörter, all diese Signale, warum senden sie die Unterdrückungssymbole nach unten in meine *Möse*?

11

Kein Wort über Frauen

Wilhelm Reich

An einer Stelle verrät unsere gute alte Bekannte Marie Bonaparte, daß Freud ihr einmal in einem Brief etwas über die «Schlagephantasie» geschrieben hatte, die er als Grundlage für seine erste ausführliche Theorie über den Masochismus benutzt hatte; der Brief handelte von den vier Frauen, die ihm als Material gedient hatten:

Alle vier waren Jungfrauen.

Offenbar hatte das weder Freud noch Marie Bonaparte nachdenklich gemacht. Jemand anderes allerdings wäre bei dieser Information an die Decke gegangen: Wilhelm Reich.

Reich war Arzt und Psychoanalytiker, und das Problem des Masochismus beschäftigte ihn nicht weniger als Freud. Aber er ging ganz anders vor. Nach Freud Reich zu lesen, ist ungefähr so wie aus einem Treibhaus ins Freie zu treten, obwohl sich Reich sein Leben lang die Grenzen der klassischen Psychoanalyse wahrte und alle seine Schriften deutlich seinen Respekt und seine Bewunderung für Freud zeigen.

Freud war dreißig Jahre älter als Reich und sein Lehrer; Reich übernahm den gesamten Begriffsapparat von Freud: daß das Kind ein Sexualleben hat, daß dieses teilweise verdrängt wird (obwohl Reich die Verantwortung dafür nicht der Entwicklung der Menschheit gibt, sondern der Gesellschaft), daß das Kind den Ödipuskomplex überstehen muß (obwohl Reich meint, daß dies in einer sexuell freien Kultur nicht unbedingt nötig wäre), daß Neurosen aus einer frühen Entgleisung der Sexualität entstehen (obwohl Reich seine Theorien über die Sexualität und deren Abweichungen viel konkreter und körperlicher darstellt als Freud). Reich übernahm selbst das Wort paar «passiv-feminin», allerdings ohne den Zusammenhang weiter zu verfolgen.

An einer bestimmten Stelle schlug Reichs Entwicklung eine andere Richtung ein als die von Freud, und es kam zum offenen Bruch. Anlaß dafür war der Masochismus – beziehungsweise Freuds zweite Erklärung des Masochismus: daß er sich dem Todeswunsch verdanke und folglich ein primärer Trieb sei, nicht etwa einer der dadurch entsteht, daß sich der Sadismus nach innen kehrt, gegen den Menschen selbst, oder dadurch, daß die freie Entfaltung der Sexualität aus anderen Gründen verhindert würde.

Reich mochte sich nicht damit abfinden, daß der Todestrieb zur Erklärung von Lebensvorgängen schlechthin benutzt werden sollte. Auch die Art und Weise, wie Freud unsere Triebe zu etwas beinahe Übernatürlichem machte, machte ihn stutzig – Freud selbst bezeichnet an irgendeiner Stelle unsere Triebe als «unsere Mythologie». Reich wollte keine Mythologie als Ausgangspunkt für sein Verständnis dessen, wie der Mensch funktioniert. Er wollte die Erklärung im Wesen und den Gesetzen der Natur finden, der organischen wie der anorganischen.

Außerdem fand er, daß Freuds Todestrieb ganz allgemein im Widerspruch zum Heilungsprinzip stand. Denn, wenn es als gegeben galt, daß die Menschen dank des Todestriebs einen biologisch bestimmten Bedarf an Leiden und Strafen haben – dann blieb ihnen eigentlich gar nichts anderes übrig, als die Hände in den Schoß zu legen. Dann wollten sie ja gar nicht geheilt werden, und dann stand das Heilen eigentlich im Widerspruch zu den Grundprinzipien des Lebens.

Dieser Widerspruch ermutigte Reich zu selbständiger theoretischer Arbeit, führte aber andererseits zum offenen Bruch mit Freud. Reich wurde aus der «Psychoanalytischen Gesellschaft» in Wien ausgeschlossen, zur selben Zeit flog er auch aus der kommunistischen Partei.

Letzteres ist erstaunlicher. Im Gegensatz zu Freud, der seine Patienten als isolierte Individuen behandelte, vertrat Reich die Auffassung, daß Neurosen vom Gesellschaftssystem nicht zu trennen sind. Die Gesellschaft schuf die Neurosen – und verhinderte gewöhnlich ihre Heilung, die Zahl der erfolgreich abgeschlossenen Behandlungen war tatsächlich gering. Die Methode Freuds war einer kleinen, privilegierten Minderheit vorbehalten, Reich wurde sich darüber als Leiter einer Sexualberatungsstelle für Minderbemittelte klar. Hier lernte er, welch unberechenbare Rolle Milieu und Lebens- und Wohnverhältnisse der Patienten bei ihren neurotischen Leiden spielten.

Reichs Leben verlief wie ein spannender, tragischer Film (übrigens wurde tatsächlich ein Film über ihn und seine Theorien gedreht: «WR – Die Mysterien des Organismus»). Er floh nach der nationalsozialistischen Machtübernahme aus seiner deutschen Heimat, lebte an verschiedenen Orten und hielt sich eine Zeitlang auch in Dänemark auf. Überall stieß er auf Mißtrauen und wurde verfolgt. Er beschloß sein Leben in einem amerikanischen Gefängnis – für verrückt erklärt, was zumindest seinen Gegnern sehr gelegen kam, nicht ohne vorher noch die Verbrennung seiner Bücher zu erleben, in Nazi-Deutschland und in «Gottes eigenem Land» viel später noch, 1956 und 1960.

Wie gesagt, war Reich ebenso interessiert am Problem des Masochismus wie Freud und beschäftigte sich wiederholt damit. Die Tatsache, daß jemand Lust in der Unlust und im Schmerz suchen konnte, war für ihn genauso rätselhaft wie für seinen Lehrmeister. Reich erzählt selbst, wie er zum erstenmal darauf stieß:

> Ein drastisches Vorkommnis befreite mich von einer falschen Fragestellung, die die Psychologie und Sexuologie bis dahin irregeführt hatte. 1928 behandelte ich einen komplett zermürbten Menschen, der pervers masochistisch war ... Nach Monaten üblicher Arbeit versagte meine Geduld. Als er wieder einmal von mir forderte, daß ich ihn prügeln sollte, fragte ich ihn, was er wohl sagen würde, wenn ich seinem Wunsch nachgäbe. Er strahlte vor Glückseligkeit. Ich nahm ein Lineal und schlug ihn zweimal heftig aufs Gesäß. Er schrie mächtig auf, von Lust war keine Spur vorhanden, und ich hörte von da ab nichts mehr von derartigen Wünschen. Doch Klagen und Vorwürfemachen blieben. Meine Kollegen wären entsetzt gewesen, hätten sie von dem Vorfall gehört. Ich bedauerte es nicht. Mit einemmal verstand ich, daß der Schmerz und die Unlust gar nicht die Triebziele

des Masochisten sind, wie behauptet wurde. Der Masochist empfindet wie jeder andere gewöhnliche Sterbliche, wenn er geschlagen wird, *Schmerz.* Es gibt ganze Industrien, die von der falschen Anschauung über den Masochismus, den sie miterzeugten, leben.

Der Masochist erlebt also nicht den Schmerz an sich als etwas Lustbetontes. Das wußte Freud auch schon – er hatte ja geschrieben, daß der Masochist natürlich nicht den Schmerz an sich als Lust empfindet, sondern nur irgend etwas in Verbindung mit dem Schmerz. Das sagte er aber wie immer mit seinem ewigen «und trotzdem». Denn er blieb trotzdem bei seiner Annahme, daß der Schmerz Lust hervorrufe, und daß es doch ein Rätsel sei, wieso man Unlust als Lust empfinden kann.

Reich war ebenso verunsichert. Er kam bei seiner Arbeit schließlich zu einem Ergebnis, das er in einem konkreten und sehr anschaulichen Vergleich ausdrückt; dieser Vergleich wurde Ausgangspunkt für sein Verständnis dessen, was eigentlich passierte: er verglich es mit einer Blase. Wie würde sich eine Schweineblase verhalten, fragt er, die von innen mit Luft aufgepumpt würde und nicht zerplatzen könnte. Ihre Hülle wäre zwar dehnbar, aber wäre sie auch unzerreißbar?

Seine Antwort lautet: «Wäre die Schweineblase in einen unlösbaren Spannungszustand versetzt und könnte sich nicht äußern, so würde sie jammern. Hilflos geworden, würde sie die Gründe ihres Leidens *außen* suchen und Vorwürfe machen. Sie würde flehen, daß man sie aufsteche. Sie würde die Umgebung so lange provozieren, bis sie ihr Ziel zu erreichen glaubt. Das, was sie spontan von innen her nicht zustande brächte, würde sie passiv und hilflos von außen erwarten.»

Reich hält den masochistischen Menschen für vergleichbar mit dieser armen Blase, die nicht platzen kann. Ein Mensch wird ebenfalls sozusagen von innen vollgepumpt, wenn sich seine Sexualität nicht frei entfalten darf und Überdruck entsteht: die Sexualenergie übt von innen her Druck aus und will eine Entladung erreichen – aber die Oberfläche übt Gegendruck aus und hemmt die natürliche Entladung.

Was ist das für eine Oberfläche, die nicht nachgeben will?

Sie besteht aus Muskelspannungen, die der neurotische Mensch aufgebaut hat und denen Reich den Namen «charakterliche Panzerung» gab, weil sie die ganze Person wie eine Rüstung umgeben. Die Muskelspannungen sollen Angriffe von außen und von innen abwehren: sie sollen Schutz sein gegen die Mächte und Triebe, die aus unerfindlichen Gründen nicht frei strömen können.

Die Idee dieses Charakterpanzers ist eins der entscheidendsten Elemente von Reichs Menschenbild, sowohl vom psychisch kranken Menschen als auch vom relativ gesunden. Zu diesem Begriff kam er durch seine praktische Arbeit als Psychoanalytiker – wenn bei der Behandlung ein toter Punkt entstand. Das geschah oft; der Analytiker sollte nach den Regeln der klassischen Psychoanalyse dann nur dasitzen und abwarten, bis der Patient auf der Couch eigenen Einfällen und freien Assoziationen nachgab. Wenn der Patient nicht redete, lag das an *Widerständen*, die sich eingeschaltet hatten; der Patient weigerte sich, über Dinge zu sprechen, die an den Tag kommen mußten, wenn er gesund werden wollte. Das bewog den Analytiker zu der Annahme, daß der Patient einen unbewußten Wunsch nach Strafe, Leiden und Tod mit sich herumtrug. Jedenfalls konnte er nichts anderes tun, als stillsitzen und abwarten – und das oft stundenlang. Worauf er wartete, waren *Worte*. Der Patient sollte reden. Die einschneidenden Erlebnisse der Kindheit mußten in Worte verwandelt werden, ihrem Wesen nach *waren* sie etwas Verbales und konnten von der verbalen Form, die der Patient ihnen gab, nicht getrennt werden. Der Analytiker mußte warten, bis der Patient endlich über das «Ur-Erlebnis» erzählte, das alles ins Rollen gebracht hatte.

Reich versuchte jedenfalls, dazusitzen und lange zu warten. Aber vielleicht war er von Natur aus geduldiger als Freud, jedenfalls war er praktischer. Er mußte eine andere Möglichkeit finden, um weiterzukommen. Statt zu warten, bis das Unbewußte sich von selbst zu erkennen gab, fing er an, sich auf den Widerstand zu konzentrieren. Und er gab sich nicht damit zufrieden, sich dem Widerstand so zu nähern, wie er ihm in Worten oder im Verschweigen begegnete. Er fing an, sich mehr für die physischen als die psychischen Aspekte zu interessieren.

Er entdeckte, daß möglicherweise auch, wenn die Patienten schwiegen, etwas geschah: zum Beispiel spannten sie die Nakkenmuskeln an, trommelten mit den Fingern oder lächelten überhöflich. Reich fing an, diese äußeren Zeichen für seine Arbeit zu verwerten. Er machte die Patienten auf ihre Angewohnheiten aufmerksam – er ahmte sie nach, um ihnen zu zeigen, wie es aussah, und beschäftigte sich mit ihrer Gesichtsmuskulatur. Indem er die Patienten reizte und provozierte, brachte er sie dazu, diese persönlichen Eigenarten so zu übertreiben, daß sie sie bearbeiten lernten.

Ein sehr anschauliches Beispiel ist der Fall eines Mannes aus Kopenhagen, den Reich behandelte. Der Mann wehrte sich scheinbar unbewußt sehr heftig gegen die Aufdeckung seiner homosexuellen Phantasien. Der Widerstand drückte sich in einer außerordentlich steifen Haltung von Hals und Nacken aus (eine Körperhaltung, die Reich gleichsetzt mit dem psychischen Widerstand, indem er sie «Hartnäckigkeit» nennt):

> Durch einen scharfen Eingriff in seine Abwehr gab er mit einemmal in erschreckender Weise nach. Drei Tage lang war er von schweren vegetativen Schockerscheinungen geschüttelt. Die Gesichtsfarbe wechselte rasch von weiß über gelb zu blau. Die Haut war fleckig und verschiedenfarbig. Er litt an heftigen Nacken- und Hinterhauptschmerzen. Das Herz arbeitete rasch und angestrengt hypertonisch. Er hatte Darmdurchfall, fühlte sich müde und war wie ohne Halt. Ich war unruhig. Zwar hatte ich ähnliche Symptome oft gesehen, doch nie derartig heftig. Hier war etwas passiert, das irgendwie gesetzmäßig zur Arbeit gehörte, aber nicht einsichtig war. *Affekte waren körperlich durchbrochen, nachdem er in einer seelischen Abwehrhaltung nachgegeben hatte.* Der steife Nacken, der straffe Männlichkeit betonte, hatte offenbar körperlich-vegetative Energien gebunden, die nun in unbeherrschter und ungeordneter Weise losbrachen. Einer solchen Reaktion ist ein Mensch mit geordnetem Sexualhaushalt nicht fähig. Dazu bedarf es dauernder Bremsung und Aufstauung der biologischen Energie. Die Muskulatur konnte die Funktion der Bremsung erfüllen. Als die Nackenmuskeln nachgaben,

brachen mächtige Impulse, wie von einer Feder losgeschnellt, durch.

Reich hatte entdeckt, daß Widerstand nicht nur ein inneres psychisches Phänomen ist; er wird auch körperlich manifest. Das liegt daran, daß das Unbewußte in ständigen Muskelspannungen gespeichert wird. Diese Spannungen entstehen in der Kindheit, an irgendeiner Stelle, wenn das Kind ein heftiges Gefühl in sich hineinfressen muß, zum Beispiel weil es bestraft oder links liegen gelassen würde, wenn es seinen Gefühlen freien Lauf ließe. Statt zu schreien oder zu treten, spannt das Kind Muskeln an, um zu verhindern, daß etwas geschieht. Die unbewußten Verdrängungen oder «Verknotungen» der Vergangenheit sind also emotional und gleichzeitig körperlich. Die Muskelspannung ist die Verdrängung; der Körper hat sein eigenes Gedächtnis.

Deshalb konnte Reich den Widerstand nicht nur dadurch durchbrechen, daß er mit seinen Patienten sprach, sondern auch dadurch, daß er sich mit ihren Muskelspannungen beschäftigte, denn sie hatten dieselbe Funktion: biologische Grundreaktionen des Patienten zu bremsen – Angst, Haß oder sexuelle Erregung.

Wenn Reich die Muskelspannung richtig behandelte, wurde der Patient in das Stadium zurückversetzt, in dem er die Energie unterdrückt hatte, und konnte dann die alten Gefühle wieder ausleben – notfalls schreiend oder tretend.

Dabei erinnerte sich der Patient oft auch gleichzeitig an das Ereignis, das an allem schuld war, aber nicht immer. Reich fand das auch nicht so wichtig. Entscheidend war nicht, ob die Kindheitserinnerungen bewußtgemacht wurden und sich in Worte kleiden ließen. Entscheidend war, daß der Patient das, was er unterdrückt hatte, wiedererlebte.

Nach Reich erzeugen wir alle in gewissem Maß (besonders in Stress-Situationen) eine Muskelspannung, die uns ermöglicht, in unserem Milieu funktionstüchtig zu sein, indem sie uns sozusagen an zwei Fronten kämpfen läßt – gegen den Druck aus der Umgebung und gegen den Druck von innen, zum Beispiel durch Gefühle, die wir zu einem bestimmten Zeitpunkt nicht loszulassen wagen.

Diese Hemmungsmechanismen können sich beim neurotischen Menschen allerdings verhärten, versteifen und chronisch werden, so daß der Mensch als ganzer physisch wie psychisch erstarrt. Alle seine Reaktionen erstarren, sagt Reich, und er wird immer auf die gleiche berechenbare Weise reagieren. Er kann einfach nicht mehr neu und anders auf neue Dinge reagieren, weil er immer wieder auf dieselben wenigen und genau vorgezeichneten Bahnen geleitet wird. Ein Mensch kann so erstarren, daß er überhaupt nicht mehr natürlich reagieren kann. Er kann zum Beispiel auf seiner sexuellen Energie, seinen Gefühlen und Aggressionen sitzenbleiben. Dann ergeht es ihm wie einer Blase, die aufgepumpt ist und mit all dem, was in ihr vorgeht, nichts anfangen kann, weil sie von einem Panzer aus Muskelspannung umgeben ist.

Und weil diese Muskelspannungen dieselbe Funktion haben wie emotionale Hemmungen und Verdrängungen (sie sind *«funktionell identisch»*, wie Reich es nennt), kann man an beiden Enden anfangen. Man kann das Seelenleben funktionstüchtig machen, indem man den Körper funktionstüchtig machte, und umgekehrt.

Den Körper funktionstüchtig zu machen, bedeutete zum Beispiel einfach, ihn zu massieren und durchzukneten, also die Muskelspannungen zu lösen. Reich fing oben und außen an und arbeitete sich langsam zur Mitte vor. An jedem Punkt wurden psychische Kräfte freigesetzt, zum Beispiel wenn Spannungen um die Augen herum, im Nacken oder im Kehlkopf gelöst wurden. Das war keine gewöhnliche Massage: Reich brauchte all seine Erfahrungen und Kenntnisse als Psychoanalytiker, um die heftigen und oft dramatischen Ereignisse, die mit der Spannungslösung eintraten, die ganze Zeit über im Griff zu behalten.

Die Atemorgane bearbeitete er erst gegen Ende, denn neurotische Patienten atmen fast nie tief und entspannt durch. Als letztes kam der Unterleib.

Reich hatte festgestellt, daß keiner seiner neurotischen Patienten einen sexuellen Orgasmus erleben konnte. Er wußte das von allen Frauen, meinte aber anfangs, es beträfe nicht alle Männer. Es hatte ihn überrascht – bis er zwei verschiedene

Orgasmen bei Männern unterscheiden gelernt hatte: den oberflächlichen, technischen Orgasmus mit Erektion und Samenerguß – und den wirklich tiefgehenden Orgasmus, der die ganze Person miteinbezieht.

Daß ein Patient außerstande war, einen solchen Orgasmus zu erleben, sah Reich als letztes und entscheidendes Hindernis an, das überwunden werden mußte. Nicht nur, damit der Patient ein normales Sexualleben führen konnte, sondern damit der Organismus selbst psychisch gesund wurde. So wurde der Orgasmus gleichzeitig *Ziel* und *Maßstab* für die gesunde und normale Funktionsfähigkeit des Patienten.

Reich ging so weit, den Orgasmus selbst zum Lebensprinzip zu erklären, und für ihn war das nicht nur ein schönes Bild. Die Orgasmus-Energie ließ sich messen. Er fand sie in allen lebenden Organismen und entdeckte auch, daß sie verschwand, wenn der Organismus starb. Sie konnte sich zu einer Spannung zusammenballen, die ihre Entspannung forderte – den Orgasmus. Reich nannte diese von ihm gemessene Energie zunächst vegetative oder bio-psychische Energie und später Orgon-Energie oder Lebensenergie an sich. Diese Erkenntnis wurde zur Grundlage seiner Orgasmus-Formel: Spannung – Aufladen – Entladen – Entspannung. Eine psychische Abfolge, ein elektrophysischer Verlauf von Ereignissen, der den Menschen in Einklang mit dem Universum bringt – beim Orgasmus «swingt» der Mensch zusammen mit der gesamten organischen Natur.

Die Funktion des Charakterpanzers war letztlich, diese Energie, die der Neurotiker aus irgendeinem Grunde fürchtete, zu hemmen.

Wenn man aus Reichs Theorien über den Masochismus einen Nutzen ziehen will, muß man unbedingt seine Erfahrungen und ihre Fruchtbarmachung für seine Theorien verstehen. Denn der Masochismus nimmt einen zentralen Platz darin ein. Es stellte sich nämlich heraus, daß Reich bei allen seinen neurotischen Patienten eine masochistische Periode nachweisen konnte, und zwar kurz bevor sie fähig waren, einen vollkommenen Orgasmus zu erleben – kurz bevor sie geheilt waren. Dieser Zeitpunkt war der kritischste der ganzen Behandlung, und das Selbstmordrisiko des Patienten war am größten. Masochismus war also kein primärer Trieb, sondern etwas, das entstand. Er war der letzte Abwehrmechanismus des Patienten gegen den Orgasmus, kurz bevor der Panzer in Stücke ging. Die nach außen drängende Kraft war so gewaltig, daß der Patient sich gegen sie wehren mußte, um nicht von ihr mitgerissen zu werden; sie war unerträglich stark. Deshalb mußte der Patient seine Verteidigung in der elften Stunde noch weiter intensivieren – und das tat er mit Hilfe von Masochismus.

Mit dieser Erkenntnis kam Reich nahe an eine Theorie über das Wesen des Masochismus. Jetzt ging es erstens darum herauszufinden, woher diese sehr starken Hemmungen vor der natürlichen Entfaltung stammten, und zweitens warum der Masochist mit seiner besonderen Art der Verteidigung reagierte, nämlich indem er Lust in ihrem Gegenteil suchte.

Freud hatte uns erklärt, daß der Masochismus entweder ein abgeleiteter primärer sadistischer Trieb wäre, der die sadistischen Impulse gegen das Invididuum selbst und nicht gegen die Umwelt richtete – oder ein primärer Trieb an sich. Außerdem war die Auffassung mittlerweile allgemein verbreitet, daß das Individuum aus inneren Wiederholungszwängen heraus alte Erlebnisse wiederholt, selbst wenn sie schmerzlich, qualvoll und unlustvoll waren. Bis jetzt hatte nur noch niemand erklären können, warum dieser Wiederholungszwang entstand – es sei denn, man suchte Zuflucht bei der Theorie des uralten Todestriebes. Der Todestrieb strebt unermüdlich danach, den alten, anorganischen Zustand wiederherzustellen – er wünscht das Alte zurück, um jeden Preis. Alles ließ sich einzig damit erklären, daß der Patient das Bedürfnis hatte, sich selbst zu bestrafen. Wilhelm Reich jedoch stellte eine ganz andere Theorie auf.

Die Behauptung, daß der Masochist die Unlust als etwas Lustvolles erlebte, war falsch. Der Masochist trachtet nach Lust wie alle anderen Menschen auch. Aber seine Bestrebungen mißlingen, weil sich ein störender Mechanismus einschaltet. Deshalb erlebt er das, was andere als etwas lustvoll betont erleben, als etwas Unlustbetontes sobald es eine gewisse Intensität erreicht.

Der Masochist trachtet keineswegs nach Schmerz. Er leidet nur an einer spezifischen Unfähigkeit, psychische Spannungen zu ertragen und einer Überproduktion an Unlust, die größer ist als bei anderen Neurosen. Um die Ursachen dieser spezifischen Eigentümlichkeit zu finden, machte Reich sich nicht etwa daran, die sexuelle masochistische Perversion zu studieren (die war nämlich nur bei einer Minderheit der Patienten anzutreffen), sondern beschäftigte sich mit der «charakterlichen Reaktionsbasis», wie er es nannte, das heißt, mit den besonderen Umständen, die dazu geführt hatten, daß der masochistische Mensch sich panzerte.

Von hier ab handelt mein Kapitel fast ausschließlich von einem einzelnen, männlichen Patienten, den Reich zum Ausgangspunkt für seine Forschung nahm. Die Grundlage für seine Theorien sind Männer (und deshalb muß ich auch die ganze Zeit *er* sagen, wenn ich vom Patienten spreche).

Im Alter von zwei bis drei Jahren hatte der Patient einmal im Garten gespielt und dabei in die Hose gemacht. Es waren Gäste anwesend, und der Vater wurde wütend, trug ihn ins Haus und legte ihn aufs Bett. Der Junge drehte sich auf den Bauch und wartete mit einer Mischung aus Neugier und Angst auf die Schläge. Der Vater schlug zwar hart zu, aber der Junge war trotzdem erleichtert; ein typisch masochistisches Erlebnis, sagt Reich, und das erste dieser Art für den Patienten.

Reich berichtet weiter, daß der Junge eigentlich Schlimmeres erwartet hatte; das kam bei der Analyse heraus. Er hatte sich auf den Bauch gedreht, um seine Geschlechtsteile zu schützen, denn um sie hatte er Angst, und betrachtete deshalb die Schläge auf den Hintern als Erleichterung. Daraus folgerte Reich, daß die masochistische Strafe nicht unbedingt gleichbedeutend ist mit einer Strafe, die der Masochist fürchtet und die dann auch in die Tat umgesetzt wird, sondern sie ist ein milderer Strafersatz und damit eine spezifische Methode, sich gegen Strafen und Angst zu wehren.

Im Laufe der Behandlung gab es später lange Perioden, in denen der Patient den Analytiker auf jede erdenkliche Weise zu provozieren versuchte. Wie immer machte sich Reich die «Übertragungssituation» zunutze und fand im Patient-Arzt-

Verhältnis die Schablone wieder, die das Verhalten des Patienten im allgemeinen bestimmte. Also: warum provozierte ihn der Patient dauernd? Nicht um eine Bestrafung zu erzwingen, die sein Schuldbewußtsein hätte erleichtern können, sondern um den Analytiker (und damit seinen Vater) ins Unrecht zu setzen. Der Analytiker sollte zu einer Handlung gezwungen werden, die einen Vorwurf folgender Art rechtfertigen würde: «Schau, wie schlecht du mich behandelst! (...) Du liebst mich nicht, im Gegenteil, du bist grausam, ich habe ein Recht, dich zu hassen.»

Hinter diesem Vorwurf steckt ein Kindheitserlebnis: die Erfahrung des Schmerzes, den das Kind empfunden hatte, weil seine Liebe enttäuscht – oder zumindest nicht genügend befriedigt worden war. Der Masochist hat ein immenses Liebesbedürfnis; es ist so groß, daß es eigentlich nicht befriedigt werden *kann*. Vielleicht hat das Kind vergebens versucht, seine Wünsche und Bedürfnisse in Worte zu kleiden, und die Erwachsenen haben es nicht verstanden. Schließlich hat das Kind aufgegeben, weil es das Gefühl hatte: es nützt ja doch alles nichts. Das kann ein Gefühl, abgestorben zu sein, zur Folge haben.

Hinzu kommt die Angst vor Kontakt mit Gegenständen, Erfahrungen und Menschen. Reich sagt später, daß der Kern dieser Angst vor echten, spontanen psychischen Kontakten mit Menschen und mit der Welt im allgemeinen die Furcht vor dem orgasmischen Kontakt sei. Mit anderen Worten, die Orgasmus-Angst führt zum wichtigsten Teil der Charakteranalyse – und dem schwierigsten.

Gegen Ende der Analyse können verschiedene Schwierigkeiten auftreten: Was der Patient dem Analytiker anvertraut, wird immer oberflächlicher; die Patienten träumen davon oder phantasieren darüber, daß sie *fallen*; sie werden zurückhaltender; sie vermeiden es, über ihre sexuellen Begierden zu sprechen; sie haben Phantasien von körperlicher Auflösung oder Verstümmelung (nicht zu verwechseln mit Kastration); sie laufen vor sexuellen und anderen Beziehungen zur Umwelt davon; sie lassen Reaktionen der Kindheit wiederaufleben und werden erneut von Leeregefühlen geplagt.

Zu diesem Zeitpunkt ist es wichtig, die Haltung und die

Empfindungen des Patienten beim Onanieren und beim Koitus zu analysieren. Hierbei zeigt sich, daß der Patient seine sexuelle Erregung irgendwie hemmt oder herunterschraubt, zum Beispiel indem er sich heftig und stoßweise anstatt weich bewegt; er spannt die Beckenmuskulatur an, ohne es zu merken; häufig hört er auf, wenn das Orgasmusgefühl sich nähert, anstatt die Erregung in einem spontanen Rhythmus zu steigern. Er geht der Hingabe an das orgastische Erlebnis aus dem Wege, aus Angst, es könnte ihn überwältigen.

Am Anfang jeder Sitzung beklagte sich dieser Patient sehr darüber, daß er täglich viele Stunden lang onanierte. Das Onanieren war von starken masochistischen Phantasien begleitet. Und je größer seine Spannung beim Onanieren wurde, um so intensiver wurde sein Gefühl, in einem «masochistischen Sumpf» zu stecken. Gleichzeitig machte er Reich indirekte Vorwürfe und provozierte ihn mit kindlichen Trotzreaktionen. Reich legte dieses Verhalten als Liebesanspruch aus; der Patient brauchte Liebesbeweise.

Aber warum äußerte er sein Verlangen auf eine so verdrehte Art? Warum forderte er die Liebe nicht geradeheraus, ohne Umschweife? Warum beklagte er sich?

Reich behauptet, daß seine Klagen folgendes ausdrücken: «Sieh, wie elend es mir geht, liebe mich! ... Du liebst mich nicht genug, du bist schlecht zu mir! ... Du mußt mich lieben, ich werde deine Liebe erzwingen, wenn nicht, werde ich dich ärgern!»

Reich deutet also die Provokationen und Leiden als Ergebnis eingebildeter oder wirklicher Enttäuschungen eines Liebesanspruchs, der zu maßlos ist, um befriedigt werden zu können. Ein Liebesbedürfnis dieser Art ist nur dem Masochisten eigen, es tritt bei anderen Neurotikern nicht auf. Was bedeutet es?

Es bedeutet, daß der Masochist stark zur Angst neigt. Ebenso wie die Klagen ein «verstellter Liebesanspruch» sind, so «stellt die charakterliche Gesamtformation des Masochisten einen mißglückenden Versuch dar, sich von seiner Angst und Unlust zu befreien. Mißglückend deshalb, weil er trotz dieser Versuche, seine innere Spannung, die ständig in Angst umzuschlagen droht, nie los wird. *Das Leidensgefühl entspricht somit dem realen Tatbestand der ständig hochgespannten inneren Erregung und Angstbereitschaft.* (...) Der masochistische Charakter versucht die innere Spannung und drohende Angst durch eine inadäquate Methode zu binden, nämlich durch Liebeswerben in Form von Provokationen und Trotz.» Charakteristisch ist, daß sich sein Trotz und seine Provokation genau gegen die Person richten, die er liebt und von der er Liebe verlangt. Das führt dazu, daß seine Angst vor dem Liebesverlust noch größer wird und sein Schuldbewußtsein wächst. Und je verzweifelter der Masochist dieser qualvollen Situation zu entkommen versucht, desto tiefer verrennt er sich in sie.

Aber warum ist diese spezifische Kombination typisch für den masochistischen Charakter?

Nach Reich hängt sie damit zusammen, daß das maßlose Verlangen nach Liebe aus einer Angst, alleingelassen zu werden, herrührt; der Masochist hat das in seiner frühen Kindheit erlebt. Deshalb ist der Gedanke, verlassen zu werden, für ihn unerträglich, deshalb kann er ein Liebesobjekt nicht aufgeben und deshalb hat er den Menschen, den er liebt, nötig als Beschützer. Er versucht, auf seine eigene unzweckmäßige Art, diesen Menschen festzuhalten, indem er sich als bemitleidenswert und erbärmlich darstellt. Viele dieser Patienten entwikkeln ein Gefühl des «Allein- und Verlassenseins im Weltall».

Das ist auch einer der Gründe, warum Hauterotik für den Masochismus eine besondere Rolle spielt. Viele Leute behaupten, die Haut von Masochisten müsse besondere Eigenschaften haben, da sie ja Lust daraus beziehen, geschlagen zu werden. Reich setzt dagegen, daß auch das auf die Angst, alleingelassen zu werden, zurückzuführen sei. Alle Bedürfnisse des Masochisten – «Gekniffenwerden, mit Bürsten gerieben werden, mit Geißeln geschlagen, gefesselt werden, Haut zum Bluten bringen» – haben eins gemeinsam: sie machen die Haut warm. Wenn ein Masochist sich wünscht, gepeitscht zu werden, muß er den Schmerz in Kauf nehmen, aber die Wärme ist das Entscheidende. Dementsprechend ist Kälte das Schlimmste, was er sich denken kann. Aus demselben Grund liegen Masochisten gern im Bett – allein die Wärme der Haut ist schon eine Befriedigung.

Physiologisch läßt sich das damit erklären, daß Angst die peripheren Blutgefäße zusammenzieht und das Gefühl von Kälte bewirkt. Bei Wärme wie bei Lust hingegen werden die peripheren Blutgefäße weiter und das Gewebe kräftiger durchblutet. Das gleiche geschieht beim Körperkontakt mit einem geliebten Menschen. Daß dabei Ängste abgebaut werden, liegt vermutlich daran, daß durch die Erweiterung der Gefäße die zentrale Spannung nachläßt. Dieses Gefühl ist ein Synonym für das Erlebnis mütterlichen Schutzes und das Gegenteil dessen, allein auf der Welt zu sein.

In einigen Fällen stieß Reich auf eine weitere Quelle für die übersteigerte Liebesbedürftigkeit.

> Die Angst, allein gelassen zu werden, nahm gewöhnlich ihren Ausgang anläßlich heftiger Aggressionen und der beginnenden infantilen Sexualforschung, die im Gegensatz zu den oralen und analen Antrieben auf strenge Versagungen von seiten der geliebten Erziehungsperson stießen (...) Unser Patient durfte essen, soviel er wollte; ja, er sollte recht viel essen; (...) seine Entleerungsfunktionen wurden getreulich befürsorgt. Als er aber daran ging, sich weitere sexuelle Befriedigungsmöglichkeiten zu erobern, sich für das Genitale der Mutter zu interessieren, sie betasten zu wollen usw., da erfuhr er die volle Strenge der elterlichen Autorität.

Nebenbei, und ohne weiteren Kommentar, findet Reich heraus, daß das maßlose Liebesbedürfnis des Masochisten seine empirischen Wurzeln *sowohl* darin hat, daß er als Kind zu wenig Liebe empfangen hat – als auch im Gegenteil, daß er verhätschelt wurde!

> Diese Übersteigerung des Liebesanspruchs ist selbst wieder das Ergebnis bestimmter, aus der Welt des patriarchalischen Erziehungssystems stammende Schädigung.

Jetzt erst geht er dazu über, sich mit der eigentlichen Sexualstruktur des Masochisten zu beschäftigen. (Es handelt sich immer noch um denselben Mann, obwohl Reichs Thesen auch Erfahrungen mit einer Reihe anderer Analysanden berücksichtigen.)

Als der Patient in der Behandlung soweit gekommen war,

daß er allmählich sexuell funktionierte und z. B. eine Erektion bekommen konnte, blieb es ihm dennoch unmöglich, sich zu befreien von einer inneren Verkrampftheit und dem Gefühl von Unechtheit, die auftraten, sobald er sich einer Frau näherte. Er ließ nicht nach zu klagen, er könne dem «masochistischen Sumpf» nicht entkommen. Bei der geringsten Schwierigkeit wurde er rückfällig und flüchtete sich zurück in seine Phantasien. Er fühlte sich immer noch in erster Linie als Masochist, trotz aller äußeren Anzeichen von Erfolg.

Um die gleiche Zeit geschah es auch, daß er eines Tages unter irgendeinem Vorwand seinen Penis hervorholte und Reich zeigte, was dieser sofort als exhibitionistisches Manöver deutete: der Patient fühlte den Zwang, seine Geschlechtsteile zu zeigen.

Reich hält diesen Charakterzug für etwas speziell Masochistisches – die genitale Phase (also der Teil der sexuellen Entwicklung des Kindes, der unmittelbar mit den Geschlechtsorganen zu tun hat), hat bei Masochisten auf exhibitionistische Weise angefangen. Das Kind hat seine Genitalien gezeigt, und dieser Exhibitionismus ist gleich zu Anfang verurteilt und unterdrückt worden, mit dem Ergebnis, daß die Entwicklung des Kindes an diesem Punkt stehengeblieben ist. Und weil der Exhibitionismus streng verpönt wurde, findet der Masochist es später unerträglich, «hervorzustechen».

Er kann zum Beispiel nicht ertragen, gelobt zu werden, ist gewöhnlich ungeeignet, andere zu führen, und neigt dazu, sich selbst zu verkleinern und abfällig über sich selbst zu sprechen. Dieser Patient drückte es folgendermaßen aus: «Wenn ich ein guter Schüler bliebe, würde ich mir vorkommen wie vor einer großen Volksmenge mit entblößtem erigierten Glied.» Daß das Kind daran gehindert wurde, seine Geschlechtsorgane zu zeigen, führt später zu schweren Schäden an seinem Tatendrang und Selbstvertrauen. Es prägt vielmehr entgegengesetzte Charakterzüge aus, nämlich eine Art Selbstverkleinerungssucht, um nicht hervorzustechen. Und sie wird zum weiteren Anlaß von Spannungen und Leiden, die wiederum den masochistischen Prozeß verstärken.

Einmal erzählte ein anderer Patient, «daß er Lob nicht vertrage, weil er sich dabei vorkomme wie exponiert mit heruntergelassenen Hosen». Reich deutet das folgendermaßen:

Das Schamgefühl des Kindes über seine Exkremente wird später auf die Geschlechtsteile übertragen. Da jedes Lob eine Provokation exhibitionistischer Tendenzen darstellt, da ferner das Sichzeigen mit schwerer Angst besetzt ist, muß man zur Abwehr der Angst sich selbst erniedrigen. Das setzt natürlich einen neuen Grund dafür, sich vernachlässigt zu fühlen, was den ganzen Komplex der Liebebedürftigkeit weckt. Es gibt auch Patienten, die nicht wagen, offen Liebe zu zeigen oder sich nackt zu zeigen. Sie haben Angst, daß die Frau wütend werden oder sie bestrafen könnte.

All das erzeugt ein Gefühl mangelnder innerer Koordination und häufig eine qualvolle Vorstellung von der eigenen äußeren Erscheinung. Deshalb werden die Patienten auch oft «bürokratisch», wie einer der Neurotiker es ausdrückte – sie werden unnatürlich und steif.

Aber die entscheidende Frage für Reich war: wie ist es möglich, daß der Masochist die Steigerung der sexuellen Erregung als etwas Unlustvolles empfindet?

Er erklärt es folgendermaßen:

> Der masochistische Charakter beruht auf einer sehr merkwürdigen *Krampfhaltung* nicht nur in seiner psychischen, sondern vor allem auch in seiner genitalen Apparatur, *die jede stärkere Lustsensation sofort hemmt und dadurch in Unlust verwandelt.*

Um auf den Patienten zurückzukommen: bei seinem ersten Geschlechtsverkehr bekam er zwar eine Erektion, traute sich aber nicht, den Penis in der Scheide zu bewegen. Warum, kam kurz danach heraus: er hatte Angst, die lustvolle Erregung würde zu heftig. Nach wenigen weiteren Beischlaferfahrungen zeigte sich, daß er daraus weit weniger Lustgewinn zog als aus seiner masochistischen Onanie.

Die weitere Analyse ergab, daß der Patient im Alter von drei bis sechs Jahren Angst hatte, auf die Toilette zu gehen. Er hatte Angst, ein Tier würde von hinten in ihn hineinkriechen. Das hatte zur Folge, daß er seinen Stuhl zurückhielt, aber gleichzeitig Angst bekam, dann vielleicht in die Hose zu machen. Denn wenn man in die Hose macht, kriegt man vom Vater Schläge. Das hatte er ja erfahren, damals mit drei Jahren.

Als nächstes hatte er Angst, sein Darm oder seine Blase könnten platzen - mit anderen Worten, er wäre unfähig, den Stuhl zurückzuhalten und bekäme wieder Schläge vom Vater. «Das typische Bild der trostlosen und ausweglosen Situation», sagt Reich, «die gewiß nicht in biologischen, sondern in rein sozialen Gegebenheiten wurzelte.» Weil der Patient in Verbindung mit dem Stuhlgang Entspannung und Befriedigung empfand, hielt er ihn gleichzeitig für etwas, das bestraft werden muß; aus Angst davor, vom Vater bestraft zu werden, fing er an, sich selbst zu bestrafen.

Dieser einfache Prozeß war für Reich weitaus wichtiger als die Identifikation mit dem strafenden Vater oder die masochistische Einstellung gegenüber einem analen Über-Ich.

> Ich konnte bei diesem ebenso wie bei anderen ähnlichen Fällen zu keinem anderen Schluß kommen, als daß unsere Erziehungsmethoden weit mehr Aufmerksamkeit verdienen, als ihnen gewöhnlich zugewendet wird, und daß wir unsere Aufmerksamkeit sehr schlecht verteilen, wenn wir 98% davon der analytischen Ziselierarbeit und kaum 2% den groben Schädigungen der Kinder durch die Eltern zuwenden.

Auf Grund seiner psychoanalytischen Entdeckungen kommt Reich zu einer Kritik an den Erziehungsmethoden der patriarchalischen Familie.

Er argumentiert, daß die übliche Erziehung zur Reinlichkeit («zu früh und zu schroff»), das Kind hemmen, die genitale Phase, in der die Geschlechtsorgane im Mittelpunkt stehen, zu erreichen. Die daraus entstehende Phantasie, geschlagen zu werden, ist eindeutig «unlustvoll und zunächst angstbesetzt. Es wird also nicht die Unlust des Geschlagenwerdens zur Lust, *sondern die Angst vor dem Geschlagenwerden behindert die Entfaltung der Lust.*» Dieser Mechanismus ist auf der analen Ebene und in Verbindung mit dem Rektum entstanden und wird später auf die Genitalien übertragen.

Und noch später vereinigt sich dieser Mechanismus mit den typischen Pubertätsschwierigkeiten und wird verstärkt durch

Schranken, die die Gesellschaft errichtet hat – zum Beispiel die Angst zu furzen, ein Mädchen zu schwängern oder im unpassenden Augenblick auf die Toilette zu müssen. Der Patient mußte ständig vor solchen Gefahren auf der Hut sein und konnte sich folglich nie gehenlassen.

Als der Patient im Laufe der Behandlung normale sexuelle Empfindungen zu entwickeln begann, bekam er eine Erektion – beim Geschlechtsverkehr verschwand sie aber wieder. Beim Onanieren passierte etwas Entsprechendes: am Anfang hatte er normale, sexuelle Phantasien, aber sowie sich die Erregung steigerte, gingen sie in masochistische Phantasien über. Sobald sich das «schmelzende Gefühl» einstellte, wie der Patient es nannte, bekam er Angst, verkrampfte sich im Becken, anstatt sich zu entspannen, und verwandelte dadurch seine Lust in Unlust. Er beschrieb sehr genau, wie er dieses «schmelzende Gefühl» – das normalerweise ein lustvolles, orgastisches Gefühl ist – als etwas Unangenehmes und Angstauslösendes empfand. Er hatte Angst, sein Penis würde schmelzen. Er hatte das Gefühl, der Penis wäre ein zum Platzen gefüllter Sack.

Diesen Prozeß, in dem sich die Lust in Unlust verwandelt, wenn sie zu stark wird, teilt Reich in folgende Phasen ein:

1. Ich strebe nach Lust.
2. Ich «schmelze», das ist die befürchtete Strafe.
3. Ich muß die Empfindung ersticken, um mein Glied zu retten.

Der Masochist empfindet dieses schmelzende Gefühl kurz vor dem Orgasmus als Bedrohung – im Gegensatz zu anderen Neurotikern, die die Lust immer noch als Lust empfinden, der jedoch die Angst im Wege steht, und die einen entscheidenden Unterschied zwischen Lust und Unlust machen können. Die Angst, die der Masochist sich in Verbindung mit den Lustgefühlen beim Stuhlgang geholt hat, bewirkt, daß die genitale Lust (die sehr viel intensiver ist) als Gefahr oder Strafe erscheint.

Der masochistische Charakter dringt also durchaus zu der erwarteten Lust vor – stößt dann aber immer wieder plötzlich auf Unlust. Es sieht aus, als hätte er die Unlust angestrebt, dabei in Wirklichkeit immer nur die Angst dazwischen, so daß ihm das ersehnte lustvolle Triebziel erscheint wie eine befürchtete Gefahr. An die Stelle der (Freudschen) Endlust tritt *End-Unlust*. Es gibt also gar keinen Wiederholungszwang «jenseits des Lustprinzips», alle entsprechenden Phänomene lassen sich im Rahmen des Lustprinzips und der Strafangst erklären.

Der genannte Patient ging – sowohl beim Geschlechtsverkehr als auch beim Onanieren – jeder Luststeigerung aus dem Weg. Eines Tages drückte er das folgendermaßen aus: «Es ist unmöglich, diese Empfindungen auf sich einströmen zu lassen, das ist ganz unerträglich.» Deshalb mußte er weiter stundenlang onanieren; er mußte die Lust bremsen, wenn sie sich dem Höhepunkt näherte. Auf Grund seiner analen Fixierung war er nur an eine begrenzte Lust von gleicher «Stärke» wie beim Stuhlgang gewöhnt; eine sexuelle Lust, die jäh anstieg und unermeßliche Höhen erreichte, war ihm fremd – er bekam es wirklich mit der Angst zu tun. Die Hemmung ist also nicht nur Resultat der Angst, sondern erzeugt selbst Angst, und auf diese Weise vergrößert sich die Kluft zwischen Spannung und Abfuhr.

Aber wie ist es möglich, daß die Schlagphantasie genau dann einsetzt (oder stärker wird), wenn der Orgasmus in Reichweite kommt?

«Es ist interessant zu beobachten, wie der psychische Apparat die Diskrepanz zwischen Spannung und Entladung Befriedigung zu verkleinern sucht, wie sich in der Schlagphantasie der Drang nach Entspannung dennoch durchsetzt.» Der Patient sagt: «Mein Glied kam mir ganz zerkocht vor. Beim fünften oder sechsten Hieb mußte doch das Glied geplatzt daliegen, mußte die Blase zerspringen.»

Mit anderen Worten: «Die Schläge sollten also die Entspannung herbeiführen, die auf andere Weise, das heißt, selbst zu erzielen, verboten war. Wenn seine Blase, infolge der Schläge der Mutter, wenn sein Glied aus dem gleichen Grunde platzte und der Samen sich ergoß, so war nicht er schuld, sondern der Peiniger hatte es ja verursacht. Das Herbeisehnen der Strafe hat also im Kern den Sinn, die Entspannung auf einem Umwege doch herbeizuführen, dabei die strafende Person schuldig werden zu lassen, also sich selbst zu entlasten. ... ‹Schlage mich, damit ich auf diese Weise, ohne selbst schuldig zu werden, mich entspanne.› Dies ist wohl der tiefste Sinn der passiven Schlagphantasie.» Sie enthält zwei Ideen: erstens die Vorstellung von Angst und Strafe und zweitens die Vorstellung von Endlust und Entspannung – und diese beiden Ideen finden ihren Gesamtausdruck in der Vorstellung vom Platzen.

Wenn Reich mit masochistischen Patienten arbeitete, war sein Hauptziel, ihre Orgasmusfunktion zu normalisieren. Seine Therapie enthielt auch andere Seiten, aber er hatte die Erfahrung gemacht, daß es den Patienten schnell besser ging, wenn der Orgasmus erst normal funktionierte. Trotzdem war er der Überzeugung, daß man sich nicht hundertprozentig auf die Genesung verlassen konnte, bevor der Patient nicht eine zeitlang zufriedenstellend gelebt hatte, und zwar in der Sexualität wie in der Arbeit. Reich blieb durchaus bei der Auffassung, daß Masochismus nicht so einfach zu heilen war.

Als größtes Hindernis bei der Heilung sah er die alten Interpretationen an, besonders die von Freud, nach der der biologische Todestrieb am Masochismus schuld sei.

> Führt man nämlich den Masochismus des Patienten auf einen letzten Endes wirkenden Todestrieb zurück, so gibt man dem Patienten recht, indem man ihm sein angebliches Leidenwollen bestätigt, statt, wie es der Wirklichkeit entspricht, (...) das Leidenwollen als verstellte Aggression zu entlarven. Nicht nur muß die Orgasmusfunktion wiederhergestellt werden, sondern Masochismus muß auch wieder in Sadismus zurückverwandelt werden.

Reich faßt seine Theorien folgendermaßen zusammen:

1. Der Masochismus ist nicht primär, sondern sekundär.
2. Die Leiden des Masochisten sind keine subjektiven Wünsche, sondern sie existieren rein objektiv.
3. Die Phantasien haben die Funktion, einen Orgasmus ohne Schuldgefühle hervorzurufen.
4. All dies geschieht nicht jenseits, sondern innerhalb des Lustprinzips, weil der Orgasmus gleichbedeutend mit Lust ist.

Und trotzdem ... übrig blieb immer noch einiges, das nicht erklärt wurde. Es blieb das Verlangen nach einem «Nirwana-

Prinzip», nach Auflösung, Nicht-Bewußtsein, Nicht-Sein. Gab es trotzdem so was wie ein Todesverlangen?

Nachdem Reich das Todestrieb-Gespenst beerdigt hatte, ließ er es eigenartigerweise (und eindrucksvoll) wieder auferstehen. Er gab allerdings nicht ohne Stolz zu, daß er jederzeit gewillt sei, seine eigenen Theorien zu revidieren – er hatte dieses Todesverlangen tatsächlich bei seinen Patienten selbst festgestellt.

Merkwürdig war nur, daß dieses Verlangen zumeist gegen Ende der Behandlung auftrat, also zu einem Zeitpunkt, als der Patient im Begriff stand, seine Orgasmus-Angst zu überwinden. Außerdem war es nur selten bei «richtigen» Masochisten zu finden, dagegen häufiger bei Patienten, die nur wenige masochistische Mechanismen hatten und die von einem «unbewußten» Verlangen nach Strafe gar nicht geplagt wurden. Wo lag die Erklärung?

Um diese Frage zu beantworten, berichtet Reich von einer Patientin zum Zeitpunkt ihrer fast abgeschlossenen Behandlung. Die Panzerung war so gut wie durchbrochen, und die Orgasmus-Angst war vorherrschend. Aber als sie im Begriff war, ihre Angst zu überwinden, beschrieb sie eine Reihe von Empfindungen, die sie bis dahin nicht gekannt hatte. Sie nannte sie «Strömen, Wallungen, süßliches Empfinden und schließlich ausgesprochene schmelzende Wollustgefühle».

Gleichzeitig setzten bei ihr lustbetonte Phantasien einer schmerzvollen Operation der Geschlechtsorgane ein. Sie sagte: «Das ist so wunderbar, man zergeht dabei. Man stirbt, man hat endlich Ruhe. Man verliert sich, wird eins mit der Welt, man hört Geräusche und doch auch nicht, man zieht sich in sich zurück und löst sich auf.»

Entscheidend für Reich war, daß sie die orgastische Sensation selbst in ganz den gleichen Empfindungen erlebte, in denen sie ihr Todesstreben ausdrückte. Orgasmus und Sterben waren also beide repräsentiert als Sichauflösen, Zergehen, Sichverlieren, Zerschmelzen. Reich sagte unmißverständlich, daß das Streben nach dem Nicht-Sein, nach dem Nirwana, nach dem Tode identisch sei mit dem Streben nach orgastischer Auflösung, also der wesentlichsten Äußerung des Lebendigen. Damit gab er dem Todestrieb eine positive und lebensbejahende Rolle.

Allerdings glaubte er nicht, damit das Problem gelöst zu haben, sondern war der Meinung, die Biologie und nicht die Psychologie hätte hier das letzte Wort. Es handelt sich schließlich darum, das Verlangen nach Entspannung zu analysieren, das allem Lebendigen innewohnt – und bis jetzt unter dem Begriff «Nirwana-Prinzip» zusammengefaßt worden war. Reich antwortete später selbst auf die Frage, als er Messungen der biophysischen Energie durchführte. Die Grundlage seiner Orgasmusformel war rein physisch: Der Orgasmus ist das elektrische Laden und Entladen des Organismus.

Indem Reich einen Zusammenhang zwischen dem Orgasmus und damit der kosmischen Energie auf der einen Seite und Neurosen wie dem Masochismus auf der anderen Seite herstellte, ließ er die gängige Auffassung hinter sich, daß Neurosen individuelle Probleme und demnach individuell zu behandeln seien. Er war der Meinung, daß die Art der Kindererziehung in der patriarchalischen Kernfamilie, die die Strafe als Erziehungsmethode gebraucht, weitgehend an den krankhaften Erscheinungen schuld war. Reich betrachtet die Kernfamilie als den Ausgangspunkt der Neurosen, und diejenigen, die die Neurosen pflegen, sind alle die Menschen unserer Gesellschaft, die an der sogenannten «emotionellen Pest» leiden, wie er sich ausdrückte: nämlich die Menschen, die eingemauert in ihrer Panzerung leben und alles daransetzen, die natürliche Lebensenergie am Durchbruch zu hindern, weil sie ihnen grenzenlose Angst einflößt.

Und damit erweitert er den Umfang seiner Kritik: Sie gilt nicht nur der Kernfamilie, sondern auch der Gesellschaft, die diese Kernfamilie geschaffen hat und sie aufrechterhält, weil sie eine zwingende Notwendigkeit ist, damit diese Gesellschaft selbst in ihrer starren Panzerung weiterexistieren kann.

Reich begnügte sich nicht damit, diese Ansicht als eine frei schwebende Theorie zu vertreten, sondern versuchte, sie mit Hilfe der Anthropologie zu festigen. Er interessierte sich (wie viele zeitgenössische Forscher) glühend für die Berichte der Anthropologen über die sogenannten Trobriander, Melanesier, die nicht in einem Patriarchat lebten wie wir, sondern in einem Matriarchat – einer frauenrechtlich beherrschten Gesellschaft. Ihre Erziehungsmethoden waren frei von Strafen, und es gab auch keine sexuelle Unterdrückung der Kinder und Jugendlichen.

Aber der springende Punkt war: die Trobiander kannten keine Neurosen und keine Perversionen, ja, nicht einmal den Ödipuskomplex.

Hieraus folgerte Wilhelm Reich, daß es unsere Gesellschaft, unsere Kultur ist, die die Verantwortung für unsere Neurosen tragen muß – und damit auch für unseren Masochismus.

Also:

Wilhelm Reich meint, daß die Wurzeln meines Masochismus irgendwo in meiner frühesten Kindheit liegen. Trotzdem scheint ihn meine Vergangenheit nicht sonderlich zu interessieren. Aber meine Gegenwart interessiert ihn. Und er glaubt wirklich, daß ich die Möglichkeit habe, geheilt zu werden, selbst wenn es mir nicht gelingt, mich an die Dinge zu erinnern, die damals vor langer Zeit passierten.

Er meint nämlich, daß meine Kindheit nicht nur in meinem Kopf weiterlebt, sondern auch in meinem Körper. Und damit kann ich etwas anfangen: es leuchtet mir ein, daß mein Sexleben nicht nur von meinem Verstand abhängig ist, sondern auch von meinem Körper – meinem ganzen Körper, auch meinem Unterleib. Es ist schon merkwürdig, daß Freud daran überhaupt nicht gedacht hat. Deshalb fühle ich mich auch bei Reich etwas besser aufgehoben. Wenn mein Körper dabei sein darf, dann habe ich das Gefühl, ihm in die Karten sehen zu können – ich werde nicht gezwungen, mich einer Autorität anzuvertrauen, die auf geheimnisvolle Weise eine Kindheit rekonstruiert, an der ich mich fast unbeteiligt fühle.

Die Kindheit, die Reich interessiert, besteht aus einigen sehr konkreten Situationen; sie hat nichts mit einem verschwommenen, allgemein-menschlichen Erbe zu tun. Es fällt mir nicht schwer, mir viele dieser Situationen vorzustellen:

Vielleicht ließ mich ein dummes Kindermädchen daliegen und weinen, weil ihr Liebster zu Besuch war – und ich verlor den Glauben daran, geliebt zu werden; später mußte ich andere provozieren, mir ihre Liebe zu beweisen; so *könnte* es gewesen sein.

Vielleicht habe ich wirklich einmal zu einem ungünstigen Zeitpunkt, wo ich sehr empfindlich war, Schläge bekommen, oder vielleicht wurde ich ausgeschimpft, weil ich in die Hose gemacht hatte; es ist möglich, daß es für meine Erziehung sehr wichtig war, daß ich in jeder Beziehung ein sauberes, kleines Mädchen war – und buchstäblich gezwungen wurde, die Hinterbacken zusammenzuklemmen und den Unterleib bis in alle Ewigkeit zu verkrampfen. So *könnte* es gewesen sein, und jetzt, wo ich das weiß, kann ich diese Muskelspannungen direkt spüren. Ich spüre sie, wenn ich mich sexuell errege – im Unterleib bis hinunter in die Beine.

Vielleicht bremse ich meine sexuellen Lustgefühle, weil ich einmal gebremst wurde – vielleicht nur dadurch, daß jemand die Augenbrauen hochgezogen, einmal, als ich mit meiner Klitoris spielte – und weil ich nie mehr vergaß, daß das verbotenes Land war ... Ich muß mich verkrampfen – und ich muß Quälereien und Strafen erfinden. Vielleicht enthält mein System der Parallelen deshalb beide Kurven, die zwar getrennt verlaufen, aber die gleiche Funktion haben: mir etwas zu gestatten, was ich eigentlich nicht darf.

Ich fange auch langsam an zu verstehen, daß man seine Aggressionen gegen sich selbst richtet, wenn man sie nicht loswerden kann. Wenn ich außerstande bin, denjenigen, der mir weh tut, zu treten, ist es eine Erleichterung, ersatzweise gegen die Wand zu treten, obwohl es Schmerzen im Fuß macht – oder gerade deshalb ...

Jedenfalls: Reich hätte mir gerne geholfen, meinen Orgasmus in Ordnung zu bringen, und dann hätte er damit gerechnet, daß alles andere von selbst gekommen wäre. Denn der Orgasmus war für ihn eine Art Sicherung – etwas, das zuerst durchbrennt, wenn das System nicht funktioniert, und gleichzeitig etwas, das in Ordnung sein *muß*, damit mein übriges Ich störungsfrei funktionieren kann.

Ich glaube zu verstehen, was er meint, wenn er mir erzählt, wie ich mich, nachdem meine Muskelspannungen aufgelöst worden sind, vom Orgasmus angezogen fühlen werde: wie von einem Erlebnis, in dem Tod und Leben eins werden und ich mich auflöse. Aber Reich lebt nicht mehr – deshalb ist kaum anzunehmen, daß ich jemals zu wissen bekomme, ob dies alles wirklich seine Richtigkeit hatte.

Übrigens ist mir aufgefallen, daß Reich nirgends etwas Spezielles über mich als Frau sagte. Er fand die Frau – oder die Frauen – offenbar nicht so über alle Maßen rätselhaft. Das freute mich – und enttäuschte mich gleichzeitig ein bißchen. Denn er sprach ja ausdrücklich davon, daß die von der «Gesellschaft geschaffenen Schranken» später die neurotischen Muskelspannungen verstärken können, die in der Kindheit entstanden sind und durch die angestauten sexuellen Spannungen aufrechterhalten werden. Aber er spricht nur von denen, die bei *Männern* vorkommen (zum Beispiel die Angst, ein Mädchen zu schwängern), oder bei allen Menschen (zum Beispiel die Angst, aus Versehen zu furzen). Und eigentlich kann ich mir vorstellen, daß es gerade hier eine Menge von der Gesellschaft geschaffene Schranken gibt, die besonders Frauen betreffen.

Aber vielleicht ist es ganz gut, daß wir uns darüber selbst Gedanken machen. Hier sind einige Vorschläge:

Die Angst, schwanger zu *werden*; die Angst, unästhetisch zu wirken (weil wir nie aufhören, uns als Objekt zu betrachten, als etwas, das sich sehen lassen kann); die Angst, ins Bett zu machen; die Angst, unseren Liebhaber zu langweilen, wenn wir nicht schnell genug zum Orgasmus kommen – also schlecht im Bett sind. Und vielleicht eine generelle Angst, uns hinzugeben (weil wir fürchten, es könnte uns angekreidet werden, wenn wir die letzte Kontrolle über uns verlieren, denn wo steht geschrieben, daß wir dann noch akzeptiert werden?).

12
So antworten Germaine und einige andere Frauen

Kate Millett,
Simone de Beauvoir, Karen Horney
und andere

Eines Tages trafen sich Wilhelm Reich – Vorkämpfer der sexuell Unterdrückten – und Alexandra Kollontai – Vorkämpferin der unterdrückten Frauen – und machten sich gemeinsam an die Probleme Masochismus und Sadismus.

Das klingt zu schön, um wahr zu sein, und leider ist es auch gelogen. Die beiden trafen sich nur einmal auf ein paar Seiten einer Zeitschrift, in einem Artikel mit dem Titel «Die unvollendete Geschichte von Alexandra und Wilhelm». Aber die beiden jungen Leute gleichen Namens in jener Geschichte tun wirklich alles, um ihren Masochismus und Sadismus loszuwerden.

Sie wohnen zusammen und haben beide ihre traditionellen Phantasien in diese Gemeinsamkeit miteingebracht: er träumt davon, Mädchen zu fesseln und zu schlagen, sie genießt es, übermannt und gebumst zu werden.

Wilhelm und Alexandra sind glücklich miteinander, auch sexuell – bis Alexandra in die Frauenbewegung geht. Von da an sind sie es nicht mehr. Sie können ihre alten Rollen nicht mehr akzeptieren und interessieren sich nicht mehr dafür, miteinander zu schlafen. Besonders Alexandra fällt es schwer, ihren sogenannten «Durchschnitts-Masochismus» beim Beischlaf zu genießen, nachdem ihr bewußt geworden ist, wie die Frauenunterdrückung funktioniert, und sich daran gewöhnt hat, aktiv zu sein und selbst die Initiative zu ergreifen.

Alexandra und Wilhelm versuchen mehrmals, ihr Sexualleben auf den neuesten Stand zu bringen. Früher war Wilhelm der superaktive Mann und lag oben, Alexandra dagegen die superpassive Frau und lag unten. Jetzt versuchen sie es umgekehrt: *sie* liegt oben. Aber es paßt ihr nicht, einfach die Rollen zu vertauschen – das ist keine Lösung. Es ist auch keine Lösung, die alten Rollen nunmehr freiwillig zu spielen und gegen sich selbst und den anderen Nachsicht zu üben, bloß weil diese «Nachwehen» nun einmal *existieren*, dieser Unterschied im Denken und Ficken.

Erst als sie auf die Idee kommen, nebeneinander zu liegen, so daß beide aktiv sein können, verstehen sie sich wieder besser:

> Wilhelm ahnte Umrisse von Liebeserlebnissen, die er früher nur kurz und flüchtig gekannt hatte. Besonders dann, wenn der Rhythmus ein gemeinsamer Rhythmus wurde, wenn nicht der *eine den anderen rhythmisch kolonialisierte*.

Und Alexandra: anfangs muß sie einen Teil ihrer Sexualität unterdrücken und eine puritanische Einstellung zu sich selbst gewinnen, um ihre Sklavengelüste loszuwerden. Aber allmählich gewöhnen sie sich daran, in gleichem Maße aktiv zu sein:

> Solange die Erregung noch zu kontrollieren war und die Bewegungen langsam und sanft waren, gab es keine Probleme. Aber wenn die Erregung anstieg, hatte Wilhelm die Angewohnheit, das Tempo eigenmächtig zu beschleunigen und Alexandra unter sich festzuhalten. Und dann blockierte Alexandra. Um beim Orgasmus mit dabei sein zu können, mußte sie ihren Widerstand überwinden und sich ihrer alten, passiven Einstellung anheimgeben.

Alexandra und Wilhelm beginnen ein wichtiges Experiment: sie versuchen ihre sexuellen Praktiken mit ihrer politischen Haltung in Einklang zu bringen. Die Geschichte hat keinen Schluß – glücklicherweise, hätte ich fast gesagt, denn sie klingt fast zu schön und zu einfach – und die beiden sind ehrlich genug zu gestehen, daß sie immer noch rückfällig werden. Aber sie haben das Gefühl, daß sie einen Schritt weitergekommen sind und daß die Bilder, auf denen ihre Sexualität früher beruht hatte, wertlos geworden sind:

> Es gab keine Bilder, und die Bildlosigkeit war vielleicht der Anfang von etwas Neuem und Besserem.

«Die Geschichte von Alexandra und Wilhelm» ist zweifellos

autobiographisch – aber sie ist anonym. Die Autoren (daß es zwei sind, ist ersichtlich) hatten offenbar keine Lust, mit ihren Namen zu zeichnen. Das könnte man als sympathischen Versuch ansehen, auch noch die traditionelle Verfasserrolle loszuwerden – aber es ist auch ein Hinweis darauf, wie Masochismus innerhalb der Frauenbewegung ignoriert wird. Diese Geschichte ist eine Ausnahme, die die Regel bestätigt und auf Grund ihrer Anonymität auch gleichzeitig den Verdacht bestärkt, daß sich die Frauenbewegung aus irgendeinem Grund mit diesem Problem nicht beschäftigen *will*.

Wenn man die Standardwerke der Frauenbewegung liest, findet man selten etwas über den Masochismus. Zugegeben, er wird an mehreren Stellen erwähnt, aber immer aus der Perspektive Freuds und der Psychoanalyse, und entsprechend wird er wie ein akademisches und recht abstraktes Problem abgehandelt, als dürfte die Frauenbewegung dieses Thema nur mit der Zange anfassen.

Freud und seine Nachfolger werden als diese Zange benutzt, oder auch die Literatur. Bei Kate Millett zum Beispiel stehen einige sehr engagierte Besprechungen tonangebender (und deshalb unbewußt mythenbildender) Werke von Autoren wie D. H. Lawrence, Henry Miller und Norman Mailer, in denen man wirklich erfährt, wie Masochismus erlebt wird, oder vielmehr, wie Männer Masochismus bei Frauen erleben, oder noch genauer, wie Macho-Männer eine masochistische Einstellung bei Frauen herausfordern und sich aalen in Bildern und Phantasien von Frauen, die masochistisch auf ihre aggressiv-sadistische Männersexualität reagieren.

In ihren Büchern, wie gesagt.

Was die Autorinnen der Frauenbewegung höchst persönlich von Frauen und deren Masochismus halten, bekommt man nur selten zu hören, und auch dann nur nebenbei.

Zum Beispiel referiert Kate Millett auch Marie Bonapartes Beschreibung des Mädchens, das sich wünscht, von seinem Vater gepeitscht, geschlagen oder kastriert zu werden, und der erwachsenen Frau, die sich wünscht, durchbohrt zu werden. Im Anschluß an die Zitate schreibt Kate:

Miss Bonapartes eigene Einstellung läßt sich aus ihrer Arbeit leicht ableiten; sie schreibt genau vor, wie der weibliche Masochismus zu funktionieren hat.

Eine kleine, ironische Spitze und unmißverständlich: ha, ha, Marie Bonaparte ist selber *Masochistin!* Vergessen ist alle schwesterliche Solidarität, vergessen sind auch alle die gelungenen Versuche zu beweisen, wie die Männergesellschaft Frauen in ein bestimmtes Muster zwingt ...

Zweifellos hält die Frauenbewegung Masochismus für etwas Kompromittierendes. In der amerikanischen Anthologie «Sisterhood is Powerful» kommt das klar zum Ausdruck. Hier wird auch aufgeführt, was Frauen oft davon abhält, zu Gesprächsgruppen zu kommen:

Gründe für Wegbleiben:

1. Die Angst, sich darzustellen (Angst davor, die Gruppe könnte einen für dumm, unmoralisch, schwach, masochistisch usw. halten) ... Gemeint ist natürlich nicht, daß es so sein *soll* – aber so *wird* es scheinbar gehandhabt. Man hat Angst.

Was hat eigentlich Germaine Greer geantwortet, als die junge Frau ihr damals die Frage stellte, wie wir je eine Frauenbewegung machen sollen, wenn wir im Grunde Masochistinnen sind?

Germaine hat deutlich die Fassung verloren, als man ihr die Frage übersetzt hatte. Sie sah sogar irgendwie unglücklich aus. Sie antwortete ungefähr folgendes: «Ja, wir wissen, daß Frauen Masochistinnen sind – *genau darum geht doch alles!* Man hat uns beigebracht, wir seien biologisch prädestiniert für Masochismus. Aber selbst wenn es Masochismus wirklich gibt, heißt das noch lange nicht, daß es ihn auch weiter geben muß. Und eins weiß ich mit Sicherheit, wenn es auch weiterhin mein Traum sein soll, vergewaltigt zu werden, dann will ich lieber sterben!»

Das war ein pathetischer Ausbruch, und man könnte fühlen, daß Germaine etwas zu einem echten Konflikt gesagt hatte, genau wie die junge Frau, die die Frage gestellt hatte. Und trotzdem empfand ich ihre Antwort als nicht ganz ehrlich. Es klang ein bißchen, als ob Germaine die Frage nicht ernsthaft zu behandeln wagte.

Sie hatte sie auch in ihrem Buch nicht ernsthaft behandelt, nicht einmal ihre eigene Frage, warum wir uns beim Anblick einer Nazi-Uniform sexuell erregen, kommt in ihrem Buch vor. Und trotzdem behauptet sie, genau darum ginge alles ...

Warum wird in der neuen Frauenbewegung dann nicht darüber gesprochen? Warum hat die Frauenbewegung solche Berührungsängste gegenüber dem Masochismus?

Ich finde es nicht merkwürdig. Natürlich müssen Frauen, die sich ihrer Rolle und des Theaters bewußt werden, das sie mitgespielt haben, Angst bekommen, wenn sie bei sich selbst Überbleibsel ihres alten Zustands entdecken. Denn die neue Frauenbewegung ist ja eben nicht einfach eine intellektuelle Angelegenheit, die man leidenschaftslos diskutieren kann; sie betrifft die ganze Person. Deshalb haben viele Frauen das Gefühl, sie müßten sich den Masochismus vom Leibe halten, weil er der Inbegriff der aufgezwungenen, pervertierten Weiblichkeit ist, von der Frauen Abstand nehmen und die sie bekämpfen, wobei sie sich selbst aufs Spiel setzen. So reagieren sie überempfindlich auf alles, was mit Masochismus zu tun hat. Sie wissen, hier geht es um eine der gefährlichsten Infektionen, und deshalb nähern sie sich dem Problem nur zögernd, aus Angst, sich anzustecken – oder aus Angst, als Überträgerin verdächtigt zu werden.

Deshalb ist Alexandra eine der wenigen, die offen (wenn auch anonym) über ihren «Durchschnitts-Masochismus» zu reden wagt. Sie berichtet nicht nur, daß sie ihn bekämpft, sondern sie sagt auch, daß es schwierig ist, ihn ganz loszuwerden. Warum? Weil sie auch was davon *gehabt* hat, natürlich ... sie hat ihn gebraucht, wenn er auch nicht ein Leben lang zu gebrauchen war.

Und was *hat* man vom Masochismus? Wir können ein bißchen darüber von Frauen erfahren, die dabei waren, als die Frauenbewegung noch jung war. Sie halten Masochismus zumindest für ein *diskutierbares* Problem. Manchmal klingt es sogar fast, als sprächen sie aus eigener Erfahrung – obgleich da «er» oder «man» steht.

Das gilt zum Beispiel für die «Grande Dame» der Frauenbewegung, Simone de Beauvoir. In «Das andere Geschlecht» bezieht sie resolut Position zum Masochismus:

Zunächst muß man bemerken, daß es noch längst kein Verhalten passiver Unterwerfung bedeutet, wenn man dem Schmerz einen erotischen Wert beimißt. Oft dient der Schmerz dazu, den Tonus des Individuums, das ihn erträgt, zu heben, seine Empfindung zu wecken, die durch die heftige Erregung und Lust selbst benommen ist. Er gleicht einem grellen Licht, das in der körperhaften Nacht aufleuchtet, er schreckt den Liebenden aus den Wonnen hoch, denen er sich hingab, damit er wieder von neuem hineingestürzt werden kann. Der Schmerz bildet einen normalen Bestandteil der erotischen Ekstase. Körper, die als solche durch ihre gegenseitige Wonne beglückt sind, suchen sich auf alle Weise zu finden, zu vereinen, zu trotzen. In der Erotik liegt ein Sichlosreißen von seinem eigenen Ich, ein Überschwang, eine Ekstase. Auch das Leiden zerstört die Grenzen des Ich, es wird zu einem Überschreiten, einem Paroxysmus. Der Schmerz hat immer eine große Rolle bei den Orgien gespielt. Und bekanntlich berühren sich Wonne und Schmerz. Eine Liebkosung kann zu einer Marter werden, eine Qual kann Wonne bereiten (...) *In Wirklichkeit hat der Schmerz nur in jenem Fall eine masochistische Bedeutung, wo er als ein Ausdruck der Versklavung hingenommen und gewollt wird.*

Der Schmerz an sich ist es also nicht, der zum Masochismus führt ... sondern nur solcher Schmerz, der symbolisch wird.

Es ist wohltuend, auf eine Frau zu stoßen, die von der bevormundenden, angeblich klinischen Objektivität der Psychoanalyse ebenso weit entfernt ist wie von der ängstlichen Abwehrhaltung der neuen Frauenbewegung; einer Frau, die wagt und schafft, beiden Seiten gerecht zu werden – und obendrein ein so kompliziertes Gefühl zu analysieren! Und die sich dabei nicht den Hals bricht.

Symbolisch kann Masochismus zum Beispiel dort werden, wo er Spiegelbild der Erregung angesichts von männlicher Stärke, Autorität und Überlegenheit wird. Simone schreibt folgendes über die französische Prostituierte, die von ihrem Zuhälter geschlagen wird und es «angeblich sogar gern hat».

Wenn aus irgendeinem Grund das Prestige des Liebhabers gelitten hat, muß er sich davor in acht nehmen, daß seine

> Schläge und Anforderungen nicht Haß erregen. Sie wirken nur als Ausdruck der Göttlichkeit des Heißgeliebten. In diesem Fall fühlt sie sich mit Begeisterung als Beute einer fremden Freiheit. Für einen Existierenden bedeutet es das überraschendste Abenteuer, im wechselnden und gebieterischen Willen eines andern aufzugehen. Man wird es leid, immer in derselben Haut zu stecken. Der blinde Gehorsam ist die einzige Möglichkeit einer radikalen Änderung, die ein Menschenwesen kennenlernen kann. Da wird die Frau zur Sklavin, zur Königin, zur Blume, zum Rehlein, zum Kirchenfenster, zum Strohsack, zur Dienerin, zur Kurtisane, zur Muse, zur Gefährtin, zur Mutter, zur Schwester, zum Kind, je nach den flüchtigen Träumen, den zwingenden Befehlen des Geliebten. Sie beugt sich voll Wonne diesen Verwandlungen, solange sie nicht gemerkt hat, daß sie ständig den Geschmack der Unterwerfung auf den Lippen hat. Auf der Ebene der Liebe wie auf der der Erotik scheint uns der Masochismus einer der Wege zu sein, auf den sich die unbefriedigte Frau, die vom andern und von sich selbst enttäuscht ist, begibt. Das ist aber nicht der natürliche Hang glücklicher Selbstaufgabe.

Selbstaufgabe – ja, aber wie Simone an anderer Stelle sagt: um sich selbst vergessen zu können, muß man völlig sicher sein, daß man sich gefunden hat. Und das sind Frauen nicht. Sie haben immer noch damit zu tun, sich selbst zu finden.

Das liegt daran, daß unser gesamtes Erziehungssystem uns dazu anhält, einen Mann zu finden, der uns liebt. Als Mädchen haben wir gelernt, auf die Liebe zu warten. Aber bevor das Mädchen seinen jungen Mann bekommt und damit einer strahlenden Zukunft entgegengeht, gerät es oft in die Rolle des Opfers:

> Die Geschichten von Genoveva von Brabant, von Griseldis sind nicht so harmlos, wie es den Anschein hat. Liebe und Leid verstricken sich in ihnen auf verwirrende Weise. Durch ihren Fall in tiefste Erniedrigung sichert sich die Frau die herrlichsten Triumphe. Mag es sich um Gott oder um einen Mann handeln, das kleine Mädchen lernt, daß sie allmächtig wird, wenn sie sich zur tiefsten Erniedrigung versteht. Sie

> gefällt sich in einem Masochismus, der ihr höchste Eroberungen verspricht. Die heilige Blandine, weiß und blutig zwischen Löwenklauen, Schneewittchen, das totengleich in einem Glassarg ruht, das schlafende Dornröschen, die ohnmächtige Atala, sie sind eine ganze Schar von zärtlichen Heldinnen, die gepeinigt, geduldig, verwundet, kniend erniedrigt ihrer jungen Schwester das *bestrickende Prestige* der gemarterten, verlassenen, ergebungsvollen Schönheit predigen.

Hier kommt ein neuer Aspekt in Simones Bericht: Masochismus kann eine andere Belohnung mit sich führen als Lust und Wonne, nämlich ganz reale Privilegien wie Ansehen und Macht. Es könne allerdings sein, daß eine Frau gar nicht nach Ansehen und Macht sucht, fügt sie hinzu. Vielleicht sucht sie trotz allem sogar das Gegenteil. Wenn die Frau sehr an ihrem Vater hängt und danach trachtet, seine Liebe zu gewinnen – oder zurückzugewinnen – dann erklärt sich das *auch* daraus, daß der Vater ihre Kindheit repräsentiert, die Zeit, in der sie von den Erwachsenen behütet wurde. Die Liebe würde ihr sowohl den Vater wie die Mutter zurückgeben, weil sie ihr die *Kindheit* zurückgeben soll:

> Sie wünscht sich eben eine Decke über ihrem Kopf, Wände, die ihre Verlassenheit inmitten der Welt ihr verbergen, Gesetze, die sie gegen ihre Freiheit verteidigen. Dieser kindliche Traum verfolgt so manche Frauenliebe. Die Frau ist glücklich, wenn der Geliebte sie «mein kleines, mein liebes Kind» nennt. Die Männer wissen sehr wohl, daß die Worte: «Du siehst aus wie ein kleines Mädchen» zu denen gehören, die am sichersten das Herz der Frau rühren ... In den Armen eines Mannes wieder zum Kind zu werden, ist ihre höchste Wonne.

So ist sie erzogen worden; daß die Liebe die höchste Selbsterfüllung der Frau sei, und daß es ihre Bestimmung sei, alles für den geliebten Mann zu opfern, ist das Ergebnis der Lehre, die ihr mit der Muttermilch eingeflößt worden ist. Aber:

> Der Mann braucht die bedingungslose Hingabe nicht, die er verlangt, auch nicht die vergötternde Liebe, die seiner Eitelkeit schmeichelt. Er nimmt sie nur unter der Bedingung

entgegen, daß er den Forderungen nicht zu entsprechen braucht, die eine solche Haltung für die Gegenseite bedeutet. Er predigt der Frau, sich hinzugeben: dabei werden ihm ihre Gaben lästig. Sie ist völlig verwirrt über ihre unnützen Geschenke, über ihre leere Existenz. Sowie es der Frau möglich sein wird, in ihrer Kraft und nicht in ihrer Schwäche zu lieben ...

... könnte sie sich paradoxerweise entspannt fühlen, wenn sie sich erlaubt, von einem Mann erotisch beherrscht zu werden – und nur sehr schwer einen finden, der das kann. Denn sowie sie anfängt, an der Überlegenheit des Mannes zu zweifeln, fängt sie auch an, ihn als kindisch zu betrachten, und zwar genau dann, wenn er im Bett auf männlich macht:

Sicherlich wird eine gewisse Art Liebesabenteuer in der Welt von morgen verlorengehen ...

Aber das liegt in weiter Ferne, meint Simone – vor über dreißig Jahren. Im Augenblick liegen die Dinge noch so, daß sie zur Festigung männlicher Macht und Herrschaft beitragen, und die Frau *fühlt sich* im Liebesakt nur passiv, weil sie sich von vorneherein für passiv *halten soll.*

Diese ganze Kette von Frustrationen, Komplexen und Schuldgefühlen gibt die Mutter an die Tochter weiter, und die wiederum an ihre Tochter. Denn diese Kette ist verschweißt mit der Frauenerziehung – die wiederum ihren festen Platz in unserer Gesellschaftsstruktur hat.

Simone de Beauvoir ist Marxistin und eine der ersten, die eine Analyse der Stellung der Frau mit einer Gesellschaftsanalyse kombiniert hat. Aber gleichzeitig ist sie auch Existenzialistin. Sie zweifelt nicht daran, daß die Frau trotz allem ausbrechen wird, obwohl sie keine Rezepte mitliefert, keine direkte Strategie, nicht einmal eine Aufforderung an die Frauen, zusammenzuhalten. Für Simone wie für die Existenzialisten überhaupt ist das entscheidende Wort *Wahl* – die Freiheit der Entscheidung und damit persönliche Verantwortung für die eigene Lebensweise. Denn «inmitten von allgemeingültigen und sich wiederholenden Fakten aber bricht der Moment der Entscheidung an», sagt sie und fährt mit dem Stolz der Feministinnen von heute fort:

> Wir sehen die Frau in einer Welt von Werten und gestehen ihren Verhaltensweisen die Dimension der Freiheit zu. Wir sind der Meinung, daß sie zwischen der Bestätigung ihrer Transzendenz oder ihrer Entfremdung im Objekt zu wählen hat.

Oder mit anderen Worten: sie kann *wählen*, ob sie sich mit Männeraugen als Objekt sehen will und masochistisch wird – oder ob sie selbst handeln, selbst verantwortlich sein und Subjekt werden will.

Mit dieser Betonung unserer Wahlmöglichkeit weicht Simone de Beauvoir entschieden von der Psychoanalyse ab, die ja behauptet, wir hätten eine angeborene, biologische Natur, der wir nicht entkommen könnten. Aber selbst jemand aus der klassischen Psychoanalyse kann das Konzept von der «Natur der Frau» ablehnen – es gibt jedenfalls eine Analytikerin, die das tut: Karen Horney. Von einem gewissen Zeitpunkt an revidierte sie ihre Auffassung von der Frau, dem Masochismus und dem Zusammenhang zwischen beiden. Es war fast ein Gesinnungswandel, und dafür hat sie eigentlich einen Ehrenplatz in der Frauenbewegung verdient.

Karen hält die Frage nach dem weiblichen Masochismus nicht nur für medizinisch oder psychologisch interessant, sondern für unmittelbar bedeutend für die westliche Kultur und deren Wertmaßstäbe über die Frau als *kulturelles Wesen*.

Sie macht darauf aufmerksam, daß bestimmte Dinge äußerst selten im Zusammenhang mit dem weiblichen Masochismus diskutiert werden (die sie für erwiesen hält); dazu gehört einerseits der Ursprung dieses Masochismus und andererseits seine Verbreitung. In diesem Zusammenhang stellt sie einige Fragen:

Wieso hat man sich immer so an den Unterschied zwischen männlichen und weiblichen *Genitalien* geklammert – warum haben wir nie den anderen großen Unterschied berücksichtigt, nämlich den, daß Frauen Kinder bekommen und mit der Brust nähren können und Männer nicht? Bedeutet Mutterschaft gar nichts? Das selige Bewußtsein, neues Leben in sich zu tragen? Das unaussprechliche Glück der Erwartung, bevor das neue Geschöpf zur Welt kommt? Die Freude, wenn es endlich geboren wird und man es zum erstenmal in den Armen hält? Und die tiefe Befriedigung beim Stillen und das Glück während der Zeit, wo der Säugling die Fürsorge der Mutter nötig hat?

Karen Horney gibt auf Grund langjähriger Erfahrung in der Analyse von Männern folgenden Kommentar: Es ist erstaunlich, welcher heftige Neid bei den Männern zutage tritt, und zwar auf alles, was mit Schwangerschaft, Geburt, Stillen, Muttersein – und mit der Brust zu tun hat. Männer haben offenbar ein größeres Bedürfnis, Frauen zu diffamieren, als umgekehrt. Und sie glaubt, daß genau dieser Neid Ursache für etwas ganz Wesentliches bei der Entstehung der Kultur sei, nämlich der männlichen Produktivität: Wir verdanken sie der Tatsache, daß Männer das Gefühl haben, daß sie eigentlich eine unbedeutende Rolle spielen, wenn es darum geht, Leben zu geben.

Sie fragt weiter:

In welchem Maß ist die Entwicklung der Frau aus männlicher Sicht beschrieben und beurteilt worden? Und in welchem Maß hat diese Beschreibung ein dementsprechend falsches Bild der «wahren Natur der Frau» entworfen?

Und sie fährt fort mit einer dritten Frage:

Ist Masochismus grundsätzlich ein sexuelles Phänomen, das die «Moral» tangiert, oder ist es vielmehr umgekehrt ein moralisches Phänomen, das auf den Bereich der Sexualität übergreift? Geht es hier um verschiedene Prozesse, die ihre Wurzeln in einem gemeinsamen Prozeß haben? Oder ist Masochismus vielleicht Sammelbegriff für eine ganze Reihe von verschiedenen Phänomenen?

> Es ist eher verwirrend und herausfordernd als ermutigend, diese Vielfalt masochistischer Phänomene wahrzunehmen ...

notiert sie etwas mutlos. Aber daß sie das alles geschrieben hat, war schon gut. Es war gut, daß jemand das alles geschrieben hat.

Außerdem, hebt sie hervor, sind alle Beobachtungen über den weiblichen Masochismus bis jetzt an neurotischen Frauen vorgenommen worden. Man hielt sich daran, daß die neurotische Auffassung der Frauenrolle bei neurotischen Frauen ganz üblich ist, und das Ende vom Lied war, daß man meinte, die gleichen Eigenschaften bei allen Frauen finden zu können – einschließlich unserer guten, alten, russischen Bäuerin. Sie lebte zu ihrer Zeit allerdings unter der patriarchalischen Herrschaft des Zaren. Heute steht da die selbstsichere Sowjetfrau, die sicher höchst erstaunt wäre, wenn sie aus lauter Ergebenheit sich von ihrem Mann verprügeln lassen sollte. Und das ist eine Änderung des *Kulturmodells* – nicht der weiblichen *Natur*.

Wenn wir nun vom Ursprung des Masochismus zur Frage seiner Verbreitung übergehen, sind einige soziologische Faktoren nicht zu übersehen. Und Karen meint, daß wir die nicht eigenhändig studieren können. Wir müssen Hilfe bei den Anthropologen holen, denn es geht darum, unsere Kultur mit anderen Kulturen zu vergleichen.

Als Karen Horney über die Trobriander las, stellte sie fest, wie wichtig es ist, andere Kulturen miteinzubeziehen und damit die Perspektive zu erweitern. Durch das, was sie las, kam sie auf neue Ideen, wie vorher schon Reich und viele andere, weil die Trobriander eine Reihe von Phänomenen nicht kennen, die gewöhnlich als Teil des gemeinsamen Erbes der Menschheit betrachtet wurden: besonders den Ödipuskomplex nicht und nicht die daraus folgenden sexuellen Verdrängungen, Neurosen und Perversionen.

Aber sie machte nicht halt bei der Feststellung, daß diese Züge, insbesondere der Masochismus, kulturell und nicht biologisch bedingt sind. Sie wollte die Sache genauer untersuchen und überlegte, wie man mit Hilfe der Anthropologie herausfinden konnte, welche Verbindungen zwischen Kultur und weiblichem Masochismus bestehen könnten.

Der Plan ist äußerst konstruktiv, um nicht zu sagen genial. Und im Grunde ist er sogar notwendig, wenn man mit einer wissenschaftlichen Untersuchung über mögliche Zusammenhänge zwischen Masochismus und Geschlecht weiterkommen will. Mit statistischen Untersuchungen, die aufzeigen, wie viele Frauen im Verhältnis zu Männern masochistisch sind, kann man sich zu Tode forschen – es kommt nichts über unsere Natur heraus, sondern nur etwas über unsere Kultur. Die weibliche Natur von der sie umgebenden Kultur zu trennen, ist jedoch unmöglich. Nur wenn man einen in sich geschlossenen Satz kultureller Faktoren durch einen entsprechenden anderen ersetzt, könnte man feststellen, ob da ein Rest bliebe, den man die weibliche Natur nennen könnte – oder man könnte sagen: Ach so, das da war also nicht Natur, sondern Kultur.

Karen schlägt deshalb den Anthropologen vor, folgende Fragen zu untersuchen:

1. Mit welcher Häufigkeit werden weibliche Funktionen unter verschiedenen sozialen und kulturellen Bedingungen für masochistisch gehalten?
2. Mit welcher Häufigkeit finden wir bei Frauen unter verschiedenen sozialen und kulturellen Bedingungen allgemeine masochistische Haltungen oder Äußerungen im Vergleich zu Männern?

Und falls die Anthropologen kein eindeutiges Übergewicht des Masochismus bei Frauen feststellen sollten, dann müßten sie mit folgenden Fragen weitermachen:

1. Unter welchen besonderen sozialen Bedingungen steht Masochismus häufig in Verbindung mit weiblichen Funktionen?
2. Unter welchen besonderen sozialen Bedingungen sind allgemeine masochistische Haltungen häufiger bei Frauen als bei Männern?

Nun kann man allerdings nicht verlangen, daß die Anthropologen anfangen, ihre Interviewpartner zu psychoanalysieren. Sie schlägt deshalb vor, daß die Anthropologen Antworten auf folgende konkrete Fragen einholen:

Unter welchen sozialen oder kulturellen Bedingungen finden wir bei Frauen häufiger als bei Männern:

1. Hemmungen, ihre Forderungen und Aggressionen direkt zu äußern;
2. ein schwaches, hilfloses oder minderwertiges Selbstbild, mit dem man stillschweigend oder ausdrücklich danach verlangt, mit besonderer Rücksicht und mit Vorrechten behandelt zu werden;
3. eine Neigung, sich vom anderen Geschlecht emotional abhängig zu machen;

4. die Entfaltung von sich selbst aufopfernden oder unterwürfigen Tendenzen, von Gefühlen ausgenutzt oder ausgebeutet zu werden, und der Tendenz, dem anderen Geschlecht die Verantwortung zuzuschieben;
5. Schwäche und Hilflosigkeit, die dazu eingesetzt werden, das andere Geschlecht zu umwerben und es sich zu unterwerfen.

Nach dieser exakten Aufstellung traditionell weiblicher Eigenschaften innerhalb des westlichen Kulturmodells einschließlich der verschiedenen Vorteile, die sich daraus für die Frau ergeben, kommt Karen Horney selbst zu ein paar Vorschlägen dafür, wo sich die Herkunft masochistischer Tendenzen bei Frauen festmachen läßt:

1. Eingeschränkte Möglichkeiten der Selbstentfaltung und der Sexualität.
2. Eine begrenzte Kinderzahl, während gerade das Kinderhaben und -erziehen der Frau verschiedene Befriedigungsmöglichkeiten verschafft (Zärtlichkeit, Erfüllung einer Aufgabe, Selbstachtung), und dies wird um so wichtiger, wenn das Kinderhaben und -aufziehen der Maßstab der gesellschaftlichen Bewertung ist.
3. Eine Einschätzung der Frau als Wesen, das dem Mann im Grunde unterlegen ist (soweit dies eine Verminderung des weiblichen Selbstvertrauens mit sich bringt).
4. Ökonomische Abhängigkeit der Frau von Mann oder Familie, insofern dies emotionale Anpassung, eigentlich emotionale Abhängigkeit, fördert.
5. Beschränkung der Frau auf Lebensbereiche, die vor allem auf emotionalen Bindungen beruhen wie Familienleben, Religion oder karitative Beschäftigungen.
6. Ein Überschuß an heiratsfähigen Frauen, besonders wenn die Ehe die Hauptmöglichkeit der sexuellen Befriedigung, des Kinderkriegens, des gesicherten Lebens und sozialer Anerkennung bietet. Diese Bedingung ist insofern relevant, als sie (wie auch Punkt 3. und 4.) emotionale Abhängigkeit vom Mann, oder allgemein gesagt, eine Entwicklung, die nicht autonom, sondern nach männlichen Ideologien gestaltet wird, nachhaltig fördert. Sie ist auch wichtig, da der

Rückzug aus der besonders starken Konkurrenz, die sie unter Frauen schafft, eine wichtige Voraussetzung für die Herbeiführung masochistischer Phänomene ist.

Alle hier aufgezählten Faktoren überschneiden sich; zum Beispiel wird eine starke sexuelle Konkurrenz unter Frauen größere Wirkung haben, wenn andere Möglichkeiten des Wettbewerbs (z. B. um berufliche Anerkennung) gleichzeitig blockiert sind. Anscheinend ist kein einzelner Faktor allein für die abweichende Entwicklung verantwortlich, sondern eher das Zusammenwirken von Faktoren.

Und dann folgt ein Abschnitt, den man am besten in Millionenauflage in die Öffentlichkeit bringen sollte, denn er beschreibt, wie Masochismus in einem Kulturmodell, das uns eine unmögliche Rolle zuschiebt, sozusagen notwendiger Schutz sein kann:

Wir müssen besonders auf die Tatsache achten, daß in einer Kultur, in der einige oder alle der aufgeführten Elemente vorhanden sind, auch bestimmte starre Ideologien der «Natur» der Frau zu finden sind; z. B. die Lehre, daß die Frau von Geburt an schwach und emotional ist, die Abhängigkeit schätzt, in ihren Fähigkeiten zu selbständiger Arbeit und selbständigem Denken beschränkt ist. Man ist versucht, den psychoanalytischen Glauben, daß die Frau von Natur aus masochistisch ist, auch in diese Kategorie einzuordnen. Es ist recht klar, daß diese Ideologien nicht nur da sind, um die Frau mit ihrer untergeordneten Rolle, die als unveränderlich hingestellt wird, zu versöhnen, sondern auch *um ihr den Glauben einzutrichtern, daß in dieser Rolle die ersehnte Erfüllung ihres Lebens liegt oder ein Vorbild, das anzustreben lobens- und wünschenswert ist.* Der Einfluß dieser Ideologie auf die Frau wird besonders durch die Tatsache verstärkt, *daß Frauen mit besagten Zügen häufiger von Männern ausgewählt werden.* Dies beinhaltet, daß die der Frau zugelassene Erotik von ihrer Anpassung an das Image ihrer «wahren Natur» abhängig ist. Es scheint mir deshalb nicht übertrieben, daß in solchen Gesellschaften masochistische Haltungen – oder besser, mildere Äußerungen des Masochismus – bei Frauen für gut befunden, bei Männern mißbilligt werden. Eigenschaften, wie emotionale Abhängigkeit vom anderen Geschlecht (wuchernde Kletterpflanze), das Aufgehen in «Liebe», die Hemmung, sich selbst entfaltend und autonom zu entwikkeln usw., werden bei Frauen als ganz angenehm empfunden, bei Männern dagegen wird mit Schmach und Spott reagiert.

Wir sehen, daß diese kulturellen Faktoren einen mächtigen Einfluß auf die Frau ausüben: einen so starken in der Tat, *daß es in unserer Kultur kaum vorstellbar ist, daß eine Frau irgendwie eine masochistische Entwicklung umgehen kann, und zwar allein von den Auswirkungen der Kultur her ...*

Danke, Karen.

Und trotzdem – etwas fehlt noch immer. Ich meine, wir haben noch immer keine gründliche Untersuchung darüber, was Masochismus Menschen antut. Wir haben ihn von vielen Seiten her eingekreist, aber bis auf den Grund, bis in die Tiefe sind wir nicht gekommen. Und solange wir das nicht erreicht haben, können wir unsere persönliche Einstellung zum Masochismus auch nicht völlig klären. Wir müssen versuchen herauszufinden, warum er so gefährlich ist – und so verführerisch.

«Die Geschichte der O» gibt mir persönlich am meisten Aufschluß darüber.

13
Die Geschichte der O

Die «Geschichte der O» erschien zuerst 1954 in Paris. Autorin war eine gewisse Pauline Réage, der Verleger Jean-Jaques Pauvert. Pauvert hatte auch die erste Ausgabe der Werke von de Sade herausgegeben. Die «Geschichte der O» kann man heute überall kaufen, sie ist sogar in manchen Volksbüchereien erhältlich.

Das erste Kapitel hat den Titel: «Die Liebenden von Roissy», und ich kann mir nicht verkneifen, den Anfang zu zitieren:

> Ihr Geliebter führt O eines Tages in einem Stadtviertel spazieren, das sie sonst nie betreten, im Parc Montsouris, im Parc Monceau. An der Ecke des Parks, einer Straßenkreuzung, wo niemals Taxis stehen, sehen sie, nachdem sie im Park spazierengegangen und Seite an Seite am Rand einer Rasenfläche gesessen waren, einen Wagen mit Zähluhr, der einem Taxi gleicht. «Steig ein», sagt er. Sie steigen ein. Der Abend ist nicht mehr fern, und es ist Herbst. Sie ist gekleidet wie immer. Schuhe mit hohen Absätzen, ein Kostüm mit Plisseerock, Seidenbluse, keinen Hut. Aber lange Handschuhe, die über die Ärmel des Kostüms gezogen sind, und sie trägt in ihrer ledernen Handtasche ihre Papiere, Puder und Lippenstift. Das Taxi fährt geräuschlos an, ohne daß der Mann etwas zum Chauffeur gesagt hätte. Er schließt die Schiebevorhänge rechts und links an den Scheiben und hinten am Rückfenster; sie hat ihre Handschuhe ausgezogen, weil sie glaubt, er wolle sie küssen oder sie solle ihn streicheln. Aber er sagt: «Du kannst dich nicht rühren, gib deine Tasche her.» Sie gibt die Tasche, er legt sie außerhalb ihrer Reichweite und fährt fort: «Und du hast zuviel an. Mach die

Strumpfhalter auf, rolle deine Strümpfe bis zum Knie: hier hast du Strumpfbänder.» Es geht nicht ganz leicht, das Taxi fährt schneller, und sie fürchtet, der Chauffeur könne sich umdrehen. Schließlich sind die Strümpfe gerollt, und es stört sie, die Beine nackt und frei unter der Seide ihres Hemds zu spüren. Außerdem rutschen die ausgehakten Strumpfhalter hoch. «Nimm den Gürtel ab», sagt er, «und zieh den Slip aus.» Das geht einfach, man braucht nur mit den Händen hinter die Hüften fassen und sich ein bißchen hochstemmen. Er nimmt ihr Gürtel und Slip aus der Hand, legt sie in die Tasche und sagt dann: «Du darfst dich nicht auf dein Hemd und auf den Rock setzen, du mußt beides hochziehen und dich direkt auf die Bank setzen.» Die Bank ist mit Kunstleder bezogen, es ist glitschig und kalt, man schaudert, wenn man es an den Schenkeln spürt. Dann befiehlt er ihr: «Zieh jetzt deine Handschuhe wieder an.» Das Taxi fährt noch immer, und sie wagt nicht zu fragen, warum René sich nicht rührt und nichts mehr sagt, noch was es für ihn bedeuten kann, daß sie reglos und stumm, so entblößt und so ausgesetzt, so wohlbehandschuht, in einem schwarzen Wagen sitzt und nicht weiß, wohin sie fährt. Er hat ihr nichts befohlen und nichts verboten, doch sie wagt weder die Beine überzuschlagen noch die Knie zu schließen. Sie hat die beiden behandschuhten Hände rechts und links auf den Sitz gestützt.

«Voila», sagte er plötzlich. «Voila»: das Taxi hält in einer schönen Allee, unter einem Baum – es sind Platanen – vor einem kleinen Palais, ähnlich dem kleinen Palais am Faubourg Saint-Germain, das man zwischen Hof und Garten mehr ahnt als sieht. Die Straßenlaternen sind ein Stück entfernt, es ist dunkel im Wagen, und draußen regnet es. «Halt still», sagt René. «Halt ganz still.» Er streckt die Hand nach dem Kragen ihrer Bluse aus, öffnet die Schleife, dann die Knöpfe. Sie beugt den Oberkörper ein wenig vor, sie glaubt, er wolle ihre Brüste streicheln. Nein. Er tastet nur, faßt und durchschneidet mit einem Taschenmesser die Träger des Büstenhalters und zieht ihn ihr aus. Unter der Bluse, die er wieder geschlossen hat, sind jetzt ihre Brüste frei und nackt, wie ihr Leib frei und nackt ist von der Taille bis zu den Knien.

«Hör zu», sagt er. «Es ist soweit. Ich lasse dich jetzt allein. Du steigst aus und klingelst an der Tür. Du folgst der Person, die dir öffnet, du tust alles, was man von dir verlangt. Wenn du nicht sofort hineingehst, wird man dich holen, wenn du nicht sofort gehorchst, wird man dich zwingen, zu gehorchen. Deine Tasche? Nein, du brauchst deine Tasche nicht mehr. Du bist weiter nichts als das Mädchen, das ich anliefere. Doch, doch, ich werde dort sein. Geh!»

Das Schloß Roissy gehört einer geheimen Bruderschaft; René übergibt seine Geliebte den Bewohnern und deren Vorschriften. Es geht darum, die Frauen, die hierher gebracht werden, mit Hilfe von Zwang, Züchtigung und Vergewaltigung zu vollendeten Sklaven zu machen. Die Methoden werden nach genau vorgeschriebenen und erprobten Ritualen angewandt – teils von den Herren, teils von den Dienern – und im Laufe einiger Wochen ist O so geworden, wie sie sie wünschen. Sie hat gelernt, den Schloßvorschriften, die sich alle um ihre drei Öffnungen drehen, Folge zu leisten: die Beine stets breit zu halten, sie niemals übereinanderzulegen oder Höschen zu tragen; niemals den Mund zu schließen; immer so angezogen zu sein, daß sie ohne weiteres genommen werden kann, auch von hinten. Ihre drei Öffnungen sind das einzig Bedeutsame an ihr, und deshalb gehören sie auch nicht mehr ihr, sondern den Männern. Deshalb darf sie ihren Mund auch nicht mehr zum Sprechen gebrauchen (außer sie wird gefragt), und es ist ihr auch nicht erlaubt, das Gesicht eines Mannes anzusehen – sie darf die Augen nur bis zu seinen Geschlechtsteilen erheben; er ist ihr Herr und Meister.

Alles geht nach Plan. O wird abgerichtet und bekommt (dank eines effektiven Ausweitungssystems) auch ihr drittes Loch weit genug auf. So kann sie mit ihrem Liebhaber wieder nach Hause fahren. Hier könnte das Buch eigentlich zu Ende sein; aber das ist es nicht. Alles, was so perfekt zu der unwirklichen Atmosphäre des Schlosses paßte, geht jetzt in der nüchternen Wirklichkeit weiter. In Paris ist O selbständig berufstätig: sie ist Fotografin und lebt davon, schöne Frauen zu fotografieren. Aber Roissy hat sie nicht entlassen. Ein Eisenring, den sie am Finger trägt, verrät den Eingeweihten, wohin sie gehört, und sie muß auch weiterhin den Bekleidungsvorschriften gehorchen.

O gehört René, und sie liebt ihn. Aber eines schönen Tages findet er einen neuen, strengeren Herrn für sie: den Engländer Sir Stephen. Sir Stephen kann all das, wozu René nicht den Mut hat, und als O ihm gehört, konzentrieren sich alle ihre Gefühle auf ihn.

Sir Stephen behandelt sie mit einer Mischung aus Ritterlichkeit, Verachtung und Grausamkeit. Er benutzt hauptsächlich ihre schambefleckteste Öffnung («diejenige, die sie mit den Männern gemeinsam hat»), er peitscht sie oder läßt sie peitschen, er verleiht sie und spricht gegenüber Dritten in brutalster Weise von ihr. Und er setzt seinem Werk die Krone auf, indem er sie mit seinen Initialen brandmarkt – ein Buchstabe auf jede Seite seines bevorzugten Lochs – und ihr eine Kette anlegen läßt, die mit einem Metallring in der einen Schamlippe befestigt wird.

Er hat ihr außerdem befohlen, das schönste ihrer Modelle, Jacqueline, zu verführen, und O gehorcht mit Vergnügen, denn sie ist selbst von dem jungen Mädchen angetan. Übrigens hat O auch eine Vergangenheit: Sie hat früher schon Liebhaberinnen gehabt, obwohl sie sich ihnen niemals hingegeben hat, sie hat es nur genossen, ihre Lust zu sehen. Und sie hat auch Liebhaber gehabt, mit denen sie Katz und Maus gespielt hat. Aber ernsthaft geliebt hatte sie – bevor sie René traf – niemanden. Sir Stephen wird ihre ganz große Liebe. Deshalb genießt sie es auch, daß sie Sir Stephens Wunsch erfüllen darf, zwei Frauen im Bett zu beobachten.

Aber eines Tages kommt ihr die Erleuchtung, daß die Verführung dazu dienen soll, auch Jacqueline nach Roissy zu schicken. Der Gedanke erfüllt sie mit Schrecken, aber nur anfangs. Nach einiger Zeit erscheint er ihr vernünftig und richtig.

Und eines Tages kommt der Höhepunkt: O wird als Eule verkleidet zu einer Party geführt. Hier sitzt sie nackt, nur mit ihrer Maske bekleidet und von Jacquelines jüngerer Schwester an der Kette gehalten. Die Gäste betrachten sie voller Schrekken, keiner wagt sie anzusprechen, und sie selbst sagt kein Wort. Gegen Morgen wird sie auf einen Tisch gelegt und abwechselnd von Sir Stephen und dem Gastgeber genommen.

Das Spiel ist aus, kein Weg führt zurück. Es ist beinahe unnötig, einen Schluß zu schreiben. Ein paar Linien genügen:

> In einem letzten Kapitel, das gestrichen wurde, kehrte O nach Roissy zurück, wo Sir Stephen sie verließ.
>
> Die Geschichte der O hat einen zweiten Schluß. Er lautet: Als O sah, daß Sir Stephen sie verlassen würde, wünschte sie sich den Tod. Sir Stephen erteilt seine Zustimmung.

Die Geschichte der O ist für ein S/M-Publikum das beste pornographische Buch, das es gibt. Das zeigt zum Beispiel der Abschnitt, in dem beschrieben wird, wie O die Peitschen gezeigt werden:

> Sie hatte noch immer die Hände auf dem Rücken. Man zeigte ihr den Reitstock, der schwarz war, lang und dünn, aus feinem Bambus, mit Leder bezogen, wie man sie in den Auslagen der großen Ledergeschäfte sieht; die Lederpeitsche, die der erste der Männer, den sie gesehen hatte, im Gürtel trug, sie war lang, bestand aus sechs Riemen mit je einem Knoten am Ende; dann eine dritte Peitsche aus sehr dünnen Schnüren, die an den Enden mehrere Knoten trugen und ganz steif waren, als hätte man sie in Wasser eingeweicht, was auch der Fall war, wie sie feststellen konnte, denn man berührte damit ihren Schoß und spreizte ihre Schenkel, damit sie besser fühlen könne, wie feucht und kalt die Schnüre sich auf der zarten Haut der Innenseite anfühlen.
>
> ... oder wie das raffiniert ausgeklügelte Riemensystem funktioniert, mit dem O nachts an ihr Bett gefesselt wird:
>
> Und er packte ihre beiden Hände. Er ließ die Ringe ihrer Armreifen ineinandergleiten, so daß ihre Handgelenke eng beisammen lagen, und fügte dann diese beiden Ringe in den Ring des Halsbandes. Sie stand also da, die gefalteten Hände in Höhe des Halses, wie beim Gebet. Nun mußte sie nur noch mit der Kette, die auf dem Bett lag und durch den oberen Ring lief, an die Wand gekettet werden. Der Diener öffnete den Haken, der das andere Ende festhielt, und zog,

um die Kette kürzer zu machen. O mußte ans Kopfende des Bettes treten und sich niederlegen. Die Kette klirrte durch den Ring und spannte sich so straff, daß die junge Frau sich auf dem Bett nur von der Wand zum Bettrand bewegen oder rechts und links direkt neben ihrem Lager aufrecht stehen konnte. Da die Kette das Halsband nach hinten zog und ihre Hände einen Zug nach vorn bewirkten, entstand ein Gleichgewicht, die gefesselten Hände legten sich an die linke Schulter, der auch der Kopf sich zuneigte. Der Diener zog die schwarze Decke über O ...

Das ist wirklich gut ausgedacht und gekonnt beschrieben und hat den Vorteil, daß die Einzelheiten nicht der Phantasie überlassen werden; das macht sie brauchbarer für den Leser; er kann sie später in seinen eigenen Phantasien verwenden, in denen er die Hauptrolle spielt.

Das gilt auch für die verschiedenen Varianten des Akts beziehungsweise der Vergewaltigung. Minutiös wird geschildert, wie die männlichen Geschlechtsteile sich Zugang zu O erzwingen, wie sie ihr die Tränen in die Augen treiben, wenn sie sich ihr in den Mund stopfen wie Knebel und ihr Brechreiz verursachen, und wie O von mehreren gleichzeitig genommen wird.

Aber was empfindet sie selbst – abgesehen davon, daß sie sich machtlos fühlt? Darüber hören wir nicht viel. Hier werden der individuellen Phantasie des Lesers keine Grenzen gesetzt, und das ist wichtig – denn jetzt geht es nicht mehr um Instrumente, um Werkzeuge, sondern um die allerprivatesten Gefühle, und die würden nur abgeschwächt, wenn sie an allgemeingültige Beschreibungen gebunden würden. Außerdem: Eine Peitsche läßt sich beschreiben, aber wie sollte man den Schmerz beschreiben, wenn nicht durch Schmerz; wie sollte man einen Orgasmus beschreiben, wenn nicht durch den Orgasmus?

Ab und zu steht zwischen den Zeilen, daß O eine gewisse sexuelle Erregung spürt, aber selten wird direkt etwas darüber gesagt. Die einzige Lust, die ausgemalt wird, empfindet sie bei dem Gedanken, den Mann, den sie liebt, befriedigen zu dürfen – erst René, dann Sir Stephen.

Nirgendwo im Buch werden grobe Tabu-Worte gebraucht. Alles wird ebensowenig schlüpfrig erzählt wie im ersten Abschnitt, und von der Sprache her könnte man das Buch jedem Konfirmanden schenken.

Die Sprache wird allerdings auf einer anderen Ebene sexuell erregend gebraucht, und auch das fängt schon auf den ersten Seiten des Buches an. Die Art und Weise, wie O angesprochen wird, hat einen deutlich pornographischen Effekt. O wird fast immer im Imperativ angesprochen, in Form eines Befehls: Gib mir deine Tasche, zieh dein Höschen aus, fall auf die Knie, bleib, wo du bist, sag danke …

O bekommt Befehle – und sie gehorcht. Und noch eine andere sprachliche Besonderheit weckt bei dem Leser, dessen Antennen darauf eingestellt sind, ebenso starke sexuelle Gefühle: Wo Os Gedanken, Empfindungen oder Schmerzausbrüche beschrieben werden, wird von ihr fast immer im Akkusativ gesprochen. Sie ist Objekt in diesen Sätzen – angemessener Ausdruck dafür, daß sie von den Männern im Buch als Objekt behandelt wird:

> Einer der Männer befahl O jetzt aufzustehen, er wollte gerade ihre Hände losbinden, zweifellos, damit man sie an einen Pfosten oder eine Mauer fesseln könnte, als ein anderer protestierte, er wolle sie zuerst nehmen, und zwar sofort – so daß man sie wieder niederknien ließ, aber diesmal mußte sie, noch immer mit den Händen auf dem Rücken, den Oberkörper auf den Puff legen und die Hüften hochrekken …

O hat nur eine Möglichkeit, als Subjekt aufzutreten – in Passiv-Sätzen, also in der Leideform. Ihre Alternative lautet: entweder Objekt sein oder leiden.

Und so geht es durch das ganze Buch weiter: Sie wird gefesselt, gepeitscht, auf einen Tisch gelegt, oder sie wird genötigt, aus einem Auto auszusteigen, man läßt sie liegen, gefangen, zusammengebrochen, und man verläßt sie … Jedes selbständige Handeln ist ihr genommen – es wird mit ihr gehandelt, und sie wird behandelt. Sie können mit ihr machen, was sie wollen, sie kann nichts machen, sie ist Freiwild. Selbst Kleinigkeiten bestimmen die andern:

Sir Stephen wartete, bis René mit seinem zweiten Martini fertig war und O mit dem Grapefruitsaft, den René für sie bestellt hatte ...

Manchmal sind sie geradezu großzügig, zum Beispiel als O Lust auf Eis mit Mandeln und Creme fraîche hat:

Sie bekam ihr Eis, aber keinen Kaffee ...

Überhaupt sind sie oft erstaunlich rücksichtsvoll; sie fragen sie immer wieder, ob sie damit einverstanden ist, gepeitscht zu werden – es ist der Beweis dafür, daß ihre Unterwerfung freiwillig ist. Zwar unterschreibt sie keinen Vertrag wie Severin bei Wanda; aber trotzdem wird ein Vertragsverhältnis stillschweigend vorausgesetzt. O wird mitgeteilt, daß sie auch gehen kann, aber genau wie Severin *kann* sie nicht nein sagen – sie hat nicht mehr den Wunsch, nein zu sagen.

Und es stimmte, daß sie ja sagen, zustimmen sollte im wahren Sinne des Wortes, denn es würde ihr nichts gewaltsam angelegt werden, dem sie nicht vorher zugestimmt hätte, sie konnte sich weigern, nichts hielt sie in ihrer Sklaverei als ihre Liebe und eben ihr Sklaventum.

Daß die «Geschichte der O» ein so wirkungsvoller Porno ist, liegt daran, daß sie ein masochistischer Wunschtraum ist. Das gilt auch für die ganze äußere Dekoration und alle männlichen Mitwirkenden, sie haben letzten Endes nur eine einzige Funktion: O in den Mittelpunkt zu stellen; gefesselt, mißhandelt, vergewaltigt, nun gut – aber eben im Mittelpunkt. Um sie dreht sich alles, sie ist die Hauptperson, und ihretwegen ist im Grunde alles inszeniert worden. In diesem Wunschtraum sind die Männer nur Statisten, sind Werkzeuge, die O braucht, um sich voll und ganz hingeben zu können. Deshalb auch ist es nicht nötig, aus den Männern – obwohl sie die handelnden Subjekte des Buches sind – mehr zu machen als fade Pappfiguren, die nur durch die Eigenschaften, die auf O Eindruck machen, charakterisiert werden.

René, ihr Liebhaber, ist ein haltungsloser, farbloser Typ ohne eigenen Willen. Daß O sich unter den Mißhandlungen windet, sieht er sich mit Vergnügen an, ebenso die frischen Streifen, die die Peitschen und Geißeln hinterlassen haben; aber er schafft nicht, sie selbst zu peitschen; dazu fehlen ihm Initiative wie Temperament. Er wird zu verschwommenen Formen, sobald Sir Stephen auftaucht; er sitzt höchstens da und raucht und sieht zu, wenn der Engländer O benutzt. Offenbar ist er ebenso angezogen von dieser autoritären Person wie O. Eine homosexuelle Verbindung zwischen den beiden Männern wird angedeutet, aber nicht weiter verfolgt, und es wäre vielleicht auch richtiger zu sagen, daß Renés Gefühle für Sir Stephen eine Art Vaterbindung sind. Auf diese Weise ist er mit O in einem fast geschwisterlichen Verhältnis vereint – sie teilen ihre Liebe zu Sir Stephen, genau wie sich Sir Stephen und René in die sexuelle Benutzung von O teilen. René wird von der Macht angezogen, aber bewußt tut er selbst nie etwas, er ist nur Zuschauer. Deshalb kann O ihn auch einfach austauschen:

> Aber was war René denn neben Sir Stephen? Stricke aus Heu, Seile aus Stroh, Kugeln aus Kork, das waren Symbole für die Bande, mit denen er sie an sich gefesselt hatte, sonst hatte er nicht so schnell aufgegeben. Welche Beruhigung dagegen, welche Wonne der Eisenring, der das Fleisch durchbohrt und für immer lastet, das Brandmal, das nie mehr erlischt, die Hand des Gebieters, die einen auf ein Felsenbett streckt, die Liebe eines Gebieters, der sich mitleidlos zu nehmen weiß, was er liebt.

Wie René aussieht, erfahren wir nicht; auch Sir Stephen hat kein Gesicht. Nur seine Hände werden beschrieben, die Hände, mit denen er O kühl und zielsicher zur Unterwerfung zwingt. Sonst erfahren wir nur noch, daß er blaß ist – oft sogar leichenblaß. Dadurch bekommt er etwas Romantisches wie ein Byron-Held oder ein schweigsamer Athos; dieser Anflug von Romantik ist eine der wenigen Banalitäten des Buches und wird erzeugt durch die leidenschaftliche Glut, die in Sir Stephens Augen brennt und die im krassen Gegensatz zu seiner Kälte und Strenge steht. Denn im übrigen ist er aus Stein – genau wie Wanda –, unnahbar und unergründlich. Material für masochistische Phantasien bieten in erster Linie seine Vorliebe für unpersönliche Rituale und sein Frauenhaß. Es gibt zum Beispiel eine detaillierte Beschreibung einer Situation, wo er O mit entblößten Brüsten dasitzen und warten läßt und ganz zufällig – vielleicht auch aus Zerstreutheit oder mit Absicht –

Asche auf sie fallen läßt. Und warum auch nicht – warum sollte er ein Ding, das ihm gehört, nicht mit Asche beschmutzen, ein Ding, worüber man nach Belieben verfügen kann, das man verleihen kann, besonders, nachdem es der Ordnung halber mit seinem Monogramm versehen, also ausgezeichnet ist wie die Ware eines anderen?

Es ist auffällig, daß die Männer in der «Geschichte der O» keine wahren, schrecklichen Sadisten sind. In der Hauptsache sind sie Männer, die ein Interesse daran haben, sich das Leben so einfach und so angenehm wie möglich zu machen, und die wissen, daß ihre Methode die gewünschte Wirkung hat. Deshalb interessiert es sie auch nicht sonderlich, O zu erniedrigen, zum Beispiel dadurch, daß sie sie hart arbeiten lassen oder ihr schlechte Kleidung geben. Ihr Korsett soll zwar stramm sitzen, aber nicht damit es ihr weh tut, sondern um zu unterstreichen, daß sie ein Luxusgeschöpf ist; deshalb trägt sie auch schöne Kleider aus teuren Stoffen. Diese Männer lieben es, wenn sie herumgeht und gut aussieht, nach dem Feuer im Kamin sieht und die Gläser nachfüllt. Sie sind nicht grundsätzlich daran interessiert, sie leiden zu lassen, nachdem sie sie dressiert *haben*; sie sind grundsätzlich nur damit beschäftigt, sich ein angenehmes Sexleben ohne körperliche oder emotionale Belastung zu sichern. Allerdings gibt es einen Unterschied zwischen Herrn und Dienern; die Diener begnügen sich damit, ihre Rechte rein körperlich wahrzunehmen, die Herren wollen sie auch jede Minute des Tages symbolisch bewiesen haben. Deshalb ist die «Geschichte der O» nicht nur ein masochistischer Wunschtraum, sie ist gleichzeitig Wunschtraum aller Männer in der Männergesellschaft; und vermutlich haben sadistische Leser auch etwas davon.

Die Männer im Buch bleiben bleich und farblos, auf die äußere Dekoration dagegen ist sehr viel Wert gelegt worden. Nicht nur das Schloß Roissy ist eine wahre Traum- oder Theaterdekoration mit seinen schweren Toren, langen Gängen und ausgesuchten Salons, die nur vom Kaminfeuer erleuchtet sind – sondern auch das ganze Landschaftsbild. Bäume und Wolken, die Herbstblumen und das trockene Laub, und besonders das immerwährende, klagende Sausen des Windes sind die unentbehrlichen Begleiter der intensiven und gegensätzlichen, im Grunde immer melancholischen Gefühle, von denen O beherrscht wird.

Zweifellos ist die Geschichte der O ein pornographischer Roman, aber er handelt auch von Gefühlen. Er ist ein Stück Prosa, aber die Poesie schimmert auf jeder Seite durch; Sätze entfalten sich, weben sich ineinander, werden zu einer langgezogenen Klage, die gleichzeitig von einer unerklärlichen Wonne erfüllt ist – einer Wonne, die ständig wiederholt und von allen Seiten beleuchtet werden muß, ebenso wie O (die egozentrische Masochistin) ihre eigenen Gefühle immer wieder untersuchen muß und sich darüber wundert, wie es möglich ist, daß sie so scheinbar unvereinbare Gegensätze in sich trägt.

Es dauert lange, bis sie sich selbst versteht; die Gefühle, die über sie hereinbrechen und sie mitreißen, stehen schließlich im Gegensatz zu all den Gefühlen, die eine elegante, moderne, berufstätige Pariserin mit Geschmack und Vorliebe für schöne Frauen haben sollte. Aber im Laufe der Geschichte lassen ihre Zweifel nach, und sie wird von einer großen Sicherheit erfüllt.

Die «Geschichte der O» ist mehr als ein pornographisches oder lyrisches Buch über Gefühle, diese beiden Ebenen gehen zusammen mit einer dritten: Das Buch ist auch ein Entwicklungsroman, das heißt eine Beschreibung, wie ein Mensch sich langsam verändert. Oder vielleicht wäre eine andere Definition richtiger: Es geht in diesem Buch darum, wie etwas, das tief in O geschlummert hatte, geweckt und zur vollen Entfaltung gebracht wird – um die ganze Person am Ende in die Zerstörung zu führen, in die totale Zerstörung.

Sie ist von Anfang an in O angelegt, schon auf den ersten Seiten des Buches wird sie beschrieben als Mensch ohne ausgeprägte Willenskraft. Sie gehorcht schweigend und willig von dem Augenblick an, wo ihr der erste Befehl erteilt wird, als hätte sie nur auf die gute Gelegenheit gewartet, Befehlen nachzukommen. Zu keinem Zeitpunkt sträubt sie sich oder protestiert. Sie bittet nur darum, geschont zu werden, aber im Grunde will sie es gar nicht. Sie ist nie aufrührerisch – obwohl dieses Thema nicht undenkbar gewesen wäre: daß ein *Wille* da ist, der nach und nach durch Bestrafung der Aufsässigkeit gebrochen wird.

O muß eigentlich nie bestraft werden; es geschieht nur, um sie zu zähmen, sie zu formen, und in erster Linie, um ihr ihre Stellung als Sklavin und Prostituierte klarzumachen. Deshalb werden auch nur an einer Stelle im Buch *Straf*instrumente direkt erwähnt, und zwar, als Sir Stephen in Os Wohnung kommt (René hat ihm den Schlüssel gegeben, ohne O etwas davon zu sagen) und eine Auswahl an Peitschen und Riemen an der Wand ihres Schlafzimmers anbringt, damit sie immer zur Hand sind – damit O dauernd an ihre Stellung erinnert wird. Wenn vereinzelt direkte Strafe vorkommt, dann vielleicht weil sie im unpassenden Augenblick einen Wunsch zu äußern gewagt hat, zum Beispiel daß René eine Verabredung ändern soll; oder weil sie sich weigert, sich selbst zu berühren, wenn Sir Stephen dabei zusieht. Denn eins *kann* sie nicht: Sie kann sich von den Männern vergewaltigen lassen, aber nicht ihren eigenen Körper benutzen. Das findet sie pervers.

Im übrigen ist O eine geborene Sklavin, und deshalb wird sie so hart angefaßt, denn es geht darum, die Grenzen zu überschreiten:

> «Sie haben sie nie angebunden? – Nein, nie – Auch nicht gepeitscht? – Auch das nie. Sie wissen ja ...» Diese Antworten kamen von ihrem Geliebten. «Ich weiß», sagte die andere Stimme. «Wenn man sie nur gelegentlich anbindet, wenn man sie nur ein bißchen peitscht, könnte sie Geschmack daran finden, und das wäre falsch. Man muß über den Punkt hinausgehen, wo es ihr Spaß macht, man muß sie zum Weinen bringen.»

Os Sinn für Gehorsam ist so hoch entwickelt, daß sie oft den Befehlen zuvorkommt. Trotzdem (oder vielleicht gerade deswegen) muß sie schon während ihres Aufenthalts auf Roissy die Erfahrung machen, daß die Peitschenhiebe eine Strafe sind, ein Zeichen dafür, daß sie schuldig ist, eine Sünderin:

> Sie fühlte sich als Aschensäule, bitter, unnütz und verdammt wie die Salzsäulen von Gomorra. Denn sie war schuldig. Wer Gott liebt, und wen Gott verläßt in der finsteren Nacht, ist schuldig, weil er verlassen ist. Er sucht in der

Erinnerung nach seinen Fehlern. Sie suchte nach den ihren. Wie Kafkas Protagonist K. (ebenfalls nur ein Buchstabe) von einer inneren Kraft dazu getrieben wird, das Gericht, das ihn aburteilen soll, aufzusuchen, weil er seine Schuld akzeptiert hat – so findet O sich mit den Mißhandlungen ab, als ob alles so sein müßte, als ob es logisch und gerecht wäre – als ob sie davon überzeugt wäre, irgend etwas sühnen zu müssen.

Aber das ist nur ein Beispiel dafür, wie sie anfängt, die Dinge mit anderen Augen zu betrachten. Schon nach ihrer Rückkehr aus Roissy können ihre Freunde in Paris feststellen, daß sie sich verändert hat:

> Sie hielt sich gerade, ihr Blick war klarer geworden, aber das Auffallendste war ihre Fähigkeit, völlig regungslos zu verharren, und die Gehaltenheit aller Gesten.

Man kann das Buch lesen wie einen anschaulichen Beweis: So wird ein Mensch zum Masochisten gemacht. Das bedeutet allerdings nicht, daß damit die Peitschenhiebe aufhören weh zutun. Sie tun O ebenso weh wie anderen Menschen. Zwar sehnt sich O nach der Peitsche, aber gleichzeitig hat sie auch Angst vor ihr, windet sich unter ihr, schreit und fleht um Gnade – aber hinterher ist sie stolz und glücklich; zum Beispiel wenn sie Jacqueline ihre Male zeigt:

> «Er hat mich auch mit seinen Initialen zeichnen lassen. Das übrige, das kommt von der Reitpeitsche. Gewöhnlich peitscht er mich selbst, aber manchmal läßt er mich auch von seiner schwarzen Dienerin auspeitschen.»

Und Jacqueline antwortet voller Schrecken:

> «Man könnte meinen, du wärst stolz darauf, ich verstehe das nicht.»
>
> «Wenn René dich nach Roissy bringt, wirst du es verstehen.»

Der erste Befehl, der O im Buch gegeben wird, besteht darin, daß sie ihre Tasche abgeben muß. Dafür wird sie keine Verwendung mehr haben, sagt René. Ihre Tasche enthält ihre allerpersönlichsten Dinge – Schlüssel, Papiere, die Auskunft darüber geben, wer sie ist. Sie ist jetzt ohne Identität. Sie könnte jedermann sein.

Und das ist erst der Anfang. Die Gehirnwäsche wirkt

schnell und effektiv, verstärkt durch die Prozedur selbst. Und die ganze Zeit analysiert O sich selbst. Wie sie nackt und untätig vor den Spiegeln des Schlosses sitzen und sich und ihre Geschlechtsorgane betrachten muß, so muß sie auch ständig ihre eigenen Reaktionen betrachten. Und sie entdeckt – daß sie immer glücklicher wird. Sie ist glücklich über die Art und Weise, wie sie gebraucht wird, glücklich darüber, gepeitscht zu werden, glücklich darüber, daß sie nicht sprechen darf und sich nicht rühren kann:

> Die Ketten und das Schweigen, die sie an sich selbst hätten fesseln sollen, sie ersticken, sie erwürgen, hatten sie im Gegenteil von sich selbst befreit. Was wäre aus ihr geworden, wenn man ihr die Sprache gelassen hätte und die Bewegungsfreiheit ihrer Hände, wenn ihr eine Wahl geblieben wäre ...

Wie soll sie die Wonne erklären, die innere Ruhe und Würde und Reinheit, die sie empfindet, nachdem sie bis aufs Blut gepeitscht und vom Schweiß und Sperma der Männer und ihren eigenen Tränen besudelt worden ist? Läßt sich das überhaupt *erklären* – ist es nicht besser, einfach zu akzeptieren, daß ihr Glück am größten ist, wenn sie am schlimmsten mißhandelt, mißbraucht und erniedrigt wird?

Im letzten Teil des Buches fühlt sie, daß alles, was Sir Stephen mit ihr macht, ausschließlich der Befriedigung seiner Lust dient: Er schlägt sie, also liebt er sie; wie die russischen Männer, die die Peitsche benutzten, um zu beweisen, daß sie ihre Frauen liebten. Und diese Überlegung hat ihre eigene Logik: daß O den Schmerz an ihrem Körper und die Erniedrigung in ihrer Seele verspürt, bietet ihr die Gewähr, daß er auf *ihre* Lust keine Rücksicht nimmt. Nur im eigenen Leiden hat sie die Garantie, daß er einzig und allein an seine persönlichen Gelüste denkt. Er macht mich leiden, also liebt er mich. Ich leide, also bin ich. Er mißbraucht mich, ich spiegele mich in seiner Lust, also existiere ich. Ohne eigene Lust, ohne Tasche, ohne Kleidung, ohne Namen, nur mit einem einsamen Buchstaben, ohne jede andere Bindung zur Wirklichkeit außer der stärksten – der Schmerz, an dem nicht zu zweifeln ist – habe ich endlich die Gewähr, daß ich bin ...

Irgendwann einmal steht O nackt in einem Zimmer, zwei Männer betrachten sie, und sie wartet gehorsam darauf, von ihnen einen Befehl zu bekommen. Aber irgend etwas stimmt nicht. Sie sieht flehend zu Sir Stephen auf:

> Er begriff, lächelte, trat zu ihr, nahm ihre beiden Hände und hielt sie hinter ihrem Rücken in seiner Hand fest. Sie lehnte sich mit geschlossenen Augen an ihn, und wie in einem Traum oder wie im Dämmer eines Erschöpfungszustandes hörte sie, so wie sie einmal als Kind ...

Erst in dem Augenblick, wo O (ich) von ihrem Körper, vom Gebrauch ihrer Arme, vom Recht, über sich selbst zu verfügen, vom Recht auf persönliche Lustgefühle befreit wird – erst in dem Augenblick, wo ich (O) meine Identität verliere, finde ich meine eigene Identität. Erst in diesem Augenblick gibt es keine Zweifel mehr. Erst in diesem Augenblick habe ich meinen Platz in einem System gefunden. Erst in diesem Augenblick kann ich ganz sicher sein, daß es ein System gibt, daß die Welt nach einem Gesetz funktioniert, daß sie ihre eigene Ordnung hat und daß ich meinen Platz – den mir angemessenen Platz – innerhalb dieser Ordnung habe. Endlich kann ich mich sicher fühlen, stark, kühn, stolz, rein, erfüllt von einer großen, inneren Ruhe. Endlich finde ich mich selbst – weil ich mich selbst verloren habe. Endlich bin ich O geworden.

O – ein Buchstabe, unpersönlich, ein x-beliebiger Name.

O – ein Loch, zugänglich für Männer bis in alle Ewigkeit; O, ein sexuelles Symbol, ein Symbol dafür, daß Frauen dazu da sind, daß Männer sich in sie entleeren können.

O – ein Objekt, ein Geschöpf, mit dem nur gehandelt werden kann.

O – eine Null, ein identitätsloses Geschöpf.

O – die vollendete Form, der Kreis, der die Welt umschließt, O, die endlich weiß, daß die Welt in ihr ist; O, der Punkt des Verschwindens, zurück in den Mutterschoß, in die Ruhe der Nicht-Existenz – in den Tod.

Der Name O ist eine geniale Erfindung. Aber zweifellos hat der Autor sein eigenes Pseudonym mit der gleichen Sorgfalt gewählt. Der Nachname Réage ist gleichfalls vieldeutig: Das Wort *réagir* oder *reagieren* ist darin enthalten – man reagiert schließlich, wenn die richtige Stimulanz da ist. Die Wörter *Reaktion, reaktionär* stecken ebenfalls darin – denn Os Unterwerfungsdrang steht in krassem Gegensatz zu all den Ideen, die den westlichen Demokratien zugrunde liegen: daß wir als freie und gleichgestellte Menschen geboren werden und daß diese Freiheit und Gleichheit nicht unterdrückt werden darf. Die «Geschichte der O» erzählt uns das Gegenteil: daß einige, möglicherweise alle Menschen von Geburt an zur Ungleichheit und Unfreiheit bestimmt sind und daß sie nur glücklich werden, wenn sie ihre falsche Freiheit und Gleichheit verlieren und sich der Unterwerfung und Sklaverei anheimgeben.

Und der Vorname Pauline: Er deutet vermutlich nicht nur auf den Namen Paulhan hin (von dem einige Leser meinen, er sei der Verfasser des Buches), sondern auch auf *paulinisch*, das heißt, vom Apostel Paulus stammend. Paulus hat jene angstbesetzte, haßerfüllte und unterdrückende Einstellung der christlichen Kirche gegenüber der Frau formuliert, eine Einstellung, die noch immer größte Schäden anrichtet in katholischen Ländern, wie dem, wo O geboren wurde, aber etwas abgeschwächt auch in allen anderen christlichen Ländern weiterlebt, wo immer Frau und Sünde eins sind und wo alle Frauen dafür sühnen müssen, daß sie Frauen sind, ebenso wie die Männer dafür sühnen müssen, daß sie mit ihnen umgehen ... «Die Frauen seien ihren Männern so untertan wie dem Herrn; denn der Mann ist das Haupt seines Weibes», so die Worte des Heiligen Paulus an die Epheser, wer auch immer diese Epheser waren.

Und schließlich behauptet der Vorname ja zweifellos, daß der Autor eine Frau ist.

Ich kenne viele, die die «Geschichte der O» gelesen haben. Irgendwann fangen die meisten an, darüber zu diskutieren, ob ein Mann oder eine Frau dieses Buch geschrieben hat (vielleicht tun sie das, um von dem abzulenken, was sie wirklich berührt hat). Jean Paulhan, der das Vorwort geschrieben hat, tut es auch; er meint, es könne nur eine Frau sein: wer, wenn nicht eine Frau, käme auf die Idee, die ganz alltägliche Tatsache wahrzunehmen, daß Renés Pantoffeln dringend repariert werden müssen?

Das ist natürlich ein etwas armseliges Argument und belanglos für die Diskussion. Es geht doch darum, ob ein Mann überhaupt imstande wäre, sich in eine Sklavenseele hineinzuversetzen – und die übliche Schlußfolgerung ist, daß er das eben nicht kann.

Wenn ich gefragt würde, würde ich behaupten, nur ein Mann kann das Buch geschrieben haben. Ich stütze mich allerdings auch auf Argumente, die all denen, die gewöhnlich über so etwas diskutieren, gleichgültig erscheinen werden. Ich bilde mir ein, das große Interesse an analer Sexualität ist etwas typisch Männliches. Ich weiß außerdem, daß Männer immer sehr gern zusehen wollen, wie Frauen es miteinander treiben. Von dieser Neugier leben viele Porno-Herausgeber: zwei Mädchen im Bett sind besser als eins, macht nichts, wenn sie lesbisch sind. Und schließlich meine ich, daß Männer viel mehr dazu neigen als Frauen, die weiblichen Geschlechtsorgane als etwas anzusehen, das die Frau zu einem niederen Geschöpf macht; deshalb können Männer zum Beispiel das Verbot, Höschen zu tragen, als ganz zentrales Symbol ihrer eigenen Macht und für die totale Unterwerfung der Frau gebrauchen.

Genug! Es geht darum, ob Männer oder Frauen sich besser ausmalen können, daß Frauen geborene Sklaven sind. Und da, glaube ich, gibt es keinen Unterschied; Männer wie Frauen sind gleichermaßen tief geprägt von der Vorstellung, Frauen seien so in ihrem Innersten. Und das ist in diesem Zusammenhang entscheidend.

Wir können also bis zum Jüngsten Gericht darüber diskutieren, ob die «Geschichte der O» nun von einer masochistischen Frau oder einem sadistischen Mann geschrieben ist, von einer sadistischen Frau oder einem masochistischen Mann, von einem homosexuellen Mann oder einer lesbischen Frau oder einfach von einem Mann oder einer Frau in einer *Männergesellschaft*. Denn die «Geschichte der O» ist einfach die Geschichte der Frau, so wie die Männergesellschaft sie sieht.

Dieses Bild der Frau ist als riesiges kollektives Kunstwerk in Jahrhunderten, in Jahrtausenden entstanden. Aber es gibt eine Stelle, an der sich die Strahlen in einem Brennpunkt zu sammeln scheinen, um sich dann wieder zu zerstreuen und ein strahlendes, buntes Spektrum bilden: die Psychoanalyse. Und wenn man etwas genauer hinsieht, zeigt sich, daß O so voll und ganz mit der Psychoanalyse übereinstimmt, als ob sie Freud, Deutsch, Bonaparte und den anderen Modell gestanden hätte. Was jene nicht geschafft haben, das schafft Pauline Réage: die Theorien in Fleisch und Blut zu verwandeln. Aber deshalb muß man nicht gleich einen Psychoanalytiker für den Autor halten. Es beweist nur einmal mehr mit aller Deutlichkeit, wie systematisch uns eine ganz bestimmte Auffassung von der Frau eingehämmert wurde.

O hat alles. Sie ist das nicht-aggressive, passive, penislose Geschöpf, das sich in der ihm zugewiesenen Rolle zurechtfindet. Sie akzeptiert die Schmerzen als etwas, das zu ihrer Lage gehört. Sie hat einen unbewußten Bedarf an Strafe, und er hängt damit zusammen, daß ihr ursprünglicher Sadismus sich nach innen gekehrt hat und zum Masochismus geworden ist, dank der korrekten Art, wie sie ihren Ödipuskomplex überwunden hat: nämlich durch eine Bindung an ihren Vater, die sie lebenslänglich zu Vaterfiguren hinzieht; dagegen verachtet sie ihre Mutter und mit ihr alle anderen Frauen, die sie logischerweise dann auch verraten muß. Sie ist ihren Gefühlen treu und hat kein ausgeprägtes Über-Ich, was dadurch deutlich wird, daß sie keine andere Moral akzeptiert als diejenige, die zu einem gegebenen Zeitpunkt in einer gegebenen Situation angemessen erscheint. In Wirklichkeit ist sie ein narzißtisches Geschöpf, das seinen Körper und seine Gefühle im Spiegel betrachtet, aber sie hat auch gelernt, daß es verboten ist, die eigene Klitoris zu berühren. Sie kann sich mit Frauen vergnügen, aber hingeben kann sie sich nur Männern, und das empfindet sie als ihre weibliche Vollendung.

Zwar war O eine Zeitlang von einem Männlichkeitskomplex in die Irre geführt worden, sie lebte ein aktives, selbständiges, berufstätiges Leben; aber glücklicherweise wird sie geheilt. Deshalb dürfen die Männer zur Belohnung dafür, daß sie sie geheilt haben, von Os neuem Ich profitieren: Sie ist ein unkompliziertes kleines Geschlechtswesen, das nicht mit ihnen zu diskutieren anfängt und dessen wunderschöne Reinheit sie immer wieder besudeln dürfen, also Geschlechtsverkehr mit ihr haben können – was sie kaum könnten mit einer gleichberechtigten, emanzipierten Frau, die sie zwar respektieren, aber nicht als Frau genießen könnten. Über O können sie in Begeisterung ausbrechen: Ja, das ist eine echte Frau!

Und die Leser werden offen oder im stillen schwören, daß eine Frau das Buch geschrieben haben muß. Für sie wird es immer *das Frauenbuch* bleiben, das Buch über eine Frau, die wagt – inmitten einer entgleisten, stromlinienförmigen Welt, in der Frauen genötigt werden, ihre Weiblichkeit zu verleugnen und den falschen Wunsch nach Männlichkeit zu nähren –, dem wahren, biologischen Ruf des Blutes zu folgen und sich ihrem wahren Element anzuvertrauen. So wird O zum Bild der *natürlichen Frau*, und die Leser werden das Gefühl haben (ob sie es sich nun offen einzugestehen wagen oder nicht), es sei gut und richtig, daß auch Jacqueline nach Roissy kommt; daß die kleine Natalie in ihrer Entwicklung auf dem richtigen Weg ist, wenn sie sich schon in so jungen Jahren danach sehnt, auch dort hinzukommen; daß alle echten Frauen dort hingehören – und daß O dorthin zurückgehen muß. Wenn sie vorher nicht gestorben ist. All das werden die Leser empfinden, und sie werden sich auf ihre Gefühle verlassen, denn Gefühle sind schließlich etwas ganz Natürliches, und wer anfängt, an seinen Gefühlen zu zweifeln und davon zu reden, daß Gefühle von außen beeinflußt sind, der kann bestenfalls ein kaltes, blutloses, armes Wesen sein, das dem Intellekt zum Opfer gefallen ist.

Als ich die «Geschichte der O» zum erstenmal las, bewirkte sie unterschiedliche Gefühle: sexuelle Erregung, Entsetzen, Angst – und Neid. Seither hab ich das Buch noch oft gelesen und immer die gleichen Gefühle bekommen. Aber mit der Zeit und nachdem es mir ein paarmal gelungen ist, in gewisser Weise «Os Nachfolgerin» zu werden, ist jedenfalls mein Neid kleiner geworden, denn niemand tritt in Os Fußstapfen, ohne die Grenze zu einem Zustand zu überschreiten, der nicht besonders beneidenswert ist.

Aber ich muß Pauline Réage immer noch recht geben: die Beschreibung ist korrekt, und ich verstehe O. Ich verstehe ihren Stolz über die Striemen von der Peitsche (er gleicht dem

Stolz über einen blauen Fleck am Arm oder am Hals, er ist nur gewalttätiger und ernster. Er besitzt mich, ich bin ihm etwas wert – schaut her, was er alles mit mir machen kann – ist er nicht stark, der Mann, der mich liebt? – Ich bin also wertvoll; ich existiere also ...) Ich verstehe, daß O über diesen eigenartigen Umweg dazu kommen kann, innere Ruhe, Stärke, Würde, Sicherheit und seelische Energie zu spüren, die sich mit nichts vergleichen lassen, was ich (O) kenne.

Aber im Gegensatz zu O bin ich mir schon lange darüber im klaren, worum es bei dem Spiel auch noch geht und was auch der Preis ist – es ist eben ein Spiel mit einem hohen Einsatz, bei dem einem nichts geschenkt wird. O weiß das nicht. Aber Pauline Réage weiß es sehr wohl, und deshalb ist die Geschichte von O ein so starkes Buch, denn sie zeigt beide Seiten: den Gewinn und den Preis.

Denn womit bezahlt O? Sie bezahlt mit sich selbst. O verkauft sich.

Sie verkauft ihren Körper, das Recht auf ihren Körper, das Recht auf persönliche Lust. Sie verkauft ihre Fähigkeit zu sprechen – als sie ausnahmsweise einmal zum Sprechen aufgefordert wird, kann sie nur ein paar Banalitäten herausbringen. Sie verkauft ihre Beziehungen zu anderen Menschen, denn sie lebt von der Umwelt abgeschlossen. Sie verkauft insbesondere ihre Beziehungen zu anderen Frauen, denn sie kann sie nur verraten, und den Frauen bleibt nichts anderes übrig, als sie zu verraten. Sie verkauft ihre Fähigkeit, selbständig zu sein. Sie verkauft ihre Tatkraft und ihren Willen, ihre Verantwortlichkeit und ihre Individualität. Sie verkauft ihre Gefühle und zum Schluß auch noch ihren Tod. Ihr bleibt nichts.

Und was hat sie davon? Handelt ihre Geschichte von einem mystischen Erlebnis, einem bewußtseinserweiternden Trip? Ist sie eine Märtyrer-Legende – ein religiöses Paradox? Ist sie die alte Geschichte, die davon handelt, daß man sich selbst verlieren muß, um sich zu finden?

> Die Blicke, die Hände, die Körper, die sie besudelten, die Peitschen, die sie zerfleischten, versetzten sie in einen rauschhaften Zustand der Selbstvergessenheit, der wieder in die Liebe mündete, sie vielleicht in die Nähe des Todes führ-

te. Sie war niemand und zugleich jedes der anderen Mädchen ...

Mit der Zeit empfindet O eine Sicherheit, die sie nicht entbehren kann und die sie sich auf andere Weise nicht verschaffen kann. Aber am Ende sitzt sie verlassen da, als Tier verkleidet, an ihren Geschlechtsteilen gefesselt, stumm, gefühllos. Auch wenn es zeitweise ein guter Trip war, so endet er doch übel. Sie hat sich selbst aufgegeben und nichts dafür bekommen. Gewonnen haben nur die anderen. O ist betrogen worden, von den Männern, die sie ausnutzen, von den Frauen, die sie (wie die kleine Natalie) an der Kette an ihren Schamlippen führen, von sich selbst – von mir. Von uns allen, die wir auf die Gefühle hören und fest davon überzeugt sind, es seien unsere eigenen – und O als *Frau* definieren.

Ich habe die «Geschichte der O» so lange aufgehoben, weil ich kein anderes Buch kenne, das so gut die Widersprüche ausdrückt, die auch in unserem Bild vom Frausein stecken. Sie sind so scharf und so eindringlich gezeichnet, daß wir nicht umhin können, sie am eigenen Leibe und tief in der Seele zu spüren. Aber was sollen wir machen mit diesen Widersprüchen?

O gibt uns so etwas wie eine Antwort, denn sie lebt aus, was viele von uns nur dunkel träumen. In ihrer Geschichte können wir etwas über uns selbst erfahren – was uns erwartet, wenn wir uns dem Entwurf der Männergesellschaft von der Frau anschließen. Die «Geschichte der O» ist eine *Fabel über Frauen*. Aber sie wird niemals eine eindeutige Antwort geben. Sie bietet keine Lösung, nur ein Fragezeichen.

Deshalb müssen wir uns auch weiter mit der «Geschichte der O» auseinandersetzen. Ich kenne kein bedeutenderes Buch, mit dem sich die Frauenbewegung beschäftigen muß, wenn sie – unter anderem – der jungen Frau antworten können will, die damals bei dem Germaine-Greer-Treffen mit verzweifelter Stimme ausrief, wie wir eigentlich so tun könnten, als wollten wir die Gleichberechtigung, wo wir doch in Wirklichkeit nach Fesseln und Unterwerfung hungern.

Dritter Teil

14
Masochismus ist alles mögliche

Über autoritären und sexuellen Masochismus

Liebe unbekannte und anonyme junge Frau, deren Gesicht ich nicht einmal sehen konnte – ich hörte nur Deine Stimme und wie ernst es Dir war.

Eigentlich hast Du der Frauenbewegung ja eine Frage gestellt. Konntest Du mit der Antwort, die Germaine Dir gab, etwas anfangen?

Es würde mich wundern. Wenn Germaine lieber sterben will, als weiterhin von Vergewaltigung zu träumen, hast Du vielleicht auch das Gefühl, daß es besser wäre zu sterben. Oder jedenfalls das nächste Mal den Mund zu halten. Aber weder das eine noch das andere wäre eine besonders konstruktive Lösung.

Germaines Antwort hat erkennen lassen, daß Du Dich da auf verbotenes Gebiet begeben hattest. Ich glaube, Du solltest bedenken, daß sie und die ganze Frauenbewegung mit der heimlichen Angst herumlaufen, eines Tages würde eine kommen und diese Frage in aller Öffentlichkeit stellen, würde uns alle entlarven, genauso wie der Junge in «Des Kaisers neue Kleider», würde die ganze furchtbare Wahrheit über die Frauenbewegung enthüllen.

Denn natürlich hast Du recht: Wie kann man behaupten, man wünsche sich Freiheit und Gleichberechtigung, wenn man im Grunde eine Sklavenseele ist?

Bei dem Gedanken daran, was passieren würde, wenn wir uns selbst und anderen eingestehen würden, daß sehr viele von uns Masochistinnen sind, haben wir alle einen Schreck bekommen. Wir konnten es uns ganz offensichtlich nicht leisten, uns mit dieser Frage während einer Zeit der Mobilisierung auseinanderzusetzen. Sie hätte unsere Kampfmoral beeinträchtigen können. Aber jetzt habe ich solche Ängste nicht mehr, deshalb will ich versuchen, Dir zu antworten. Denn ich finde die Situation unhaltbar; sie birgt zu viele versteckte Konflikte in sich.

Nicht, daß ich das «Rätsel des Masochismus» gelöst hätte, das noch niemand hat lösen können – dies Buch ist keine Geschichte mit Happy-End. Aber vielleicht kannst Du es doch gebrauchen.

Jedenfalls meine ich, daß wir mit dem Masochismus noch lange nicht fertig sind, trotz allem, was wir darüber erfahren haben.

Masochistinnen ...

Was genau meintest Du mit dem Wort, als Du es benutztest? Was meinte Germaine damit, als sie Dir antwortete? Benutzen wir das Wort überhaupt gleich? Haben wir uns eigentlich jemals klargemacht, war wir damit meinen? Oder benutzen wir einfach irgendein Wort weiter, das uns irgendwann einmal ausgehändigt wurde?

Irgendwann einmal, vor langer Zeit, erfuhr ich, daß es etwas gab, das Masochismus hieß; schon die Tatsache, daß ich damit einen Namen bekommen hatte, war eine Erleichterung. Ich glaube kaum, daß ich heute noch hinter der Vorstellung stehen möchte, Masochismus sei etwas Bestimmtes. Es scheint sich dauernd zu bewegen und zu verändern.

Was haben wir eigentlich über diesen sogenannten «Masochismus» erfahren, außer daß es sich bei ihm um eine Abweichung, eine Besonderheit, eine Perversion, eine Neurose handelt – außer daß er etwas zu tun hat mit dem Verlangen nach Schmerz oder Unterwerfung, psychisch oder physisch, in der Realität oder in der Phantasie? Man hat uns viele unterschiedliche Theorien angeboten:

Ein Strafbedürfnis sei am Masochismus schuld. Er sei Ausdruck für Schuldgefühle. Er sei Resultat einer sehr hohen Orgasmus-Schwelle. Er hänge mit einer sehr niedrigen Orgasmus-Schwelle zusammen, die bewirke, daß alles sexualisiert wird. Unsere Sinne seien abgestumpft, und deshalb brauchen wir stärkere Kost. Wir seien verklemmt, weil wir Angst vor dem Orgasmus haben. Wir hätten Angst vor der Freiheit. Wir müßten zwanghaft in unsere Kindheit zurückflüchten, weil wir da einmal einen seelischen Schock bekommen hätten. Wir hätten einmal einen physischen Schock bekommen, und der sei uns im Körper steckengeblieben. Masochismus sei ebenso normal wie alles andere. Wir seien einfach natürliche Frauen. Wir teilten unser Schicksal mit allen Unterdrückten. Wir hätten ein übersteigertes Bedürfnis nach Liebe und Geborgenheit. Wir hätten Angst, allein gelassen zu werden. Wir wagten nicht, unsere Aggressionen auszuleben und seien deshalb gezwungen, sie gegen uns selbst zu richten. Wir trachteten wie alles Lebende nach Vernichtung und Tod. Das Wort Masochismus sei ein Sammelbegriff...

Es ist überhaupt nicht verwunderlich, daß wir unserem Masochismus mit so gemischten Gefühlen gegenüberstehen und daß unser Gefühl dafür, wo wir selber eigentlich stehen, dauernd wechselt, wenn Masochismus (im Gegensatz zu allen anderen Abweichungen) einmal für gut und ein anderes Mal für schlecht befunden wird. Wir können nicht einmal sagen: «Masochisten aller Länder vereinigt euch!» Wir können auch keine Masochistische Befreiungsfront gründen. Wir haben überall Feinde: solche, die uns am liebsten vor die Tür setzen möchten, und solche, die uns auf die Schulter klopfen und sagen, wir sollen es doch nicht so tragisch nehmen. Und schließlich solche, die von unserem Masochismus profitieren.

Aber wenn es so viele ganz unterschiedliche Theorien gibt, dann kann irgend etwas nicht stimmen. Und so bezweifle ich, daß es sich im Augenblick für uns lohnt, noch *weitere* Theorien über die Entstehung von Masochismus zu studieren. Deshalb mache ich auch hier einen Schlußstrich und wühle mich nicht durch weiteres Forschungsmaterial. Ich glaube, wir haben es im Augenblick viel nötiger, uns darüber klarzuwerden, wie Masochismus *funktioniert* – wie er uns in der Praxis beeinflußt. Denn eins ist sicher, meine ich: Auf die eine oder andere Art schadet er uns.

Aber ich glaube nicht, daß wir weiterkommen, bevor wir den *Begriff* als solchen genau untersucht haben. Also:

Umfaßt der Begriff Masochismus verschiedene Elemente? Wenn ja, dann müssen wir diese Elemente getrennt voneinander untersuchen, anstatt sie alle in einen Topf zu werfen, und herausfinden, wie jedes einzelne funktioniert. Welchen Platz nehmen sie jeweils in unserem Leben ein? Ist dieser Platz angemessen?

Und wenn er es nicht ist, wer profitiert dann davon? Welche Nachteile sind damit verbunden? Und was können wir tun, um die Situation zu ändern?

Und noch etwas: Können wir Masochistinnen sein und trotzdem eine Frauenbewegung auf die Beine stellen?

Um etwas System in die Sache zu bringen, schlage ich vor, *zwei Hauptformen* zu unterscheiden: den sexuellen und den autoritären Masochismus.

Wir haben uns daran gewöhnt, diese beiden Formen zu vermischen. Ich selbst habe es beim Schreiben dieses Buches getan, aber ich mußte die Dinge so beschreiben, wie ich sie erfahren hatte. Hier zum Schluß nun möchte ich gern erzählen, wie ich sie heute sehe. Die wichtigste Einsicht, zu der ich gekommen bin, ist folgende: die *Vermischung*, das heißt auch Verwirrung der beiden Formen, macht Masochismus gefährlich für uns.

Ein *autoritärer Masochist* ist jemand wie Scherfigs «verschwundener Handlungsbevollmächtigter» oder Kafkas «K.». Autoritärer Masochist ist man, wenn man einer Autorität huldigt, die einen unterdrückt, zu einer Nummer, einem Buchstaben, einer Null macht. Wenn man alles in seiner Macht Stehende tut, um das gegen einen gerichtete Gesetz zu befolgen, wenn man die Unterdrückung sucht und sich alle Wege zur Freiheit versperrt.

Dann liebt man seine eigene Unterdrückung. Und der Beweis dafür ist, daß man protestiert, wenn jemand Unterdrükkung dazu sagt, daß man behauptet, es sei alles, wie es sein soll, oder ganz persönlich passe es einem so am besten in den Kram.

Aber gibt es wirklich Menschen, die ihre eigene Unterdrükkung lieben? Ist das nicht nur Gerede?

Es gibt vermutlich niemanden, der es bewußt tut. Aber es gibt sehr viele Menschen, die sich unbewußt an ihre eigene Unfreiheit klammern. Es gibt sehr viele Menschen, die am liebsten in ein Mauseloch kriechen möchten und vor Schreck vergehen, wenn sie sich irgendwo hervortun sollen.

Gewöhnlich werden sie nicht Masochisten genannt, sondern Märtyrer, und darin schwingt auch mit, daß man sich über sie ärgert, weil sie sich irgendwie eine Menge zusätzliche Aufmerksamkeit sichern. Alles soll sich um sie drehen, nur um sie.

Sie sind selbstmitleidig – um bemitleidet zu werden. Sie entschuldigen sich – damit jemand protestiert und sie lobt. Sie machen sich klein und schwach – damit andere sich verpflichtet fühlen, ihnen zu helfen. Sie halten sich im Hintergrund – damit andere das Gefühl bekommen, sie in den Vordergrund stellen zu müssen. Sie begeben sich in unmögliche Situationen, wo sie Niederlagen erleiden *müssen*, und verkünden beinah triumphierend, sie würden eben immer vom Schicksal verfolgt. Sie halten immer die andere Backe auch noch hin – besonders, wenn einer zusieht.

Aber sie wagen nicht, der Sache auf den Grund zu gehen und die wirkliche Ursache für ihr übersteigertes Aufmerksamkeitsbedürfnis zu finden, nämlich, daß sie nicht selbst an sich glauben und deshalb nicht damit rechnen, daß andere es tun. Und sie glauben nicht an sich selbst, weil sie nicht wagen, auf eigenen Füßen zu stehen, selbst zu entscheiden, selbst zu handeln, die Verantwortung für ihr Handeln zu übernehmen. Sie müssen die Verantwortung anderen zuschieben, die sie zu Recht oder zu Unrecht als Autoritäten ansehen und nach denen sie sich richten. Damit ist eine gewisse Bequemlichkeit verbunden – aber die rächt sich, denn sie werden dadurch noch schwächer, noch unsicherer, trauen den Liebes- und Respektsbeweisen anderer noch weniger. Sie bewegen sich in einem Teufelskreis.

Aber trotz ihres Selbstmitleids würden sie gewaltig protestieren, wenn jemand behauptete, sie seien wirklich krank und müßten zum Beispiel zum Psychiater. Das wäre dann doch zu gefährlich, und deshalb kriechen sie lieber noch tiefer in ihr Mauseloch und überlassen anderen, über sie zu verfügen – einem Ehegatten, einer Kirche, einer starken Organisation, einem System von Zucht und Ordnung.

Aber sind sie wirklich krank? Sollten sie sich behandeln lassen?

Das hängt davon ab, wer sie sind – und wer das entscheiden

soll. Würde sich ein Geschäftsmann oder ein politischer Führer so fühlen, würde er krankgeschrieben und sofort in Behandlung geschickt. Bei einem kleinen Bankangestellten oder einem Fabrikarbeiter sieht das schon ganz anders aus: die schaffen ihren Job auch so. Was bei dem einen für nötig befunden wird, ist bei dem anderen egal. Es werden Unterschiede gemacht. Deshalb kann man sehr wohl glauben, man sei gesund, hätte nur etwas Pech oder sei aus irgendeinem, rein persönlichen Grund nicht gut genug – obwohl man in Wirklichkeit, gemessen an dem, was für Individuen einer anderen Klasse gilt, krank ist.

Aber der autoritäre Masochismus ist eben keine Frage des Individuums. Ein autoritärer Masochist kommt selten allein. Meistens leben sie in Gruppen. Deshalb ist es auch sinnlos, Zeit und Geld darauf zu verwenden, an der Gesundheit des einzelnen herumzuflicken, denn auf diese Weise erfährt man nie, ob es eine kollektive Krankheitsursache gibt.

Natürlich ist die einzelne Person krank. Vermutlich verbarrikadiert sie sich hinter einer Panzerung, die sie daran hindert, sich frei zu bewegen, vermutlich ist sie außerstande, die Freiheit zu bewältigen. Denn die Freiheit ist ungewohnt – *weil sie verboten war und noch immer* ist, sowohl dem einzelnen wie der Gruppe.

Welche Bevölkerungsgruppen sind denn nun kollektiv befallen von autoritärem Masochismus?

Die unterdrückten Gruppen sind es. Gruppen, die wehrlos sind – oder sich einbilden, es zu sein –, wegen ihrer Rasse, Hautfarbe, Klasse oder ihres Geschlechts, weil sie in der Minderheit sind, weil sie von einer Kolonialmacht beherrscht werden. Oder wegen ihres Alters – weil sie zum Beispiel Kinder sind.

Und wer ist nicht einmal Kind gewesen? Und welches Kind lebt nicht in einem autoritären System? Noch immer ist die Kernfamilie das System, in dem die einen Rechte haben, die die anderen nicht haben, und in dem die Unterschiede deutlich herausgestellt werden – nicht zuletzt dadurch, daß die herrschende Gruppe (die Erwachsenen) sowohl körperliche Stärke, wie Geld, wie den Schutz des Gesetzes haben, kurz: die

Macht. Und wer die Macht hat, hat auch das Recht – und im Zweifelsfall tritt die Macht auf den Plan.

Die Familienoberhäupter lehren – meistens ohne sich darüber klar zu sein – ihre wehrlosen Untertanen, auf welche Weise das Machtsystem später, draußen in der Gesellschaft, funktioniert. Erziehung ist im wesentlichen ein Training darin, den Autoritäten zu gehorchen. Wer nicht gehorcht, wird bestraft oder vielleicht einfach links liegengelassen oder weniger geliebt, wer dagegen brav ist, wird belohnt oder vielleicht einfach beachtet oder ein bißchen mehr geliebt. Lob und Tadel sind ganz ähnliche Erziehungsmittel, denn beide impfen dem Kind ein, daß es nicht damit rechnen kann, nach seinen eigenen Normen und Wünschen beurteilt zu werden, es wird von oben beurteilt – entsprechend den Normen und Wünschen der Autoritäten.

Es heißt, Kinder mögen Autorität gern und brauchen sie, und vielleicht ist daran sogar etwas Wahres. Was man kennt, hat man gern – solange man nichts anderes kennt. Außerdem ist ein Untertan-Verhältnis oft mit Geborgenheit und Schutz verbunden (obwohl Macht auch so willkürlich ausgeübt werden kann, daß ein Kind keine Ahnung hat, wo es eigentlich steht).

Aber wenn ein autoritär erzogenes Kind größer wird, entstehen oft Konflikte, denn dann widersetzen sich viele Kinder gerade den Dingen, die von den Autoritäten am härtesten gefordert wurden. Aber das sei ganz natürlich, heißt es, das liege an der Pubertät und gehe vorbei.

Manche werden Rebellen, andere flippen aus, und wieder andere werden normale aktive Menschen wie sie sein sollen – je nach Veranlagung und System, unter dem sie leben. Aber es gibt auch solche, denen die Unterwerfung so in Fleisch und Blut übergegangen ist, daß sie sich neue Autoritäten suchen müssen – einen selbstgerechten Vater-Chef, eine tatkräftige Mutter-Ehefrau oder ein System von Zucht und Ordnung, wo alles am richtigen Platz ist, auch sie selbst. Sie leben mit ihrem Gehorsam und ihrer Präzision, es liegt ihnen, «ja, bitte» zu sagen und adrett im Bett zu liegen, wenn der Oberarzt Visite macht, sie werden pflichtbewußte Angestellte und schweigsame Fließbandarbeiter. Sie nehmen das Leben, wie es kommt, und denken nie daran, zu protestieren, auch wenn die Güter ungleich verteilt sind. Autoritäre Masochisten lassen sich auch gern freiwillig in die Tasche stecken.

Ganze Bevölkerungsgruppen – Rassen, Minderheiten, Klassen – können jedoch auch volljährig werden, aber das wird nicht als natürliche Entwicklung angesehen. Die Autoritäten haben es vorausgesehen und tun, was sie können, um einer allzu großen Unzufriedenheit der Unterdrückten vorzubeugen. Sie sorgen dafür, daß die Leute etwas zu tun haben. Wenn ihre Arbeit sie nicht müde genug macht, dann werden die Pausen mit Unterhaltung verschiedener Art ausgefüllt. Zweck der Sache ist, die Unterdrückten daran zu hindern, zuviel zu denken und miteinander zu reden, sie könnten sich dabei ja über ihre Krankheiten klarwerden – über die Symptome ihrer Unterdrückung – die sie mit einer Menge anderer Menschen gemeinsam haben.

Die Chancen dafür, daß sie nicht ernsthaft unzufrieden werden, sind eigentlich auch sehr günstig. In jedem Machtsystem, das genügend lange funktioniert hat, wird die Macht zum Schluß überflüssig, weil sie das allerwirksamste Mittel für einen Status quo erreicht hat: den kollektiven autoritären Masochismus, auch *falsches Bewußtsein* genannt.

Das falsche Bewußtsein funktioniert mit Hilfe eines Mechanismus, der die Unterdrückten dazu bringt, die Ideale und Maßstäbe ihrer Unterdrücker freiwillig zu übernehmen – was keine Schwierigkeit ist, da sie die Ideale und Maßstäbe mit der Muttermilch eingesogen haben und es weiter tun: im Kindergarten, in der Schule, in der Ausbildung und durch die Medien. Alle diese Institutionen sind den Bedürfnissen der herrschenden Klasse angepaßt. Überall wird den Unterdrückten eingehämmert, die Herrscher seien groß, stark und bewundernswert, sie selbst dagegen seien weniger fein, sondern schwach und von Natur aus so was wie ewige Kinder, die allein gar nicht zurecht kommen können. Wie ihre Arbeitskraft ausgebeutet wird von der herrschenden Klasse, so müssen sie die Kultur der Unterdrücker übernehmen: die Geschichtsbücher handeln nie von ihnen selbst, sie werden nie porträtiert, sind nie die Helden der Filme, und Gesetze und Polizei gehören nicht ihnen, sondern sind gegen sie gerichtet. Sie können gar nichts anderes tun, als ihren Platz einnehmen und daran glauben, daß sie es so am besten haben. Und vielleicht gelingt einem am Ende sogar, zu glauben, man hätte eigentlich die gleichen Erfolgsmöglichkeiten wie seine Herrscher – nur leider persönlich eben nicht ganz so viel Glück gehabt.

Dann legt man sich freiwillig eine Reihe von Symbolen zu, die ausdrücken, daß man die Unterdrückung akzeptiert, die man jedoch nicht Unterdrückung nennt, sondern *Leben*; die Symbole sind je nach Zugehörigkeitsgruppe verschieden, aber sie haben die gleiche Bedeutung:

Man rollt die Augen und bleckt die Zähne zu einem Onkel-Tom-Lächeln, das bestätigt, wie zufrieden man ist, ein etwas dummer, aber fleißiger und unterwürfiger Sklave zu sein, und wenn man richtig schön danke sagen soll, dann sagt man: «Das war aber wirklich sehr *weiß* von ihnen!» Auch wenn man selbst schwarz ist. Man kauft Illustrierte und sieht sich die Fotos von den Parties der feinen Leute an, man kann damit seine Freude darüber bestätigen, daß es Unterschiede gibt. Man abonniert eine Zeitung, die nicht die eigenen Interessen, sondern die der Arbeitgeber vertritt. Man erklärt, daß der Schuster bei seinem Leisten bleiben soll, auch wenn man selbst Schuster ist, und daß solche Leute bloß nicht auch noch auf die Universität gehen sollen, da werden sie nur eingebildet, sprich: man ist froh, daß man selbst nichts Besonderes ist.

Es ist offensichtlich, daß jedes Unterdrückungssystem Vorteile für die Unterdrücker bietet, aber die Unterdrückten haben auch gewisse Vorteile, vorausgesetzt, sie reagieren auf die Unterdrückung mit autoritärem Masochismus und bejahen sie. Man braucht dann nicht soviel nachzudenken, alles wird für einen geregelt, denn es gibt für alles Regeln und Polizeivorschriften. Wenn man nichts zu sagen hat, braucht man auch nicht darüber nachzudenken, was man sagen will. Wenn man keine Wahl hat, braucht man auch nicht zu wählen. Das kann also auch ein ganz bequemes Leben sein (wenn man mal davon absieht, daß man meistens hart für sein tägliches Brot arbeiten muß). Man vermeidet so Stress und Magengeschwüre (wenn man sie doch kriegt, dann aus ganz anderen Gründen, als seine Vorgesetzten ...).

Außerdem haben unterdrückte Gruppen auch oft besondere Privilegien, die ihre Vorgesetzten nicht haben: sie dürfen in farbenfrohen Kleidern gehen, während die Unterdrücker meistens eher uniformiert aussehen. Sie dürfen den Clown spielen und sogar Witze über die Machthaber machen; sie lassen damit Dampf ab und brauchen dann erst recht nicht mehr ernst genommen zu werden. Sie dürfen auch singen und tanzen und sogar weinen, wenn sie traurig sind (zum Beispiel über ihre Unterdrückung), während die Herrscher dauernd darauf bedacht sein müssen, das Gesicht nicht zu verlieren. Es gibt also gewisse Vorteile – besonders wenn man einen recht guten und netten Unterdrücker hat. Und das hat man oft, solange der Unterdrücker seinen Vorteil darin sieht, gut und nett zu sein, das heißt, solange es sich für ihn lohnt.

Und dennoch können selbst unterdrückte Gruppen, die scheinbar gut funktionieren, in Unordnung geraten. Das passiert, wenn wider Erwarten durch die Maschen der täglichen Arbeit und Freizeitunterhaltung Gerüchte dringen, daß es andere Systeme auf der Welt gibt und daß Freiheit etwas anderes ist. Die Unterdrückten werden reagieren, wie sie es gelernt haben: sie werden Zucht und Ordnung verschärfen und sich auf die Gerüchtemacher stürzen, um sie zum Schweigen zu bringen. Denn nichts trifft unterdrückte Menschen härter, als gesagt zu bekommen, daß sie unterdrückt und nicht frei sind. Deshalb müssen sie von den Ausbrechern Abstand nehmen. Taugen wir nun nichts mehr? Sind unsere Lebensweisen und unsere Mauselöcher plötzlich nicht mehr gut genug? Müßt ihr das Volk unbedingt *unzufrieden* machen?

Auf diese Weise verteidigt sich der autoritäre Masochist gegen jeden, auch noch so zögernden Versuch von Rebellion. Das muß er, sonst verliert er auch noch den letzten Rest Selbstachtung, denn wie könnte man ertragen, daß man betrogen worden ist, eine Lüge gelebt hat und eine Marionette der Autorität war?

Aber wenn die Nachrichten sich verbreiten und die Gerüchte darüber, daß es eine andere Freiheit gibt zunehmen und ergänzt werden durch ein anderes Training, nämlich wie man sich in der Sonne bewegt, durch wachsende gegenseitige Solidarität und eine neue Selbstachtung, dann kann der autoritäre Masochismus geheilt werden; er wird abgelöst durch einen politischen Freiheitskampf, und die Kräfte, die früher dazu gebraucht wurden, die Unterdrückung zu versüßen, können jetzt gegen sie verwendet werden.

Die Heilung erfolgt also sowohl auf einer praktischen wie auf einer theoretischen Ebene. Sie erfordert *Wissen* darüber, wie das eigene System funktioniert und welchen Platz man innerhalb dieses Systems eigentlich einnimmt. Und sie erfordert *Übung* im Denken, Reden, Tun, allein und mit anderen, angefangen bei den kleinsten Alltäglichkeiten, die eine neue Bedeutung bekommen, bis hin zu gemeinsamen Aktionen. Dann erst kann der autoritäre Masochismus in sein Gegenteil verwandelt werden: Rebellion. Der erste Schritt ist entscheidend und die eigentliche Heilung:

Das Eingeständnis, daß Knechtschaft nicht Freiheit ist, und das Gefühl, daß Freiheit besser ist.

Dann hört man auch auf, etwas als «wirklich sehr weiß» zu loben, und berichtet statt dessen davon, daß Schwarz schön ist, oder über Schwesterlichkeit oder über Arbeitersolidarität.

Aber es ist ein hartes «Friß Vogel oder stirb», denn wenn die Herrschenden sich auf das falsche Bewußtsein der Unterdrückten nicht mehr verlassen können, dank dem sie so viel Geld, Mühe, Polizei und Militär haben sparen können, müssen sie ihren gesamten Machtapparat mobilisieren. Und was dann passiert, ist nicht nur eine Frage der Solidarität und des Kampfwillens der Unterdrückten, sondern auch eine Frage von Waffen und Machtverhältnissen.

Es kann mit der Zerschlagung der Rebellion enden, aber das muß nicht bedeuten, daß der autoritäre Masochismus wieder aufflammt. Ist der Wille zur Freiheit einmal erwacht, dann lebt er weiter, und sei es in einer Untergrundbewegung.

Diejenigen allerdings, die nie die Freiheit gekostet haben, können noch masochistischer werden, müssen sich noch tiefer in ihre Mauselöcher verkriechen und noch lauter verkünden, daß es ihnen dort am besten geht. Und sie werden dort sterben, ein bißchen mehr, ein bißchen weniger, und einen Haufen bunter Kleider und ein paar schöne Klagelieder über das Leben hinterlassen, das Gut und Böse auf so unergründliche Weise verteilt – das Leben, das Schicksal, die größte Autorität.

Meinst Du, ich hätte Dich reingelegt – das hier hätte überhaupt nichts mit Masochismus zu tun?

Aber womit denn sonst? Es ist Masochismus, wenn man die Knechtschaft und die Unterwerfung selbst wählt – vielleicht aus Resignation, solange man keine Wahl hat; vielleicht aus Unwissenheit, weil man glaubt, man hätte keine Wahl; vielleicht aus Bequemlichkeit, weil Rebellieren schwierig und mühsam ist; vielleicht weil man sich an das Ducken gewöhnt hat und der Nacken schon so steif geworden ist, daß es weh täte, wenn man den Kopf heben würde. Es kommt alles auf dasselbe heraus: die Unterdrückung ist einem in Fleisch und Blut übergegangen, die Knechtschaft hat einen zur Sklavenseele gemacht.

Und genau das wird von uns behauptet. Sie sagen, wir hätten immer schon mit gesenktem Kopf gelebt, also *müßten* wir zum Ducken geschaffen sein; irgend etwas in *unserer Natur* müsse Unterwerfung zu unserer ganz spezifischen Form von Freiheit gemacht haben ... weil wir für den Masochismus geschaffen sind. Das ist ein ganz üblicher logischer Fehler – das sichtbare Ergebnis bestätigt die Richtigkeit der Ursache. Aber scheinbar ist er sehr brauchbar ...

Man kann allerdings von seinem autoritären Masochismus geheilt werden und trotzdem weiter an regulärem sexuellen Masochismus leiden. Denn der ist eine ganz andere Krankheit.

Während der autoritäre Masochismus Kopf und Herz und vermutlich noch eine Menge anderer ganz präziser Stellen des Körpers angreift und nur sehr schwer individuell zu heilen ist, kann man sich kaum vorstellen, wie man sexuellen Masochismus kollektiv behandeln sollte – er steckt in den Genitalien von Individuen. Es gibt auch keine bestimmte Kur für ihn. Es gibt verschiedene Möglichkeiten – aber wie gut sie sind, steht leider auf einem anderen Blatt.

Was bedeutet es eigentlich, *sexuell masochistisch* zu sein?

Es bedeutet, daß ich *sexuelle* Erregung, die eventuell in einem

Orgasmus gipfelt, infolge von Schmerz, Zwang oder Erniedrigung verspüre – ob sie nun in der Wirklichkeit oder in meiner Phantasie passieren. Im Prinzip ist gleichgültig, ob ich dadurch sexuell erregt werde, daß ich gepeitscht werde, oder dadurch, daß ich daran denke, ich werde wahrscheinlich gleich gepeitscht oder bin gerade gepeitscht worden, oder dadurch, daß ich eine Peitsche sehe oder nur das Wort Peitsche höre. Das ist alles ein und dasselbe. Glücklicherweise, hätte ich beinahe gesagt...

Aber wir müssen noch ein paar andere Unterscheidungen machen. Es gibt auch einen rein sinnlichen und völlig unmasochistischen Genuß infolge eines leichten Schmerzes – ein Nagel, der die Haut ritzt, scharfe Zähne, die an der Schulter knabbern. Wie? Ist das nicht Masochismus, wenn ich genieße, daß mir weh getan wird? Nein, nicht unbedingt. Ich glaube, es ist ein rein sinnlicher Genuß wie etwa, wenn man einen Magenbitter trinkt oder ein reichlich gepfeffertes Gericht ißt – eine neue und etwas krasse Empfindung, die mich wach macht. Masochismus wird es erst, wenn die Empfindung einen Umweg über irgendeine Station oben im Kopf macht, dort mit einem scharfen Messer in zwei Teile zerschnitten und nach unten in meine Möse geschickt wird: dann ist sie zum Symbol geworden und nicht mehr nur eine sinnliche Empfindung. Dann sind da plötzlich zwei Personen, ich und irgendein Augenpaar, das mich beobachtet: sieh nur, wie er sie behandelt (das heißt, mich zum Objekt macht), sieh nur, wie hilflos sie ist (das heißt, mich daran hindert, Subjekt zu sein).

Wessen Augen? Meine? Nein, das genügt nicht. Es muß noch jemand dabei sein, aber nicht unbedingt derjenige, mit dem ich zusammen bin; wir sind dann also vielleicht zu dritt. Die dritte Person kann irgendein Typ sein, den ich im Bus gesehen habe, oder Marlon Brando oder eine Phantasiefigur. Es kann auch der sein, mit dem ich zusammen bin, aber dann muß er meistens etwas umgemodelt werden. Denn sexueller Masochismus wird das alles erst in dem Augenblick, wenn ich erlebe oder selbst erfinde, daß *jemand anderer das Geschehen bewußt wahrnimmt.*

Aber was fühle ich denn nun – ist es wirklich Lust? Ich

weiß nicht recht; und vielleicht ist dies auch ein sprachliches Problem, denn in Wirklichkeit ist unsere Sprache arm. Schmerz ist nicht Genuß und Angst und Scham sind es auch nicht. Es ist nicht etwas, worüber ich lächeln könnte, worüber ich mich leicht und froh und frei fühle – im Gegenteil. Aber vielleicht könnte man sagen, es gibt mir ein sichereres Gefühl, zu *existieren*. Es tut mir weh, also bin ich. Wenn ich weine, habe ich keinen Zweifel daran, daß ich lebe. Ich wäre dessen so gern auf eine weniger verdrehte und lebensverneinende Weise sicher.

Ich habe das Gefühl, eine sexuelle Erfahrung kaum auf zwei wesentliche Arten verlaufen. Ich stelle mir vor, die eine Art ist ein schönes, organisches und sinnliches Gebilde, das sich wie eine Blume entfaltet und wie eine Welle ansteigt und in einem Feuerwerk explodiert. Die andere Art geht den entgegengesetzten Weg, sie muß abgebaut, eingeschränkt und zusammengepreßt werden, Entladung ist nur möglich, wenn sie durch ein Nadelöhr geht.

Aber beide sind brauchbar, und beide sind wirkungsvoll. Und deshalb sollte ich vielleicht nicht soviel grübeln, ob ich die eine oder die andere benutze. Aus meinem Masochismus ziehe ich zumindest den Vorteil, daß er mir einen Orgasmus verschafft. Vielleicht sollte ich mich um eine funktionalere Beziehung zu ihm bemühen, vielleicht sollte ich ihn etwas leichter nehmen. Anstatt ihn als ungeheure Last zu empfinden, könnte ich vielleicht dazu übergehen, ihn als ein Angebot zu betrachten, so gut wie viele andere. Ich könnte versuchen, ihm möglichst gute Bedingungen zu bieten.

Ich finde jedenfalls, daß ich eine gewisse Verpflichtung (und Lust) habe, zu experimentieren, anstatt mich selbst zu bemitleiden. Ich könnte auch versuchen, eine Anzeige in die Zeitung oder in ein Pornomagazin zu setzen – es könnte ja sein, daß der ganz richtige Sadist nur eben um die Ecke auf mich wartet!

Sadisten und Masochisten sollen glücklich miteinander leben können, sagen die Experten. Unter der Voraussetzung allerdings, daß sie sich finden, aber es wird wohl noch etwas dauern, bis der Staat diese Art der Kontaktvermittlung übernimmt, selbst im liberalen Dänemark, dem «Schweinestall Europas».

Leider. Denn es ist eine beängstigende Bürde, solche Kontakte selbst aufzunehmen. Was kann ich nicht alles riskieren! Zugegeben, der Sadist läuft auch ein Risiko – nämlich, daß ich nicht wiederkomme. Aber das ist immer noch ein glimpflicheres Risiko als meins, wenn ich gefesselt daliege, der Bursche die Peitsche benutzt und mir klar wird, daß es infam und nicht zum Aushalten ist und ich es ja gar nicht so gemeint hatte.

Ganz abgesehen von dem Risiko, daß er mein Geld klauen oder mich fotografieren könnte, um mich später zu erpressen – weil ich so eine Höllenangst habe, als Masochistin entlarvt zu werden ...

Außerdem: ist es denn nun wirklich sicher, daß das, was ich brauche, ein Sadist ist? Müßte er nicht eher ein «erotischer Samariter» sein? Oder wäre ein Bordell noch besser, wo ich mir ein paar Stunden in einer Folterkammer kaufen könnte, in gesicherter Umgebung?

Ich glaube kaum. Einem, der es für Geld tut oder aus Freundlichkeit, fehlt sicher die innere Glut, die dabeisein muß, damit es ernst werden kann – nicht zu ernst natürlich. Und außerdem ist das nur so eine halbe Sache, da fehlt der unentbehrliche Schuß gegenseitiger Aufrichtigkeit.

Eine andere Frage ist, ob der Sadist mich überhaupt braucht. Logischer wäre, daß er lieber jemanden hätte, dem es zuwider ist, als jemanden, dem es Spaß macht. Aber vermutlich liegt die Wahrheit irgendwo dazwischen: daß er jemanden vorzieht, der einverstanden ist – aber von Zeit zu Zeit die Grenze dieses Einverständnisses überschreitet.

Aber es ist nicht ratsam, die Grenze zu sehr zu überschreiten. Und wenn ich überhaupt wage, auf solche Experimente einzugehen, bekomme ich vielleicht ein Magengeschwür vom vielen Nachdenken, ob ich es nun wirklich *wage* oder nicht. Allerdings habe ich dann mit Sicherheit massenweise neuen Stoff für meine Phantasien ... und mit *dem* könnte ich mich dann begnügen. Den könnte ich benutzen – allein oder zusammen mit einem Partner, der von Phantasie-Spielen genauso viel hat wie ich.

Schließlich gibt es dann natürlich die Möglichkeit, den Sprung zu wagen. Dann erfahre ich vielleicht, daß zwischen meinen Phantasien und der Wirklichkeit ein solcher Unterschied besteht, daß ich meine Illusionen verliere und damit auch meine Phantasien.

Dann laufe ich Gefahr, ohne das eine und das andere dazustehen ... Na ja, kommt Zeit, kommt Rat. Auch das läßt sich sicher lösen. Und sollte alles darauf hinauslaufen, daß Sex nicht mehr so furchtbar wichtig ist, dann gäbe es ja zum Glück noch andere Dinge, mit denen man sich beschäftigen könnte.

Die Frage, welche Vorteile ich aus meinem sexuellen Masochismus ziehe, ist leicht zu beantworten: ich kann damit zum Orgasmus kommen. Aber wie liegt die Sache bei den Männern, mit denen ich zusammen bin – ziehen sie auch Vorteile daraus?

Keinen nennenswerten, finde ich. Selbst die Männer, die Sadisten sind, sind meistens auf andere Art Sadisten, als ich Masochistin bin. Die Möglichkeiten, jemanden zu finden, der zu mir paßt wie angegossen, weil unsere jeweiligen Neurosen endlich einmal zusammenpassen, sind verschwindend gering. Und für alle anderen muß es ein zweifelhaftes Vergnügen sein, mit einer Frau zusammen zu sein, die versucht, sie in eine bestimmte Form zu pressen, in die sie nicht hineinpassen, und die ununterbrochen mit sich selbst beschäftigt ist.

Das hat auch ausgesprochene Nachteile für mich – abgesehen davon, daß es schwierig und gefährlich ist und weh tun oder anderswie unangenehm sein kann, was man ja nicht vergessen darf.

Die Sache hat nämlich einen Haken: es genügt nicht, nur zum Orgasmus zu kommen. Der Orgasmus ist nötig, aber er reicht nicht. Ich glaube fast, daß man nicht nur bei Männern von zwei verschiedenen Orgasmen sprechen kann – einem technisch oberflächlichen und einem richtig tiefgehenden. Viel zu oft habe ich jedenfalls erlebt, daß das, was Endlust sein sollte, sich vermischt mit einer End-Unlust und ich mich im Augenblick des Orgasmus bei dem Gedanken ertappe: nie wieder. Nie wieder, wenn es so ist ... Aber so etwas ist immer bald vergessen.

Diese deprimierende Art Orgasmus bekomme ich am häufigsten, wenn mein Liebhaber körperlich nicht besonders erfahren und sensibel war und ich hauptsächlich meine geistig-seelische Spur benutzen mußte. Ich kann dagegen zumindest in *die Nähe* einer ungetrübten Endlust kommen, wenn meine sexuelle Erregung nicht zu viele Anleihen bei meiner Phantasie zu machen braucht, wodurch die sexuelle Entspannung immer fast zur intellektuellen Leistung wird.

Solche Erlebnisse habe ich mittlerweile so häufig gehabt, daß ich sicher bin, mir geht eine ganze Menge Schönes nur dadurch verloren, daß ich sexuell masochistisch bin. Ich brauche viel zuviel Energie, um den Widerstand, den ich selbst aufbaue, zu überwinden. Warum soll ich immer weiter Tantalus sein? Muß ich mir denn wirklich diese Entfremdung von mir und meiner Sexualität so zwanghaft aufbauen? Warum muß das alles so widernatürlich sein – so pervers?

Wenn mich so ein entwürdigendes Ende einer ansonsten wunderschönen Sache wieder mal so fertiggemacht hat, dann denke ich natürlich darüber nach, ob ich nicht versuchen sollte von diesem sexuellen Masochismus geheilt zu werden. Aber wie sollte ich das anfangen?

Augenblick mal – sollte ich diese Frage nicht lieber den Sachverständigen überlassen – den Ärzten und Psychologen?

Nein, die Zeit ist reif, daß ich die Antwort selbst finde. Es sieht nicht so aus, als wären die Sachverständigen sehr viel klüger als ich. Ich habe sogar den Vorteil, daß ich es von innen kenne, während sie darüber reden wie der Blinde von Farben und alles vermengen.

Außerdem habe ich mir seit langem angewöhnt, selbst zu bestimmen, wie ich geheilt werden will. Wenn ich Magenschmerzen habe, kann ich zu einem Arzt gehen, der mir eine Diät verschreibt, oder zu einem Chirurgen oder zu einem Nervenarzt, der mir beruhigende Pillen gibt. Ich selbst bestimme, zu wem ich gehe, und dann nimmt die Sache ihren Lauf. Aber wer müßte das wohl sein, zu dem ich gehen kann, um meinen sexuellen Masochismus loszuwerden?

Ein Gynäkologe? Ein Heilgymnastiker? Ein Priester? Ein Psychiater? Ein Psychoanalytiker? Ein Hypnotiseur? Ein

Mann? Eine Frau? Ein Astrologe? Uri Geller? Ein Akupunkteur? Ein Guru? Ein Yogalehrer? Ein Heilpraktiker? Ein Anti-Psychiater? Eine Jazz-Tanz-Gruppe? Sensitivity Training? Reflexzonen-Therapie? Gruppendynamik? Urschrei-Therapie? Transzendental-Meditation?

Ich bin ganz sicher, daß ich fast überall irgendeine Hilfe fände, aber ich würde nicht unbedingt aufhören, sexuelle Masochistin zu sein. Und womöglich sitze ich nachher bei irgendeinem Gynäkologen und denke darüber nach, ob es nicht besser gewesen wäre, den Guru zu nehmen.

Wenn es bloß einfach ein gewöhnlicher «Durchschnittsmasochismus» wäre, dann würde ich sicher dem Beispiel Alexandras und Wilhelms folgen und versuchen, meine Sexgewohnheiten zu ändern und mit neuen Formen von Geschlechtsverkehr zu experimentieren. Das wäre zumindest eine übersehbare Methode. Aber ich fürchte, einen lupenreinen Masochismus wie meinen, der schon soviel hat aushalten müssen, kann man damit nicht kurieren.

Außerdem brauche ich dazu einen guten Liebhaber – und vielleicht ist das sogar die allerbeste Kur überhaupt: ein guter Liebhaber. Unter einem guten Liebhaber verstehe ich unter anderem einen mit guten «Klitorisfingern» oder einer guten Zunge. Denn eines der Probleme ist, so glaube ich – im Gegensatz zu Freud –, daß wir den ganzen Weg zurückgehen und die sexuellen Empfindungen von der nervenlosen Vagina zurück in das ursprüngliche Lustzentrum, die Klitoris, verlegen müssen. Die Klitoris hat nur die eine Funktion, mir Lust zu machen, sie braucht weder Sperma zu schlucken noch Kinder von sich zu geben noch irgendeinem Penis Reibung zu liefern. Alles ganz ausgezeichnete Funktionen. Die Klitoris aber gehört nur mir allein, und auf sie kann ich mich verlassen – was wäre also logischer, als ihr die bestmöglichen Bedingungen zu verschaffen. Und zwar nicht, weil jeder Geschlechtsakt unbedingt mit einem klitoralen Orgasmus enden muß, sondern weil beim normalen Beischlaf so oft der ganze wunderschöne Bereich um die Vagina herum brachliegen bleibt, als wäre er voller Landminen aus dem letzten Krieg ...

Vielleicht habe ich Glück und finde einen solchen Liebhaber.

Vielleicht muß es ja gar kein Mann sein; schließlich ist es heutzutage nicht mehr ganz so verboten, Frauen zu lieben, und jedenfalls wissen Frauen aus eigener Erfahrung vieles, was Männern immer noch unglaublich erscheint. Dann hätte ich die Möglichkeit, aus meiner körperlichen Parallel-Spur so viel herauszuholen, daß die psychisch-geistige endlich schrumpfen könnte, und vielleicht wäre sie eines Tages ganz weg ...

Ich habe festgestellt, welches Ausmaß von Freisein von meinen masochistischen Phantasien ich unter dieser Bedingung erfahren kann und wie lange es anhält. Vielleicht könnte ich von der Vollmasochistin immerhin zur Quartalsmasochistin werden, wenn schon nicht mehr. Trotzdem käme der Masochismus, so glaube ich, in Onanie-Phasen zurück.

Dann gibt es auch die Möglichkeit, in eine Analyse zu gehen. Aber es kostet einen Haufen Geld, und man kann damit rechnen, daß es Jahre dauert. Dafür habe ich weder das Geld noch die Zeit, und das hast Du vermutlich auch nicht. Und stell Dir vor, sie heilen mich womöglich von meinem angeblichen «Männlichkeitskomplex», statt von meinem Masochismus – oder modeln meinen Masochismus um zu Sadismus.

Ich müßte bei der Wahl des Analytikers auf jeden Fall sehr sorgfältig sein. Soll er nun Freudianer sein oder Nach-Freudianer, oder vielleicht Jungianer? Wo finde ich einen Psychoanalytiker, der die gleichen Vorstellungen von normal und unnormal hat wie ich? Der nicht von einem eisenharten Schema ausgeht? Der zu irgend etwas von mir hinter all diesen Phantasien vordringt?

Aber wenn Du und ich in die Analyse müßten, dann müssen das mit Sicherheit eine Menge anderer Leute auch, und so viele Analytiker auf einem Haufen kann ich mir gar nicht vorstellen. Und überhaupt – es ist in jedem Fall eine Luxuslösung, die nur von einigen Privilegierten in Anspruch genommen werden kann, und was für einen Sinn hat sie dann schon?

Inzwischen gibt es allerdings eine neuere Form der Psychoanalyse mit Hilfe von bewußtseinserweiternden Drogen wie LSD. Für sie spricht, daß sie schneller geht und den Patienten aktiver mit einbezieht. Die Drogen sollen und können den Patienten direkt zu dem dramatischen Augenblick in seiner

Kindheit zurückführen, in dem die Verdrängung und damit die Neurose eingesetzt hat. Man begegnet den Widerständen sozusagen bei lebendigem Leibe; sie erscheinen als Drachen, Zauberer und Ungeheuer, und man hat Gelegenheit, mit ihnen zu kämpfen, sie eventuell zu töten oder – im Gegenteil – herauszufinden, daß sich soviel Angst vor ihnen gar nicht gelohnt hat; vielleicht kann man sogar erleben, wie sie sich in Rauch auflösen und verschwinden. Dabei hilft einem ein Psychoanalytiker, der neben einem sitzt und dem man erzählt, was alles passiert, damit er einem raten kann, was man tun soll, um die Gefahren der Reise zu umgehen.

Aber die Methode wird heftig angegriffen (auch aus Gründen, die nicht zur Sache gehören) und, soviel ich weiß, in Dänemark zur Zeit nicht praktiziert – obwohl aus Erfahrungen im Ausland hervorgeht, daß sie in bezug auf die Bewußtmachung von Verdrängungen und Widerständen und das Wiedererleben der Angst, die danach aus dem Körper verschwindet, sehr wirksam ist.

Aus dem Körper? Oder aus dem Kopf?

Das ist eben einer der springenden Punkte. Im allgemeinen bezieht sich die Psychoanalyse auf den Kopf. Aber wenn ich nun lieber beim Körper anfangen möchte?

Dann geht es los mit den Kassenärzten, die mir womöglich Hormontabletten verschreiben. Meine Orgasmus-Schwelle soll gesenkt werden, damit ich nicht soviel Extra-Stimulation nötig habe. So etwas beruft sich auf eine Theorie, nach der Masochismus etwas Ähnliches wie ein exotisches Gewürz wäre und ich bloß zu verwöhnt bin, um mich mit einfacher Kost abfinden zu können. Die Hormone sollen mir beibringen, daß Leitungswasser das schärfste Aphrodisiakum der Welt ist, weil es meine sexuellen Geschmacksnerven empfänglicher macht. Und vielleicht ist Leitungswasser wirklich so, die Hormone allerdings, die ich bei vielen Anlässen bekommen habe, haben gar nichts verändert.

Das mag daran liegen, daß nicht alle Ärzte ihren Patienten beizubringen vermögen, was solche Hormone eigentlich bewirken sollen: nämlich, das Gefühl für die eigenen sexuellen Funktionen dadurch zu schärfen, daß diese Funktionen etwas deutlicher gemacht werden – zum Beispiel weil die Klitoris ein bißchen größer wird. Wenn mir das jemand vernünftig erklärt hätte, wäre die Hormonkur möglicherweise besser angeschlagen (und wenn ich zu diesem Zeitpunkt einen guten Liebhaber gehabt hätte, mit dem sie hätte anschlagen können...).

Wenn nicht, besteht die Möglichkeit, daß die «Kur» geradezu entgegengesetzt wirkt und den sexuellen Masochismus, den sie heilen sollte, verschlimmert. Denn ich glaube, Reich hat recht, wenn er sagt, daß sexueller Masochismus wie alle Neurosen dank eines überschüssigen Geschlechtstriebs am Leben erhalten werden, den man nicht loswerden kann.

Und Reich? Nun ja, der ist inzwischen tot...

Sonst wäre ich nämlich gerannt und hätte mich bei ihm angemeldet, selbst wenn es Jahre dauern würde, bis ich drankäme.

Denn wenn es wirklich Erlebnisse gegeben hat, die sich in meinem Unterleib festgesetzt und an meiner Energie gezehrt haben, weil sie von meiner Kindheit an und scheinbar erfolgreich versucht haben, meine Lust zu bremsen – dann ist es sicher eine gute Idee, mit diesen Spannungen unmittelbar zu arbeiten.

In dem Film «Die Mysterien des Organismus» sieht man einige von Reichs Nachfolgern bei der Arbeit. Wenn man nicht weiß, was da vor sich geht, wirken die Menschen, die daliegen und rufen und schreien und sich winden, grotesk und unheimlich. Was man da sieht, sind jedoch die verdrängten Gefühle von Angst oder Wut oder Verzweiflung, die endlich losbrechen dürfen, und zwar nicht mit Hilfe eines längeren sprachlichen Prozesses oder von Stoffen, die die Psyche beeinflussen und Barrieren einreißen, sondern ganz unmittelbar und deutlich durch einen Angriff auf die verhärteten Muskeln, die viel zu lange schon die gefährlichen Erlebnisse bewacht haben.

Aber obwohl ich diese Spannungen ab und zu bemerken kann, glaube ich kaum, daß ich sie selbst beseitigen könnte. Das erfordert ein paar sehr geübte Hände, die eine ganz besondere Sensibilität haben, und einen Menschen, der weiß, wie

Körper und Seele reagieren, wenn die Widerstände weggespült werden und das Verdrängte hervorbricht.

Aber Reich ist tot, und obwohl es einige Leute auf der Welt gibt, die nach seinen Prinzipien arbeiten, so geschieht das meiste doch irgendwie versteckt. Vermutlich, weil die Trompeten der Hexenjagd noch nicht verklungen sind und sicher wieder auf den Plan gerufen würden, wenn jemand ganz offen damit anfing, Unterleibsmassagen zu praktizieren und Orgasmustechniken zu unterrichten, um die Leute in Einklang mit sich selbst, dem Universum oder was es nun ist zu bringen.

Bis Reichs Nachfolger endlich aus ihren Verstecken auftauchen dürfen, haben sich vielleicht Yogalehrer ein Wissen angeeignet, das ich brauchen könnte. Sie arbeiten ja auch an Schnittpunkten zwischen Körper und Seele. Vielleicht sollte ich es einmal bei ihnen versuchen – oder bei einigen der anderen?

Es gibt so vieles, was ich versuchen möchte, und vielleicht hätte ich mit diesem Buch noch warten sollen, bis ich alles hätte ausprobieren und eventuell von einer geglückten Kur gegen sexuellen Masochismus berichten können. Aber wo steht geschrieben, daß ein Ende abzusehen ist, bevor ich achtzig bin, wo steht geschrieben, daß es jemals ein Ende geben wird? Und Du fragst jetzt, und wir leben hier und heute.

Und ehrlich gesagt – ich bezweifle, ob ich jemals geheilt werden kann. Auch wenn ich meinen autoritären Masochismus nach und nach losgeworden bin und lieber kämpfe, als mich dem unerforschlichen Willen des Schicksals und irgendwelcher Autoritäten zu unterwerfen, so hat das doch nicht im geringsten meinen sexuellen Masochismus beeinflußt. Der ist scheinbar unverbesserlich.

Das deutet darauf hin, daß sexueller Masochismus nicht «bloß» eine Art Unterabteilung des gewöhnlichen, allumfassenden, autoritären Masochismus ist, der den Wunsch erzeugt, sich auf allen Gebieten zu unterwerfen, also *auch* auf dem sexuellen. Er ist offenbar eine sehr viel selbständigere Krankheit.

Er ist offenbar auch unabhängig von dem sexuellen Leben, das eine erwachsene Frau in der Männergesellschaft führt. Es gibt Menschen, die meinen, Frauen würden sexuelle Masochisten, weil die Männer, mit denen sie schlafen, aggressiv und dominierend seien – weil ihnen also gar nichts anderes übrigbliebe, als die Unterdrückungsrolle zu akzeptieren und zu lieben. Aber so kann es nicht zusammenhängen, denn mein sexueller Masochismus war voll entwickelt, bevor ich sieben Jahre alt war.

Zwar werden die Männer in unserer Gesellschaft dazu erzogen, aggressiv und dominierend zu sein – aber das genügt offenbar nicht. Ich mußte nach meinem Schwarzen Prinzen erst wie verrückt suchen. Ich fand nicht einfach einen Mann, der auf die richtige Art dominierend war, nicht zuviel und nicht zuwenig. Ich bin sexuelle Masochistin also eigentlich *trotz* und nicht wegen der Liebhaber, die ich gehabt habe.

Und noch etwas – ich bin den masochistischen Zwangsvorstellungen verfallen, ganz unabhängig davon, mit wem ich zusammen bin. Sogar mit dem zärtlichsten, herzlichsten und rücksichtsvollsten Liebhaber – ja, sogar mit einer Frau – waren die Phantasien dabei, begleiteten meine Erregung und sorgten für meinen Orgasmus.

Und das steht möglicherweise einer Heilung am meisten im Wege, denn es ist so verlockend, sich den Phantasien hinzugeben. Manchmal versuche ich es sein zu lassen. Aber woher soll ich die Kraft nehmen, solange ich es nicht wage, jemanden zu bitten, mir bei dem langen und frustrierenden Kampf zu helfen; einem Kampf, der nötig wäre, wenn ich versuchen soll, meine eigenen neuen sexuellen Bilder zu finden?

Deshalb gibt es vielleicht nichts anderes für mich, als weiter mit meinem sexuellen Masochismus zu leben, so wie ich es bis jetzt getan habe. Eins weiß ich jedenfalls mit Sicherheit: sterben will ich seinetwegen nicht. So schlimm ist er nun auch wieder nicht.

Und wem würde das im übrigen schon helfen, wenn ich an ihm sterben würde?

Doch, einigen würde es schon helfen: es gäbe dann eine Frau weniger, die sexuelle Masochistin war und das auch noch an die große Glocke gehängt hat. Es gäbe einen Menschen weniger, der als Beweis dafür mißbraucht werden könnte, daß Frauen und Masochismus zusammengehören. Denn jede sexuelle Masochistin schadet dem ganzen weiblichen Geschlecht – weil uns sexueller Masochismus zur Last gelegt wird und wir für den Spott erst gar nicht zu sorgen brauchen. Ein Mann ist Masochist, weil er eben Masochist ist. Aber eine Frau ist Masochistin, weil sie eine Frau ist.

Das liegt die ganze Zeit in der Luft. Was sagte doch Siv Holm in ihrem Interview:

> Als Mensch möchte ich selbständig sein – als Frau will ich beherrscht werden.

Das war kurz und klar ausgedrückt. Aber so einfach kommt Siv nicht davon, und das weiß sie auch, denn sie fügt ihre persönliche Lebenserkenntnis hinzu:

> Vielen Männern fällt es verdammt schwer, eine so einfache Sache zu begreifen.

Und es ist vielleicht auch gar nicht so merkwürdig, daß die Männer sich schwer tun, wenn nicht einmal wir selbst autoritären und sexuellen Masochismus voneinander getrennt halten können. Denn daran liegt nämlich auch, daß wir unseren sexuellen Masochismus als etwas Verächtliches oder Kompromittierendes an sich empfinden, und nicht nur als etwas Schwieriges und Bedauerliches.

Wenn Siv so leicht mißverstanden wird, liegt das daran, daß sexueller Masochismus für das Leben einer Frau ganz andere Konsequenzen hat als für das Leben eines Mannes. Wenn eine Frau sexuelle Masochistin ist, geht man ohne weiteres davon aus, daß sie auch autoritäre Masochistin ist, das heißt, sie liebt jede Art von Autorität (zum Beispiel einen Mann, aber auch andere), sie liebt ihre eigene Unterwerfung, und ihr ganzes Gerede von Freiheit und Gleichberechtigung ist nur Ausdruck von Betrug und Selbstbetrug oder bestenfalls eine Modelaune, ein Bedürfnis, auch diesen Trend mitzumachen.

Aber *Severin* zum Beispiel – er wird nicht mißverstanden, obwohl er wirklich ein Sklavenverhältnis eingegangen ist. Er kann hinterher leben, als ob nichts geschehen wäre. Er ist immer noch ein freier Graf, der eben ein exzentrisches Geschlechtsleben führt. Er kann sogar die Sklavenrolle hinterher mit dem glatten Gegenteil vertauschen. Von uns anderen dagegen wird erwartet, daß wir mehr oder weniger wie Hunde sterben – genau wie Joseph K., der autoritäre Masochist, der dem Bedürfnis, sich dem Gesetz zu unterwerfen und seine Selbständigkeit aufzugeben, nicht widerstehen konnte.

Und *Justine* – ach so, nein, die ist ja gar keine Masochistin. Sie ist bloß das arme Opfer einer Menge geiler Männer. Und sie ist auch dumm, wenn sie nicht damit aufhört, sich vergewaltigen und quälen zu lassen, ohne selbst das geringste davon zu haben. Die widerspenstige *Kate* dagegen wird nur eine zeitlang Opfer sein. Sie hat Haltung, liebt die Freiheit und möchte nicht für den Rest ihres Lebens ein gebrochener Mensch sein. So schnell wird man nun doch nicht zum waschechten Masochisten. Kate wird sich eines Tages widersetzen. Die Unterdrückung bringt zwar Masochisten hervor – sie kann jedoch auch Rebellen hervorbringen.

Aber die Möglichkeit besteht, daß gerade Kate eben wegen ihres Lebens- und Liebeshungers doch Masochistin genannt wird, zumindest wenn sie Männern begegnet, die wie die Helden bei Henry Miller, Norman Mailer und D. H. Lawrence den Geschlechtsakt prinzipiell als Vergewaltigung betrachten. Und davon gibt es viele.

Und diese vielen empfinden das besonders dann, wenn sich der Geschlechtsverkehr nicht in den allerzartesten Rhythmen und allersensibelsten Zärtlichkeiten abspielt. Aber selbst wenn sie ganz normal mit einer Frau schlafen, empfinden viele Männer das als eine Art Gewalt oder Strafe, als etwas, das an sich erniedrigend für die Frau ist – und aus eben diesem Grund erregend für sie selbst. Und wenn die Frau sexuell stärker ist, als der Mann angenommen hatte, dann macht er sich (oder ihr) vor, daß sie es ja geradezu *herausgefordert* hat und schon bekommen wird, was ihr guttut. Denn natürlich ist sie Masochistin, wenn ihr so etwas gefällt, und dann darf ein Mann sich ohnehin alles leisten.

Solche Ansichten stammen aus einer Zeit, als die Kirche behauptete, wir Frauen hätten gar keine sexuellen Gefühle. Die Kirche hat nicht mehr die gleiche Macht wie früher, aber immer noch benutzen wir Wörter wie Schambein und Schamlippen und ist die Scham aufreizender Bestandteil unseres Geschlechtslebens, das doch eigentlich für Frau und Mann gleichermaßen natürlich und schön sein sollte und statt dessen immer noch von der Vorstellung geprägt ist, die eine müsse sich dem anderen ausliefern. Und es wird auch sicher noch eine Weile dauern, bis uns das Recht auf unsere eigene Sexualität zugestanden wird und wir sie nicht mit einem frei erfundenen Masochismus entschuldigen müssen. Das ist eine Seite unserer sexuellen Unterdrückung.

Und die Kehrseite derselben Medaille ist die Tatsache, daß wir immer noch danach beurteilt werden, wie unsere Geschlechtsorgane funktionieren – denn das Bild der Kirche von uns als Versucherin des Mannes lebt weiter in der Auffassung, Frauen seien eine Art Wandermösen.

Tatsache ist, ein Mann kann ohne weiteres eine leitende Stellung haben, kann Revolutionär, Geschäftsmann oder sonst etwas sein – und sich trotzdem zwischendurch erlauben, von einer Frau gepeitscht zu werden (oder von einem Mann), ohne daß deshalb jemand die Berechtigung seiner Arbeit in Frage stellt; denn es ist die Arbeit und nicht das Geschlechtsleben, was den Mann ausmacht.

Die Männer ihrerseits jedoch grinsen zweideutig und machen spöttische Anspielungen – wenn ihr wüßtet, wie sich gewisse Emanzen im Bett aufführen ... Und meinen damit, wenn eine Feministin sich dadurch sexuell erregt, daß sie geschlagen oder an den Haaren gezerrt wird, dann sind ihre Arbeit und ihre Ideen keinen Pfifferling wert.

Warum eigentlich sollen Männer und auch wir weiterhin an dieser üblichen unausgesprochenen Definition von Frauen festhalten, nach welcher sich unser wahres Ich im *Bett* zeigt und sonst nirgendwo und die uns nach unserem Geschlechtsleben beurteilt – da wir ja letzten Endes doch nur *Sex-Geschöpfe* sind?

Sie hängt mir zum Hals heraus, und deshalb finde ich es so wichtig, sexuellen und autoritären Masochismus zu trennen, damit wir uns endlich an den Gedanken gewöhnen können, daß unser Sexualleben nur ein Teil von uns ist und nicht das Ganze.

15

Wer den Vogel fängt, fängt nicht des Vogels Flug

Vor nicht allzu langer Zeit frühmorgens erlebte ich etwas, das mir so deutlich wie nie zuvor ein Gefühl von gewissen Zusammenhängen gab.

Ich war in einem Haus auf dem Land und schaute hinaus auf die Bäume. Ich hatte in der Nacht nicht viel geschlafen und am Abend vorher ein bißchen getrunken. Der Himmel war blau, die Luft klar, und das Barometer stand auf Schönwetter. Ich erwähne das, weil gerade solche Umstände uns oft sehr empfänglich für Eindrücke machen und mehr als sonst sehen und hören lassen. Ich war fast ein bißchen *high*.

Ich muß den Blick gesenkt haben, denn als ich aufschaute, saß plötzlich eine große, schöne Amsel auf dem Zaun, gerade vor dem Fenster. Sie saß da und äugte. Und ganz plötzlich warf sie sich in die Luft und flog davon.

Es war ein phantastischer Anblick. Er traf mich völlig unvorbereitet. Und plötzlich stellte ich fest, daß der Anblick des Vogels ein ganz besonderes Gefühl in meinen Beinen hinterlassen hatte. Es war, als würde ich selbst emporgehoben, und dieses Gefühl war voller Wonne.

Ich mußte unbedingt versuchen, dieses Gefühl in meinen Beinen beziehungsweise meinen Schenkeln zu analysieren. Ich spürte nämlich, daß es das gleiche Gefühl war wie in einem Aufzug, der schnell nach unten fährt. Wenn ein Aufzug schnell nach oben fährt, wird der Körper schwer; wenn er runterfährt, hat man das Gefühl, hochgehoben zu werden, obgleich man in Wirklichkeit fällt.

Aber mir fiel auch ein, daß ich dieses Gefühl schon in Verbindung mit anderen Erlebnissen gehabt hatte: wenn ich etwas Phantastisches sah oder hörte, eine überraschende Begegnung mit Dingen oder Blumen oder Jimi Hendrix oder Bach. Oder auch beim Schwimmen, wenn ich vom Wasser fast hochgezogen wurde, oder beim Fahrradfahren, wenn ich oben auf einem Hügel angekommen war, kurz bevor ich ihn hinunterfliegen sollte. Und auch manchmal, wenn Worte plötzlich einen ganz bestimmten Sinn bekamen – wie die Zeile eines Gedichts, die mir ganz plötzlich einfiel:

Wer den Vogel fängt, fängt nicht des Vogels Flug.

All das waren Gefühle von reinem Glück. Sie machten mich froh und frei, und ich mußte lächeln. Es war so ähnlich, wie etwa kurz vor der Lösung eines Rätsels zu stehen, als ob eine Wand zwischen mir und dem Leben für einen kurzen Augenblick verschwunden wäre.

Kurz, es war genau wie *high* sein. Und es unterschied sich auch nicht sehr von einer «gehobenen Stimmung». Wenn man sagt, man ist *high*, dann meint man ja das Gefühl, hochgehoben oder -gezogen zu werden, auch ganz körperlich. Irgendwie ist es wie Fliegen. Man kann dabei allerdings auch das Gefühl bekommen, man verliert die Verbindung zur Erde oder zu sich selbst, und das macht Angst.

Und dabei fiel mir ein, was Wilhelm Reich über seine neurotischen Patienten erzählt hatte, die kurz vor der Heilung standen: sie beschrieben süßliche, wonnevolle, schmelzende Gefühle im Körper – Gefühle die so stark wurden, daß sie kaum auszuhalten waren. In dieser Zeit träumten sie auch vom Fallen.

Und zu eben diesem Zeitpunkt durchlebten alle Patienten von Reich eine masochistische Periode.

Mir fiel ein, daß ich auch eine andere Art von Gefühlen in meinem Körper kannte, die vielleicht das Gegenteil von *high*, von gehoben waren: eine Art hemmender Muskelspannungen, die auftraten, wenn ich sexuell erregt war. Manchmal war es fast so, als ob ich Achterbahn führe und mich angstvoll dagegen stemmte, oder als ob ich oben auf einem Turm stünde und mich bremsen müßte, weil es so verlockend war, einfach zu springen. Der leere Raum lockte, eben weil er so gefährlich war.

Aber warum entstehen solche Gefühle gerade in sexuellen

Situationen? Die anderen Gefühle, die guten, schwerelosen gehobenen Gefühle tun es nicht. Ist das Sexuelle gefährlich – verboten?

Habe ich Angst, mich in den leeren Raum der Sexualität zu werfen? Habe ich Angst, irgendein Gesetz würde außer Kraft gesetzt – nur um am Ende unvermeidlich wieder in Kraft zu treten und mich im Augenblick der Katastrophe zu zerschmettern?

Bin ich wie der Vogel, der seine Flügel verkauft hat und nicht mehr zu fliegen wagt?

Ist es wirklich so, daß meine Muskeln buchstäblich wie eine Bremse wirken? Ist der Weg zu meiner Möse durch Muskelspannungen in meinen Schenkeln und vielleicht auch anderswo blockiert, damit mein sexuelles Verlangen gebremst wird, das anfangs doch die reine Wonne war, das aber vielleicht irgendeinem Gesetz nicht trotzen und sich also nicht in meine Geschlechtsorgane, mein Zentrum, fortpflanzen darf? Weil ich dann von einem gesetzlosen, unkontrollierbaren Orgasmus überwältigt würde, den ich aus irgendeinem Grund fürchte wie eine Katastrophe?

Ich glaube, ich habe genau begriffen, was Reich meint, wenn er sagt, der Masochist tritt vor dem Orgasmus auf die Bremse.

Vielleicht steckt eine *Realität* hinter dem Bild, mit dem ich meine sexuelle Erregung schildern wollte: es gibt wirklich zwei getrennte Spuren, eine psychische und eine physische. Von Natur aus dürfte das nicht sein. Von Natur aus müßte der Mensch ein Ganzes sein und nicht gespalten. Aber in der Ganzheit liegt offenbar eine unüberwindliche Gefahr, und offenbar halte ich selbst die beiden Spuren auf Abstand – sicherheitshalber, weil ich Angst habe. Ich traue mich nicht zuzulassen, daß sie sich nähern und verschmelzen. Ich arbeite meiner eigenen natürlichen Einheit entgegen, indem ich Schwellen einbaue, unendlich viele Schwellen, soweit die Kontrolle reicht ...

Und trotzdem steuert meine sexuelle Erregung auf den Orgasmus zu. Die Verbindung zwischen den Spuren *muß* hergestellt werden. Und da es auf die schöne, organische Weise nicht geht, muß ich dafür sorgen, daß eine kräftige Spannung zwischen den Spuren entsteht, damit ein Funke überspringen kann.

Wenn die Entspannung – Entladung passieren soll, muß jede der beiden Spuren so stark wie möglich aufgeladen werden. Bei der körperlichen geschieht das dadurch, daß meine Geschlechtsorgane auf die beste Weise stimuliert werden; und wenn ich nie gelernt hätte, wie das gemacht wird, könnte niemals ein Funke entstehen, und ich würde völlig verspannt und frustriert daliegen, wie ich es so viele Jahre lang getan habe.

Aber was ist mit der psychischen Spur? Ist es die Aufgabe der unreinen, quälenden Phantasien, mich vor den wonnevollen Gefühlen zu schützen? Suche ich Schutz in einer Art Anti-Wonne – wirken die Phantasien als Lustbremse? Sind die Phantasien meine spezielle Art von Hemmungen und irgendwie *funktionell identisch* mit den Muskelspannungen? Ich glaube es fast.

Das ist auch der Grund, warum sie masochistisch werden, das heißt von Strafe und Scham handeln müssen. Denn damit höre ich weiter auf die alten Verbote. Ich nehme Abstand von meiner eigenen, schönen, natürlichen Wonne, indem ich auf die Bremse trete. Auf diese Weise erinnere ich mich immer wieder selbst daran, daß Wonne verboten ist.

Wenn ein Verbot verschärft wird, steigt die Lust – gerade das Verbotene lockt am meisten. Es ist genau wie bei Techniken der Reizung, wenn man mit der einen Hand erregt und mit der anderen zurückgehalten wird. Das schafft einen künstlichen Abstand und zeigt genau dadurch dem Verlangen den Weg, lockt es, macht es noch heftiger – bis das Spannungsfeld so aufgeladen ist, daß ein Funke überspringen kann, Gesetze und Verbote außer Kraft gesetzt werden und die Entladung passiert, trotz des Abstandes. Vielleicht könnte man sogar sagen, der Orgasmus ist die Rebellion des Körpers gegen Gesetz und Ordnung, die seine Freiheit unterdrücken.

Aber wenn ich dazu masochistische Phantasien brauche, muß das daran liegen, daß die sexuelle Lust als gefährliche Gesetzüberschreitung empfunden wird. Sie muß also von Anfang an verboten gewesen sein, seitdem ich Kind gewesen bin – im Gegensatz zu anderen Erlebnisarten, Poesie und Musik und Natur und all das.

Es gibt viele Dinge, die für Kinder verboten sind, aber das Besondere bei den Verboten, die den späteren Masochisten treffen, muß darin liegen, daß sich alle Verbote in der Umgebung der Geschlechtsorgane ablagerten, dort hängenblieben und den Weg in sie hinein blockierten.

Wie sind diese Verbote wohl entstanden? Ich glaube, auf vielen verschiedenen Wegen.

Ich bin, wie so viele andere, in einem geborgenen, liebevollen und friedlichen Heim aufgewachsen – inmitten einer patriarchalischen, autoritären Gesellschaft mit einer verklemmten Beziehung zur Sexualität.

Vielleicht bin ich, als ich noch ganz klein war und mit meiner Klitoris spielte, einmal ausgeschimpft oder nur durch eine hochgezogene Braue ermahnt worden oder habe weniger Liebe bekommen oder wurde unsichtbar gemacht und übergangen, so daß ich mich diesem guten Gefühl verschließen mußte, und zwar immer wieder. Es ist noch gar nicht so lange her, daß man kleinen Kindern damit drohte, ihnen die Finger abzuschneiden, wenn sie so etwas täten. Aber so drastisch braucht die Drohung gar nicht zu sein.

Vielleicht bezog sich das Verbot auf etwas nicht ganz so direkt Sexuelles. Vielleicht hatte ich nur die schlechte Angewohnheit, ins Bett oder in die Hose zu machen oder zu pupsen – und strengte mich viel zu sehr an, es zurückzuhalten, verkrampfte dafür meinen Unterleib und konnte ihn seitdem nie wieder entkrampfen.

Vielleicht habe ich wirklich einmal eine Tracht Prügel bezogen, zu meinem Besten natürlich, obwohl ich mich nicht daran erinnern kann, und obwohl niemand in meiner Familie daran gedacht hätte, mich an den Eßtisch zu fesseln, mich in den Kleiderschrank einzusperren oder mit mir andere Sachen von der Sorte zu tun, wie sie Kindern von ihren Eltern noch immer angetan werden. Aber soviel ist gar nicht nötig, um einen dazu zu bringen, ein paar Muskeln um den Po herum so zu krampfen, daß die ganze Umgebung nie wieder weich und empfänglich wird.

Vielleicht passierte irgend etwas in der Phase, die Freud die anale nannte, und in der ich sehr stark auf meinen Unterleib konzentriert war. Vielleicht sollte ich gerade in dieser Phase nicht nur Reinlichkeit lernen, sondern auch Gehorsam, anständiges Benehmen und das Verhalten, das sich für ein kleines, liebes Mädchen gehört. Vielleicht habe ich Dinge getan, die sich nicht gehörten. Vielleicht wurde etwas, das ich tat, mißverstanden. Es kann sein, daß ich aus irgendeinem Grund ohne Nachtisch ins Bett geschickt wurde, sozusagen als milde, symbolische Strafe. Oder ich wurde zu einem kritischen Zeitpunkt abgewiesen oder übersehen oder überhört. Tausend Dinge können es gewesen sein, die mich verzweifelt gemacht haben, ohne daß ich meinen Gefühlen hätte freien Lauf lassen dürfen oder ohne daß es die Situation geändert hätte; ich mußte mich ganz einfach innerlich verkrampfen und konnte diese Verkrampfungen später nie wieder loswerden.

So etwas kommt in den besten Familien vor und sicher auch in den meisten Familien, in denen Kinder so erzogen werden – besonders Mädchen –, wie man es in der autoritären Männergesellschaft tut: mit eingebauten Systemen von Zucht und Ordnung verklemmter Sexualität. Diese Erziehung bringt sowohl autoritäre als auch sexuelle Masochisten hervor. Aber es gibt einige ganz konkrete Unterschiede: bei autoritären Masochisten treten die Muskelspannungen vielleicht in der Gegend der Sprechorgane auf, im Nacken, oder in der Umgebung der Atmungsorgane, so daß es ihnen später schwerfällt, frei zu atmen, zu sprechen und zu handeln. Sexuelle Masochisten trifft es im Unterleib, und sie können sich später ihrem natürlichen sexuellen Verlangen nicht frei hingeben. Und manche trifft es vermutlich an beiden Stellen; es ist einleuchtend, daß es haufenweise Menschen geben muß, die an beiden Krankheiten auf einmal leiden.

Wenn man wie ich sexuell, aber nicht (mehr) autoritär masochistisch ist, kann ein ganz zufälliger Anlaß den Ausschlag gegeben haben: vielleicht hatte ich einmal Angst, aus dem Kinderwagen zu fallen; vielleicht wurde mir mal ein Einlauf gemacht, der mich furchtbar erschreckt hat; vielleicht habe ich wirklich einmal auf einem kleinen Aussichtsturm gestanden, der mir ungeheuer hoch vorkam, und angefangen, mit den Beinen zu bremsen. Wer weiß.

Es ist auch nebensächlich, was der Anlaß für meine private Krankheit war. Entscheidend ist, daß diese Dinge sehr früh passieren. In der frühen Kindheit bildet sich der Masochismus der einen oder anderen Art bei den Menschen heraus. Manche werden den doppelten Masochismus nie los; andere überwinden den autoritären Masochismus, aber nie den sexuellen. Und wieder anderen ergeht es vielleicht umgekehrt, obwohl ich das bezweifle.

Aber wenn es uns leichter fällt, masochistisch zu werden, weil wir Frauen sind, dann jedenfalls nicht aus *biologischen* Gründen. Anatomie sei Schicksal, behauptet zwar Freud, aber er hätte besser sagen sollen: *Familie ist Schicksal* – jedenfalls die Kernfamilie in der patriarchalischen, autoritären Gesellschaft.

Denn was ist das Charakteristische einer solchen Familie? Folgendes: wenn wir als Kinder Macht und vielleicht sogar Gewalttätigkeit gesehen haben, dann meistens in männlicher Gestalt – zuerst und vor allem konzentriert in unseren Vätern. Und selbst der Vater, der seine Kinder nie geschlagen hat, *könnte* es tun, hat vielleicht damit gedroht oder mit ihm wurde gedroht: du kannst was erleben, wenn dein Vater nach Hause kommt! Paß bloß auf, daß dich der Polizist nicht erwischt! Daß der Schaffner dich nicht rausschmeißt! Daß der Milchmann dich nicht kriegt!

All die Männer mit ihren Uniformen, ihren Mützen, ihrem männlich schroffen Auftreten, ihren harten Schritten und ihrem Befehlsgehabe – all die Männer, die wir nur durch ihre Arbeit und ihre Machtposition kannten, die selten weich und schwach waren, nie traurig, sondern nur böse waren, nicht einmal jähzornig, wenn sie uns eine klebten – sie wirkten wie die sachliche und absolute Bestätigung der Tatsache, daß unser eigener Platz ganz unten im System ist und unsere Rechte ebenso wie unser Wille in ihrer Tasche steckt ... warte bloß, bis dein Vater nach Hause kommt!

Wer kleine Kinder mit Schokolade und Bonbons lockte, das war ein Mann, wer im dunklen Keller auf der Lauer stand, das war ein Mann, alle Buhmänner gehörten selbstverständlich ins Reich der Männer. Soldaten waren Männer, nicht nur die lebendigen, sondern auch die Zinnsoldaten und die in den Bilderbüchern – Puppen dagegen waren kleine Mädchen, obwohl das anständigerweise nur an den Haaren und den Kleidern zu sehen war. Auf diese Weise werden Männer gleich zu Anfang für uns mit Macht und Gewalt gleichgesetzt. Frauen befanden sich sozusagen im Niemandsland. Und kleine Mädchen waren ganz unten. Denn während Jungen sich schon frühzeitig in Sport und Schlägereien üben mußten, damit sie die Haupttugenden der männlichen Welt – Aggressivität und Dominanz – meistern lernten, mußten wir dafür herhalten, daß sie sich im Dominieren üben konnten, hinter uns waren sie her, auf der Straße und auf dem Schulhof, und nur bei ganz besonderen Gelegenheiten bekamen wir die perverse Erlaubnis, sie zum Schein zu jagen. Nein, nicht unsere Liebhaber haben uns zu sexuellen Masochistinnen gemacht, sie haben nicht einmal unseren sexuellen Masochismus zur Blüte gebracht. Das war längst vorher passiert. Die Väter, Brüder, Spielgefährten der Männergesellschaft, die *Männer* der Männergesellschaft haben uns von Anfang an beherrscht, und vielleicht ist das der Hauptgrund für die sexuelle Färbung unseres Masochismus. Und vielleicht haben wir als Frauen, Schwestern, Mütter, Puppen ihn dann später verstärkt und gepflegt, weil man uns beigebracht hatte, wie die harten, aggressiven Signale der Männer befolgt zu werden haben.

Aber vielleicht ist es uns gar nicht direkt beigebracht worden, sondern sind wir indirekt daran erinnert worden, daß wir immer schon die Schwächsten gewesen sind, von Anfang an.

In seinen Erinnerungen erzählt Casanova, daß er einmal sah, wie eine Spinne eine Fliege langsam tötete – er bekam sexuelle Gefühle dabei. Es ist kaum anzunehmen, daß er sich mit einem der beiden Insekten identifizierte; ihn faszinierte die Gewalttätigkeit. Es heißt, daß sich sowohl Männer wie Frauen beim Anblick eines Boxkampfs oder einer Schlägerei sexuell erregen, und vielleicht ist es wirklich die *Gewalttätigkeit* an sich, die allgegenwärtige Gewalttätigkeit, die uns an die verborgene oder überdeutliche Gewalttätigkeit unserer Kindheit erinnert und unserer gemeinsamen Faszination einen sexuellen Stempel aufdrückt. Und vielleicht neigen wir Frauen dann dazu, uns selbst in die Rolle des Opfers zu versetzen – als Masochistinnen

– und die Männer in die des Siegers – als Sadisten, denn so war es schon immer.

Es läßt sich nicht mit Sicherheit feststellen, wie Masochismus entsteht, und ich fürchte, daß es noch lange dauern wird, bis wir festeren Boden unter die Füße bekommen. Leider, denn was passiert mit unseren eigenen Kindern – wer weiß, ob es ihnen soviel besser ergeht? Denn wir geben die Erziehungstraditionen der Gesellschaft weiter, und zwar auch ganz unbewußt. Meistens wird uns erst sehr spät klar, daß wir in gewisser Weise nach denselben Erziehungsprinzipien verfahren sind. Außerdem erziehen wir unsere Kinder nicht allein, sichtbar oder unsichtbar ist die ganze Gesellschaft immer dabei. Unsere Gesellschaft ist immer noch autoritär und patriarchalisch, wenn auch vielleicht nicht mehr so ausgeprägt wie früher. Und ehe wir uns versehen, sitzen unsere Kinder vielleicht selbst da und lesen «Onkel Toms Hütte» und spielen kleine Strafspiele, mit denen sie sofort aufhören, wenn wir das Kinderzimmer betreten.

Aber selbst wenn wir unseren Kindern keinen direkten Schaden zugefügt haben – wie sehr haben wir ihnen geholfen, körperlich gesehen? Wie viele von uns haben gewagt, ihren Kindern beizubringen, daß es schöne Gefühle gibt, wenn man die eigenen Geschlechtsorgane streichelt, damit die Kinder die größtmöglichen Chancen bekommen, ihrer Angst und Autoritätshörigkeit, die sich in ihren Unterleibern festzusetzen drohen, entgegenarbeiten zu können?

Wohl kaum jemand, denn – nicht auszudenken, was passieren könnte – wenn die Kinder auf die Straße laufen und ihr Wissen weitergeben ... das kann doch nicht gutgehen.

Ich weiß zwar genau, daß nicht drei Viertel aller Frauen so ausgeprägte Masochistinnen geworden sind wie ich – aber ich weiß auch, daß ich noch gar nicht einmal zu den am härtesten Betroffenen gehöre.

Das Ausmaß des eigenen Masochismus kann zusammenhängen mit dem Ausmaß, in dem die Familie von der sie umgebenden Gesellschaft geprägt wurde; es kann mit Zeit und Ort zusammenhängen, und vermutlich ist es heute nicht mehr so groß wie früher. Aber verschwunden ist es nicht. Sonst hättest du nicht damals jene Frage gestellt, und sonst gäbe es nicht so viele Frauen, die sich unangenehm berührt fühlen, wenn Masochismus auch nur erwähnt wird.

Alexandra, die freiheitsliebende, moderne junge Frau brauchte sich dann nicht mehr mit ihrem Masochismus herumzuschlagen – obwohl sie ihn bescheiden einen ganz gewöhnlichen «Durchschnittsmasochismus» nennt. Allein daß sie das Wort benutzt, beweist ja, daß sie ihn für etwas ganz Gewöhnliches hält, und vermutlich hat sie mit mehr Leuten darüber zu reden gewagt als ich. Und wie viele Frauen reagieren noch immer zwanghaft darauf, wenn Männer hart, aggressiv und dominierend sind, wenn sie ihre Einwände einfach abtun und sie beschlafen – wie die Männer in unserer Unterhaltungsindustrie, ganz zu schweigen vom wirklichen Leben.

Auch für Alexandra war die Kindheit der Treffpunkt und gemeinsame Ursprung ihres sexuellen und autoritären Masochismus. Aber auch bei Alexandra (genau wie bei mir) wurden die beiden später voneinander getrennt. Aber beide verschwanden nicht wie der Tau vor der Sonne, und Alexandra wie ich laufen immer noch Gefahr, daß wir gegen unseren Willen auf all das bei einem Mann sexuell reagieren, was wir hassen und verabscheuen und nicht einmal mehr *respektieren* können, auch wenn wir einmal vor langer Zeit ganz unkritisch geträumt haben von einem vollblütigen, allseitig erfahrenen, chauvinistischen Mann.

Zugegeben, die Kehrseite autoritärer Zucht und Ordnung in der Erziehung ist, daß die Kinder genau wissen, wohin sie gehören. Zwar fangen sie nicht des Vogels Flug, aber vielleicht fangen sie den Vogel.

Einmal, nach einem etwas drastischeren Experiment, bei dem ich für kurze Augenblicke schamlos ausprobierte, was anderen Menschen irgendwo auf der Welt zu jeder Stunde, in jeder Minute gegen ihren Willen angetan wird, hatte ich mehr als jemals zuvor das Gefühl, fertiggemacht worden zu sein. Eigentlich war es erschütternd. Aber irgendwie war es auch erhebend – später. Ich kann es nicht besser beschreiben, als daß ich mich fühlte wie die schmelzenden Tiger in «Kleiner Schwarzer Sambo».

Und besonders an eine Sache erinnere ich mich ganz deutlich, weil sie mich überrascht hat: dieses Erlebnis hat überhaupt nicht bewirkt, daß ich mich mehr als Frau fühlte. Statt dessen fühlte ich mich wie ein Kind.

Ein winziges Kind.

Geht es etwa darum – wieder Kind zu sein, bestraft und getröstet zu werden und sich einkuscheln zu dürfen ... klein und schwach zu werden und sich selbst zu begegnen, irgendwo ganz tief drinnen, wo man sonst nicht hinkommt, wo man sich aber endlich *geborgen* fühlt? Ist es, wie wenn man einen Zufluchtsort findet, der einen von dem Druck befreit, den Männer und Frauen spüren, wenn sie immer groß und stark sein, Entscheidungen treffen, handeln, Verantwortung tragen müssen? Ist es dasselbe, wie unter die sichere Bettdecke zu kriechen, in eine dunkle Herbsthöhle oder vielleicht in die Achselhöhle eines Liebhabers, der Vater und Mutter für einen wird, der einen beschützt – und auf der Erde festhält, damit man nicht davonfliegt?

Und ist mein Masochismus letztlich mein falsches Bewußtsein, das die Kindheit, die Zeit der Verbote wohlbehalten überdauert hat – eine Waffe gegen die sogenannte Gesetzlosigkeit, gegen den Flug, gegen die körperliche Befreiung durch den Orgasmus?

Auf gewisse Weise sieht er aus wie ein guter Trip. Aber ich glaube, er ist ein schlechter Trip, denn wir enden entweder wie die Fliege oder wie die Spinne, und ich möchte keine von beiden sein. Ich möchte nicht einmal dazu gezwungen werden, zwischen dem Vogel und seinem Flug wählen zu müssen. Ich will beides haben und beides sein können.

Wenn wir an dieser Forderung nicht festhalten, kann es passieren, daß wir keins von beiden bekommen und werden können: denn uns Frauen wird selbst das Gute in der mühsamen masochistischen Selbstaufgabe weggenommen. Die Männer haben es in den Vertrag aufgenommen, den sie mit uns haben und den wir selbst unterschrieben haben. Wenn wir schmelzen, ist es wie beim «Kleinen Schwarzen Sambo»: ein Mann kommt vorbei, hebt die Tigerbutter auf, geht nach Hause und läßt sich Pfannkuchen damit backen. Einfach und billig.

16
Aber die wollen es doch so

Über weiblichen Masochismus

Einesteils hast Du recht: wir können keine Frauenbewegung machen, solange wir masochistisch sind. Frauenbewegung ist Rebellion, und masochistisch sein heißt eben, nicht rebellisch sein – masochistisch sein ist das Gegenteil, so die Definition. Aber eigentlich ist das Wortklauberei – oder eine Frage der Zeit. Der Zeit nämlich, die wir brauchen, um aufzuhören, unsere Nacken in anmutig weiblichem Masochismus zu beugen.

Weiblicher Masochismus?

Ja, denn ich glaube, den meintest Du an jenem Abend, nicht etwa den sexuellen oder den autoritären. Aber der Ordnung halber: hier ist nicht die Rede von dem, was Freud so galant den «femininen Masochismus» nannte, den er bei Männern feststellte. Kein Mann leidet an einem echten, weiblichen Masochismus. Frauen dagegen tun das massenweise – wie Marie Grubbe, die russische Bäuerin und Millionen Frauen auf der ganzen Welt. Die Frage ist, wie viele von uns sich überhaupt ganz von ihm freisprechen können.

Er ist unsere spezielle Krankheit. Wir können mit dem Masochismus nicht fertig werden, bevor wir uns nicht klargemacht haben, welche Funktion dieser weibliche Masochismus hat, in unserem eigenen Leben wie in einem größeren gesellschaftlichen Zusammenhang. Wir müssen insbesondere genau ansehen, wie sehr die Gesellschaft – das ökonomische und politische System, in dem wir leben – dazu beiträgt, unsere Gedanken, Gefühle und Handlungen, unser ganz privates Leben in masochistischer Richtung zu steuern.

Sonst kann es passieren, daß wir auf Grund eines übersteigerten Masochismus – sozusagen eines Masochismus im Quadrat – die ganze Schuld für unsere Unterdrückung auf uns nehmen.

Viele Leute gehen hoch, wenn sie nur das Wort Unterdrükkung hören. Vielleicht könnte man auch ein anderes Wort nehmen: Selbstvergrößerung. Es hat doch niemand die Absicht, jemanden zu unterdrücken, sondern sich selbst zu erhöhen, sich Privilegien und Vorteile zu verschaffen, auf Kosten anderer, in Form von Dienstleistungen, billiger Arbeitskraft, Ansehen, Selbstwertgefühl – Macht.

Und dazu ist der weibliche Masochismus wie geschaffen. Wenn er nicht existierte, dann müßte er erfunden werden – und das wurde er. Sie haben uns eine Krankheit aufgehalst, die tödlich ist – und tödlich raffiniert.

Sie – wer? Wer hat den weiblichen Masochismus erfunden? Genau läßt sich das nicht feststellen. Es ist auch egal, es ist ja schon so lange her. Sicher ist, daß die Kirche ihre Finger im Spiel hatte – die Kirche, die unsere Körper haßte und verleugnete und uns untersagte, öffentlich zu reden. Aber es gibt andere Kräfte, die den weiblichen Masochismus heute ausnutzen. Denn zweifellos ist es von Vorteil für die eine Hälfte der Erdbevölkerung, der anderen Hälfte einzureden, daß die Natur sie dazu geschaffen hätte ... nun ja, unterdrückt zu werden.

Genau das ist geschehen. Aber es wäre sinnlos, das ganze Krankheitsbild noch einmal aufzurollen. Der weibliche Masochismus hat dieselbe Melodie wie der sexuelle und der autoritäre. Die Mechanismen sind die gleichen. Der einzige Unterschied liegt darin, daß sie nur uns betreffen – weil wir Frauen sind.

In aller Kürze: Unterdrückung erzeugt Masochismus, und die Unterdrückung der Frau erzeugt Masochistinnen. Wir werden mit der Vorstellung großgezogen, es ginge uns am besten in einer Tasche, die von außen zugeknöpft ist, oder in einem Mauseloch. Unser falsches Bewußtsein als Frau wird uns einfach verpaßt; sie hämmern uns ein, wir seien von Natur aus weniger wert als die Männer, und es sei deshalb für uns am besten, eine Art Sklavenleben zu führen. Dieses Sklavenleben ist verbunden mit einer Reihe von Befehlen (sieh mal, wozu er sie kriegt) und einer Reihe von Verboten (sieh mal, wie machtlos sie ist). Wir werden abgestumpft durch eine Unterhaltungsindustrie, die sich speziell an uns Frauen wendet, und wir erhalten die Privilegien, die man für zweckmäßig hält uns zu geben (Kinder und die unmittelbaren Dinge) oder die unschädlich sind (Gefühle, Liebe und die bunten Kleider). Diese Kondition geht uns derartig in Fleisch und Blut über, daß wir protestieren, wenn jemand Unfreiheit dazu sagt. Wir sind sogar die ersten, die unsere rebellischen Schwestern zur Ordnung rufen und beleidigt fragen, ob unsere Art zu leben denn nicht mehr gut genug sei; wir sind die ersten, die die Rebellion im Keim ersticken.

Rebellion – ja, denn Unterdrückung bringt Masochismus hervor, aber unter gewissen Umständen kann sie eben auch Rebellion hervorbringen. Aber das setzt voraus, daß wir selbst den ersten Schritt tun und erkennen, daß wir unterdrückt werden. Was wiederum bedeutet, daß wir keine Frauenbewegung machen können, solange wir Masochistinnen sind. Doch – sowie wir anfangen, diese Kondition beim richtigen Namen zu nennen, sie als Krankheit bezeichnen und nicht als unsere leibhaftige Natur. Dann endlich sprechen wir unsere eigene Sprache und nicht mehr die der andern. Dann können wir geheilt werden – kollektiv und individuell.

Wir müssen nicht noch einmal den ganzen Mechanismus durchsehen, aber wir müssen uns nur klarmachen, wer Vorteile daraus zieht, und das geht nur, wenn wir uns näher damit beschäftigen, wie der weibliche Masochismus konstruiert ist. Er ist nämlich ein künstliches Produkt, eine traurige und unnötige Krankheit. Das gilt natürlich für jeden Masochismus, aber der weibliche Masochismus ist besonders ausgestattet mit einem unglaublichen Gefühl dafür, ob sich etwas lohnt, und steht auf so schwachen Füßen, daß er wie eine besonders überflüssige Quelle von Leiden wirkt.

Sie haben ihn konstruiert, indem sie den sexuellen Masochismus in die eine und den autoritären in die andere Hand nahmen und beide zu einem Mischmasch vermengten und uns an den Kopf knallten, so daß uns Hören und Sehen verging. Mit anderen Worten:

Sie haben behauptet, wenn wir von Schlägen und Haareziehen geil würden, dann nicht, weil mit unserer Sexualität etwas nicht stimme, sondern weil wir von Natur aus Sklavenseelen seien, *weil wir Frauen seien.* Und sie haben es damit bewiesen, daß wir schon so lange geschlagen, vergewaltigt und sexuell ausgeblutet worden seien, daß wir einfach Masochistinnen sein müßten.

Sie haben behauptet, wenn wir uns so gut dazu eigneten, die zweite Geige im Orchester der Gesellschaft zu spielen und ein so untergeordnetes Leben in der Politik zu führen, dann sei es nur recht und billig, uns auch im Bett kleinzuhalten – denn wir seien offenbar daran gewöhnt, uns zu fügen. *Weil wir Frauen sind.* Offenbar hätten wir es so am liebsten. Sonst hätten wir uns doch nicht so lange im Hintergrund halten können.

Sie haben kurzerhand ein Gleichheitszeichen gesetzt zwischen jedem noch so geringen Ansatz zu sexuellem Masochismus und jedem noch so geringen Anflug von autoritärem Masochismus und uns dazu gebracht, diese beiden Dinge als eine Einheit zu betrachten. Und da wir uns schon so lange mit der doppelten Unterdrückung abgefunden hatten, waren sie so frei zu behaupten (entsprechend ihrem guten, alten Kreisbeweis), es müsse unsere ureigene, weibliche Natur sein, die für Dunkelheit und Unterwerfung wie geschaffen sei. Und das sei – sagten sie – eben das Feinste und Weiblichste an uns.

Denn wenn sie zugegeben hätten, daß es eine Krankheit ist, hätten sie auch die Verantwortung dafür übernehmen müssen, und das wäre dann doch zu peinlich gewesen. Wenn es aber unsere Natur war, dann konnten sie getrost weitermachen wie bisher.

Sie konnten uns weiterhin vergewaltigen, verprügeln, im Bett mißbrauchen oder jedenfalls vernachlässigen, daß wir auch etwas davon hatten – also uns sexuell unterdrücken.

Und sie konnten uns weiterhin ökonomisch und in bezug auf Einfluß und Ansehen kleinhalten oder jedenfalls auf unsere Gleichberechtigung in der Gesellschaft pfeifen – also uns politisch unterdrücken.

Kurz, sie konnten ihre doppelte Unterdrückung weiterbetreiben.

Sie – wer? Wer ist es denn, der sich auf unsere Kosten erhöht?

Zuerst und vor allem die Männer in einer Männergesellschaft. Der Traum von der masochistischen Frau, die zu diesem und jenem zu gebrauchen ist und ferngehalten wird aus Gebieten, in denen man sie nicht nötig hat, ist uralt und von Mystik und Weihrauch umgeben. An einer bestimmten Stelle kommt er in seiner reinsten Form zum Ausdruck: in der *Frauenrolle*, wie wir das alles jetzt nennen; uns ist endlich klargeworden, daß es sich um eine kulturelle und soziale Rolle handelt und nicht um einen natürlichen Zustand. Aber obwohl *wir* ihn Rolle nennen und uns von ihm zu befreien versuchen, lebt er doch wohlbehalten weiter. Und wenn auch nur in den Köpfen der Männer – als Wunschtraum.

Wir sind in der glücklichen Lage, diesen Wunschtraum in einer nagelneuen, authentischen Version vorgeführt zu bekommen. Im Sommer (1979) erschienen in den dänischen Zeitungen ein paar Kleinanzeigen, die Männer bei ihrem Wunschtraum packten und sie aufforderten, Auskünfte über junge Frauen aus Sri Lanka einzuholen:

> Wünschen Sie sich nicht auch eine elegante, hübsche, gebildete junge Frau, die einen für uns ganz besonderen Charme besitzt und sanft und ergeben ist? Sie ist Jungfrau, sie raucht nicht und ist noch nie tanzen gegangen. Für sie ist es unvorstellbar, ihrem Mann zu widersprechen, und sie hat nur ein Interesse, ihm das Leben so angenehm wie möglich zu machen. Sie bedient ihn Tag und Nacht. Wenn er nach Hause kommt, nimmt sie ihm seine Sachen ab und hängt sie auf, holt seine Hausschuhe und serviert ihm das Essen. Sie streitet nie, sagt nie ein böses Wort. Kurz: eine ganz phantastische Haushälterin, eine treue Gefährtin und nicht zuletzt, eine gute Geliebte ... Sie ist dazu erzogen worden, eine gute Ehefrau zu sein, und für die Sitten in Sri Lanka ist das gleichbedeutend mit Sklavin ...
>
> Nie würde ihr einfallen, ihren Mann zu verlassen. Einer solchen Ehefrau kann man in jeder Situation vertrauen. Auch wenn man z. B. oft abends arbeitet, würde sie nie ausgehen. Sie sitzt zu Hause und wartet und empfängt einen mit offenen Armen, wenn man nach Hause kommt. Sie schwätzt nicht, sondern zeigt dem Mann, daß er der Herr im Hause ist. Eine Ehefrau aus Sri Lanka sieht zu ihrem Mann auf, es gibt keine bessere. Ihr Mann ist für sie wie ein Gott.

Selbstverständlich muß Geld darin stecken, Frauen mit diesen Eigenschaften zu besorgen (am besten für Männer, die 40 Jahre älter sind). So ein Verkaufsvorstoß basiert auf einer Marktanalyse und erfolgt zu einem Zeitpunkt, wo dieser Frauentyp in unseren westlichen Ländern zur Mangelware geworden ist. Es paßt auch genau zur Psychologie der Unterdrückung, wenn der clevere Sklavenhändler davon spricht, daß das Mädchen aus Sri Lanka eine Art Sklavin *ist*, die den Mann als Gott betrachtet – mit anderen Worten: es wäre ausgesprochen dumm, so ein Mädchen nicht auszubeuten.

Weniger durchdacht scheint mir dagegen, daß er damit andeutet, daß ein Machtapparat dahinter steht. Das Mädchen wird als Masochistin dargestellt, aber möglich ist auch, daß sie es wegen der sozialen, ökonomischen, gesetzlichen und physischen Überlegenheit der Erzieher ist und nicht auf Grund ihrer weiblichen Natur:

> Sie wird von der Familie bewacht, deshalb kann sie gar nicht ausgehen und sich amüsieren. Die Eltern bestimmen, wen sie heiraten soll, und die Eltern bezahlen auch die Mitgift, die meistens sehr hoch ist. Sollte sie sich mit einem Mann einlassen, ohne mit ihm verheiratet zu sein, dann ist das eine Katastrophe, und ihr bleibt nichts anderes übrig, als Barmädchen oder Prostituierte zu werden. Sie hat nichts dagegen, einen europäischen Mann zu heiraten und für den Rest des Lebens seine Frau zu sein ...

Weiß Gott! Denn schlimmer kann es kaum noch kommen. Die Frage ist nur, was erwartet eigentlich das Mädchen aus Sri Lanka oder die Mädchen aus anderen Ländern, die laut obigem Schreiben demnächst auch besorgt werden können (Indien, Thailand, Korea, Formosa, Burma, Malaysia, Borneo, Vietnam und Singapur)? Sind sie wirklich vorbereitet auf eine Ehe mit einem traditionellen Mann der westlichen Männergesellschaft?

Die Liste ihrer Hobbies deutet darauf hin, alle sind häuslich oder haben etwas mit Musik, Spiel, Blumen, Kochen, Putzen, Lesen, Briefeschreiben zu tun. Sie ist also darauf eingestellt, die Frauenrolle in einer Kernfamilie zu übernehmen – und hoffentlich hat sie dann auch nichts dagegen, die damit verbundene Sklavenarbeit auf sich zu nehmen.

Es besteht ein himmelweiter Unterschied zwischen den Bedingungen, die einer modernen europäischen Frau geboten werden, und denen, die eine dunkeläugige Gwenda, Suneetha, Charmelia und wie sie alle heißen, erwarten – die Mädchen, deren Eltern Geld bezahlen, um sie loszuwerden. Wir halten nicht unsere Männer für Götter und uns selbst für Sklavinnen. Aber trotzdem tun wir alles, damit es aussieht, als ob es so wäre.

Wir wählen immer noch einen Mann, der größer ist als wir (damit wir die Kleine sind), stärker (damit man sehen kann, daß wir schwächer sind), älter und erfahrener (damit wir zu kleinen, netten Mädchen werden), aktiver (damit unsere Passivität deutlicher wird), wohlhabender (damit wir abhängiger werden), und der größeres soziales Ansehen genießt (damit jeder sehen kann, daß wir uns zurückhalten), und jedenfalls einen, der es uns schon zeigen wird, wenn wir schwierig und launisch werden sollten. Wir klammern uns freiwillig an all die Symbole, die zu erkennen geben, daß wir auf einer niedrigeren Ebene stehen als die Männer.

Und in Wirklichkeit *gehört* das auch zur Frauenrolle – es sind nicht nur Symbole. Wir werden nicht als «Sklavinnen» bezeichnet wie die Mädchen aus Fernost, aber wie sollen wir die Art und Weise, wie wir unsere Männer bedienen, eigentlich sonst nennen? Wir machen haufenweise Dinge, die nicht das geringste mit unseren natürlichen Funktionen zu tun haben:

Wir bekommen Kinder und stillen sie – das ist unsere natürliche Aufgabe und unser großes Privileg. Aber wir geben ihnen auch die Flasche und wechseln die Windeln und bringen sie in die Schule und gehen mit ihnen zum Zahnarzt. Wir kochen für unsere Kinder, aber auch für unsere Männer und deren Freunde und Vorgesetzte, wir spülen und putzen und stellen das Bier in den Kühlschrank und warten auf den Elektriker und machen das Klo sauber und telefonieren mit der Schwiegermutter. Wir tun es freiwillig, und wir bestrafen uns selbst mit Schuldgefühlen und Selbstvorwürfen, wenn wir die Frauenrolle in der Kernfamilie nicht schaffen. Die *Befehle* sind uns ganz einfach in Fleisch und Blut übergegangen, genau wie die *Verbote* – all die Dinge, die wir nicht tun dürfen, wenn wir als richtige weibliche Frauen gelten wollen.

Denn wir sind nicht frei. Wir stehen buchstäblich mit dem Rücken zur Wand, eingeschlossen in einem Halbkreis, der so klein ist, daß wir uns nicht rühren können. Und wir haben selbst mitgeholfen, den Halbkreis zu zeichnen, der die Frauenrolle ausmacht; die Frauenrolle, die eine masochistische Rolle ist – die unser weiblicher Masochismus *ist*, mit allem, was an Demut und Unterwerfung dazu gehört.

Und gehorsamst haben wir diese Rolle an unsere Töchter weitergegeben – als Bestätigung dafür, daß dies der wahre Platz für eine Frau ist. Wir haben sie gelehrt, sich gut und schick zu kleiden, zu spülen, sich nicht vorzudrängen, unauffällig dabei zu sein. Damit sie bereitstehen, die Traditionen weiterzuführen, wenn der richtige Mann kommt und sie nimmt, weil sie so klein und nett sind, und sich so gut darauf verstehen, zu ihm aufzusehen und auf sich selbst herabzusehen.

Das ist nicht nur ein psychologisches Problem. Wenn wir nicht aufpassen, wird die Frauenrolle unser Alltag und unser ganzes Leben. Aber natürlich – wir haben diese Rolle nicht selbst gewählt. Sie wurde uns gleich am Anfang übergestülpt. Und wenn wir die Frauenrolle in der Kernfamilie satthätten – was sollten wir wohl dann machen? Wir können eine Menge, aber wird auch nur irgend etwas davon so hoch eingeschätzt, daß wir davon leben könnten? Und wenn wir dann doch eines Tages dastehen, und uns selbst versorgen müssen, weil wir ausgebrochen sind oder bloß abgeschoben wurden, was machen wir dann?

Wir waren ja daran gewöhnt, in Abhängigkeit zu leben – weil wir selbst nichts verdienten, weil wir unsere Ausbildung freiwillig aufgegeben hatten, weil uns beigebracht worden war, zuzuhören, bis die Männer ausgeredet hatten, und uns nach den Entscheidungen zu richten, die sie trafen.

Ja, aber – das ist doch Quatsch! Sind es nicht genau die Frauen, die zu Hause das Sagen haben? Ist es etwa nicht die Frau, die mit der Nudelrolle hinter der Türe steht, wenn der Mann spät nach Hause kommt, anstatt schön brav auf ihn zu warten und ihm den Mantel abzunehmen? Sind wir es nicht, die die Kinder erziehen und zusehen, daß dieser enorme Apparat namens Haushalt läuft?

Doch, irgendwie ist es Quatsch. Wir lenken den Haushalt. Und wenn wir keinen Willen hätten, kein Verantwortungsgefühl, keinen Überblick, keine Initiative, keinen Unternehmungsgeist, keine der anderen unweiblichen Eigenschaften, hätten wir diese Aufgabe niemals bewältigen können. Aber trotzdem waren wir daran gewöhnt, im Schatten unserer Männer zu stehen, ihre Namen zu tragen, uns mit ihren Titeln zu schmücken, uns in ihrem sozialen Ansehen zu sonnen und mit ihren Freunden zu verkehren, die sich mit Lobpreisungen und Damenreden revanchierten. Denn draußen hatten wir nichts zu sagen.

Heute, wo die Frauenrolle bis ins letzte analysiert und von allen Seiten beleuchtet worden ist, können wir kaum begreifen, wie es passieren konnte, daß wir die Widersprüche dieser Rolle nicht durchschaut haben. Aber zugegeben – wir sahen uns selbst immer nur mit den Augen der Männer und beurteilten uns und andere nach deren Maßstäben. Die Bücher beschrieben uns als Geschöpfe, deren innerstes Wesen Dunkelheit und Unterwerfung war. Die Bilder zeigten uns als schweigsame, bettwarme Weibchen oder als Erdmutter, die die ganze Welt beschützt und bedient. Und allein die Tatsache, daß die Bücher und Bilder von Männern gemacht waren, überzeugte uns davon, daß wir in der Kultur sowieso nichts zu suchen hatten. In den Geschichtsbüchern kamen wir auch nicht vor. In den Medien waren wir nicht mehr die allerfeinsten, sondern oft die allerdümmsten, aber zum Anbeißen lekkerer. Und wir lachten uns halbtot, zusammen mit unseren Männern, über die kleinen, dummen Tippsen, die verstört durch die Gegend rannten und ihr Onkel-Tom-Lächeln lächelten, und die dann am Schluß dank ihrer weiblichen Intuition doch den Helden «bekamen» – den männlichen Helden. Das Bild, das wir von uns selbst bekamen, war nicht besonders imponierend. Aber zumindest gab es keinen Zweifel darüber, wo wir *nicht* hingehörten.

Am allermeisten haben jedoch die Illustrierten dafür gesorgt, daß wir bei unserer Frauenrolle blieben. Sie sorgen dafür, daß wir unsere eventuelle Freizeit mit Extra-Arbeit ausfüllen: die Illustrierten sind randvoll von Vorschlägen, wie man schlanker, jünger, hübscher wird, wie man lernt, besser zu backen, mehr zu stricken, feiner zu nähen und neue, zeitraubende, exotische Gerichte zuzubereiten.

Aber die Illustrierten enthalten auch Artikel, die damit enden, die «Weiblichkeit» jeder Frau zu rühmen, ganz gleich, welche Verdienste sie sich sonst erworben hat. Es sind Novellen und Romane «mit Gefühl». Aber was geben sie uns denn zu fühlen? Die Liebe der kleinen, schicken, fröhlichen Sprechstundenhilfe zu dem großen, starken, ernsten Arzt; Gefühle um «der Kinder willen». Von Gefühlen, die über die streng abgegrenzte, isolierte Privatsphäre hinausgehen, dagegen ist nie die Rede. In den Illustrierten werden nämlich alle Konflikte durch Liebe gelöst, und mit dieser Einstellung binden sie uns an Händen und Füßen und hindern uns daran, klar zu denken und die Dinge eventuell im Zusammenhang zu sehen – in einem Zusammenhang, der unsere Frauenrolle in Frage stellen könnte. Deshalb hat es auch so lange gedauert, bis wir ein Gefühl dafür bekamen, wie Frauenrolle und Kernfamilie miteinander verbunden sind und welche Funktionen beide in der Gesellschaft haben.

Aber wenn wir uns eines Tages, aus Lust oder aus Not, aus dem Mauseloch der Kernfamilie hervorwagen, stellen wir fest, daß draußen die Dinge auf die gleiche Art funktionieren wie drinnen – für uns, weil wir Frauen sind, denn die Kernfamilie ist der Spiegel der Gesellschaft.

Wenn wir berufstätig werden, nehmen wir die Frauenrolle mit an den Arbeitsplatz und verwandeln ihn in eine neue, kleine Familie. Eine Frau in einem Büro zum Beispiel sorgt für Blumen bei Besprechungen und in der Empfangshalle, kocht Kaffee für die Männer und sorgt mütterlich dafür, daß sie ihre Termine einhalten und von unerwünschten Telefongesprächen verschont bleiben. Sie hört zu, wenn die Männer reden, und quasselt nicht dazwischen. Sie macht Notizen von dem, was Männer sagen, und schreibt es dann für sie ins reine, als ob sie dazu nicht selbst in der Lage wären. Vielleicht sind sie es wirklich nicht, aber der Hauptgrund ist, daß ihre *Zeit* für derartige Routinearbeit zu kostbar ist – im Gegensatz zu der Zeit der Frau, die weitaus schlechter bezahlt wird.

Auch in einem größeren Zusammenhang nehmen wir die Frauenrolle mit an den Arbeitsplatz. Die Jobs, die wir traditionsgemäß bekommen, sind Mutter-Jobs (Kinder, Kranke, Alte und Schwache versorgen), Hausfrauen-Jobs (Putzen), ausgesprochene Sklaven-Jobs in Fabriken und Jobs, in denen wir wie Geliebte funktionieren sollen (Fotomodell und Stewardeß). Letztere werden gut bezahlt, sind aber vom Alter abhängig. Alles andere fällt unter Frauenarbeit und wird dementsprechend bezahlt. Kleine, geschickte Hände werden schlechter bezahlt als Muskelkraft, kurz gesagt. Auf dem Lohnzettel wird uns das Frausein als Minus angerechnet ... warum?

Nun ja, warum nicht, solange die Beschäftigung von Frauen Geld spart? Und das tut sie, solange wir selbst das «Gefühl» haben, es ist naturgewollt, daß unsere Männer mehr verdienen als wir, größere Beförderungschancen haben als wir und überhaupt größeren Einfluß und größeres Ansehen genießen. Wir haben ja selbst verkündet, daß uns männliche Vorgesetzte lieber seien (genau wie wir in Medizin und Politik Männer vorziehen). Es war sozusagen natürlich, daß wir unter den Männern *standen*, und wenn unsere Einkommen und unsere Karrieren sich denen unserer Männer zu nähern drohten, wurden wir nervös und machten Rückzieher. Ein prinzipielles Gleichgewicht durfte scheinbar nicht gestört werden, denn was würde aus ihrer Männlichkeit und unserer Weiblichkeit, wenn wir anfingen, wie Wesen zu erscheinen, die ebenso stark und bedeutungsvoll sind wie Männer? Es sah immer so aus, als ob wir nur funktionieren könnten, wenn wir klar und deutlich für minderwertig erklärt werden.

Nicht, daß je die Gefahr bestanden hätte, etwas anderes anzunehmen. Wir bekommen immer noch kleinere Löhne als unsere Männer. Wir bekommen nicht dieselbe Arbeit – und wenn wir sie endlich bekommen, ist längst dafür gesorgt, daß die Bäume nicht in den Himmel wachsen. Denn wenn wir von der Arbeit nach Hause kommen, erwartet uns der zweite Teil unserer Arbeit, und wir finden selbst, daß es der wichtigste ist – deshalb kommen wir auch nie weiter als bis zur untersten Sprosse der Leiter.

Denn wenn wir einen Beruf haben – und besonders einen, der uns Freude macht, weil er einen Teil unserer Ambitionen befriedigt – haben wir das Gefühl, uns besonders anstrengen zu müssen, um zu beweisen, daß wir die Frauenrolle meistern können. Dann müssen wir unsere Wohnung besonders gut in Ordnung halten, besonders gut kochen und vorbildliche Mütter für unsere Kinder sein. Es hat den Anschein, als ob die Doppelarbeit, die uns kleinhält, auch gleichzeitig wie ein Extra-Ansporn zur «Weiblichkeit» wirkt, wie eine Extra-Verstärkung unserer Frau-Sklavin-Rolle. Es ist ein Teufelskreis. Auf jeden Fall ist es ein guter Trick. Denn auf diese Weise werden wir noch mehr an die Kernfamilie gefesselt, in der wir den Hauptanteil der Arbeit leisten, die nötig ist, damit die Männer der Gesellschaft ihre über- oder untergeordneten Positionen ausfüllen können. Denn wie sollten sie das schaffen, wenn wir nicht für den Haushalt sorgten, einkaufen gingen, kochten und es gemütlich machten – und die Kinder versorgten, unsere gemeinsamen Kinder und die zukünftigen Lohnempfänger der Gesellschaft? Denn all das tun wir ja, ohne selbst einen Pfennig Lohn dafür zu bekommen.

Ja, aber – werden wir denn nicht versorgt?

Manche von uns werden es, das heißt, wir haben ein Dach über dem Kopf, bekommen Essen und Trinken, dazu noch Taschengeld. Andere helfen mit, die Finanzen der Kernfamilie zu verbessern, obwohl wir häufig unseren Anteil am Einkommen mit anderen Augen ansehen als den der Männer, so als eine Art Nebenverdienst – genau wie wir unsere eigene Berufstätigkeit oft als eine Art Zerstreuung ansehen, nach dem Motto: es ist doch ganz nett, unter Leute zu kommen und sich was erzählen zu können.

Aber selbst wenn wir versorgt werden und nicht berufstätig sind, ist es immer wieder das alte Lied. Gerade deshalb sind wir ökonomisch abhängig, und damit stärken wir die Kernfamilie, die uns kleinhält. Und wir überlassen alle Funktionen außer den häuslichen den Männern: die Arbeit zu leiten und zu verteilen, Entscheidungen zu treffen und das Geld, das Ansehen und die politische Macht, die dazu gehören, einzuheimsen.

So dreht sich das Karussell weiter. Wenn wir berufstätig

sind, arbeiten wir auch weiterhin für weniger Geld, *wir* unterbrechen die Ausbildung, wenn Kinder kommen, *wir* lassen die Arbeit liegen, wenn die Kinder krank werden, denn das ist für die Kernfamilie am billigsten: der Mann als potenter Verdiener ist draußen nicht abkömmlich, und deshalb sind wir zu Hause nicht abkömmlich.

Und niemand ist daran interessiert, daß wir anders denken und fühlen sollen. Keinem tut es leid, daß wir bei schlechter Konjunktur selten Arbeitslosenunterstützung beantragen – wir werden in den Arbeitslosenstatistiken nicht geführt, denn wir bleiben einfach wieder *zu Hause*. Wir stehen abrufbereit da als die ewige Reserve von schlecht bezahlten Arbeitern, um nicht zu sagen Lohndrückern, die von den Arbeitgebern bedenkenlos ausgebeutet werden können; wir sind wie ein Heer von Fremdarbeitern im eigenen Land; wir machen selten Schwierigkeiten. Streiks werden an den Arbeitsplätzen der Männer organisiert, denn wir haben keine Zeit, an Versammlungen teilzunehmen, wir haben es immer eilig, nach Hause zu kommen, und wir finden eigentlich, daß es nicht nur unweiblich, sondern auch ein bißchen überflüssig wäre, zu streiken; in erster Linie sind wir doch Mütter und Hausfrauen. Und außerdem wissen wir, selbst wenn wir bei diesen Versammlungen den Mund aufmachen würden, würden sie uns höchstens ansehen, aber nicht anhören. Und auf diese Weise hindern sie uns noch mehr daran, mitzureden und mitzubestimmen, und wenn wir uns die herrschenden Institutionen der Gesellschaft ansehen, könnten wir glauben, wir lebten in einem Land, in dem Frauen nur eine verschwindende Minderheit sind und nicht die Hälfte der Bevölkerung.

Das gehört *auch* zum Trick. Denn genau wie die Frauenrolle nicht losgelöst existiert, sondern einen festen Platz in der Kernfamilie hat, so schwebt die Kernfamilie ihrerseits nicht im luftleeren Raum, sondern steht in einem politischen Zusammenhang. Ebenso wie die Frauenrolle eine masochistische Rolle ist, so ist die Kernfamilie ein Unterdrückungsinstrument – und beide bedingen sich. Aber leider haben wir noch immer nicht gelernt, ohne die Kernfamilie auszukommen; wir haben noch immer nicht gelernt, irgendwo anders die Geborgenheit und Wärme zu suchen, die sie uns auch gibt, obwohl langsam andere Modelle entstehen. Man kann allerdings nicht gerade behaupten, daß die Gesellschaft solche Alternativen mit offenen Armen aufnimmt, und das wundert wohl keinen.

Die Kernfamilie ist unersetzbar für das Gesellschaftssystem, in dem wir leben, eben weil es uns in kleine, isolierte, leicht kontrollierbare Zellen spaltet. In der Kernfamilie wird das System autoritärer Zucht und Ordnung verhältnismäßig störungsfrei von einer Generation an die nächste weitergegeben, in ihr werden die Kinder nach einem für die Gesellschaft brauchbaren Muster und die Frauen nach den Bedürfnissen der Gesellschaft geformt. Denn die Kernfamilie ist nicht nur Spiegel der Gesellschaft, sie ist auch Schule der Gesellschaft – die Frauenschule der Gesellschaft, mit allen Befehlen und Verboten.

Hier lernen wir und unsere Töchter unsere Doppelfunktion als Frau: die häuslichen Tätigkeiten, die nötig sind, um den Haushalt am Laufen und damit die Arbeitskraft arbeitsfähig zu halten; das garantiert dem Kapital gleichzeitig eine Reserve an billiger Arbeitskraft in Frauenberufen. Wir werden ausgebildet auf dem Wege des direkten Lernens oder durch die Befehle, die wir ganz unbemerkt und so lange bekommen, daß sie zu unserem weiblichen Über-Ich werden, zur Stimme der Gesellschaft in unserem Innern.

Auf diese Weise wird unser weiblicher Masochismus verstärkt und ausgebeutet, und wir festigen damit die Kernfamilie, die uns wiederum noch fester an unsere Frauenrolle bindet. Und alles greift ineinander – die Frauenrolle und damit der weibliche Masochismus sind in Wirklichkeit nicht nur gegen uns allein gerichtet. Unsere eigene Unterdrückung ist Teil eines umfassenderen Unterdrückungssystems; wir ziehen andere Frauen in die Unterdrückung hinein, und Kinder – und auch Männer. Denn solange wir daran gehindert werden, unsere Tatkraft auf etwas anderes zu verwenden als auf die ganz unmittelbaren Dinge innerhalb der eigenen vier Wände, solange wir nicht nur gegen andere Frauen aufgehetzt werden (wenn sie unsere Rolle zu ändern versuchen), sondern auch gegen Männer, bleiben wir eine reaktionäre graue Kolonne, dabei könnten wir das Gegenteil sein: eine aktive Hilfe für die Frauen und

Männer, die dafür kämpfen, das Unterdrückungssystem zu ändern. Wir müssen uns ganz klarmachen: solange wir selbst uns hüten, den Halbkreis der Frauenrolle zu überschreiten, bleiben wir nicht nur Masochistinnen, sondern auch Unterdrückerinnen, denn das System «Teile und Herrsche» beruht auch auf unserer Kollaboration.

Aber die Kernfamilie hat noch eine andere Funktion in der kapitalistischen Gesellschaft von heute, zu deren größten Bedürfnissen gehört, den Überschuß an überflüssigen Waren, die produziert werden, um alles am Laufen zu halten, abzusetzen: das ist die Funktion des Verbrauchers. Konsumgüter müssen verkauft werden, und viele kleine Familien sind ein größeres Käuferpotential als wenige größere.

Und da wir ja im Grunde die verantwortlichen Einkäufer der Kernfamilie sind, ist es zweckmäßig, sich an uns zu wenden, an uns als Mütter und Hausfrauen, uns anzusprechen als Geschöpfe, deren Lebensinhalt Haus und Kinder sind. Aber so werden wir die Geiseln der Familie. Wir machen die Kernfamilie stärker, die uns schwächt, indem sie uns an die Frauenrolle kettet.

Gleichzeitig müssen wir auch als Individuen angesprochen werden – als gut gepflegte und gut aussehende Geliebte. Und selbst wenn uns die Männer nicht bewußt, sondern eher unbewußt – um nicht zu sagen bewußtlos – unterdrücken und wir nur sehr schwer genau die Stelle angeben können, an der die *bewußte* Ausbeutung des weiblichen Masochismus von seiten des Kapitals stattfindet, so gibt es doch ein Gebiet, wo er höchst bewußt und gekonnt ausgenützt wird: die Werbung.

Die Werbung weiß alles und versteht sich darauf, mit all den Symptomen unserer Unterdrückung zu spielen: mit unserer Angst, die unmögliche Forderung nach ewiger Jugend, Schönheit und Perfektion nicht erfüllen zu können; unserem schlechten Gewissen darüber, daß wir nicht schaffen, Verwalterin und Seele der Kernfamilie und gleichzeitig berufstätig zu sein, unseren Frustrationen, wenn wir die schwierige Aufgabe, isoliert in unseren eigenen vier Wänden glücklich zu werden, nicht meistern können.

Wir versuchen, die Komplexe, die sie uns machen, zu lindern, und beschwichtigen unsere Ängste, indem wir das kaufen, was uns ihrer Meinung nach perfekter und glücklicher machen wird. Aber jedes Teil, das wir kaufen, engt unsere Bewegungsfreiheit ein.

In der Werbung zeigt das System sein wahres Gesicht – das Kapital verdient an unseren Schuldgefühlen, die unvereinbaren Ideale der Männergesellschaft nicht erreichen zu können, und verschafft gleichzeitig den Männern noch viel geschmackvollere Konsumgüter (uns), sorgt für eine bessere Haushaltführung und für die Unterstützung ihres Selbstrespekts. Gerade in der Werbung wird ein für allemal entlarvt, wem wir die doppelte Unterdrückung zu verdanken haben: einem Doppelsystem, in dem sich Männergesellschaft und Kapitalismus die Hände reichen. Und eine solche Doppelhand kann ganz schön zudrücken.

Wo immer die Männergesellschaft – das Patriarchat – etwas nicht eigenhändig schaffen kann, wird vom Kapitalismus nachgeholfen, und wo immer der Kapitalismus etwas nicht eigenhändig schaffen kann, wird von der Männergesellschaft nachgeholfen. Die Zusammenarbeit funktioniert so perfekt und so ausgewogen, daß man nicht widerstehen kann, ihr einen einzigen Namen zu geben, denn warum sollen wir zwei Wörter gebrauchen, wo eins genügt? Ich würde *Patriarkapitalismus* vorschlagen – wenn es sich aussprechen ließe.

Einige Vorteile des Systems kommen hauptsächlich den Männern zugute, andere hauptsächlich dem Kapitalismus, aber das geht ineinander über. Es ist wie ein Spinnennetz, und wir sind die Gefangenen, die nicht loskommen können. Unseren weiblichen Masochismus haben sie eingefangen, die wortlose Anerkennung unserer Rolle als Minderwertige, *weil wir Frauen sind.* «Es war doch schon immer so», sagen sie und reiben sich die Hände, «also habt ihr sie auch am liebsten, und warum sollten wir dann sanft mit euch verfahren?» Und wir ducken uns noch mehr und versuchen, ein freundliches Gesicht zu machen.

Aber die Zeiten, in denen Sklaven glücklich waren, scheinen vorbei zu sein. Das zeigen die Statistiken über Alkoholismus und Tablettenmißbrauch bei Frauen, wenn schon nichts anderes; aber vielleicht haben wir die Zahlen früher nur nicht gekannt. Jedenfalls geht inzwischen manchen ein Licht auf, daß irgend etwas nicht stimmt.

Das hat sich das System zum Teil selbst zu verdanken. Sein Bedarf an guten, aktiven Verbrauchern war so groß, daß es einen langfristigen Vorteil (unseren totalen weiblichen Masochismus) einem kurzfristigen (gesteigerter Verbrauch) geopfert hat. Sie haben sich so fest im Sattel gewähnt, daß sie meinten, sie könnten uns größere Bewegungsfreiheit lassen. Aber sie haben sich geirrt.

Sie haben gedacht, sie müßten uns erzählen, daß wir genauso frei und gleichberechtigt seien wie Männer. Sie haben uns eine Phase gegönnt, in der wir selbständig sein, selbst verdienen, uns schöne Kleider und Kosmetik kaufen und uns vielleicht sogar Luxusgewohnheiten zulegen durften, bevor wir ins Gehege der Kernfamilie getrieben wurden. Natürlich konnten die Werbeleute dieses Modell nicht selbst erfinden: es fiel zusammen mit einer tatsächlichen Befreiung durch die Pille, der etwas zweifelhafteren befreiten Sexualmoral, mit steigendem Wohlstand und größerer Offenheit der Gesellschaft. Und plötzlich tönte uns von allen Seiten entgegen, wir seien frei, dürften unser Leben selbständig gestalten und könnten als Frauen alles erreichen, was wir wollten.

Das Ergebnis jedoch war, daß wir entdeckten, wie unterdrückt wir sind. Uns wurde nämlich klar, daß die Behauptung, wir könnten alles erreichen, was wir wollten, eine doppelte Lüge enthielt:

Als erstes stellten wir fest, daß es fast unmöglich für uns war, etwas zu *wollen*. Daß unser Wille krank war und wir deshalb überhaupt nicht etwas anderes «wollen» konnten als das, was ihrer Meinung nach unsere Natur war.

Und als wir schließlich gelernt hatten, ernsthaft zu wollen, und uns neue Rollen wählten, entdeckten wir, daß nur die wenigsten von uns auch wirklich *erreichen* konnten, was sie wollten. Das war keineswegs reiner, selbstgemachter Masochismus. Die Symbole waren wirklich – der starke Junge war wirklich stärker als wir, die Wand hinter uns war wirklich da. Wir saßen wirklich fest in einem winzigen Halbkreis. Wir kamen nur bis zu dem Punkt, wo wir mit einem ganz neuen Widerspruchsgeist reagierten und anfingen, den Halbkreis zu entmystifizieren, uns umzusehen, die Ärmel hochzukrempeln und alle an einem Strang zu ziehen, anstatt uns auf die Unzufriedenen zu stürzen und sie als Verräterinnen am eigenen Geschlecht zu denunzieren. Wir fingen an, unser gemeinsames falsches Bewußtsein als Frauen zu durchschauen und uns mit unserer Unterdrückung auseinanderzusetzen, anstatt weiter Unterdrückerinnen von anderen Frauen zu sein, anstatt unsere eigenen Unterdrückerinnen zu sein.

Wir wurden uns auch darüber klar, daß das patriarchalische, kapitalistische System nicht zu Ende ist, bloß weil wir unser Bewußtsein geändert haben. Der erste Schritt ist entscheidend, der Schritt, mit dem wir den alten, weiblichen Masochismus hinter uns lassen. Aber danach erwartet uns ein langer, zäher Kampf, der unsere ganze Phantasie, Stärke, unseren Zusammenhalt und Willen erfordern wird – und vermutlich auch Geld kostet. Denn wir werden auf soviel Widerstand stoßen, wie sie nur aufbringen können. Niemand gibt seine Privilegien freiwillig auf.

Vorauszusehen ist auch, welche Waffen sie gegen uns einsetzen werden. Sie werden uns kaum noch als Hexen auf Scheiterhaufen verbrennen oder andere Formen offener Gewalttätigkeit anwenden – Polizei oder Militär. Das können sie sich heutzutage nicht mehr leisten – anders gesagt: Niemand sägt gern an dem Ast, auf dem er selber *sitzt.* Aber es gibt eine Menge anderer Dinge, die sie tun können.

Vom kapitalistischen Standpunkt aus sind es ökonomische Waffen, die sie versuchen werden, durch unsere von Männern beherrschten Mehrheitsregierungen zu schmuggeln. Politische Vorwände lassen sich zur Genüge finden, um zum Beispiel das Kindergeld zu kürzen, das Wohngeld zu verringern, weniger Freiplätze in Kindertagesstätten und -heimen zur Verfügung zu stellen oder um die Preise zu heben und die Einführung des gleichen Lohns zu verzögern. Sie können damit drohen, Unternehmen aus Gebieten mit Niedriglöhnen im Inland abzuziehen und die Produktion in andere Länder mit niedrigeren Lohnforderungen zu verlagern – mit dem einzigen Zweck, uns auch weiterhin fest an unseren Platz zu Hause zu fesseln und damit zu garantieren, daß wir uns weiterhin an allen anderen Plätzen in der Gesellschaft minderwertig fühlen. Vielleicht werden sie auch eines Tages (wenn sie es wagen) unsere Versammlungen, unsere Organisationen und unsere Projekte unter irgendeinem Vorwand sabotieren, in der Hoffnung, dem Rest unseres autoritären Masochismus neuen Auftrieb zu geben, denn der Kapitalismus hat keine Vorteile von unserer Befreiung. Aber dafür ist es, glaube ich, zu spät.

Auf seiten der Männer wird der Krieg gegen uns in erster Linie sexueller Art sein, und diese Art ist nur zu vertraut. Ein paar werden versuchen, uns zu boykottieren, aber das können sie nur eine Zeitlang durchhalten, solange es noch eine Reserve von Frauen «alten Schlags» gibt – in unseren oder anderen Ländern. Solche Frauen gehen goldenen Zeiten entgegen, und es sei ihnen gegönnt. Ein paar Männer verkünden heute lauthals, kein echter Mann würde je eine «Emanze» anrühren, die wäre ja doch nur eine verkappte «Lesbe» (wenn es um die Wirklichkeit und nicht um Porno geht, machen lesbische Frauen ihnen Angst, denn sie bedeuten Konkurrenz). Andere verkünden ebenso diese «frustrierten Weiber gehörten nur mal richtig durchgefickt» (und am Tonfall hört man, am liebsten von hinten), oder wir «könnten ein paar hinter die Löffel kriegen», wenn wir weiterhin verrückt spielen. Beides soll bezwecken, unseren guten, alten Masochismus aufzumöbeln, damit alles beim alten bleiben kann. Und dafür ist es noch nicht unbedingt zu spät ...

Denn auch wenn wir von unserem autoritären Masochismus geheilt sind, können wir noch immer am sexuellen leiden, und solange werden sie ihn uns auch vorhalten, um uns kleinzukriegen. Sie werden ihn als Beweis dafür mißbrauchen, daß wir uns angeblich ganz tief drinnen danach sehnen, uns einer Herrschermacht zu unterwerfen, und die Gefahr besteht wirklich, daß viele Frauen noch immer an die Verbindung zwischen autoritärem und sexuellem Masochismus glauben. Allein deshalb – wenn schon nicht aus anderen Gründen – sollten wir versuchen, uns gemeinsam mit Masochismus auseinanderzusetzen.

Wir sollten versuchen, systematisch zu erforschen, wie sexueller Masochismus entsteht. Und selbst wenn wir das nicht können, müssen wir Mittel und Wege finden, ihn zu heilen – bei uns selbst und bei anderen. Wir könnten Selbsthilfegruppen zur Erforschung der Muskelspannungen bei sexueller Erregung gründen, sie könnten mit oder ohne Hilfe sexueller Elemente arbeiten. Wir könnten versuchen, sexuelle Erregung auf andere Bahnen zu bringen, damit sie nicht mehr den Umweg über den Kopf nehmen muß, sondern sich wie eine schöne Blume ungehindert entfalten kann in unseren weichen, entspannten, empfänglichen Geschlechtsorganen und explodieren kann wie ein lebensbejahendes Feuerwerk, ohne von Phantasien besudelt zu werden, die wir als destruktiv und erniedrigend erleben.

Ich glaube, wir müssen uns auf den körperlichen Weg konzentrieren, denn der psychische ist so wenig greifbar und so kompliziert und könnte uns überfordern. Aber gemeinsam, in Gruppen, können wir mit dieser Körperspur vielleicht klarkommen, wie wir mit so manchem klarzukommen gelernt haben. Und wenn wir es gemeinsam tun, könnten wir auch lernen, mit den gewalttätigen körperlichen Ausbrüchen zu Rande zu kommen, die sich vermutlich abspielen werden, wenn die Widerstände weggespült werden und der Orgasmus sich seine echte Bahn bricht. Wir kennen einander und wir kennen uns selbst oder wir fangen zumindest an, uns und unsere Verhaltensweisen kennenzulernen.

Und selbst wenn die Männer, die an sexuellem Masochismus leiden, unter anderen Bedingungen an ihm leiden als wir, könnten sie vielleicht von dieser Arbeit profitieren.

Natürlich werden wir auch hier auf Widerstände stoßen. Aber der größte Gegner unserer Befreiung ist das gesamte patriarchalisch-kapitalistische System. Und es wird seine mächtigste Waffe blankputzen, *die Ideologie*, und ein wunderschönes, einstimmiges Loblied auf die natürliche Frau ertönen lassen – auf die Frau, die groß geschrieben wird, auf das schwache kleine Mädchen mit den starken Gefühlen und den großen Brüsten, auf die Frau mit allen ihren Vorzügen und Nachteilen; auf die Frau, die weiß, was Vater tut in der großen weiten Welt, ist gut getan, und die getreulich im kleinen, warmen Nest sitzt und wartet; und auf die Mutter, die die Kinder ja soviel nötiger haben als den Vater und ohne die aus ihnen niemals richtige Jungen/Mädchen würden.

Damit hätten wir dann bekommen, was uns gebührt, und vom Rest sollen wir gefälligst die Finger lassen. Sie haben getan, was sie konnten, um den weiblichen Masochismus warmzuhalten.

Für solche Manöver ist es nicht unbedingt zu spät, denn sie sind so verdammt geschickt darin, mit all den alten, tief sitzenden Symptomen unserer Unterdrückung zu spielen.

Sie werden uns Vorwürfe machen und werden gar nicht merken, daß sie uns schon wieder gegeneinander aufzuhetzen versuchen:

Was fällt Euch eigentlich ein, andere Frauen unzufrieden zu machen mit dem, was sie haben, wo Ihr selbst doch gar nichts anderes zu bieten habt? (Übersetzt etwa: was fällt Euch ein, anderen Frauen ihre Lebenslüge zu nehmen?)

Aber erstens kann man keinem Menschen echte Geborgenheit nehmen, man kann höchstens ein schon glimmendes Feuerchen schüren; und zweitens ist es, glaube ich, für keine Frau zu spät, die entdeckt, daß ihr Leben in Bewegung gerät, auch wenn es sozusagen in letzter Minute geschieht, es sei denn, die ökonomischen Probleme sind unüberwindlich. Heute, wo es Tausende von Aufgaben zu lösen gibt, muß sich keine Frau gesellschaftlich überflüssig fühlen, selbst wenn sie sich in ihrer Kernfamilie überflüssig fühlt. Es liegt an uns, die Dinge so zu organisieren, daß wir alle unsere freigesetzten Kräfte wieder verwenden – auch für Frauen, die das Alter gewohnheitsgemäß als ihren ärgsten Feind betrachten und davon abhängig sind, daß ihnen irgend jemand ein Zeichen gibt, sie zusammenruft und ihnen zeigt, wo sie gebraucht werden.

Dann kann es passieren, daß das System einen Trumpf ausspielt und von Kinderpsychologen bezeugen läßt, daß unsere Kinder einmal für unsere Freiheit werden bezahlen müssen – in der mehr oder weniger bewußten Absicht, uns an unserer empfindlichsten Stelle zu treffen: unserem allgegenwärtigen Schuldbewußtsein. Denn die Kinder *sind ja* da, und sie gehören zu unserem Halbkreis. Und wir fragen uns zum x-ten Mal, was aus unseren Kindern werden soll, wenn beide Eltern Menschen sein möchten ... Wir müssen auch damit fertig werden, mit diesem Tonband, das uns die polizeilichen Vorschriften des Systems vorspielt, wir müssen uns vor Augen halten, daß diese Kinder nicht nur unsere Kinder allein sind.

Und wenn sie nicht andere Frauen und unsere eigenen Kinder für sich ausschlachten können, werden sie zum letzten und stärksten Mittel greifen: Natur. Sie werden sich vor uns hinstellen mit der Biologie in der einen Hand und der Tierpsychologie in der anderen und uns erzählen, daß sich jede noch so kleine Zelle im weiblichen Körper von jeder noch so kleinen Zelle im männlichen Körper unterscheidet, und daß wir unserer Natur nicht ungestraft Gewalt antun können. Sie werden versuchen, Tiere, Anatomie und Gott weiß wen gegen uns ins Feld zu führen.

Die Natur ist ihre heimliche Waffe, um uns in Schach zu halten. Sie ist für uns so etwas wie die höchste Autorität, das endgültige System von Zucht und Ordnung, in dem wir unseren festen Platz haben, den wir nicht verlassen dürfen; wir wissen nur nicht, welcher Platz das ist, wir wissen nicht, welche Gesetze echt und welche gefälscht sind, wir wissen überhaupt nicht, woran wir sind, und die Sprache, in der sie von der Natur reden, ist drohend und feindlich und undurchsichtig.

Und genau deshalb dürfen wir uns überhaupt nicht mehr einlassen auf Diskussionen, die unsere Natur zum Thema hat. Keine der Parteien wird jemals etwas beweisen können, und am Ende werden wir das eine Tier gegen das andere ausspielen und es darauf ankommen lassen, wer am lautesten schreien kann. Es wäre besser, über die ganze Diskussion zu lachen, denn sie geht uns eigentlich nichts an. Sie holt ihre Beweise aus der Vergangenheit, sie schließt Veränderungen aus, sie ist reaktionär und unterdrückerisch.

Statt dessen können wir untersuchen, wie die Gesellschaft jede Zelle unserer Psyche beeinflußt, und mit der Gesellschaft, die uns unterdrückt, abrechnen. Wir können uns auch mit unseren eigenen, inneren Widerständen auseinandersetzen, indem wir die Unterdrückungsmechanismen *bewußtmachen*, die uns zu dem gemacht haben, was wir sind. Dafür können wir sogar ein paar Dinge aus der Psychologie gebrauchen. Zu sehr viel mehr können wir sie, glaube ich, nicht gebrauchen, denn Psychologie wie Psychoanalyse gehören uns nicht, ebensowenig wie Biologie, Geschichte oder Kultur, und ebensowenig wie unsere Körper und unsere Gefühle uns jemals gehört haben.

Freud zum Beispiel – wozu könnten wir einen Mann gebrauchen, der sein Leben dazu genutzt hat, Kartenhäuser zu konstruieren, die zeigen sollten, was eine «Frau» «ist»? Wie er selbst einmal schrieb: «Was will die Frau eigentlich?»

Er hatte nicht die geringste Ahnung.

Und woher hätte er es auch wissen sollen, er war umgeben von Frauen, die so unterdrückt waren, daß sie selbst nicht wußten, was sie wollten. Frauen, die sich selbst nur negativ bestätigen konnten – als zweitklassige Ausgabe des Mannes, als Zwischending zwischen Mann und Kind, als ein hohler Penis oder wie ihre Analytiker sie sonst nannten. Oder dadurch, daß sie immer dem stärksten Jungen nachliefen – nur um geduckt zu werden.

Heute ist die Situation anders. Die Zeiten ändern sich – wenn es Leute gibt, die dafür sorgen. Und heute haben wir eigentlich allmählich das denkbar beste Argument, um die Theorie von der weiblichen Natur zu entkräften: die alte Theorie ist langsam von der konkreten Wirklichkeit abgelöst worden. Heute sind wir umgeben von Frauen, die wissen, was sie wollen.

Die Frauenbewegung als solche ist der sichtbare Beweis dafür, daß unsere Natur nicht vorbestimmt ist, sondern daß wir wählen können. Wir sind nicht dazu verurteilt, passiv und masochistisch zu sein, sondern können genausogut aktiv sein, tatkräftig, voller Stärke, Initiative, Solidarität und politischem Willen. Und das gilt nicht mehr nur für eine Handvoll Frauen, die man als abnorm und unnatürlich abtun kann. In der ganzen Welt ist unsere Zahl angewachsen, und wer wagt zu behaupten, die neuen Frauen seien nicht auch Teil der Natur?

Aber die Frauenbewegung ist nicht nur als theoretisches Argument brauchbar – wir leben nicht von Diskussionen und Theorien allein, auch die Praxis kommt uns zugute. Und die Frauenbewegung ist keine Anti-Männer-Bewegung, sie ist nicht einmal nur eine feministische Bewegung; sie ist eine Widerstandsbewegung gegen das gesamte patriarkapitalistische System. Deshalb ist sie auch gleichzeitig unsere *Kur* gegen weiblichen Masochismus.

Sie wird zur Kur, indem sie den Teil heilt, der aus autoritärem Masochismus besteht. Sie hat uns etwas gegeben, was die Frauen zu Freuds Zeiten nicht hatten: ein neues Vorbild. Ein neues Frauenbild, das wir brauchen können, weil es an unsere Kräfte appelliert und uns die Möglichkeit gibt, Frauen zu finden, mit denen wir gemeinsam handeln können, Orte, an denen wir uns treffen können, Projekte, die wir gemeinsam durchführen können – eine ungeheuer umfassende, politische Arbeit, die in vollem Gang ist. Sie ist die beste Strategie, die beste Kur, die wir uns je erträumen konnten.

Und jetzt soll mir keiner kommen und behaupten, dies sei nur eine neue Art von Masochismus – wir stürzten uns nur in diese Arbeit, weil wir eine neue, starke Autorität nötig hätten. Erstens ist das dummes Zeug und zweitens paßt es überhaupt nicht zur Struktur der Frauenbewegung, der ja gerade das autoritäre System als abschreckendes Beispiel gilt. Sie ist so organisiert, daß die kleine Gruppe und damit jede einzelne von uns die Möglichkeit hat, so gleichberechtigt wie nie zuvor mitzumachen.

In der norwegischen Frauenzeitung «Sirene» steht folgendes:

> Nicht alle Frauen fühlen sich unterdrückt. Aber wir wissen, daß sie es sind. Niemand fühlt sich unterdrückt, solange er nicht einen Traum hat – eine Vision von etwas anderem.

Diese Vision haben wir heute. Und es wäre schön, wenn auch Männer sie begreifen würden, aber sie begnügen sich stattdessen damit, mit halbem Ohr zuzuhören und weiterzumachen wie bisher. Natürlich müssen die Männer ein paar Privilegien aufgeben. Und natürlich sind sie in einer schwierigen Situation. Sie verlieren ihre alte Identität im selben Tempo, wie wir uns eine neue erkämpfen, denn ihre Identität war mit unserer vielfältig und unlösbar verbunden. Jetzt sind die Männer an der Reihe, Verteidigungsmechanismen zu mobilisieren, um sich nicht eingestehen zu müssen, welche Lüge sie gelebt hatten. Deshalb bekommen sie Angst oder werden aggressiv oder beides, deshalb versuchen sie, uns lächerlich zu machen, und erzählen uns zum soundsovielten Male, daß es ihnen soviel schlechter gehe oder daß wir soviel feinfühlender seien – und vor allem ganz anders als sie – und daß wir uns doch alle darin einig sein könnten, daß uns die alte Art im Grunde am liebsten wäre.

Dadurch entsteht im Augenblick eine noch größere Kluft zwischen den Geschlechtern, und es ist heute für Frauen außerordentlich schwer, eine gute und ausgewogene Beziehung zu einem Mann herzustellen. Aber das ist ein Übergang, sagte der Fuchs ...

Es ist ein Übergang trotz allem. Viele «neue Männer» merken inzwischen, daß wir uns nicht befreien wollen, um sie zu unterdrücken, sondern um unter allen Bedingungen gleich sein zu können, und viele begreifen, daß diese Alternative auch Vorteile für sie haben wird.

Sie könnten darin zu hören bekommen, daß sie gut aussehen, könnten den ewigen Druck loswerden, die Verführerrolle spielen zu müssen; *sie* würden genommen, *sie* könnten zustimmen oder ablehnen. Sie dürften endlich sanft, zärtlich und sinnlich sein, anstatt dem Ideal des «Durchschnitts-Sadisten» nachzueifern. Sie dürften ab und zu auch mal träge, wankelmütig und bequem sein, statt immer und ewig den *Vater* spielen zu müssen, der Entscheidungen trifft und Verantwortung übernimmt. Sie dürften weich und schwach sein, dürften weinen, statt der Fels in der Brandung zu sein, an den wir uns anlehnen. Sie dürften sich gehenlassen, dürften mehr ihren Gefühlen leben, ohne die Angst, das Gesicht zu verlieren ...

Sie könnten den Streß des Brötchenverdienens teilen und dem Druck der Karrieremühle entgehen, in der sie für zwei Sorgen und Ansehen erwerben müssen. Sie könnten endlich am Leben ihrer Kinder teilhaben!

Sie könnten gute und aktive Partnerinnen im Bett, im Alltag

– und in der politischen Arbeit bekommen. Wenn ich ein Mann wäre, ich würde alles tun, um den Frauen zu helfen, die in ihnen schlummernden Kräfte freizusetzen ...

Sie könnten sich sogar erlauben, ab und zu ganz offen Masochisten zu sein – ohne daß es so verhängnisvolle Konsequenzen hätte wie bei uns. Vielleicht müssen nicht nur wir vom Masochismus befreit werden, vielleicht muß auch der Masochismus von seinen Frauen befreit werden, denn vielleicht steckt in ihm doch irgend etwas Brauchbares, wenn wir ihn erst einmal von all dem Schlamm befreit haben, mit dem er verkleistert ist ...

Aber wie sollen wir die beiden Dinge erreichen, die nötig sind, um das ganze System zu ändern: die *Bewußtwerdung* und das *Handeln*, solange wir soviel Zeit und Kraft an etwas verschwenden müssen, das an uns hängt wie eine tote Last? An diesen Alptraum, in dem wir vor eine Öffentlichkeit kriechen und die furchtbare Wahrheit enthüllen, mit der wir uns selbst und die gesamte Frauenbewegung bloßstellen?

17
Die furchtbare Wahrheit

Für mich spiegeln die beiden Zitate aus «Sisterhood is Powerful», die ich in diesem Buch vorangestellt habe, eines der größten Dilemmas der Frauenbewegung:

> Wir betrachten unsere persönliche Erfahrung und das, was wir angesichts dieser Erfahrung empfinden, als Grundlage für die Analyse unserer gemeinsamen Situation ... Die erste Bedingung für die Aneignung von Klassenbewußtsein ist Aufrichtigkeit, und zwar im privaten wie im öffentlichen Leben, uns selbst und anderen Frauen gegenüber.
>
> Im übrigen, Schwester, wenn dich ein Mann nicht anmacht, der dich nicht schlägt und dich nicht an den Haaren zerrt, dann ist das dein Problem. Laß deine Probleme verdammt noch mal raus aus dieser Revolution.

Also, liebe Freundinnen, so geht das nicht! Und es ist auch nicht nötig. Wir müssen aufhören, den Kopf in den Sand zu stecken. Wir müssen die Karten auf den Tisch legen, auch diese, die wir als so unendlich peinlich und kompromittierend empfinden, daß wir kaum wagen, das Wort in den Mund zu nehmen – es sei denn, so ganz allgemein, etwas spöttisch Abstand nehmend oder als Zitat von *Freud*, aus purer Angst vor den Konsequenzen, die unserer Bewegung daraus erwachsen könnten. Daß wir solche Angst haben, hat natürlich zwei Ursachen: erstens, daß die Frauenbewegung uns so stark persönlich betrifft, und zweitens, daß wir sehr genau wissen, welche große politische Bedeutung die Frauenbewegung hat, und deshalb Dinge fürchten, die ihr schaden könnten. Aber aus genau demselben Grund können wir mit solchen Tabus nicht leben, nicht einmal in Zeiten der Mobilisierung.

Eigentlich ist es auch schlimm, daß ich dieses Buch ganz

allein und in aller Heimlichkeit schreiben und mir die entsetzlichsten Sorgen darüber machen mußte, ob ich überhaupt wagen sollte, es zu veröffentlichen – geschweige denn, unter meinem Namen.

Ich habe es getan, trotz allem. Und ich möchte hier zum Schluß gerne ein paar Dingen vorgreifen, die vermutlich eintreten werden.

Ein paar Frauen werden sagen, diese Art von Projekten im Alleingang passe nicht zur Idee der Frauenbewegung und wir müßten aufhören, individualistische Nabelschau zu betreiben. Ich glaube nicht, daß man es so sehen kann.

Ich glaube, es ist immer noch nötig, daß ein paar von uns an gewissen Dingen allein arbeiten – damit sie später gemeinsam weiterbearbeitet werden können. Ich glaube, daß wir mit Hilfe unserer allerprivatesten Dinge allgemeinere Strukturen herausarbeiten können; und ich bin sehr sicher, daß sich einige ganz allgemeine Strukturen in meinen privaten Erlebnissen verbergen, obwohl ich nicht zu sagen vermag, ob sie drei Viertel von uns betreffen. Obwohl dieses Buch als «Ich-Buch» geschrieben wurde, ist es auch als «Wir-Buch» gedacht. Und selbst wenn es eine Nabelschau ist, so hat es doch zum Ziel, in Zukunft Nabelschauen unnötig zu machen, zu denen wir lange genug gezwungen waren.

Ein paar Frauen werden sagen, es sei zwar in Ordnung, feministische Fragen aufzuwerfen, aber entscheidend für uns müsse sein, marxistische Antworten zu finden.

Ich glaube, es ist gut, möglichst viele marxistische Antworten zu geben. Aber ich glaube, daß außerdem noch andere Antworten nötig sind – denn wir sind nicht nur Produkte einer Klassenunterdrückung, sondern auch der Unterdrückung durch eine Männergesellschaft und sicher noch anderer Unterdrückungsformen.

Deshalb bringt es auch nichts, zu behaupten, daß die Probleme, die ich aufgeworfen habe, nur eine kleine, privilegierte Minderheit angehen, die Zeit genug hat, sich mit privaten Problemen zu beschäftigen, und ich hätte meine Zeit besser dazu verwenden sollen, mich mit den Problemen von Arbeiterfrauen zu beschäftigen. Daß ich privilegiert bin, stimmt, das heißt, es stimmt, daß an meiner persönlichen Unterdrückung «nur» mein Platz als Frau in der Männergesellschaft schuld ist. Aber daß Arbeiterfrauen doppelt unterdrückt sind, besagt noch lange nicht, daß sie nicht *auch* als Frauen in einer Männergesellschaft unterdrückt sind; warum also sollen wir die eine Art von Befreiung der anderen um die Ohren hauen? Wir müssen an allen Fronten gleichzeitig arbeiten. Wir müssen uns zwar sicher hüten vor «bourgeoisem Denken», aber ich finde es trotzdem zu verantworten, daß wir selbst mit unseren ganz privaten und persönlichen Tabus aufräumen.

Ich habe dieses Buch ein «Gebrauchsbuch» genannt, und damit meine ich verschiedene Dinge.

Ich finde es ganz in Ordnung, wenn es einen für manche Leute brauchbaren «P-Wert» hat, denn dann haben sie es sicher nötig. Auch Pornographie und ähnliches können dazu beitragen, daß man sich über die eigenen sexuellen Reaktionen bewußt wird.

Aber das Buch sollte natürlich auch noch auf andere Weise zu gebrauchen sein: als eine Art Überblick über das, was verschiedene Künstler, Wissenschaftler und andere im Laufe der Zeit über Masochismus herausgefunden haben; als detaillierte (fragmentarische) Fallgeschichte – nämlich meine –, die zeigen soll, wie Masochismus auf der individuellen Ebene funktioniert; als Skizze davon, wie Masochismus auf der kollektiven Ebene und im gesellschaftlichen Zusammenhang funktioniert, und als Versuch, dem Masochismus das Tabu zu entreißen, das uns dazu bringt, ihn wie ein rohes Ei zu behandeln, und uns hindert, uns mit ihm auseinanderzusetzen und ihn schließlich loszuwerden.

Ziel ist, daß wir unseren Problemen – unserem weiblichen Masochismus – den Platz zuweisen, der ihnen zukommt, nicht mehr. Aber auch nicht weniger, sonst kommen wir nicht weiter. Denn selbst wenn der autoritäre Masochismus der gefährlichste und zerstörerischste Teil des gesamten weiblichen Masochismus ist und deshalb den größten Anspruch auf unsere Aufmerksamkeit hat, so müssen wir uns auch mit dem sexuellen Masochismus beschäftigen und ihn, wenn möglich, loswerden – nicht weil er eine Schande ist, sondern weil er etwas

Beschissenes an sich ist, auf das wir gut verzichten können. In Zukunft soll mir keiner kommen und *mich* eine Sklavenseele nennen, die besser daran täte, alle ihre Freiheits- und Gleichheitsideen einzupacken und unter den Teppich zu kehren, bloß weil ich mir beim Onanieren groteske Quälereien ausmale. Ich will versuchen, von meinem sexuellen Masochismus geheilt zu werden oder mit ihm zu leben, aber ich will jedenfalls nie mehr das Gefühl haben, er kompromittiert mich vor der Frauenbewegung oder der ganzen Welt.

Ich hätte nie gewagt, das Buch zu schreiben, wenn es die Frauenbewegung nicht gegeben hätte. Sie hat mich von meinem autoritären Masochismus befreit. Sie hat mir – theoretisch und praktisch – gezeigt, daß man auch anderswo als in einem Mauseloch oder in der von außen zugeknöpften Tasche leben kann. Sie hat mir gezeigt, daß Frauen stark sind und daß ich selbst stark bin, und das ist ein ganz neues und phantastisches Gefühl.

Sie hat mich übrigens auch gelehrt, daß Masochismus nicht weniger gefährlich ist als Sadismus, obwohl die Bücher das Gegenteil behaupteten. Zwar kann der Sadist sein Opfer körperlich und seelisch schlagen, aber der Masochist und besonders die Masochistin kann andere Frauen lähmen und daran hindern, Stärke und Freiheit zu wollen. So ist der weibliche Masochismus nicht nur unser Kreuz, sondern auch unser schlimmster Feind – der weibliche Masochismus in anderen Frauen und der in uns selbst.

Deshalb müssen wir anfangen, über den Masochismus in allen seinen Schattierungen zu sprechen. Du hast einen Anfang gemacht, Schwester, beim Treffen mit Germaine Greer, und Du warst es eigentlich auch, die mir den entscheidenden Schubs nach vorn gab.

Du warst diejenige, die mir klargemacht hat, daß ich, wenn es einen Sinn haben sollte, versuchen mußte, die Dinge verständlich zu beschreiben. Es ist gut, daß es Leute gibt, die forschen, aber es ist schlecht, daß nur Akademiker in die Sprache der Forschung eingeweiht sind und man Akademiker sein muß, um sich selbst besser kennenzulernen.

Du warst diejenige, die mir zu verstehen gab, daß ich meine

eigenen Erlebnisse auf den Tisch legen mußte und daß es feige wäre, nicht unter eigenem Namen zu schreiben. Zu feige – und eine weitere Bestätigung, daß Masochismus eine Todsünde ist, unser dunkelster Punkt, unsere heißeste Scham und obendrein noch unsere Natur.

Es hat ja auch den Vorteil, daß Ihr anderen Leser/innen selbst zu diesem Stellung nehmen könnt. Denn natürlich kann es gegen uns benutzt werden, aber der Haken ist, unser Schweigen kann es auch.

Natürlich hoffe ich, daß Ihr das Buch akzeptiert. Ich persönlich kann genau voraussehen, was mir alles blühen mag. Seht Ihr nicht auch schon die Schlagzeilen: «Emanze bekennt sich zu ihrem Masochismus», «Fernsehredakteurin verrät ihre intimsten sexuellen Phantasien», und so weiter. Obwohl ich durch das Schreiben dieses Buches einen Teil der Angst, die mit sexuellen Tabus zusammenhängt, losgeworden bin, stekken mir Reste davon noch immer in den Knochen. Deshalb möchte ich Euch unbedingt nahelegen, meine lieben Freunde beiderlei Geschlechts, laßt Euch von meinen Bekenntnissen nicht zu sehr durcheinanderbringen. Ich habe nur versucht, eine Seite meines Ichs zu isolieren, aber ich bin weder besonders exhibitionistisch noch besonders pervers noch sonst etwas besonders Schlimmes. Ich bin jetzt nicht anders als sonst. Deshalb macht jetzt nicht einen Bogen um mich. Ich hatte lediglich den Eindruck, es ist an der Zeit, daß wir ausmisten. Wir können dabei nur freier, stärker und sicherer werden.

Wir müssen uns unseren Angstträumen stellen. Erst dann haben wir eine Chance, daß sich das Ungeheuer in Rauch auflöst und verschwindet ...

Und wenn das nicht so einfach ist – nun, dann haben wir ihm jedenfalls ins Gesicht gesehen und sind nicht gefressen worden, sondern können endlich unsere Kräfte dazu nutzen, uns ernsthaft mit ihm auseinanderzusetzen, weil wir nun nicht mehr stumm und schreckgelähmt dastehen. Und wer weiß – vielleicht werden wir eines Tages siegen (wenn nicht früher, dann für unsere Kinder) und das Ungeheuer in Griff bekommen, so daß niemand mehr gespalten sein muß in einen freiheitsliebenden und einen unterdrückungshungrigen Teil.

Also, wenn *Du* das nächste Mal bei einer Versammlung aufstehst und das Wort ergreifst, dann solltest Du Dich, finde ich, anders ausdrücken, zum Beispiel so:

Verdammt nochmal, Schwestern, ich möchte wetten, daß eine ganze Menge von uns hier im Saal unglücklich und ängstlich sind, weil sie sich als Masochistinnen empfinden – machen wir also genau deshalb der Frauenbewegung Dampf!

Literatur

AUKEN, KIRSTEN: Undersøgelser over unge Kvinders Sexuelle adfaerd. Copenhagen 1953

BEAUVOIR, SIMONE DE: Das andere Geschlecht. Eine Deutung der Frau. Hamburg: Rowohlt 1951

BONAPARTE, MARIE: Female Sexuality. London 1953

BRØGGER, SUZANNE: Sondern erlöse uns von der Liebe. Stationen einer neuen Weiblichkeit. Düsseldorf, Wien 1978

CLAESSON, BENT H.: sexualinformation für jugendliche. 2. Aufl. Frankfurt a. M. 1970

DEUTSCH, HELENE: Psychologie der Frau. Bd. 1. 2. Bern, Stuttgart 1954–59. (Bd. 1: 1959, Bd. 2: 1954)

FABRICIUS-MØLLER, JOHANNES T.: Kjønnslivet. Trondheim 1947

FANON, FRANTZ: Die Verdammten dieser Erde. 2. Aufl. Hamburg: Rowohlt 1969

FIRESTONE, SHULAMITH: Frauenbefreiung und sexuelle Revolution. 5. Aufl. Frankfurt a. M. 1981. (Fischer Taschenbuch: Allg. Reihe 1488)

FORD, CLELLAN STEARNS und BEACH, FRANK A.: Das Sexualverhalten von Mensch und Tier. Berlin 1954

FREUD, SIGMUND: Gesammelte Werke. Chronologisch geordnet. Vol. 1–18. London, Frankfurt a. M. 1946–1968. (daraus folgende Aufsätze: Triebe und Triebschicksale, Ein Kind wird geschlagen, Aus der Geschichte einer infantilen Neurose, Der Untergang des Ödipuskomplexes, Das Ich und das Es, Jenseits des Lustprinzips, Das Unbehagen in der Kultur, Über weibliche Sexualität)

FROMM, ERICH: Die Furcht vor der Freiheit. 12. überarb. Aufl. Frankfurt a. M. 1981

GREER, GERMAINE: Der weibliche Eunuch. Aufruf zur Befreiung der Frau. Frankfurt a. M. 1974. (Fischer-Taschenbücher. 1450)